Ingrid Loimer

Joseph Messner
(1893–1969)
Eine Biographie

Ingrid Loimer

Joseph Messner

(1893–1969)

Eine Biographie

Herausgegeben vom Salzburg Museum und der Joseph Messner Gesellschaft, Schwaz in Tirol

Redaktion:
Peter Laub
Gerhard Plasser

Gestaltung und Satz:
Peter Laub

Gestaltung und Satz Herstellung:
Druckerei Roser Ges.m.b.H. & Co. KG, Salzburg

ISBN 978-3-900088-29-3

Bibliografische Information Der Deutschen Bibliothek:
Die Deutsche Bibliothek verzeichnet diese Publikation in der Deutschen Nationalbibliografie;
detaillierte bibliografische Daten sind im Internet über http://dnb.ddb.de abrufbar.

Die Joseph Messner Gesellschaft dankt für die Förderungsbeiträge, die ihre Arbeit erst ermöglicht haben:

Dr. Alois Kothgasser, Erzbischof von Salzburg
Dr. Christoph Gerin-Swarovski, Tyrolit Group Schwaz
Salzburger Landesregierung
Tiroler Landesregierung
Stadt Salzburg
Stadt Schwaz

Inhalt

Vorwort

Sich dem Leben und Wirken eines anderen Menschen zu widmen mit dem Ziel, die Ergebnisse schriftlich niederzulegen und einer Öffentlichkeit zugänglich zu machen, ist ein schwieriges und bedeutsames Unterfangen. Es verlangt nicht nur, eine hohe Ebene des Nachvollzugs zu erreichen – und zu halten, sondern auch, die verstreut liegenden „Lebensdinge", das sind die eigenen Lebensäußerungen und diejenigen der Zeitgenossen, zu ordnen, zwischen ihnen eine logische Verbindung herzustellen und aus ihnen ein geschlossenes Ganzes zu machen, um dem nachmaligen Leser ein nachvollziehbares Bild zu geben, ein „Lebensbild", wie man früher sagte.

Es bedeutet eine besondere Hervorhebung eines Menschen, wenn eine Biographie über ihn erscheint, sein Leben wird damit öffentlich – deshalb werden zumeist solche Personen damit ausgezeichnet, die ohnehin schon ein öffentliches Leben führten – und wird vor allem „festgeschrieben", dauerhaft überprüfbar gemacht. Allerdings wachsen die Schwierigkeiten einer Biographie, je näher die geschilderte Person an der Gegenwart ist, je nachprüfbarer das Bild ist durch Zeitgenossen, deren Erinnerung noch in den dargestellten Zeitraum reicht. Denn damit sind persönliche Erfahrungen, Wertungen und Einschätzungen verbunden, die ganz unterschiedlich ausfallen können – und müssen, denn ein Menschenleben, und schon gar das eines Künstlers, folgt nicht einem logischen Plan, sondern ist auch von Brüchen und Widersprüchen geprägt, die sich vor allem aus den Unterschie-

den zwischen dem Selbstbild und den Fremdbildern ergeben. Und die Umstände, unter denen die Menschen leben, werden von allen unterschiedlich gesehen und beurteilt.

Das Streben nach öffentlicher Anerkennung ist eine Triebfeder fast jedes Künstlertums, doch die Art, wie es sich vollzieht, muss nicht unbedingt auf ungeteilte Zustimmung treffen. Künstler leben in Umgebungen, die nicht nur von zustimmender Erwartung geprägt sind, sondern auch von Konkurrenz, die künstlerisch oft ein Ansporn, menschlich dagegen meist nur ein Sporn ist. Man mag einen Künstler allein nach seinen Werken beurteilen, ohne ihn persönlich zu kennen und kennen zu wollen. Man mag aber auch die Werke nach der Persönlichkeit ihres Schöpfers beurteilen und wird freilich zu ganz anderen Ergebnissen gelangen. Irgendwo dazwischen liegt die Wahrheit, der das Lebensbild in jeder Hinsicht entsprechen soll, ohne etwas zu beschönigen und ohne im Übermaß kritisch zu sein – doch wie ist es um eine Wahrheit bestellt, deren Lage nicht ganz genau verortbar ist?

Eine objektive Wahrheit, das ist eine Binsenweisheit, gibt es nicht. Ein Menschenleben ist zu komplex, um alle Bezüge und Wechselwirkungen zwischen zwei Buchdeckeln umfassend darstellen und erklären zu können. Es gibt nur Wege zur Wahrheit im steten Versuch, ihr möglichst nahe zu kommen. Eine Biographie, die in diesem Bewußtsein entsteht – der vorliegende Band darf das für sich in Anspruch nehmen – und gelesen wird, hat eine wirkliche Daseinsberechtigung. Sie ist eine Würdigung der künstlerischen Le-bensleistung Joseph Messners und stellt ein der Wahr-heit verpflichtetes persönliches Statement der Auto-rin dar. Etwas anderes kann eine Biographie nicht sein. Deshalb hat die Autorin ihr Buch im Untertitel „Eine Biographie" genannt. Und es ist eine Lebensdar-stellung geworden, die einen Zeitraum umfasst, der in seiner allgemeinen Entwicklung von gravierenden Brüchen und Veränderungen gekennzeichnet ist, von der sich auch der Beschriebene nicht zu lösen ver-mochte. Bei allem Bemühen um Objektivität der Dar-stellung, die Autorin hat für sich das ihr zustehende Recht in Anspruch genommen, eine Verehrerin des Künstlers Joseph Messners zu bleiben.

Wir danken Ingrid Loimer, die sich mit unermüd-lichem Fleiß der Aufgabe unterzogen hat, Leben und Werk des Salzburger Domkapellmeisters Joseph Mess-ner zu recherchieren und aufzuzeichnen, und hoffen, daß mit dem Erscheinen dieses Bandes eine Stärkung des Bewußtseins für die Musik des Komponisten ein-hergeht.

Erich Marx
Direktor des Salzburg Museum

Gerhart Engelbrecht
Geschäftsführer der Joseph Messner Gesellschaft,
Schwaz in Tirol

Einleitung

Der Salzburger Domkapellmeister Professor Joseph Messner (1893–1969) gehört zu jenen großen Persönlichkeiten des 20. Jahrhunderts, die das kulturelle Leben Salzburgs, Österreichs, ja sogar Europas mitgestaltet haben. Sein künstlerischer Wirkungsbereich als Organist, Komponist und Dirigent erstreckte sich von Berlin bis Rom, von Paris bis Warschau, von Canterbury bis Königsberg. Nach dem Zweiten Weltkrieg gewann Messner auch in Südafrika und in den USA großes Ansehen. Noch leben Mitwirkende der Salzburger Dommusik, die unter seiner Leitung tätig waren, sowie Freunde und Bekannte Messners. Sie alle hegen den Wunsch nach einer Biographie des verehrten Künstlers. Ihr Wunsch wird unterstützt durch die in Kassel, Schwaz und Wien lebenden Mitglieder der Familien Messner, Lechner und Klose sowie durch die Joseph Messner Gesellschaft in Schwaz.

Dank dem großen Entgegenkommen des Herrn Direktor Dr. Erich Marx durfte ich im Salzburg Museum den dort befindlichen Nachlaß Joseph Messners als Grundlage für meine Arbeit benützen. So weit es ihr begrenzter Umfang gestattet, zitiere ich darin ausgewählte Dokumente (Autographen, Urkunden, Korrespondenzen, Programme, Zeitungsausschnitte, biographische Skizzen, theoretische Schriften usw.) in ihrer originalen Schreibweise, um das Leben und Schaffen Messners möglichst authentisch darzustellen; die schriftlichen Zitate sind kursiv gesetzt. Zusätzlich zu diesen Quellen konnte ich – vor allem für die Zeit nach dem Zweiten Weltkrieg –

schriftliche und mündliche Erinnerungen von Sängern und Musikern in den Text aufnehmen. Ich selbst war von 1964 bis zu Professor Messners Tod im Februar 1969 Mitglied des Salzburger Domchores und blieb der Erbin, Frau Eva Klemens, bis zu ihrem Tod im Juli 1978 verbunden.

Selbstverständlich ist es möglich, daß sich weiteres Material zur Biographie Messners in privatem oder öffentlichem Besitz befindet.

Es wäre erfreulich, wenn dieses Buch das Interesse am Leben und Schaffen Joseph Messners vertiefen, die Verbreitung seiner Werke fördern und den Anstoß zur wissenschaftlichen und künstlerischen Aufarbeitung aller seiner Kompositionen geben könnte. Die kirchenmusikalischen Werke des Salzburger Domkapellmeisters wurden bereits im Jahr 1990 in der Dissertation von Angela Pachowsky/Wien erfaßt. Messners Bläserfanfaren wurden 1994 von Armin Kircher im Selke-Verlag herausgegeben.

Gleichzeitig mit der vorliegenden Biographie entstand ein Verzeichnis sämtlicher Werke Joseph Messners, das Gerhart Engelbrecht erarbeitet hat. Es liegt dem Buch als CD-ROM bei. Die zweite Beilage ist eine Musik-CD mit vier Werken Messners, eingespielt vom Mozarteum-Orchester Salzburg unter dem Dirigenten Ivor Bolton.

Ingrid Loimer

Herkunft und Kindheit
1893 bis 1905

Am Sonntag, dem 27. Februar 1893, wurde dem Ehepaar Jakob Gregor und Maria Messner im alten Tiroler Bergwerksort Schwaz[1] als zweites Kind der Sohn Josef geboren. Die Eltern hatten am 23. September 1889 in der Südtiroler Wallfahrtskirche Trens den Bund fürs Leben geschlossen. Josefs älterer Bruder Johannes kam am 16. Februar 1891 zur Welt, der jüngere Bruder Jakob am 25. Juni 1894. Das Geschlecht der Messner/ Meßner/Mössmer läßt sich in der Gegend um den Achensee bis ins frühe 18. Jahrhundert zurückverfolgen[2]. Die Vorfahren waren teils als Bauern und Bergknappen, teils als Lehrer und Organisten tätig. Urgroßvater Martin Messner (1793–1861)[3] war ein künstlerisch

hochbegabter Mann, von Beruf Lehrer und Organist in St. Margarethen nahe Jenbach. Er legte eine Sammlung von 53 Weihnachtsliedern an, die für den Gebrauch innerhalb und außerhalb der Kirche geeignet waren. Im Jahr 1848 gründete er in Buch mit dem Zimmermeister Paul Eder ein Theater, für das er Dramen im Geschmack der Zeit teils bearbeitete, teils selbst verfaßte. Heiligenlegenden, Ritterstücke und Rührstücke waren darunter, etwa eine *Heilige Margaretha*, *Notburga*, *Griseldis*, eine *Elmira von Waldburg* oder ein *Zweikampf um Mitternacht*. Die Bucher Volksschauspiele erfreuten sich Jahrzehnte hindurch großer Beliebtheit. Josef Messner sah als Kind noch einige Aufführungen, da sein Vater im Theaterorchester das Bombardon blies; aus einem schaurigen Stück blieb dem Buben der folgende Satz im Gedächtnis haften: *Beim Schein dieser Lampe renn ich dir den Dolch in die Wampe*"[4]. – Großvater Mathias Messner, auch in

Abb. 1 Jakob Gregor Messner als junger Mann, 1881

Abb. 2 Maria Messner, geb. Speckbacher, undat. Photographie

Abb. 3 Wohnhaus der Familie Messner

Abb. 4 Ansicht von Schwaz

Buch-Maurach ansässig, wirkte ebenfalls als Lehrer und Organist; er starb schon 1867 im Alter von 43 Jahren. Sein Sohn Jakob Gregor (geboren 1856) hätte ihm beruflich nachfolgen wollen, doch da ihm das Geld für den Besuch des Lehrerseminars fehlte, wurde er, wie unzählige andere junge Männer aus dem Unterinntal, Bergmann. Seine musikalische Begabung führte ihn zur Blasmusik (er spielte Pauke, Horn und Bombardon) und zum Kirchenchor. Seine technischen Fähigkeiten setzte er beruflich als Bergschmied und in der Freizeit als Feinmechaniker ein, unter anderem reparierte er Uhren.

Mutter Maria Messner stammte aus der großen Familie der Speckbacher und war somit eine entfernte Verwandte des aus den Napoleonischen Kriegen bekannten Tiroler Freiheitskämpfers Josef Speckbacher. Sie wurde im Jahr 1864 als Tochter eines Maurers in Schwaz geboren und begann schon als junges Mädchen in der dortigen Tabakfabrik zu arbeiten. Sie blieb auch nach der Heirat und der Geburt ihrer Söhne berufstätig, weil die Familie trotz eines bescheidenen Lebensstils auf ihren Verdienst angewiesen war. Ihr Arbeitstag in der Fabrik dauerte zehn Stunden, die nur von einer Mittagspause unterbrochen waren, in der Frau Messner daheim das Essen zubereitete. Die drei kleinen Buben wurden untertags in der „Kinderbewahranstalt" der Vinzentinerinnen betreut. Als die junge Familie aufgrund einer Erbschaft von der Wohnung Neumarkt 94 in ein eigenes kleines Haus in der Kreuzwegergasse 199 (heute: Innsbrucker Straße 26) übersiedeln konnte, nahmen die Eltern Zimmerherren in Kost und Logis auf, außerdem zogen sie im Hausgarten Obst und Gemüse für den eigenen Bedarf und

zum Verkauf. Beide Eltern waren ungemein fleißig und sparsam, um ihren Söhnen eine gute Ausbildung zu ermöglichen.

„Pepi", der Zweitgeborene, interessierte sich seit frühester Kindheit für das Musizieren und wollte es schon als ganz kleiner Bub dem Vater gleichtun. Seinen Erzählungen zufolge kroch er – noch mit dem Hosenschlitz hinten – unter das elterliche Bett, wo das Bombardon aufbewahrt war, und versuchte hineinzublasen. Als Vater Messner Pepis musikalische Begabung erkannte, vertraute er seinen Sohn im Alter von fünf Jahren dem Chorregenten der Schwazer Stadtpfarrkirche, Josef Koller[5], zur Ausbildung an. Koller, ein tüchtiger Musiker, gab dem kleinen Buben mit dem absoluten Gehör zunächst Violinstunden und unterrichtete ihn ein Jahr darauf auch im Klavierspiel. Der Vater hatte für seine Söhne ein altes Klavier gekauft, das er selbst reparierte, und von einem *Zigeuner* eine Geige für Pepi erworben. Mit Schuleintritt im Herbst 1899 wurde Pepi Ministrant, auch sang er in der Pfarrkirche und bei den Franziskanern im Chor und begann, auf den Pedalen stehend, Orgel zu spielen. Die große musikalische Begabung des kleinen Josef Messner blieb den Schwazer Geistlichen nicht verborgen. Im Jänner 1905 kam Pater Balthasar mit der Nachricht zu Vater Messner, daß in Salzburg mitten im Schuljahr ein Sängerknabe aus dem Kapellhaus ausgeschieden sei und daß nun dringend ein geeigneter Bub als Ersatz gesucht werde. Er riet dem Vater, Pepi nach Salzburg zu schicken: *Gib ihn dorthin, denn erstens hat er dort die Möglichkeit, im Gymnasium zu studieren, und obendrein kost' das nix*[6]. Dieses Argument überzeugte die Eltern, sodaß ihnen der Abschied

Abb. 5 Vater Meßner (an der Lore) als Bergarbeiter

von ihrem zweiten Sohn leichter wurde. Der ältere Sohn Hans war bereits außer Haus, weil er über die Vermittlung von Mutters Patin einen Freiplatz im „Collegium Vincentinum", dem bischöflichen Knabenseminar von Brixen, erhalten hatte[7]. Für den fast zwölfjährigen Josef war die Reise nach Salzburg ein großes Ereignis, denn er war nie zuvor so weit mit der Eisenbahn gefahren. Vater und Sohn fuhren mit dem Personenzug die ganze Nacht von Samstag auf Sonntag hindurch und kamen am 12. Februar 1905 am Bahnhof von Salzburg an. Die Pferdebahn brachte sie bis zur Haltestelle am Ludwig-Victor-Platz – dem heutigen Alten Markt –, und von dort waren es nur mehr wenige Schritte bis zum Kapellhaus in der Sigmund-Haffner-Gasse 20, wo sie auf den Präfekten Hochwürden Albert Lungkofler warteten. Für ihn war ein Zeugnis[8] mit folgendem Wortlaut bestimmt:

Endesunterfertigter bestättiget himit, das Josef Meßner bei mir schon mehrere Jahre im Gesangsunterricht, gegangen, bei den Patern Franciskaner mein bester Altist, am Pfarrchor 2te Violin oder Viola, sowie beim Streichorchester Viola zu meiner größten Zufriedenheit spielt. Ferner muß ich noch betonen, das er sehr fleißig ist im lernen, und überaus thätig, er nimmt die Noten zusamen, und bakt alles so exakt an, als wie ein zweiter Chorregent. Er singt auch im Falle ganz gut Sopran, dafür könte aber seine Altstimme etwas stärker sein. Er geht auch bei mir im Clavierunterricht und macht auch hier ganz gute Fortschritte. Kann somit obigen jederman mit guten Gewissen bestens empfehlen.
Schwaz am 14 Januar 1905
Jos. Koller
Chorregent.

Kapellhaus – Borromäum – Universität 1905 bis 1917

Im Kapellhaus, einem schmalen, hohen Bau gegenüber der alten Stadtpfarrkirche, war seit 1677 das fürsterzbischöfliche Domsängerknaben-Institut untergebracht. Erzbischof Max Gandolph hatte das Gebäude als Wohn- und Ausbildungsstätte für mindestens zwölf Sängerknaben neu einrichten lassen und verordnet, *daß diese Knaben in jeder Art der Musik unterrichtet, mit Speise und Trank, Kleidern und Büchern und allen anderen, zu den Studien notwendigen Behelfen versehen und versorgt werden sollen*[9]. Als Lehrer für Gesang, Violine und Orgel fungierten Mitglieder der Hofmusik. Die acht älteren, schon besser ausgebildeten „Kapellknaben" hatten den Chordienst im Dom zu versehen, die vier jüngeren „Korporalknaben" mußten die Priester mit dem „Leib des Herrn" („Corpus Christi") zu den Kranken geleiten. Für musikalische Dienste außerhalb des Domes wurden die Sängerknaben bezahlt; das Geld kam in eine Gemeinschaftskasse und diente ausscheidenden Knaben als Abfertigung.

Die Tradition der Salzburger Sängerknaben geht weit vor das Statut von 1677 zurück und ist älter als die der Wiener Sängerknaben. Zwar wurde der geistliche Gesang schon im frühen Mittelalter an jeder Dom- und Klosterschule von den Schülern mitgetragen, aber erst mit dem Aufkommen der Mehrstimmigkeit wurden Knaben eigens für das Singen ausgebildet und unterhalten. In Salzburg machte Erzbischof Pilgrim II. den Anfang damit. Als er an der Nordseite des Rupertus-Münsters eine große Kapelle mit sechs Altären errichten ließ, stiftete er im Jahr 1393 für die täglichen Gottesdienste sechs sangeskundige Kapläne und sechs junge Sänger über sechzehn Jahren. Wenig später stifteten wohlhabende Bürger für „ewige Messen" oder zur besonderen Verehrung des Altarsakraments Priester und Sängerknaben, etwa Ulrich Samber im Jahr 1404 und Martin Aufner 1432. Als mit der neuen polyphonen Musik der Bedarf an gut ausgebildeten Sängern wuchs, stiftete Herzog Ernst von Bayern als Administrator des Erzbistums im Jahr 1544 Domsingknaben; sie sollten gemeinsam in der Domschule wohnen, von der Hofküche gespeist und vom Domkapitel eingekleidet werden. Die Anzahl der Sänger und Musiker nahm unter der Regierung der Erzbi-

Abb. 6 Bildpostkarte der Schwazer Schützenmusik, Poststempel vom 3.4.1905. Vater Messner ist auf dem Bild mit einem Kreuz gekennzeichnet: „Lieber Pepi! Wir haben deine Karte erhalten, wir meinen aber es wäre besser wenn du Hw. Herrn Präfekkt bitten wirst, daß er dir daß Geld aufbehaltet. Sei recht brav, basse in der Schule gut auf. Viele Grüße von deinen Eltern."

schöfe Wolf Dietrich und Markus Sittikus weiter zu. 1613 erhielten die Sängerknaben das Kapellhaus als ihr Heim zugewiesen, das – wie schon erwähnt – ab 1677 als „Institutum puerorum ex capella" geführt wurde. Unter den Lehrern trifft man auf so berühmte Namen wie Muffat, Biber, Eberlin, Leopold Mozart und Michael Haydn. Auch Sängerknaben erlangten Berühmtheit, zum Beispiel Adlgasser, Vierthaler, Neukomm und Diabelli, um nur einige zu nennen. Seit 1826 wurde das Kapellhaus finanziell vom Staat unterstützt.

Zu Messners Kapellknabenzeit unterrichtete Domkapellmeister Hermann Spies im Fach Gesang, Domorganist Heinrich Hübl im Orgelspiel; drei Lehrer der Musikschule „Mozarteum" – Gustav Zinke, Gustav Schreiber und Anton Schöner – gaben Unterricht in Violine, Klavier und Flöte. Zu den Gesangs- und Instrumentalstunden im Kapellhaus kam der Schulbesuch; die Buben hatten, wie alle anderen Schüler auch, ihre Hausaufgaben zu machen und für Prüfungen und Schularbeiten zu lernen.

Die Sängerknaben mußten bei allen gesungenen Gottesdiensten im Dom mitwirken und auch in jenen Kirchen der Stadt singen, die vom Dommusikverein betreut wurden. Außerdem sangen sie bei Begräbnissen und gelegentlich auch bei weltlichen Feierlichkeiten, so zum Beispiel bei der Einweihung der Eisenbahnstrecke von Schwarzach nach Gastein in Anwesenheit des Kaisers[10]. Ohne großen Fleiß war der Alltag nicht zu bewältigen. Chorknabe Nr. 17 – Josef

Messner – war lobenswert fleißig. Da er mitten im Schuljahr ins Institut eingetreten war, schloß er zunächst die fünfte Volksschulklasse in der Knabenschule am Franz-Joseph-Kai ab. Im Herbst 1905 trat er dann als externer Schüler ins fürsterzbischöfliche Privatgymnasium „Collegium Borromäum" ein, das seit dem Jahr 1849 als Ausbildungsstätte für den klerikalen Nachwuchs bestand; sein Namenspatron ist der heilige Karl Borromäus, Bischof von Mailand und Onkel der Salzburger Erzbischöfe Wolf Dietrich und Markus Sittikus. Die Schule war im Lodron'schen Primogeniturpalast gegenüber dem Priesterseminar untergebracht, bis sie im Jahr 1912 in einen Neubau nach Parsch, ins „Neue Borromäum", übersiedelte.

Zu Hause in Schwaz ließen die Eltern den angehenden Gymnasiasten in seiner schmucken Kapellknabenuniform, die Geige in der Hand, zur bleibenden Erinnerung photographieren; der Schwazer Photograph Angerer hielt im elterlichen Garten auch gleich die ganze Familie auf mehreren Bildern fest. Wann immer die beiden älteren Söhne in den Ferien aus ihren Internaten heimfahren durften, genossen sie die Geborgenheit des Elternhauses. Sie wußten dem jün-

Abb. 7 Familie Messner im Hausgarten, Sommer 1905

geren Bruder viel zu erzählen, Hans und Pepi tauschten ihre Schulerlebnisse aus, musizierten miteinander, unternahmen Bergwanderungen und erforschten die heimische Pflanzenwelt. Im Nachlaß Messners befindet sich ein säuberlich geschriebenes Büchlein mit dem Titel *Übersicht über die heimische Flora für die einzelnen Monate – Josef Meßner im Kapellhaus in Salzburg, Sigmund-Haffnerg. 20*; aus späterer Studienzeit ist ein großes Herbarium erhalten.

Der musikalische Alltag der Kapellknaben war von der Kirchenmusik geprägt, die damals auch in Salzburg unter dem Einfluß des Cäcilianismus stand. Mit Berufung auf die heilige Cäcilia als Patronin der Musik drängte seit der Mitte des 19. Jahrhunderts eine von Regensburg ausgehende Reformbestrebung alle „weltlichen" Merkmale der katholischen Kirchenmusik zurück, nicht völlig zu Unrecht, wenn man bedenkt, daß in manchen Gottesdiensten noch immer Werke erklangen, die auf beliebten Opernmelodien basierten. Die Cäcilianer erhoben den A-Capella-Stil Palestrinas und Orlando di Lassos zum neuen Ideal der mehrstimmigen Musik, sie pflegten den einstimmigen Gregorianischen Choral und förderten den

Volksgesang in der Kirche. Als Instrument zur Begleitung der Gottesdienste war nur die Orgel erwünscht, Streichinstrumente wurden zwar geduldet, reich besetzte Orchestermessen aber waren verpönt, und im Chor mußten die Frauenstimmen durch Knabenstimmen ersetzt werden. Der Salzburger Fürsterzbischof Kardinal Dr. Johannes Katschthaler hatte den Ausspruch des Apostels Paulus: *Mulier taceat in ecclesia* folgendermaßen frei übersetzt: *Weibsbilder, junge und alte, haben auf dem Domchor überhaupt nichts zu suchen*[11]. Kardinal Katschthaler (1900–1914) war, wie auch sein Nachfolger, Fürsterzbischof Dr. Balthasar Kaltner (1914–1918), ein überzeugter Vertreter der Regensburger Reformbewegung; beide Oberhirten wünschten, daß die Musizierpraxis im Dom als Vorbild für alle Kirchen in Stadt und Land gelten sollte. Domkapellmeister Hermann Spies[12] durfte nur ganz selten Werke Mozarts und seiner Zeitgenossen aufführen, und dann mußten die Kapellknaben auch die schwierigen Sopran- und Altsoli übernehmen; Josef Messner war Altsolist. Seinen Erinnerungen zufolge legte Spies in den Kapitelämtern zwar gelegentlich die Noten zu einer Mozart-Messe auf; wenn er aber erfuhr, daß der Erzbischof zu einem Kontrollgang in den Dom unterwegs war, tauschte er die verfängliche Figuralmusik geschwind gegen eine in Bereitschaft liegende Haller-Messe aus. Einige Male mußten die Mitwirkenden sogar während eines Ordinariumteils von einer Komposition auf eine andere überwechseln[13]. Erlaubt waren außer Hallers Werken jene von Renner, Mitterer, Greith, Rheinberger, Filke und Spies, des weiteren einige Stücke alter Salzburger Meister aus dem Archiv des Domes, etwa von Biber, Bernardi, Caldara oder Eberlin.

Mit dem Stimmbruch endete im Juli 1907 zu Schulschluß Josef Messners Kapellknabenzeit, wodurch alle bisher genossenen Vergünstigungen wegfielen. Wollte der gute, fleißige Schüler seine Ausbildung fortsetzen, sollte nun seine Familie dafür aufkommen. Da es den Eltern aber unmöglich erschien, das Schulgeld und die Internatskosten für die lange Zeit bis hin zur Matura aufzubringen, mußte sich der junge Messner seinen Studienplatz im Borromäum als Organist und später auch als Chorleiter erarbeiten. Er begann, sich eine Sammlung brauchbarer Musikalien anzulegen; als ältestes Beispiel ist die Abschrift einer „Pastorella" von Josef Schnabel erhalten,

Abb. 8 Kapellknabe Pepi Messner mit seiner Geige, Sommer 1905

Abb. 9 Meldungsbuch des Theologiestudenten

Kompositionen befähigte. Er schrieb einige Motetten und eine Reihe von Sololiedern mit Klavier- oder Orgelbegleitung, bezeichnete sie jedoch später als bloße Schülerarbeiten. Am 9. Juli 1913 legte Messner die Reifeprüfung mit Auszeichnung ab und entschloß sich, so wie sein Bruder Hans, Priester zu werden. Der Mutter wäre es angeblich lieber gewesen, wenn ihr zweiter Sohn die Messner'sche Familientradition mit einer Ausbildung zum Lehrer fortgesetzt hätte[17].

Im Wintersemester 1913/14 begann Josef Messner seine theologischen Studien an der Theologischen Fakultät zu Salzburg und wohnte fortan im Priesterhaus in der Dreifaltigkeitsgasse. Seine akademischen Lehrer waren die Professoren Vordermayr, Eberharter, Widauer, Abfalter und Seipel. Der junge Student versah damals schon über ein Jahr aushilfsweise den Orgeldienst im Dom. Als er stellungspflichtig wurde, absolvierte er im Dezember 1913 im „K. und K. Truppenspital" eine Ausbildung als Krankenpfleger, wie-

descripsit anno 1907 in den Weihnachtsferien[14]. – Am 8. Jänner 1909 starb in Schwaz Vater Jakob Gregor, erst 53 Jahre alt. Zwei Tage später erfuhr Pepi die Trauernachricht von seinem Präfekten Georg Feichtner in der Wallfahrtskirche von Maria Plain: Der Sohn solle recht innig für den Vater beten, am Begräbnis dürfe er aber nicht teilnehmen, weil er ohnehin kurz vorher zu Hause gewesen sei. Pepi kränkte sich sehr, denn sein Bruder hatte die Erlaubnis erhalten, aus dem Brixener Internat heimzufahren; Hans konnte dort studieren aufgrund eines Legates der Patin, eines Stipendiums und wöchentlicher Geldsammlungen in der Tabakfabrik. In Schwaz wurde der Tischlermeister Josef Lechner[15], der im Messner-Haus eingemietet war, zum Mitvormund der drei Halbwaisen bestellt.

Josef Messner war die ganze Schulzeit hindurch überaus wißbegierig und lerneifrig, hatte sehr gute Zeugnisse und wurde mit Schulpreisen belohnt. Die Pflichtfächer am Borromäum umfaßten Religionslehre, Lateinische Sprache, Griechische Sprache, Deutsche Sprache (als Unterrichtssprache), Geographie und Geschichte, Mathematik, Naturgeschichte, Physik und Chemie, Philosophische Propädeutik und Turnen. Als Freigegenstände besuchte Messner die Fächer Stenographie, Freihandzeichnen, Italienische Sprache, Viola, Violine, Orgel und Kontrapunkt. Seinem Musiklehrer und Präfekten Georg Feichtner[16] verdankte er eine gediegene musikalische Ausbildung, die ihn schon während der letzten Schuljahre zu eigenen

Abb. 10 „Zur Erinnerung an den 12. Juli 1914" (Tag der Primiz von Johannes), Maria Messner mit ihren Söhnen

derum mit sehr gutem Erfolg. An ein ruhiges Studium der Theologie war auf Grund äußerer Ereignisse weder im ersten Semester noch in den folgenden Monaten zu denken. Kardinal Dr. Johannes Katschthaler starb hochbetagt[18], Dr. Balthasar Kaltner wurde als neuer Fürsterzbischof inthronisiert. – Die Salzburger Domorgel war nach der Renovierung durch Matthias Mauracher d. J. auf 101 Register erweitert worden (der Firmenprospekt von 1914 bezeichnete sie als die größte Kirchenorgel der Österreichisch-Ungarischen Monarchie) und forderte den jungen Aushilfsorganisten heraus, ihre Klangvielfalt zu erproben; Messner beschrieb das Instrument in der „Katholischen Kirchenzeitung" (Salzburg, 1914/Nr. 45). – Mutter Messner beging ihren 50. Geburtstag. Bruder Hans wurde am 29. Juni in Brixen zum Priester geweiht und feierte am 12. Juli in Schwaz seine Primiz, zu der Josef die Orgel spielte.

In Salzburg sollte im August anläßlich eines großen Mozartfestes das neu erbaute „Mozarteum" eingeweiht werden, der Ausbruch des Weltkrieges verhinderte jedoch die geplante große Feier. Ein Teil des Priesterhauses wurde als Lazarett eingerichtet; dort mußten die jungen Theologen Sanitärdienste leisten. Der Umgang mit den blutenden, stöhnenden Patienten belastete Messner mit der Zeit so sehr, daß er sein Studium ab dem Wintersemester 1915/16 an der Universität Innsbruck fortsetzte. Das beigebrachte Armutszeugnis des Studenten gibt an, daß seine Mutter damals schon in Pension war. Wiederum verdiente sich Messner seinen Unterhalt als Organist, Chorleiter und Dirigent, außerdem übernahm er im „Collegium Canisianum" das Amt eines Präfekten und verfaßte Beiträge für musikalische und theologische Fachzeitschriften.

Im Herbst 1916 wurde Josef Messner als einziger Kandidat dieses Termins vorzeitig (*a defectu aetatis clementissime dispensato*) und innerhalb einer Woche zum Subdiakon, Diakon und Priester geweiht[19]. Weihbischof Dr. Ignatius Rieder erteilte ihm am Rosenkranzfest, dem 7. Oktober 1916, in der Rupertuskapelle (heute: Rupertus-Oratorium) des Salzburger Doms die Priesterweihe. Die Tageszeitung „Salzburger Chronik" berichtete darüber: *Heute um 1/2 7 Uhr fand in der Rupertikapelle die Priesterweihe des hochw. Herrn Josef Meßner, Alumnus des f. e. Priesterhauses statt, der zuletzt am Canisianum in Innsbruck studierte. Die Primiz*

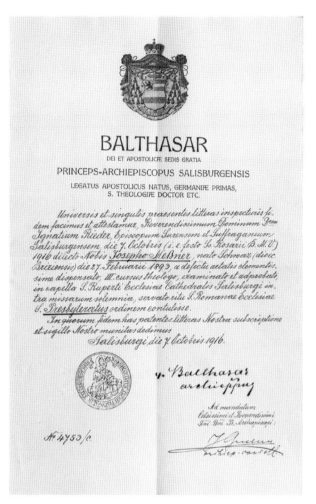

Abb. 11 Urkunde zur Priesterweihe

ist am 15. Oktober in der Stadtpfarrkirche in Schwaz. Als Primizprediger fungiert sein Bruder Stadtkooperator Johann Meßner aus Imst im Oberinntal[20]. Für seine Primizbildchen wählte Messner einen Vers aus dem 85. Psalm: *Führe mich, o Herr, auf meinem Wege; so will ich wandeln in Deiner Wahrheit*. Das Primiz-Essen fand in Rattenberg statt; an ein großes Feiern war aufgrund der herrschenden materiellen Not aber nicht zu denken (in diesem Herbst wurde die Bevölkerung in den Tageszeitungen sogar aufgerufen, am bevorstehenden Allerseelenfest die sonst üblichen Grabkerzen einzusparen und zu Weihnachten auf Christbäume zu verzichten). Der junge Priester-Musiker kehrte nach seiner Primiz wieder ins Innsbrucker „Collegium Canisianum" zurück, um die noch fehlenden zwei Semester seines Theologiestudiums zu absolvieren; unter seinen Studienzeugnissen finden sich auch zwei über

Abb. 12 Joseph Messner (1. Reihe, 3. von links) und das Theologen-Orchester am Canisianum, Innsbruck

„Arabische Sprache" und „Arabische Grammatik". Als Abschluß seiner Innsbrucker Zeit führte Josef Messner mit seinen Studienkollegen am Herz-Jesu-Freitag, dem 15. Juni 1917, im Jesuitenkolleg Richard Wagners „Liebesmahl der Apostel" auf.

Kooperator – Komponist – Freischaffender Künstler 1917 bis 1922

Vom 1. Juli 1917 bis zum 30. September 1918 war Josef Messner als Kooperator in Häring (heute: Bad Häring) im Bezirk Kufstein eingesetzt. Laut Baedekers „Reisehandbuch für Südbayern, Tirol und Salzburg" von 1908 gab es in dem kleinen Ort zwei Wirtshäuser und die warme Schwefelquelle des „Franziski-Bades" mit einem dazugehörenden Badhaus. Der Großteil der Bevölkerung arbeitete im Braunkohlenbergwerk und in der Landwirtschaft. Messner erfüllte seine vielfältigen Aufgaben als Hilfspriester in Kirche, Schule und Gemeinde gewissenhaft und mit Freude, auch wenn

ihm die Versehgänge zu den entlegenen Bauernhöfen oft viel Kraft kosteten. Manchmal schenkten ihm die Bauern Lebensmittel, die er dann seiner Mutter nach Hause schickte, um sie in den Zeiten der großen Kriegsnot zu unterstützen.

Der Kontakt zu seinen Angehörigen war Messner stets wichtig. Besonders eng fühlte er sich seinem älteren Bruder verbunden, denn Hans teilte nicht nur seine beruflichen und privaten Interessen, sondern er dichtete auch seit Jahren. Zeitweise schickte er dem Jüngeren beinahe täglich ein Notizblatt mit einem neuen Gedicht zu, das Pepi oft noch am Empfangstag vertonte, wie seine Vermerke auf den Zetteln beweisen. Einige Lieder waren schon in Salzburg, andere in Schwaz, Innsbruck und bei einem Ferienaufenthalt in Szemes am Plattensee entstanden. Drei gefühlvolle Liederzyklen, deren Dichter Johannes Messner sich hinter den Pseudonymen „Ilse Planke", „Edgar Lintolt" und „St. P., München" verbarg, wurden vom Komponisten besonders geschätzt und daher mit Opuszahlen versehen: die „Blumenlieder" (op. 1), die „Amsellieder" (op. 2) und die „Freundschaftslieder" (op. 3). Unter dem Titel „Sehnsucht und Erfüllung" erschienen Opus 2 und 3 schon kurz nach ihrer Fertigstellung im Dresdener Aurora-Verlag. Zur Freude beider Brüder sang der Tenor Hans Auer Messners Kompositionen bereits im Oktober 1918 bei seinem Liederabend in Innsbruck, später auch in Leipzig. Einige Rezensenten sahen im Komponisten einen Nachfolger von Johannes Brahms und Hugo Wolf. Als Beispiel für die große Wertschätzung der Lieder sei eine Rezension von Dr. Otto Ursprung in der „Allgemeinen Rundschau" vom 7. Mai 1921 zitiert: *Die Lieder Meßners … haben bereits im Konzertsaal die Feuerprobe bestanden. Nicht zu verwundern; denn in ihnen verbinden sich sehr schöne Texte mit ausdrucksvollster Musik. Die schwermütige, oft tragische Stimmung der „Amsellieder" (erste Liedfolge) hellt sich in den „Freundschaftsliedern" (zweite Liedfolge) auf zu leuchtendem Kolorit. Diese Lieder müssen doch aus jedem, der sie singt oder hört, alles herauslokken, was er an musikalischem Empfinden in seinem Innern trägt. Was ich auch an ihnen wieder am meisten bewundere, ist ihre formale Geschlossenheit und ihr prächtiger dramatischer Aufbau, hinter welchem aber jene Kunst der Prägung und Ausdeutung der Motive steckt, die eben den geborenen Tondichter verraten. Von den vielen Schönheiten seien zwei hervorgehoben: in Nr. 5 der „Amsellieder" wächst aus schüchternen, stammelnden Einsätzen das Thema heraus. Und in Nr. 4 derselben Folge dient ein mildes Thema zur Stimmungsmalerei des Friedens; dann erhebt sich ein anderes Thema, gigantisch, von „der Welt urewig Sehnen" nach diesem Frieden kündend. Dieses zweite Thema ist indes zu unserer Ueberraschung lediglich die Umkehrung des Friedensthemas; das Geheimnis solcher Ausdrucksfähigkeit liegt aber zumeist in dem darin vorkommenden Septimen= und nachfolgenden Quintschritt*[21].

Josef Messner sandte noch als Kooperator von Häring ein Exemplar seines Liederheftes der berühmten Sängerin Anna Bahr-Mildenburg zu, die ihm daraufhin zurückschrieb: *Sehr geehrter Herr Messner! Ich danke Ihnen für Ihre schönen Lieder mit denen ich gestern bekannt wurde u z. spielte sie mir Director Paumgartner, Director des Mozarteums vor. Wir fanden viel Schönes darin u. ich werde sie sicher einmal, wenn sich passende Gelegenheit dazu ergiebt in ein Liederprogramm aufnehmen. Director Paumgartner aber hätte manches darüber zu sagen was Sie vielleicht interessieren wird. Vielleicht verbinden Sie Ihren Aufenthalt in Salzburg mit einem Besuch bei ihm. Sollte ich zu dieser Zeit hier sein so werde ich mich freuen Sie kennen zu lernen u. mit Ihnen über Ihre Lieder zu sprechen. Im Interesse dieser würde ich Ihnen rathen Director P. aufzusuchen u. mit diesem feinfühligen Musiker in Fühlung zu kommen. Seien Sie einstweilen allerbestens gegrüßt von Ihrer Anna Bahr Mildenburg*[22].

Während seiner Zeit in Häring arbeitete der junge Kooperator auch am neuen „Gesangbuch" der Erzdiözese Salzburg (1918) mit, für das er dreißig Orgelsätze beisteuerte – unter anderem einige über die österreichische Kaiserhymne –, außerdem verfaßte er etliche Aufsätze für Fachzeitschriften. Im März 1918 bewilligte ihm der Landesausschuß der gefürsteten Grafschaft Tirol für seine Betätigung als Musikschriftsteller[23] eine Landesunterstützung von zweihundert Kronen[24]. Drei Aufsätze über Fragen des kirchenmusikalischen Alltags erschienen im Lauf des Jahres 1918 in der „Katholischen Kirchenzeitung" (vormals „Salzburger Kirchenblatt"). Die Nummer 23 bringt einen längeren Artikel mit dem Titel „Ueber Kritik der Kirchenmusik" und beginnt folgendermaßen: *Man hört heute oft darüber klagen, wie auf dem Gebiete der katholischen Kirchenmusik der Warenmarkt geradezu überschwemmt wird, ohne dabei wahrhaft Künstlerisches zu bieten; gerade mit den Erscheinungen des letzten Jahrzehnts stehe es wirklich im argen. Wer ist daran schuld? […] Die Hauptschuld daran trägt eine mangelhafte, unsachliche, vielleicht nicht immer unparteiische Kritik*[25]. Der Autor fragt unter anderem, warum noch immer so viele sentimentale Lieder minderer Qualität gesungen werden, obwohl man doch zum Beispiel die „Geistlichen Lieder" Max Regers oder die Motetten von Franz Liszt wählen könnte. – In der Nummer 39 nimmt Messner zur Einführung des Volksgesangs Stellung: *Man würde sich einer Täuschung hingeben, wenn man glaubte, weil nun das neue Salzburger Diözesangebet- und Gesangbuch erschienen ist, könne das Volk auch schon singen. Vielmehr muß jetzt von klein auf begonnen werden: zuerst muß die Schuljugend tadellos singen, sonst lernt es das erwachsene Volk nie*[26]. Die Kinder mögen zuerst den Text eines Liedes von der Tafel abschreiben, dann erkläre ihnen der Lehrer die Bedeutung der Worte und singe ihnen die Melodie stückweise so lange vor, bis die Kinder sie nachsingen können; erst wenn sie das Lied gelernt haben, dürfen sie es im Gesangbuch nachschlagen. Jede Woche könne mit Leichtigkeit ein Lied erarbeitet werden. – Messners dritter Beitrag in den Nummern 49 und 50 betrifft das Thema *Pfarrer und Kirchenmusik: Der Grund dafür, daß unsere Kirchenmusik auf dem Lande namentlich oft so namenlos darniederliegt, ist nicht immer im musikalischen Unverständnis des Organisten zu suchen, auch nicht im Zeitmangel der einzelnen Chormitglieder, noch weniger in der schlechten Orgel. Vielmehr trägt an diesen Zuständen mancher Pfarrer selbst die Schuld: denn er hat dafür zu sorgen, daß in der Kirche – daher auch am Musikchor in musicis et personis – Ordnung herrscht*[27]. Messner schlägt vor, daß sich jeder Pfarrer um seinen Chor kümmern solle, dann werde auch der Lehrer als Chorleiter besser arbeiten und das Kirchenvolk werde den Einsatz beider respektieren. Der Pfarrer möge von Zeit zu Zeit die Chorproben besuchen und die Arbeit loben oder tadeln. Er selbst solle mit einer alljährlich festgesetzten Summe neues Notenmaterial ankaufen und sich bei der Auswahl der Stücke von Sachverständigen beraten lassen. Der Autor regt die *Errichtung einer diözesanen Auskunftsstelle für Kirchenmusik* und die *Einführung von Kirchenmusik-Inspektoren* an. *Gerade auch für die jüngste Strömung des Volksgesangs ist eine solche Einführung überaus wünschenswert, wollen wir nicht in ein musikalisches Chaos hineintreiben. Was die Willigkeit des Chorleiters in dieser Frage angeht, so wäre sie sicher zu erreichen, wenn einmal deren Bezüge endgültig geregelt sind*[28]. – Ein Jahr später (1919/Nr. 43 und 47) nahm Messner Stellung zur viel diskutierten „Organistenfrage"[29], ob nämlich Schnellkurse in „Organistenschulen" den Mangel an Kirchenmusikern beheben würden oder ob nicht doch die Lehrer auch weiterhin den Organistendienst übernehmen sollten, dann aber mit geregelter Bezahlung. Messner lehnte eine nur wenige Monate dauernde Ausbildung ab, bejahte den Einsatz williger Lehrer und forderte eine bessere musikalische Ausbildung aller Geistlichen, damit sie in der Kirche zusätzliche Dienste übernehmen könnten.

Beide Brüder Messner wollten sich mit ihrer Ausbildung zum Priesteramt nicht begnügen. Während sich Johannes für ein Studium der Rechts- und Wirtschaftswissenschaften an den Universitäten von Innsbruck und München freistellen ließ, strebte Josef eine musikalische Laufbahn an. Schon ab dem Sommer 1917 hatte er von berufenen Personen Zeugnisse eingeholt, die ihn als einen außergewöhnlich begabten und erfahrenen Organisten empfahlen. Sein ehemali-

ger Musiklehrer Georg Feichtner, der Salzburger Domkapellmeister Hermann Spies und der Regensburger Kanonikus Peter Griesbacher[30] lobten sowohl seine künstlerischen Fähigkeiten als auch sein freies, reifes Urteil in Fragen der Kirchenmusik. Feichtner schrieb unter anderem: *Besonders hervorzuheben aber ist das praktische Können. Zwar wurden Violine, Bratsche, Cello und Flöte fleissig gespielt, das Hauptinstrument blieb jedoch die Orgel. Im Orgelspiel leistet Herr Messner künstlerisch Hervorragendes als Improvisator und in der Wiedergabe klassischer und moderner Meisterwerke; daher er auch für das Konzertspiel vorgebildet ist. Der Gefertigte empfiehlt den Hochw. Herrn Josef Messner auf das allerbeste als Organisten, auch wenn hohe künstlerische Anforderungen gestellt werden*[31]. Spies bedauerte in seinem Attest: *Leider wurde bei der Besetzung der Domorganistenstelle in Salzburg ein anderer minder Fähiger ihm vorgezogen*[32].

Josef Messner hatte damals jedoch kein Verlangen, auf Dauer nach Salzburg zurückzukehren. Gelegentlich konnte man ihn freilich dort hören. Als am 11. Mai 1918 die „Leo-Gesellschaft" im Wiener Saal des Mozarteums eine Gedenkfeier zum zweiten Todestag von Max Reger veranstaltete, hielt Messner die Gedenkrede und interpretierte ein Orgelstück Regers. Am darauffolgenden Sonntag spielte er im Dom, worüber mehrere Tageszeitungen berichteten. In der Wiener „Reichspost" vom 16. Mai war zu lesen: *Am Sonntag stellte sich der junge Priester Josef Meßner aus Tirol, der den Salzburgern schon aus seiner Tätigkeit als Hilfsorganist am Dom bekannt war, wieder als Gast ein, um zu einer stillen Messe die Orgel zu spielen. Wenige Jahre haben sein Spiel zur hohen Meisterschaft, der vollkommensten Beherrschung seines Instrumentes, zur vollsten Freiheit der Improvisation reifen lassen. Es war ein erlesener Genuß, unter seinen Händen das große Wunderwerk der Domorgel erklingen zu hören, aber vielleicht noch schöner war es, zu verfolgen, wie er den kunstvollen Bau seiner Improvisation aus dem Gang der Messe entwickelte. Was er schuf, waren keine flüchtigen Augenblicksbilder, sondern ein festgefügtes, in sich ruhendes Kunstwerk. Man tut gut, sich diesen Namen zu merken, Josef Meßner, der jetzt vielleicht nach Deutschland geht – er hat auch mit schönen Liedern Erfolg gehabt – nicht aus den Augen zu verlieren, damit uns nicht auch dieses schöne und vielversprechende österreichische Talent verloren geht*[33].

Die Sorge des Journalisten war nicht unbegründet: In Innsbruck hatte Messner nämlich vor dem damaligen Dresdener Hofkapellmeister Karl Maria Pembaur, einem seiner wichtigsten Förderer[34], ein Probespiel abgelegt, das ihm die Berufung zum königlich-sächsischen Hoforganisten eintrug. Messner sollte sein neues Amt in Dresden am 15. November 1918 antreten, daher ließ er sich ab dem 1. Oktober von seiner Tätigkeit als Seelsorger beurlauben. Er konzertierte noch in Innsbruck und bereitete sich dann auf seine neue Aufgabe vor. Seine Reise nach Dresden endete aber jäh in München, wo am 7. November die Revolution ausbrach, die schließlich zur Ausrufung der Räterepublik führte. Auch König Friedrich August III. von Sachsen mußte abdanken, Joseph Messners Berufung zum Hoforganisten war hinfällig. Was tun? In den Dienst als Kooperator wollte er nicht zurückkehren. Um eine Aufenthaltsgenehmigung für München zu bekommen – Bruder Hans studierte hier Nationalökonomie –, inskribierte Messner auf Anraten des Pianisten Josef Pembaur an der Akademie der Tonkunst. Als er zur Aufnahmsprüfung antrat, konnte er die Prüfungsarbeiten für den ersten und zweiten Jahrgang auf der Stelle lösen und die Arbeit für den dritten Jahrgang noch am selben Tag abgeben. Direktor Geheimrat Bußmeyer fragte den Kandidaten voll Verwunderung, ob er denn schon irgendwo studiert habe. Als dieser verneinte, reichte ihm der Direktor ein gedrucktes Liederheft und sagte: *Ich habe da Kompositionen von einem gewissen Joseph Messner. Kennen Sie den?* Worauf der Prüfling antwortete: *Bittschön, das bin ich*[35]. Er wurde in den letzten Jahrgang aufgenommen und schloß ihn am 12. Juli 1919 ab. Sein Absolutorial-Zeugnis nennt die Fächer Kompositionslehre, Orgel, Klavier, Allgemeine Musiklehre, Harmonielehre, Musikgeschichte und Katholische Liturgie. Zu seinen Lehrern zählten die Professoren Friedrich Klose (ein Schüler Bruckners) und Josef Becht (ein Schüler Rheinbergers). Messner nahm damals, seinen Aufzeichnungen zufolge, auch Unterricht im Fach Dirigieren bei Professor Schwickerath und hörte – wie sein Bruder – Vorlesungen über Kunstgeschichte bei Professor Wölfflin[36]. Von der Abschlußprüfung im Fach „Liturgie" erzählte Messner später schmunzelnd, daß ihm Professor Becht, dessen Vorlesungen er nur selten besucht hatte, eine besonders schwierige Frage angedroht hatte: der Kandidat sollte den Aufbau der Weih-

nachtsmatutin erklären. Als Theologe konnte Messner die Prüfung aber mit so gutem Erfolg bestehen, daß ihn der Professor anschließend auf eine Portion Weißwürste ins Hofbräuhaus einlud[37].

Das Salzburger Domkapitel und der seit August 1918 als Fürsterzbischof regierende Dr. Ignaz Rieder hatten dem Musikstudium Messners in München zugestimmt, damit der junge Priester durch eine fundierte Ausbildung bald in der Lage sein würde, die Nachfolge des amtierenden Domkapellmeisters Hochwürden Spies anzutreten, der an zunehmender Taubheit litt. Joseph Messner – er schrieb seinen Vornamen nun immer mit „ph" und den Familiennamen meistens mit „ß" – dachte aber nicht an eine baldige Rückkehr. Unterstützt durch ein Stipendium der Tiroler Landesregierung wollte er als freischaffender Künstler leben und komponieren. Noch in den Novembertagen 1918 hatte er mitten im Lärm der Münchener Aufständischen innerhalb einer Woche seine „Messe in D" (op. 4) geschrieben, die von Außenstehenden nicht nur wegen ihrer Entstehungszeit den Beinamen „Revolutionsmesse" bekam. In diesem Werk, das aus der Erschütterung über den Zusammenbruch aller bestehenden Ordnungen entstanden ist, rechnete Messner mit dem Cäcilianismus ab: Die Besetzung verlangt einen vierstimmigen gemischten Chor, Sopran- und Tenorsolisten, Orgel, sieben Bläser (2 Hörner, 2 Trompeten, 3 Posaunen) und Pauken; das Werk ist allerdings auch in einer Orgelfassung aufführbar. Sieben Charaktermotive (Gott Vater, Erlöser, Hl. Geist, Sünde, Bitte oder Erbarmen, Herrlichkeit, Benedictus) verbinden sich mit dem Text des Ordinariums. Die Komposition sollte die Zuhörer nicht rühren, sondern erschüttern[38]. Peter Griesbacher nannte sie die modernste der modernen Messen[39], Messners späterer Biograph Karl Neumayr verglich sie mit den kraftvollen Bildern des Tiroler Malers Albin Egger-Lienz; für das Kirchenvolk der Nachkriegszeit war sie gewöhnungsbedürftig. Zwei Tage bevor die Messe am 29. Juni 1921 zusammen mit den „Wechselgesängen für Peter und Paul" (op. 7) unter Alfons Schlögl im Salzburger Dom uraufgeführt wurde, erschien in der „Salzburger Chronik" eine Notiz des Domkapitulars Ludwig Angelberger, in der er für das Werk um *das regste Interesse aller unvoreingenommenen Freunde wahrhaft hoher kirchenmusikalischer Kunst* warb[40]. Die Musikkritiker im deutschen Sprachraum beschäftigten sich alsbald mit Messners neuartiger Kirchenmusik; jede Erstaufführung wurde, auch wenn sie konzertant stattfand, von den Zuhörern mit großem Interesse wahrgenommen. So berichtete zum Beispiel ein Korrespondent des „Allgemeinen Tiroler Anzeigers" am 15. Dezember 1922 aus Köln, daß die Aufführungen Messner'scher Werke in Köln, Neuß und Düsseldorf-Oberkassel *für den Komponisten einen durchschlagenden Erfolg bedeuteten. Man muß sich dabei die Tatsache in Erinnerung bringen, daß die Kirchenmusik der Erzdiözese Köln sich noch ganz in den ausgefahrenen Geleisen des „Caecilianismus" befindet. [...] So standen denn einer Aufführung in einer Kirche anfänglich ganz bedeutende Schwierigkeiten entgegen, bis von oberster Stelle hierzu ausdrücklich die Erlaubnis erteilt wurde. [...] Der ganze ungeheure Andrang von etwa 8000 Menschen bewies auch das allseitige Interesse, das man sowohl der Aufführung als solcher, als auch dem ganzen Fragenkomplex, der eine Neuorientierung in der Kirchenmusik betrifft, entgegenbrachte*[41].

Gleich nach der „Messe in D" wagte sich Joseph Messner an die Komposition seiner 1. Symphonie (op. 5), die 1920 abgeschlossen und fünf Jahre später in Bochum uraufgeführt wurde. Der dritte Satz löste sich als „Scherzo fugato" aus dem Gesamtwerk heraus und bereicherte als geistreiches, beschwingtes Stück viele Orchesterkonzerte. Nach dem Abschluß der Symphonie begann Messner mit der Arbeit an seiner ersten Oper, zu der ihm Bruder Hans das Libretto schrieb.

Beide Brüder hatten anfangs in billigen Untermietzimmern gewohnt – Joseph in der Aldringenstraße 11/II links – und sich in der Volksküche verpflegt (der eigene Suppenlöffel war mitzubringen!). Nach einiger Zeit konnten sie durch einen glücklichen Zufall ein besseres Quartier in der Pettenkoferstraße 27 beziehen, und zwar im Haus der weithin bekannten Homöopathin Thesi (Therese) Mauerer[42]. Diese Frau, eine Lehrerstochter aus Niederbayern, hatte sich von einer Haushälterin zur Hebamme und danach – laut Münchener Adreßbuch von 1913 – zur „Naturheilkundigen" emporgearbeitet und dabei so viel Geld verdient, daß sie sich im Jahr 1918 ein Anwesen in der Pettenkoferstraße kaufen konnte[43]. Frau Mauerer ließ sich für die Untersuchung ihrer Patienten, die teils dem Münchener Adel angehörten, teils aus dem Theatermilieu stammten, die gläsernen Urinfläschchen aus Tirol kommen. Als Lieferantin der zerbrechlichen

Ware fuhr des öfteren Maria Messner nach München. Eines Tages erzählte sie der Heilpraktikerin, daß hier ihre zwei geistlichen Söhne unter dürftigen Bedingungen studierten. Die kunstsinnige Frau Mauerer nahm daraufhin Hans und Pepi kostenlos in ihr Haus auf, bedingte sich aber aus, daß die neuen Mitbewohner sie allabendlich ins Konzert oder Theater begleiten sollten[44]. Die beiden jungen Männer konnten nun von materiellen Sorgen befreit arbeiten. Joseph zelebrierte im Bürgersaal[45], schrieb Beiträge für Zeitschriften, bereitete sich auf Konzerte vor, knüpfte Kontakte zu Künstlern und Kunstschaffenden, vor allem aber komponierte er.

Im Frühsommer 1921 reiste Kanonikus Ludwig Angelberger als Sekretär des Dommusikvereins nach München, um Messner als neuen Domkapellmeister für Salzburg zu gewinnen. Hochwürden Spies war beinahe völlig ertaubt, hatte sein Amt zurückgelegt und widmete sich fortan musikgeschichtlichen Forschungen. Seinen Posten hatte aushilfsweise Professor Alfons Schlögl übernommen, man brauchte dringend einen ständigen Nachfolger. Messner aber fühlte sich zu dieser Aufgabe noch nicht bereit; er wollte sich auch nicht an Salzburg binden. Während eines Aufenthaltes in Innsbruck erfuhr er vom Kapellmeister der dortigen Jakobskirche, daß der Chorleiter der Stadtpfarrkirche von Meran, Franz Xaver Gruber – ein Enkel des „Stille-Nacht"-Komponisten[46] – nicht in Südtirol bleiben wolle, weil er dann für Italien optieren müßte, und nun eine passende Stelle in Österreich suche. Messner ließ sofort ans Domkapitel telegraphieren, daß man Hochwürden Gruber nach Salzburg berufen möge, was auch geschah; Gruber wurde am 1. Oktober 1921 zum Domkapellmeister bestellt. Messner selbst konnte weiterhin in München bleiben. Neben der Arbeit an seiner Oper „Esther" („Hadassa") auf einen Text seines Bruders Johannes entstanden geistliche Werke: die schon erwähnten „Wechselgesänge" als Beginn von Messners großartigen Proprienvertonungen, weiters die zarten „Zwei Marienlegenden" (op. 8) in der ungewöhnlichen Besetzung für Singstimme, Streichquartett, Harfe und Horn und dann die „Missa poetica" (op. 9) für Sologesang und Orgel auf Texte der Dichterin Ilse von Stach. Dieses Werk in der Tradition einer „deutschen Singmesse" wurde 1922 in Heidelberg uraufgeführt und erregte wiederum große Aufregung unter den Kirchenmusikern cäcilianischer Prägung. Ein Zeitzeuge, Herr Studienrat Peters aus Duisburg, berichtete darüber in der „Duisburger Volkszeitung“: *Auf der Heidelberger Tagung des Verbandes der katholischen Akademiker im Herbst 1922 stand auch die Frage der Kirchenmusik zur Besprechung. Anlaß dazu bot die geplante Aufführung der Missa poetica von Joseph Meßner. Der Komponist selbst vertrat mit großem Eifer seinen modernen Standpunkt, und dann setzte die Diskussion ein. Wie zu erwarten, platzten die Geister heftig aufeinander, und die Sitzung schien einen bedenklichen Verlauf nehmen zu wollen, als plötzlich Meßner vom Rednerpult weggedrängt wurde und ein Teilnehmer in die erregte Versammlung hineinrief, man solle doch die zwecklosen Wortgefechte aufgeben und lieber das in Frage stehende Werk unmittelbar auf sich einwirken lassen. Im Nu trat Stille ein, und alles eilte zur nahe gelegenen Jesuitenkirche, wo alsbald die ersten Klänge des Präludiums der Messe von oben herabschwebten. Und nun rollte sich die heilige Handlung in einer gewaltigen sinfonischen Orgeldichtung mit fast greifbarer Deutlichkeit ab, zumal Ilse v. Stachs dem lateinischen Text nachempfundene Dichterworte dem Verständnis ungemein nachhalfen, bis eine prachtvoll gesteigerte Fuge das erhabene Tongemälde beschloß. Wie das brucknerte und regerte! Und doch war es nicht Bruckner und auch nicht Reger, sondern eher eine Wesensverschmelzung dieser beiden religiösen Geister in inbrünstiger Steigerung. [...] Beim gemeinsamen Frühstück am nächsten Morgen führte ein glücklicher Zufall den mir bis dahin unbekannten Neußer Rechtsanwalt Dr. Geller, der sich seither mit seinem a-capella-Chor große Verdienste um Meßner erworben hat, an meinen Tisch. Das Gespräch drehte sich ausschließlich um die gehörte Messe und ergab eine merkwürdige Uebereinstimmung unserer Ansichten über Werk und Schöpfer. Dr. Geller vermittelte mir sofort die Bekanntschaft mit letzterem und ließ uns dann allein. Alsbald vertieften wir uns, eine Straße auf- und abgehend, in ein langes Gespräch, das nicht einmal durch einen ziemlich heftigen Dauerregen gestört wurde. Meine Ansicht über Meßners Schaffen fand sich bestätigt, und als ich später Gelegenheit hatte, die Partituren der C-moll-Sinfonie und der Oper Hadassa einzusehen, stieß ich immer wieder auf ein an Bruckner und Reger genährtes, fabelhaftes technisches und musikalisches Können. – Von da an stand es für mich fest, daß ich Meßner, den ich inzwischen auch als lieben,*

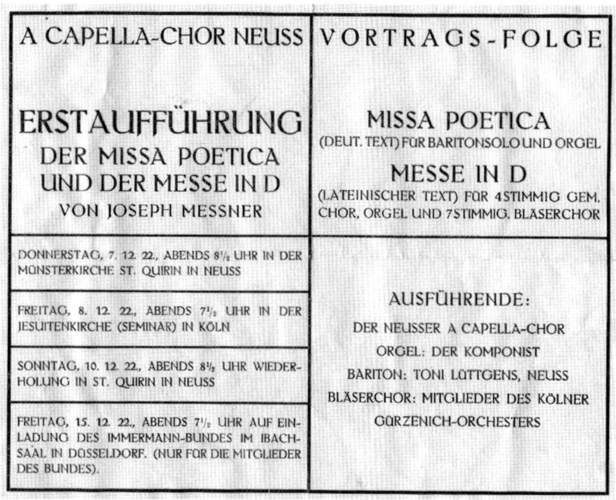
A CAPELLA-CHOR NEUSS

ERSTAUFFÜHRUNG
DER MISSA POETICA
UND DER MESSE IN D
VON JOSEPH MESSNER

DONNERSTAG, 7. 12. 22., ABENDS 8½ UHR IN DER MÜNSTERKIRCHE ST. QUIRIN IN NEUSS

FREITAG, 8. 12. 22., ABENDS 7½ UHR IN DER JESUITENKIRCHE (SEMINAR) IN KÖLN

SONNTAG, 10. 12. 22., ABENDS 8½ UHR WIEDERHOLUNG IN ST. QUIRIN IN NEUSS

FREITAG, 15. 12. 22., ABENDS 7½ UHR AUF EINLADUNG DES IMMERMANN-BUNDES IM IBACH-SAAL IN DÜSSELDORF. (NUR FÜR DIE MITGLIEDER DES BUNDES).

VORTRAGS-FOLGE

MISSA POETICA
(DEUT. TEXT) FÜR BARITONSOLO UND ORGEL

MESSE IN D
(LATEINISCHER TEXT) FÜR 4STIMMIG GEM. CHOR, ORGEL UND 7STIMMIG. BLÄSERCHOR

AUSFÜHRENDE:
DER NEUSSER A CAPELLA-CHOR
ORGEL: DER KOMPONIST
BARITON: TONI LÜTTGENS, NEUSS
BLÄSERCHOR: MITGLIEDER DES KÖLNER GÜRZENICH-ORCHESTERS

Abb. 13 Konzertprogramm aus Neuß, Dezember 1922

treuherzigen Menschen kennen gelernt hatte, fördern würde, so weit meine schwachen Kräfte reichen. Hoffentlich erlebe ich noch die Zeit, wo der einzige Erbe Bruckners die Stellung einnimmt, die ihm gebührt, nämlich an der Spitze der deutschen Tondichter zu marschieren[47].

Im Lauf des Jahres 1922 erhielt Joseph Messner das ehrenvolle Angebot, an Sterns berühmtem Konservatorium in Berlin das Fach „Komposition“ zu unterrichten. Als Fürsterzbischof Dr. Rieder davon erfuhr, meinte er entsetzt: *Was tut denn ein Tiroler in Berlin?*[48] und berief Joseph Messner zum zweiten Organisten am Salzburger Dom: Erster (definitiver) Domorganist war seit 1916 Franz Sauer, ein gebürtiger Schlesier, der in Berlin und Regensburg studiert hatte. Messners Beurlaubung war zu Ende, er mußte sich seinem Dienstherrn fügen. Offiziell wurde er mit Wirkung vom 1. September 1922 zum 2. Kooperator in Pfarrwerfen ernannt (und als solcher bezahlt), jedoch für den musikalischen Dienst im Dom freigestellt.

Domorganist von Salzburg – Reisender Orgelvirtuose 1922 bis 1926

Mit einer fertigen Symphonie und einer Oper, dem Beginn der „Sinfonietta“ und weiteren Kompositionsplänen im Gepäck kehrte Messner nach Salzburg zurück. Die Zusammenarbeit mit Gruber und Sauer war gut. Allmählich besserte sich auch die Situation der Kirchenmusik, weil der Fürsterzbischof die Kompositionen aus der ruhmreichen musikalischen Vergangenheit Salzburgs hören wollte. So war es zum Beispiel wieder gestattet, im Gottesdienst Messen von W. A. Mozart und M. Haydn aufzuführen, doch hatte der Domkapellmeister dafür noch kein ständiges Ensemble zur Verfügung. Als Gruber im Juni 1923 in einem „Historischen Kirchen-Konzert", das unter der Patronanz der Salzburger Festspielhaus-Gemeinde in der Kollegienkirche stattfand, Werke alter Salzburger Meister aufführte, mußte er sich laut Programmzettel die Chorsänger aus dem Damen-Singverein „Hummel" und aus der Salzburger „Liedertafel", die Musiker aber aus dem Orchester des „Deutschen Schulvereins" holen. Kirchenmusikalische Darbietungen wurden von Zeit zu Zeit in den Tageszeitungen kommentiert. So schrieb zum Beispiel das „Salzburger Volksblatt" am 2. November 1923 über die Dommusik: *Man geht an so vielen Dingen achtlos vorüber, weil man ihr Vorhandensein als eine Selbstverständlichkeit betrachtet, die keines Aufhebens bedarf. Man spricht in Salzburg un-endlich viel über Kunst und Musik, aber kaum einem fällt es ein, wenigstens von Zeit zu Zeit auf die Tatsache hinzuweisen, daß wir neben allem andern über einen Reichtum an guter Kirchenmusik verfügen, wie ihn nicht gleich eine zweite Stadt aufzuweisen hat. Hat man doch so oft Gelegenheit, im Dom Kostbarkeiten alter und neuerer Kirchenmusik zu hören, von deren Schönheit man sich erheben läßt, ohne zu bedenken, welcher Riesenaufwand aufopfernder Arbeit notwendig ist, um uns beispielsweise mit der Krönungsmesse zu beschenken. Es wäre nicht unangebracht, wollte man das stille, aber nicht weniger verdienstvolle Wirken des Domkapellmeisters Franz X. Gruber etwas mehr beachten und würdigen, zumal kaum ein Dirigent so viel glückliches Bescheiden besitzt wie er.* Diesen Worten folgte ein Lob über die eindrucksvolle Aufführung der „Messe in D" von Joseph Messner, die Gruber am Allerheiligenfest tags zuvor dirigiert hatte[49].

Damit die Aufführung wertvoller Kirchenmusik nicht auf die Stadt Salzburg beschränkt bliebe, wurden in einigen Orten der Erzdiözese Kirchenkonzerte veranstaltet, die allerdings nicht immer auf das Interesse der Bevölkerung stießen. Messner konzertierte

Abb. 14 Domkapellmeister Gruber, Domherr Angelberger, Präfekt Lungkofler und Domorganist Messner mit den Salzburger Kapellknaben; zwischen Lungkofler und Messner der Kapellknabe Karl Berg, Fronleichnam 1923

zum Beispiel am 23. Dezember 1923 in St. Johann im Pongau unter Mitwirkung auswärtiger und einheimischer Solisten und des örtlichen Chores. Auf dem Programm standen eine Orgelsuite von Muffat, ein Chorstück aus Mendelssohns „Elias", Rheinbergers „Variationen für Violine und Orgel", Regers „Romanze" für Orgel, Messners Chorsatz über „In dulci jubilo" (als Uraufführung), Springers „Pastorale" für Orgel und zuletzt der „95. Psalm" von Mendelssohn. *Der schwache Besuch einer für St. Johann so seltenen, mit so großem Fleiße vorbereiteten Veranstaltung läßt sich mit der Ungunst der Witterung allein nicht bemänteln. Es fehlt eben das Interesse an wahrer und ernster Kunst. Doch braucht dies für den Chor kein Grund zur Entmutigung zu sein. Die Kunstgemeinde von St. Johann ist zwar nicht groß, dafür aber überaus empfänglich und dankbar. Für die andern, für die ist das Kino eben recht*[50].

Messner hatte vom Erzbischof schon zu Dienstantritt die Erlaubnis erhalten, außerhalb seiner Verpflichtungen im Dom frei über seine Zeit verfügen und auf Konzertreisen fahren zu dürfen[51]. Fürsterzbischof Dr. Rieder begegnete seinem einstigen Weihekandidaten stets mit großem Verständnis und Wohlwollen. Auch Domherr Angelberger erwies sich als Gönner und Förderer Messners; er nahm ihn sogar in seine Wohnung am Mozartplatz 10 auf, da für den Domorganisten keine Dienstwohnung vorgesehen war.

Die Jahre bis zur nächsten Veränderung in Messners Leben im Frühling 1926 verliefen abwechslungsreich und anstrengend. Messner versah zu den festgesetzten Zeiten seinen Orgeldienst im Dom und den Unterricht im Kapellhaus, packte alsdann seine Koffer und fuhr zu Konzerten nach Deutschland, Holland und Dänemark. Die erhaltenen Programmzettel nennen als Aufführungsorte die Städte Düsseldorf, Oberkassel, Köln, Neuß, Mönchen-Gladbach, Aarhus, Fredericia, Duisburg, Aachen, Augsburg, Freiburg[52], Karlsruhe, Nürnberg, Bochum und Essen. Messner interpretierte eigene und fremde Werke, improvisierte auf der Orgel und wohnte den Ur- und Erstaufführungen seiner Kompositionen bei. Überall errang der sympathische junge Künstler Lob und Anerkennung, er wurde mit Beifall und Blumen überschüttet. Die Reisen, auf die er sich immer gründlich vorbereitete[53], finanzierte er mit seinen Honoraren[54]. In Salzburg erregte Messners persönliche Freiheit die Gemüter mancher hochwürdiger Kollegen. Auch fanden sich Personen, die sich darüber beklagten, daß Joseph Messner nicht nur das geistliche Gewand, sondern auch Zivilkleider trug. Als Künstler komme er oft mit Menschen aus anderen Religionen zusammen, meinte später einmal Weihbischof Dr. Filzer[55], da müsse man ihn eben mit anderen Maßstäben messen.

Messner komponierte beinahe unablässig. Er schrieb seine Partituren ins Reine und fertigte schön leserlich die einzelnen Stimmnoten an; oft arbeitete er die Nächte durch. Einer Anekdote zufolge wachte eines Nachts Domherr Angelberger auf und glaubte, das Geräusch huschender Mäuse zu hören. Als er nachschauen ging, sah er seinen jungen Mitbewohner am Schreibtisch sitzen und mit kratzender Feder Noten kopieren. – In rascher Folge entstanden die Werke op. 10 bis op. 25:

„Sinfonietta" für Klavier, Mezzosopran und Orchester (*Vollendet am 11. April in Posterbolt in Holland, 1923*);
„Ecce sacerdos" für Chor, Bläserseptett und Pauken;
Proprium zum Fest „Allerheiligen" für Soli, Chor und Bläserseptett;
„Das Leben", symphonisches Chorwerk nach Gedichten von Novalis für Mezzosopran, Frauenchor, Streichorchester, Harfe und Klavier (*Vollendet in Salzburg, 16. April 1924*);
„Phantasie und Fuge in b" für Klavier;
„Romanze" für Klavier;
Zwei Chöre für vierstimmigen Männerchor a capella: „Am Abend" (*Der Aachener Liedertafel gewidmet.*) und „Der Einsiedler" (*Dem Neusser a-capella-Chor.*);
Pfingsthymnus „Veni creator" für Chor, Bläsersextett und Orgel;
„Fünf geistliche Chöre" a capella nach alten Kirchenliedmelodien;
„Improvisation über ein Thema von Anton Bruckner" für Orgel (Zur Feier von Bruckners 100. Geburtstag);
„Passionsgesänge", sechs deutsche Chöre a capella nach alten Kirchenliedmelodien;
„Sinfonie Nr. 2 in F" („Savonarola");
„Fünf geistliche Frauenchöre" a capella nach alten Kirchenliedmelodien;
„Sechs Pange lingua" für unterschiedliche Besetzungen;
„Fünf Symphonische Gesänge" für Sopransolo und Orchester nach Texten von Wilhelm Hendel;
„Vier Hymnen für die Prozession zu Fronleichnam" für Chor und Bläsersextett.

In den Kompositionen, die für den Salzburger Dom bestimmt waren, berücksichtigte Messner die schwierigen akustischen Verhältnisse in diesem frühbarocken Bauwerk[56] und setzte häufig Blechbläser ein, weil sich ihr Klang trotz des langen Nachhalls behaupten kann, wogegen der Klang von Streichinstrumenten verschwimmt.

Die meisten der oben genannten Werke wurden nicht in Salzburg, sondern in deutschen Städten uraufgeführt. Im Rheinland war das Interesse an seinen Kompositionen besonders groß, man veranstaltete dort wiederholt „Meßner-Abende", sogar „Meßner-Tage" und berichtete in den Zeitungen der Region ausführlich darüber. Als Beispiel sei die „Duisburger Volkszeitung" vom 14. Januar 1924 zitiert: *Am Himmel der Musik ist ein neuer Stern aufgegangen: Joseph M e ß n e r. Ein gutes Omen mag es sein, daß dieser junge, 1894 [sic!] in Tirol geborene Tondichter als Domorganist in der Stadt wirkt, mit welcher der Name des großen Mozart eng verbunden ist, Salzburg, das nun, wenn nicht alles täuscht, neuen künstlerischen Ruhm gewinnt. Denn Meßners Begabung ist so bedeutend, daß sie über die Berge seiner Heimat hinwegleuchtet und bald überall in deutschen Landen Anerkennung und Bewunderung finden wird. Ein glücklicher Zufall sandte den ersten Strahl des neuen Lichtes an den Niederrhein, musikkundige Kreise in Neuß wurden auf Meßner aufmerksam, dann interessierte sich ein kunstverständiger Bewohner unsrer Stadt Generalmusikdirektor Paul S c h e i n p f l u g für ihn, der Einsicht in ein Klavierkonzert des Tonsetzers nahm und dieses nunmehr zur Uraufführung gebracht hat. Das vierte Hauptkonzert der städtischen Musikveranstaltungen wurde dadurch zu einem besonderen Ereignis in dem durch Scheinpflugs Wirken urkräftig emporgeblühten musikalischen Leben Duisburgs, nicht so sehr durch die Tatsache an sich, als vielmehr durch den starken, ungewöhnlichen Erfolg, den Meßners Tonwerk errang. Hingerissen von der in diesem steckenden geistigen Größe und künstlerischen Kraft, folgten die Konzertbesucher – der Saal war dicht gefüllt – der Aufführung mit gebannter Teilnahme, erstauntem Aufhorchen und dem bald sich einstellenden Bewußtsein, daß ein Künstler zu ihnen sprach, der wirklich etwas zu sagen hatte. Und als die letzten Töne des neuen Werkes verklungen waren, konnte sich Meßner durch anhaltenden, überaus herzlichen Beifall von der Anerkennung überzeugen, die seine Muse gefunden hatte.*

Abb. 15 Der Komponist und Domorganist Joseph Messner

Selbst der Skeptiker, der in neuzeitlichen Entwicklungen der Tonkunst allzuleicht anarchistische Zersetzung erblickt, stand unter dem Eindruck eines machtvollen künstlerischen Erlebnisses[57]. Das so bewunderte neue Werk war die „Sinfonietta", in der als Solist der Pianist Josef Pembaur brillierte und Maria Schäfer das Sopransolo sang. Wegen des großen Erfolges wurde das Konzert wiederholt und ein Sonderkonzert mit Werken Messners veranstaltet, trotzdem reichten die Plätze in der Tonhalle für die andrängenden Besucher nicht aus. Die „Niederrheinischen Nachrichten" vom 15. Jänner bemerkten dazu: *Ueber mangelndes Entgegenkommen kann sich der junge Salzburger Meister ebenso wenig beklagen wie über zu wenig Beifall, denn welchem jungen Künstler ist es vergönnt, der Kunstgemeinde einer Großstadt drei Tage lang fast den größten Teil seines bisherigen Schaffens vorführen zu dürfen?*[58]

Am 1. Juli 1924 wurde in Neuß mit großem Erfolg Messners symphonisches Chorwerk „Das Leben" (op. 13) uraufgeführt[59]. Einige Wochen später, am 6. Septem-

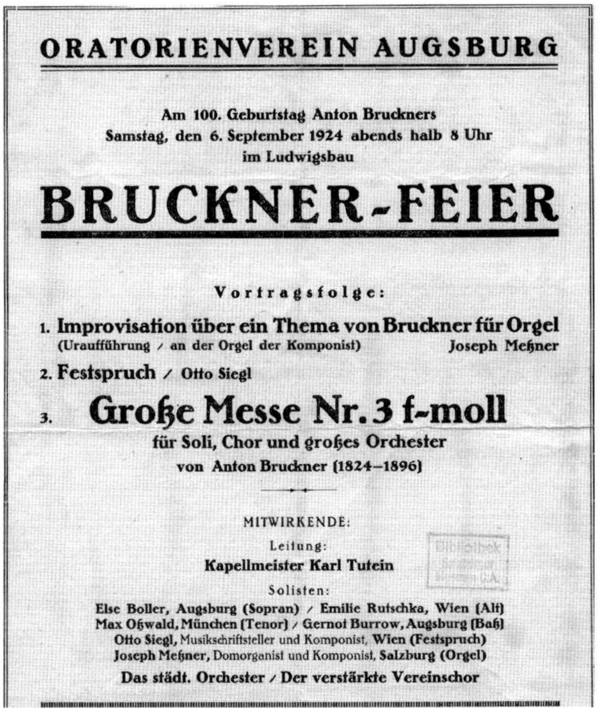
ORATORIENVEREIN AUGSBURG

Am 100. Geburtstag Anton Bruckners
Samstag, den 6. September 1924 abends halb 8 Uhr
im Ludwigsbau

BRUCKNER-FEIER

Vortragsfolge:

1. Improvisation über ein Thema von Bruckner für Orgel
(Uraufführung / an der Orgel der Komponist) Joseph Meßner
2. Festspruch / Otto Siegl
3. Große Messe Nr. 3 f-moll
für Soli, Chor und großes Orchester
von Anton Bruckner (1824–1896)

MITWIRKENDE:
Leitung:
Kapellmeister Karl Tutein
Solisten:
Else Boller, Augsburg (Sopran) / Emilie Rutschka, Wien (Alt)
Max Oßwald, München (Tenor) / Gernot Burrow, Augsburg (Baß)
Otto Siegl, Musikschriftsteller und Komponist, Wien (Festspruch)
Joseph Meßner, Domorganist und Komponist, Salzburg (Orgel)
Das städt. Orchester / Der verstärkte Vereinschor

Abb. 16 Programm der Bruckner-Feier, 1924

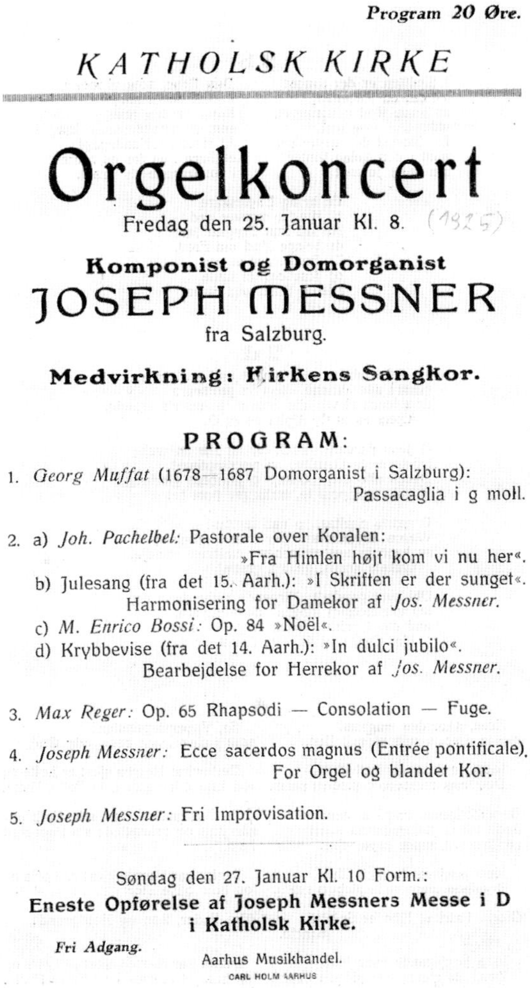
Program 20 Øre.

KATHOLSK KIRKE

Orgelkoncert
Fredag den 25. Januar Kl. 8. (1925)

Komponist og Domorganist
JOSEPH MESSNER
fra Salzburg.

Medvirkning: Kirkens Sangkor.

PROGRAM:

1. *Georg Muffat* (1678–1687 Domorganist i Salzburg): Passacaglia i g moll.
2. a) *Joh. Pachelbel:* Pastorale over Koralen: »Fra Himlen højt kom vi nu her«.
b) Julesang (fra det 15. Aarh.): »I Skriften er der sunget«. Harmonisering for Damekor af *Jos. Messner.*
c) *M. Enrico Bossi:* Op. 84 »Noël«.
d) Krybbevise (fra det 14. Aarh.): »In dulci jubilo«. Bearbejdelse for Herrekor af *Jos. Messner.*
3. *Max Reger:* Op. 65 Rhapsodi — Consolation — Fuge.
4. *Joseph Messner:* Ecce sacerdos magnus (Entrée pontificale). For Orgel og blandet Kor.
5. *Joseph Messner:* Fri Improvisation.

Søndag den 27. Januar Kl. 10 Form.:
Eneste Opførelse af Joseph Messners Messe i D
i Katholsk Kirke.

Fri Adgang. Aarhus Musikhandel.
CARL HOLM AARHUS

Abb. 17 Programm aus Aarhus, 1925

ber, präsentierte Messner in Augsburg seine „Bruckner-Improvisation für Orgel" aus Anlaß der Feier zum 100. Geburtstag von Anton Bruckner; dem Werk liegt das Thema der Credo-Fuge („Et vitam venturi saeculi, amen") aus Bruckners „Messe in f" zu Grunde[60]. Bereits am 21. September wirkte Messner schon wieder in einem Konzert mit eigenen Werken mit, diesmal in Freiburg im Breisgau. Seine Kompositionen erschienen bei Ludwig Doblinger/Wien, in der Universal-Edition/Wien, bei Anton Böhm & Sohn/ Augsburg und bei Tyrolia/Innsbruck. – Am 6. Jänner 1925 stellte Messner in einem Konzert in Augsburg sechs seiner A-Capella-Chöre vor. Am 25. Jänner gab er ein Orgelkonzert in Aarhus/Dänemark. Am 2. Februar dirigierte er seine „Sinfonietta" in Augsburg, und Mitte des Monats wirkte er in Nürnberg in einem Konzert eigener Werke mit. Noch vor den letzten drei Konzerten war am 23. Jänner seine „Sinfonietta" in Wien gespielt worden und hatte einen ähnlich bemerkenswerten Erfolg gehabt wie bei ihrer Uraufführung in Duisburg: *Rudolf Nilius, der unermüdlich neuen Werken und Werten nachspürt, stellte Joseph Meßner, dessen Kunst in Deutschland Stadt um Stadt erobert, im 2. Kammerkonzert mit seiner Sinfonietta für Klavier und Orchester zum erstenmal dem Wiener Musikpublikum vor. Es war für Wien, die Stadt streng gehüteter Tradition, eine Entdekkung und Offenbarung. […] Prof. Wührer als Ausdeuter des schwierigen Klavierpartes setzte sich mit dem vollen Aufgebot seiner jugendlichen Kraft und Begeisterungsfähigkeit für das klangprächtige Werk ein. Nicht minder eindruckstief war das Mezzosopransolo, das Rosette Anday (Staatsoper) in der strahlenden Leuchtkraft ihrer großen, herrlichen Stimme erstehen ließ. Die Beifallsfreudigkeit war ehrlich und außergewöhnlich stark und zwang den Komponisten mit seinen Interpreten viele Male vor die Rampe. In der Hofloge des überfüllten großen Musikvereinssaales bemerkte man die Gattin des Bundeskanzlers, die den Tondichter herzlich zu seinem bedeutsamen Erfolg beglückwünschte*[61].

Im Rheinland fanden Ende Februar 1925 neuerlich „Messner-Abende" statt, die wieder großen Erfolg hatten, diesmal aber auch kritische Stimmen hervorriefen. Die „Rheinisch=Westfälische Zeitung", zum Beispiel, meinte am 4. März in einem Nachruf auf diese Konzerte: *Ist es wirklich fruchtbringend, ein sich entfaltendes Talent der segensreichen Stille seiner Schaffensstätte zu entreißen und von Podium zu Podium zu bringen, damit es sich nach jedem Vortrag eigenhändig bei den Interpreten bedanken kann? Verträgt sich das zumal mit der vorwiegend spirituell gerichteten Musik des Salzburger Orgelmeisters Joseph M e ß n e r? Wer einen der D u i s b u r g = E s s e n e r M e ß n e r = A b e n d e besucht hat und nicht völlig dem Augenblicksrausch blinder Beweihräucherung erlegen ist, beantworte sich diese Fragen zu Meßners Bestem. Man sollte ihm kritischer gegenübertreten, ihm gestehen, daß ein langer Meßnerabend aus zehn Vortragsnummern nicht eitel Hochwertiges enthalten kann, wo es andere große Meister unendlich schwerer hatten und sich mit einzelnen ihrer besten Werke erst langsam durchsetzten. Es ist ein wahres Wort, das begnadete Schaffende nie außer acht lassen dürfen: zu leichter Sieg, gar seichter Sieg!*[62]

Im März 1925 dirigierte Generalmusikdirektor Schulz-Dornburg in Bochum die Uraufführung der 1. Symphonie Messners, und das Aachener Stadttheater brachte unter dem Dirigenten Elmendorff die einaktige biblische Oper „Hadassa" zum ersten Mal auf die Bühne. Die Oper beruht auf einer Geschichte aus dem Alten Testament und handelt von der schönen, mutigen Jüdin Esther mit dem Ehrennamen „Hadassa" („Myrte"), die ihr Volk vor der Vernichtung rettet. Das Werk errang trotz mancher Längen den Beifall des Publikums und wurde siebenmal wiederholt. Der „Aachener General-Anzeiger für Stadt und Land – Der Volksfreund" veröffentlichte am 28. März 1925 eine ausführliche Rezension des Stückes und schloß mit den Sätzen: *Herr Intendant Dr. Maurenbrecher darf mit dem Resultat des gestrigen Abends sehr zufrieden sein; das war auch die Meinung des Publikums. Meßner wird auf der Bühne noch weiter von sich reden machen und Aachens Stadttheater kann sich rühmen, ihm die Wege zur Oper geebnet zu haben*[63].

Ende April 1925 erhielt Domorganist Messner ein Schreiben des fürsterzbischöflichen Konsistoriums, das ihm die Ernennung zum Domchorvikar anzeigte: *Mit 1. Mai 1925 werden Eure Hochwürden zum Dom-*

Abb. 18 Programmzettel der Uraufführung von „Hadassa"

chorvikar an der Metropolitan-Domkirche zu Salzburg ernannt. Die geistliche Stelle erwartet von Ihnen die gewissenhafte und getreue Erfüllung der mit diesem Amte verbundenen Obliegenheiten hinsichtlich des Chorgebetes, des Messen- und Leviten-Turnus, insoweit Eure Hochwürden nicht durch Ihre Tätigkeit auf dem Domchor in Anspruch genommen sind. Im Falle einer Verhinderung wollen Sie stets rechtzeitig für eine geeignete Stellvertretung sorgen. Gleichzeitig wird Ihnen die Dienstanweisung, in welcher die gewöhnlichen Obliegenheiten der Chorvikare zusammengestellt sind, zur gewissenhaften Darnachachtung zugestellt[64]. Laut Diensttabelle wurde dem neuen Domchorvikar vom Beginn seiner Tätigkeit als Kooperator in Häring bis Ende April 1925 eine Gesamtdienstzeit von drei Jahren und elf Monaten angerechnet. Seine Bezahlung entsprach nun seiner neuen geistlichen Stellung. – Ende Mai 1925 reiste Messners jüngerer Bruder Jakob, von Beruf Postbeamter in Schwaz, mit seiner Braut

Leopoldine Feiler nach Salzburg, um hier zu heiraten. Joseph vollzog die Trauung am 30. Mai im Dom[65].

Am 9. Juni 1925 führte Domkapellmeister Gruber im Großen Saal des Mozarthauses (dem heutigen „Alten Mozarteum") mit dem Damensingverein „Hummel" Motetten aus der Renaissance und dem Barock auf, weiters Messners „Marienlegenden" und sein symphonisches Chorwerk „Das Leben"; eine zweite Aufführung fand am 2. Juli in Bad Reichenhall statt. Die dem Werk zu Grunde liegenden leidenschaftlichen Texte des Dichters Novalis über die menschliche Liebe und die Liebe Gottes veranlaßten den Journalisten Franz Rebe in einer antiklerikalen Lokalzeitung zu einer „Musikalischen Plauderei", in der er gehässig über das neue Werk und den Komponisten herzog: Messners Musik sei zu dissonant, zu gekünstelt, eine Zumutung an die Chorsänger. Als Solistin in diesem Konzert mit religiöser Musik sei ein *blendend schönes Weib* (die Opernsängerin Rose Walter aus Berlin) auf der Bühne gestanden. Herr Rebe habe – nebenbei bemerkt – am sonnigen Fronleichnamstag beobachtet, wie sich Joseph Messner, obwohl geistlichen Standes, während eines Spaziergangs seines Rockes und seiner Halsbinde entledigt habe und wie er mit einem großen, blassen Mädchen den Weg über die Wiesen nach Freisaal gegangen sei. *Des Mannes Schicksal, insbesondere des Künstlers, ist letzten Endes das Weib. […] Wird sein aufgehender Stern am Musikhimmel in noch größerem Glanz erstrahlen oder wieder untergehen?*[66] – In der Stadt Salzburg begleiteten den Domorganisten Klatsch und Tratsch auf Schritt und Tritt. Böswillige Gerüchte verbreiteten sich in Windeseile. Wen wundert es, daß Messner diesen widrigen Zuständen so oft wie möglich davonfuhr, um auswärts Achtung und Anerkennung zu erleben?

Das nächste Konzert[67] mit eigenen Werken fand im August anläßlich einer Tagung des katholischen Akademikerverbandes in Innsbruck statt. Das ganze Jahr 1925 war ja von katholischen Veranstaltungen geprägt, weil Papst Pius XI. für Rom ein „heiliges Jahr" ausgerufen hatte, dem für die ganze Welt ein Jubiläumsjahr zur Stärkung und Erneuerung des christlichen Lebens folgen sollte. Der letzte Sonntag im Oktober wurde Christus dem König geweiht[68].

Am 8. Dezember stellte Messner in Duisburg in einem „Konzert der modernen Kirchenmusik" einige seiner Chorsätze, die „Wechselgesänge" für das Aller-

heiligenfest und seine „Messe in D" vor. Eigene Kompositionen standen Mitte Dezember auch auf dem Programm eines Konzertes in Nürnberg. Am 12. Dezember dirigierte Paul Scheinpflug in Duisburg die Uraufführung von Messners „2. Sinfonie in F" („Savonarola"[69]), worüber die „Düsseldorfer Nachrichten" am 16. Dezember 1925 schrieben: *Meßner gehört zu den ersten Komponisten, die es mit Glück und Erfolg verstehen, die positiven, neuen Gedanken Schönbergs nicht nur in der sinfonischen Struktur, sondern vor allen Dingen im Klang auszuwerten. Das Werk ist durchaus Zeugnis einer neuen Ausdrucksmusik, die sehr gewagt – dissonant erscheint, dennoch aber mit ihrem untergründigen Klangreiz immer unmittelbare Darstellung seelischer Kämpfe ist*[70]. Nach Meinung der Berliner „Allgemeinen Musikzeitung" vom Jänner 1926 war diese Uraufführung *das bemerkenswerteste Ereignis aus dem ersten Teil des Konzertwinters*[71].

Briefen von Pius Kalt[72], dem Regens chori der Berliner St. Hedwigsbasilika, zufolge nahm Joseph Messner am 12. Februar 1926 in der Berliner Staatlichen Hochschule für Musik am Festakt zum Gedenken an die Papstkrönung teil. Unter den Festgästen befand sich Nuntius Eugenio Pacelli (der spätere Papst Pius XII.), nach dessen Ansprache Messners „Tu es Petrus" erklang, dann folgten seine „Bruckner-Improvisation" und seine „Messe in D".

Wahrscheinlich noch in den ersten Monaten dieses Jahres – ein genaues Datum ließ sich nicht eruieren – reiste Messner zu Orgelkonzerten nach Warschau. Den Eintragungen in seinem Reisepaß ist zu entnehmen, daß er sich auch in Breslau aufhielt; sein Paß von 1926/27 war für Deutschland, Italien, Holland, Polen, Frankreich und die Tschechoslowakei gültig. Viele Jahre später – im November 1945 – veröffentlichte Messner seine damaligen Reiseerlebnisse unter dem Titel „Orgelsoli vor dem Herzen Chopins" in einem Artikel für die „Salzburger Nachrichten". Der Text sei hier ungekürzt zitiert: *Es war im Jahre 1926, als mich eine Einladung erreichte, mehrere Orgelkonzerte auf dem neuen Instrument in der Lazaristenkirche in Warschau zu spielen. Die Reise ab Salzburg begann mit einer mehr als einstündigen Verspätung, was für mich insofern eine Katastrophe bedeutete, als in Wien fahrplanmäßig nur eine halbe Stunde Zeit war, vom West zum Nordbahnhof zu gelangen. Da pirschte ich mich an den Lokführer heran, schilderte ihm meine Situati-*

on, versprach ihm eine gute Belohnung – und der D-Zug fuhr pünktlich in die Westbahnhofshalle in Wien ein. Der brave Mann an der Maschine freute sich seines Sieges über die Zeit und über das Trinkgeld und ich konnte pünktlich mein Schlafwagenabteil im Warschauer Expreß besteigen. Die Fahrt ging über Lundenburg, Kattowitz flott von statten und der Expreß fuhr pünktlich acht Uhr früh in Warschau ein. – Der inzwischen verstorbene österreichische Gesandte in Warschau, Exzellenz Post, ließ mich vom Bahnhof zur Lazaristenkirche führen, und nun begann die Arbeit an der Orgel, denn abends sollte bereits das erste Konzert stattfinden. Die herrliche, in hellem Jesuitenbarock erbaute Kirche hatte eine wunderbare Akustik, das Instrument mit den 60 klingenden Stimmen machte mir Freude. Der Superior, der liebenswürdige und kunstbegeisterte Pater Krause, zeigte mir am Nachmittag die Sehenswürdigkeiten der Kirche: herrliche Barockaltäre, farbenprächtige Altarbilder, kunstvoll geschnitzte Bänke und Beichtstühle, eine geräumige Sakristei mit großartigem Schnitzwerk, wohlgeformte Plastiken und vieles andere. Plötzlich hielt er mich vor einer der langstieligen Säulen im Hauptschiff der Kirche an, faßte mich an der Hand und sagte in ehrfürchtigem Flüsterton: „Sehen Sie das kleine Schmiedeeisengitter hier in der Säule – dahinter ruht das Herz Friedrich Chopins." Eine Weile standen wir schweigend vor dieser kostbaren Reliquie. Ein ewiges Licht in roter Lampe brannte Tag und Nacht vor der Herz-Zelle des großen polnisch-französischen Meisters. Da stand es für mich auch schon fest, daß ich am Schluß meiner Konzerte nur über ein Thema Chopins improvisieren würde. – So kam der erste Abend; fünftausend Menschen füllten den großen Kirchenraum und vor dem Herzen Chopins brannte die ewige Flamme nationaler Begeisterung. Da brauste Bachs großes H-moll-Präludium durch den Raum, Werke von Pachelbel, Kerll, Muffat, Mendelssohn und Rheinberger folgten; dann aber setzte in freier Improvisation ganz leise flehend das Trio-Thema des Chopinschen Trauermarsches ein. Die herrliche Orgel ließ es in tausend Farbkombinationen erklingen, bald düster verhaucht, bald siegreich sich aufbäumend, weiche Flötenstimmen wechselten ab mit Oboe und Klarinetten, Prinzipale mit schmetternden Trompeten und Posaunen. Es sollte eine Huldigung in Tönen an Friedrich Chopin sein, und so leise flehend wie die Improvisation begann, ließ ich sie wieder in verträumtem Pianissimo ausklingen. – Presse und Publikum waren voll der Be-

geisterung, besonders über die Verneigung vor Chopin. Fünf Abende hindurch waren die Konzerte in der Lazaristenkirche brechend voll von Menschen, das Programm wechselte, die Improvisation am Schluß blieb immer Friedrich Chopin gewidmet. Und immer brannte die rote Lampe vor dem Herzen des Meisters. – Man glaube aber nicht, daß in der Welt überall ein festlicher Gottesdienst nach dem Muster des Salzburger Domes gestaltet wird. Ich wohnte in der Warschauer Kathedrale einem Pontifikalamt des Kardinals bei und war höchst erstaunt, als kein Chor und kein Orchester erschien. Ich kam nicht aus dem Staunen, als zu Beginn des Amtes eine reichlich geschmückte Diva der Oper, begleitet von der Orgel, eine polnische Arie sang und, als der Kardinal das Gloria anstimmte, ein Solocellist ein sonores Adagio ertönen ließ; die Responsorien sang unbegleitet der Priesterchor am Altar. Das war die ganze Kirchenmusik zum Pontifikalamt des Kardinals, das außerdem einen schwachen Besuch von Andächtigen aufwies. Um so mehr freute ich mich, als am Abend wieder Tausende sich um das Herz Chopins und die neue Orgel bei den Lazaristen scharten, begeistert wie am ersten Tag. – Eines Abends kam der Direktor der Warschauer Philharmonie zur Orgel und überreichte mir eine Einladung zur Leitung eines Orchesterkonzertes; ich schlug als Programm natürlich sofort Haydn, Mozart und Bruckner vor und kann es mir wohl als Verdienst anrechnen, als erster in Warschau eine Bruckner-Symphonie dirigiert zu haben. Aber so oft ich nach Warschau kam, mußte ich es mit einem Orgelkonzert vor dem Herzen Chopins verbinden und immer brannte vor der vergitterten kleinen Säulenzelle die rote Lampe und sangen des Meister Melodien in tausendfältigen Orgelklängen durch den heiligen Raum[73]. Das erwähnte Orchesterkonzert mit den Warschauer Symphonikern fand zwei Jahre später am 11. Mai 1928 statt und wurde im polnischen Rundfunk übertragen; Messner dirigierte laut Programmzettel die Symphonie Nr. 91 in Es-Dur von Joseph Haydn, ein Orgelkonzert von W. A. Mozart, sein eigenes „Scherzo fugato" und die 7. Symphonie von Anton Bruckner.

Am 12. März 1926 starb in Salzburg überraschend Domkapellmeister Franz Xaver Gruber. Tags darauf meldete die „Salzburger Chronik: Um eine den unvergänglichen Verdiensten des verstorbenen Domkapellmeisters Fr. X. Gruber würdige kirchliche Feierlichkeit ermöglichen zu können, werden alle sangeskundigen

Damen und Herren gebeten, sich am Sonntag mittags, nach dem Hochamte im Dom (10 Uhr) sowie am Montag, 6 Uhr im Probesaal des Kapellhauses (Eingang Siegmund Haffnergasse) zwecks Proben zu versammeln. Der Dommusikverein[74]. Zum Trauergottesdienst führte Joseph Messner das „Requiem" von W. A. Mozart auf. – Am 8. Mai las man in der „Salzburger Chronik": *Fürsterzbischof Dr. Rieder, der zugleich Protektor des Dommusikvereines ist, hat mit 1. ds. den bisherigen Domorganisten Joseph Meßner zum Domkapellmeister von Salzburg ernannt, womit die seit dem Tode Franz Xaver Grubers vakante Stelle wieder mit einer Persönlichkeit besetzt ist, die zuversichtlich erwarten läßt, daß die künstlerische Höhe unseres Domchores auch fernerhin gewahrt bleibt. Meßner genießt als Komponist einen bereits im In- und Auslande festgegründeten Ruf und hat trotz seiner Jugend bereits eine zahlreiche Gemeinde hinter sich. Es steht demnach sicherlich zu erwarten, daß er sich auch in seiner neuen Stellung voll und ganz künstlerisch auswirken wird, zumal er mit allen musikalischen Kreisen der Stadt, die sicherlich auch ihm gleich seinem Vorgänger willige künstlerische Gefolgschaft leisten werden, schon längst in ständiger und enger Fühlung lebt. Hoffentlich läßt ihm aber sein neuer Beruf doch noch so viel der nötigen Muße, daß er – gegenwärtig arbeitet er bekanntlich an einer neuen Symphonie – seinem ureigensten Berufe als moderner Tonschöpfer in ungeschmälertem Ausmaß nachzukommen in der Lage ist*[75].

Messner hatte das neue Amt unter der Bedingung angetreten, daß er auch weiterhin ungehindert seinen auswärtigen Verpflichtungen nachkommen könne[76]. Wie sehr er sich seiner Bedeutung als Künstler bewußt war, geht aus der Tatsache hervor, daß er vom Beginn seiner Karriere an alle nur erreichbaren Konzertprogramme, Rezensionen und Zeitungskritiken, die ihn als Komponisten oder Interpreten nannten, sorgfältig aufbewahrte.

Auf einem undatierten Blatt Papier[77] stellte der Domkapellmeister eine Liste seiner Vorgänger am „Salzburger Renaissance-Dom" zusammen: Steffano Bernardi, Abraham Megerle, Andreas Hofer, Franz Heinrich Ignaz Biber, Sigismund Biechteler, Carl Heinrich Biber, Antonio Caldara, Johann Ernest Eberlin, Joseph Maria Lolly, Leopold Mozart, Luigi Gatti, Johannes Fuetsch, Alois Taux, Hans Schläger, Otto Bach, Johannes Peregrinus, Hermann Spies, Franz Gruber.

Domkapellmeister von Salzburg: Der Beginn 1926 bis 1927

Seit seinem Dienstantritt am 1. Mai 1926 bis zu seinem Tod am 23. Februar 1969 war Joseph Messner um eine der Kathedrale des „Primas Germaniae" würdige Kirchenmusik bemüht. Er selbst komponierte jahrzehntelang für den Salzburger Dom und hinterließ ihm seine geistlichen Werke als kostbares Vermächtnis. Zu Beginn seiner Tätigkeit mußte sich Messner allerdings erst die Voraussetzungen für eine gediegene Arbeit schaffen, weil er noch über keinen Klangkörper verfügte, der das ganze Jahr hindurch für die Gestaltung der Gottesdienste und auch für Konzerte einsatzfähig war. Die Musiker waren leichter zu organisieren als der Chor, denn sie kamen teils aus dem alten Dommusikverein, teils aus dem Mozarteum-Orchester. Die Sänger – vor allem die Frauenstimmen – holte sich Messner aus verschiedenen Formationen in den Dom und bildete sie zu einem homogenen Chor aus. Mit den Kapellknaben war nicht mehr zu rechnen, weil das Kapellhaus schon viele Jahre hindurch in so argen finanziellen Nöten steckte, daß es schließlich keine Sängerknaben mehr ausbilden konnte. (Ein Bericht des neuen Domkapellmeisters über „250 Jahre f. e. Kapellhaus"[78] erschien in der „Salzburger Chronik" vom 9. Juli 1927.) Zu Messners letzten Schülern im Salzburger Sängerknabeninstitut zählten Karl Berg, der spätere Erzbischof von Salzburg, sowie Hans Gillesberger, der spätere Leiter der Wiener Sängerknaben und Professor an der Wiener Musikakademie.

Trotz des schwierigen Anfangs gelang es Messner rasch, sich ein brauchbares Ensemble für den Dom zu schaffen. Der Chor, die Solisten und das Orchester rechneten es sich als eine Ehre an, unter seiner Leitung musizieren zu dürfen. Für den Hauptgottesdienst um 9 Uhr (ab 1928 um 10 Uhr) wurde die große Besetzung gebraucht. Die Messe um 11 Uhr (ab 1928 um 11.30 Uhr) gestaltete der Organist meistens allein oder mit einem Solisten, gelegentlich mit einem kleinen Ensemble. In beiden Gottesdiensten erklangen neben den Standardwerken sakraler Musik sowohl Werke zeitgenössischer Komponisten als auch unbekannte ältere Stücke, die Messner aus dem Notenar-

Abb. 19 Der Salzburger Dom

chiv des Domes hervorholte. Das musikalische Programm des Domchores wurde regelmäßig in den Tageszeitungen bekanntgegeben. Für die Jahre von 1926 bis 1941 ist überdies ein handschriftliches Verzeichnis aller Aufführungen der Dommusik erhalten[79], das von der Chorsängerin Elisabeth Bindig-Englert erstellt wurde.

Am ersten Kirchenfest seiner Amtszeit – es war der Christi-Himmelfahrtstag am 12. Mai 1926 – erwies Joseph Messner drei älteren Amtskollegen seine Reverenz: Der Domchor sang die „Messe in D" von Hermann Spies, ein Graduale von Ignaz Mitterer (gest. 1924 als Domkapellmeister von Brixen) und ein Offertorium von Max Filke (gest. 1911 als Domkapellmeister von Breslau); die übrigen Wechselgesänge wurden nach dem Gregorianischen Choral gesungen. Zu Fronleichnam führte Messner bereits seine neuen Hym-

nen auf. Für das Kirchenfest „Peter und Paul" am 29. Juni hatte er Bruckners „Messe in e" und seine eigenen Wechselgesänge einstudiert. In den wenigen Wochen bis zum Beginn der Salzburger Festspiele gelang es ihm, zusätzlich zur Musik für die Sonn- und Feiertagsmessen ein Konzertprogramm zu erarbeiten, das Werke von Muffat, Bonamico, Bernardi, Biber, Caldara, Eberlin, M. Haydn und W. A. Mozart enthielt.

Wie jeden Sommer berichteten auch im Jahr 1926 viele europäische Zeitungen über die Eröffnung der Festspiele. In der „Berliner Börsenzeitung" vom 10. August stand zu lesen: *Am Sonnabend wurden die diesjährigen Salzburger Festspiele mit einem historischen Kirchenkonzert im Dom, wobei Werke alter Salzburger erzbischöflicher Hof- und Domkapellmeister zur Aufführung gelangten, feierlich eröffnet. Unter der Leitung des Domkapellmeisters Josef Meßner wurde aus der reichen vormozartischen Tradition geistliche und offizielle Musik aufgeführt, die heute allerdings vom großen Salzburger Meister längst verdrängt ist. Mozarts Krönungsmesse war dann der Höhe= und Schlußpunkt des Konzertes. Ausführende waren: das Dommusikvereinsorchester, verstärkt durch Wiener Philharmoniker, Rosette Anday, Maria Gehmacher, Hermann Gallos und Franz Markhoff vom Wiener Operntheater, Domorganist Professor Sauer und Violinvirtuose Karl Stumvoll, ferner der Domchor, verstärkt durch Mitglieder des Wiener Operntheaterchors, die Sängerknaben der Burgkapelle, der Salzburger Damensängerverein Hummel und die Liedertafel. Am Abend wurde unter überaus großer Beteiligung der Neubau der Stadtsäle und des Festspielhauses feierlich eröffnet. Der Eröffnungsakt wurde von der Salzburger Liedertafel durch den Vortrag eines Beethoven=Chores eingeleitet. Bürgermeister Preis würdigte hierauf in seiner Ansprache die Bedeutung des Baues für die Stadt Salzburg, gedachte der Aufgabe, die dem Festspielhaus für die deutsche Kunst gestellt ist, und dankte allen, die sich um das Werk verdient gemacht haben, insbesondere dem Erbauer Architekten Holzmeister. Domkapellmeister Meßner brachte nun die herrliche Orgel zum Erklingen, die zum ersten Mal den Raum mit mächtiger Instrumentalmusik erfüllte. Das Haus bestand auch diese Probe; jede Nuance wurde wundervoll zu Gehör gebracht. Sodann gedachte Landeshauptmann Dr. Rehrl der Unterstützung des neuen Werkes durch den Bundeskanzler Dr. Ramek, Finanzminister Kollmann und den Präsiden-*

ten der Nationalbank, Minister a. D. Dr. Reisch. Redner würdigte und feierte Klemens Holzmeister als den schöpferischen Architekten dieses Hauses, gedachte des Anteils an der künstlerischen Wirkung durch Maler Anton Faistauer und die anderen Künstler. Frau Keldorfer=Gehmacher sang hierauf Mozarts „Exultate et jubilate", worauf der Präsident der Festspielhausgemeinde, Heinrich Pouton [sic!], das Wort ergriff, um dafür zu danken, daß eine Vereinigung kunstfreudiger Männer in dieses Haus einziehen dürfe, nicht um schillernde, spielerische Aufgaben, sondern um ernste Arbeit für die Kunst zu leisten. Die Salzburger Sängervereinigungen sangen dann noch Haydns Chor: „Vollendet ist das große Werk"[80]. Anton Faistauer hatte den neuen Salzburger Domkapellmeister mit zwei anderen Zeitgenossen, dem Erzabt Petrus Klotz von St. Peter und dem Dichter Hermann Bahr, im Foyer des Festspielhauses verewigt, und zwar auf der Wand des Haupteingangs in der Gruppe der Mönche nahe der Hl. Cäcilia. Das im Bericht erwähnte „Historische Kirchenkonzert" wurde am 31. August nur mit Salzburger Kräften erfolgreich wiederholt und hatte die „Domkonzerte" im Rahmen der Salzburger Festspiele zur Folge.

Diese „Konzerte geistlicher Musik" im Dom entsprachen dem Wunsch des Fürsterzbischofs Dr. Rieder und kamen sozusagen im Austauschweg mit der Festspielleitung zustande. Der Regisseur Max Reinhardt besaß schon seit dem Jahr 1920 die Erlaubnis des Erzbischofs, Hofmannsthals „Jedermann" auf dem Domplatz aufzuführen; auch durfte Reinhardt 1922 die Kollegienkirche als Spielstätte für die Uraufführung von Hofmannsthals „Salzburger großem Welttheater" benützen. Als Gegenleistung wurden ab 1927 alljährliche Kirchenmusikkonzerte im Dom unter Joseph Messners Leitung in das offizielle Programm der Festspiele aufgenommen. Max Reinhardt schätzte den Künstler Messner sehr. Er hatte im Jahr 1925 dessen „Allerheiligen-Proprium" im Dom gehört und war davon so beeindruckt gewesen, daß er den Komponisten bat, die „Communio" („Beati mundo corde" – „Selig, die reinen Herzens sind") als Abschlußgesang in eine Bühnenmusik für den „Jedermann" des Jahres 1926 einzuarbeiten[81]. Reinhardt bestand darauf, daß nach einer Aufführung des „Jedermann"-Spiels ausschließlich ein Domkonzert als Abendveranstaltung der Festspiele angesetzt werden durfte.

Abb. 20 Programm des „Historischen Kirchenkonzerts" vom 31. August 1926

Dem Domkapellmeister war es schon seit seinem ersten Dienstjahr ein Anliegen, an den Sonn- und Feiertagen der Sommermonate Orchestermessen aufzuführen. Die Messen der Wiener Klassiker waren ja damals außerhalb des süddeutsch-österreichischen Raumes kaum bekannt und wurden zudem noch von sogenannten Sachverständigen vehement bekämpft. Daher wollte Messner dem internationalen Publikum, das nach Salzburg strömte, Meisterwerke der österreichischen Kirchenmusik, vor allem die geistlichen Kompositionen Mozarts, in mustergültigen Aufführungen präsentieren. Außerdem veranstaltete er wochentags im Wechsel mit Professor Sauer Orgelmatineen, in denen er nach dem Vortrag ausgewählter Orgelstücke die Klangvielfalt der großen Domorgel vorstellte; seine Improvisationen galten als Sensation. Die „Salzburger Chronik" zitierte am 24. August einen Bericht der „Neuen Leipziger Zeitung" vom 28. Juli 1926, in dem es hieß: *In der nämlichen Stunde, da man sich bei der Freiburger Orgeltagung müht, den Abstand der modernen weltlichen und geistlichen Musik zu überbrücken, sitzt in der Mozartstadt Salzburg Joseph Meßner (ein Komponist von europäischer Bedeutung) an der berühmten Domorgel und erweist den Besuchern aus aller Parlamente Länder die Klangfähigkeit seiner 100 Register an geschmackvollen Improvisationen. In Scharen strömen die Fremden zur Kirche – die Amerikanerinnen etwas ängstlich, denn ein Anschlag des Bischofs fordert „ehrbare Bekleidung der Frauen". Joseph Meßner gibt angemessene Musik: er spielt Bach, Reger und improvisiert über eine Liebesarie aus „Samson und Dalila" ... Vielleicht kommen wir durch Meßner der Ausgleichung von weltlicher und kirchlicher Musik näher, als durch Atonalitätsbestrebungen der Freiburger Tagung?*[82]

Als Autorität in Fragen der Musik war Joseph Messner bereits damals im In- und Ausland anerkannt. Immer wieder baten ihn Künstler um seine Empfehlung, Komponisten legten ihm ihre jüngsten Werke zur Prüfung vor, Kollegen fragten ihn um Rat. Als Beispiel sei ein Brief vom 28. Oktober 1926 aus Lemberg zitiert, den der polnische Privatdozent Dr. Michael Wyszyński (er hatte am „Canisianum" studiert und war wie Messner ein Mitglied des Innsbrucker Priester-Gebetsvereines[83]) in holprigem Deutsch schrieb: *Carissime! Mit größter Freude teile mit: Der älteste Lemberger Gesangverein „Lutnia" wird Ende November Deine prachtvolle Messe in D aufführen. Anfangs war die Messe zum Gründungsfeste der neuen Riesenorgel (70 Stimm) in der Elisabeth Kirche bestimmt. Da aber das Fest Ende Juli stattfinden musste und das Werk noch im Studieren war und dazu viele Mitglieder auf den Ferien, musste die Aufführung der Messe aufgeschoben werden. Erst jetzt, als Lemberger Musikverein seine neue Orgel (32 stimm) zu stande brachte, ist die Gelegenheit Deine schöne Messe als Konzert im Musikvereinssaale zu geben gekommen. – Ich denke, wie schön und prächtig es wäre, wenn Du, Carissime, dabei wärest und die Orgelpart übernähmest. Leider finanzielle Schwierigkeiten der Gesangvereinskassa erlauben es kaum, um Dich einzuladen. Trotzdem ich hoffe, es wird noch Zeit kommen, dass wir Dich in Lemberg sehen werden. – An diese frohe Mitteilung erlaube mich im Namen des Gesangvereines noch paar Fragen anknüpfen:*

Abb. 21 Titelbild der Berliner „Allgemeinen Musikzeitung", Jänner 1927

1° Wird es gut sein, wenn wir auf demselben Konzert mit der Messe auch Deine Wechselgesänge für d. F. Allerheiligen und den „Einsiedler" geben? – 2° Da der Gesangverein im Herumsuchen nach einem modernen Oratorium ist, fragt und bittet, den Namen eines solchen anzugeben / Was sagst Du z. B. auf „David" Honniger's; oder Massenets Werke (Eve); Messe v. Thomas Kurt /? Welche Oratorien der Klassiker werden jetzt gegeben? – 3° die wichtigste Frage: Vielleicht hast Du, Carissime, etwas Neues komponiert (ich warte auf Deine weiteren Wechselgesänge), was sagst Du zu Deinem Werke „das Leben"? – In Erwartung Deiner gnädigen Worten empfehle mich sehr Deiner Freundschaft – Dir ergeben Michael W.[84].

Im Jänner 1927 stellte die Berliner „Allgemeine Musikzeitung" den Salzburger Domkapellmeister bereits auf der Titelseite vor. Messners Erfolge setzten sich fort. Mitte Februar wurden seine „Sinfonischen Gesänge" in Mülheim an der Ruhr uraufgeführt. Die „Düsseldorfer Nachrichten" berichteten in ihrer Beilage vom 17. Februar darüber folgendes: *In Mülheim diri-*

*gierte Scheinpflug im Sechsten Sinfonieabend eine Ur-
aufführung und zwei Erstaufführungen. Das neue
Werk des Salzburger Domkapellmeisters Joseph Meßner, die „Sinfonischen Gesänge für Sopran und Orchester nach rhapsodischen Dichtungen von Wilh. Hendel",
die uraufgeführt wurden, errangen einen sehr starken
Erfolg. Es handelt sich nicht um Orchesterlieder, sondern um eine großzügig angelegte und gesteigerte,
aber zum Teil auch kammermusikalisch ausgeführte,
mit stärksten Klangreizen ausgestattete Sinfonie, in
der die Singstimme wie eine reale Orchesterstimme
selbständig konzertiert; die hohe Lage bietet dabei der
Sängerin eine neue Aufgabe. In den dem Werke zugrun-
de gelegten Dichtungen entfaltet sich die differenzierte
Erotik des Mädchen= und Frauenlebens (Mädchen –
Frau – Mutter – Allmutter) in den Rhythmen des tänze-
rischen Zeitgefühls der Gegenwart; Meßner hat diese
Tanzgestaltung erschöpfend in seine harmonisch küh-
nen Stimmführungen und in seine an Klangreizen rei-
che selbständige Sprache übernommen. Amalie Merz=
Tunner mit dem sanften Glanz ihres einzigartigen So-
prans, hob das Werk mit großer Gesangskunst aus der
Taufe, so daß Komponist, Dichter, Dirigent und Sängerin
mehrmals durch den Beifall gerufen wurden. Eine gute
Aufführung bereitete Scheinpflug auch der Suite „Der
Feuervogel" von Strawinsky und der 4. Sinfonie von
Mahler*[85].*

In Salzburg lief der kirchenmusikalische Alltag
mit der Gestaltung der Gottesdienste an den Sonn-
und Feiertagen weiter, wurde aber ständig durch Neu-
einstudierungen bereichert und durch zahlreiche
Konzerte des Domchores aufgelockert, sodaß das Jah-
resprogramm für 1927 – für das Beethoven-Gedenk-
jahr – sehr dicht ausfiel: Am 13. April sang der Chor im
Dom ein Konzert mit Beethovens Oratorium „Christus am Ölberg" und seinen sechs „Geistlichen Gesängen". Am 24. April wurde Carl Maria von Webers Jugendmesse uraufgeführt. Am 25. Juni gab der Aus-
wahlchor des Salzburger Domchors in Frankfurt am
Main anläßlich der „Internationalen Musikausstel-
lung" ein Konzert mit Werken alter Salzburger Meister, Messners „Wechselgesängen zu Allerheiligen" und
seiner „Messe in D"; am folgenden Tag sangen die
dreißig Chorsänger und vier Solisten in einem Sonntagsgottesdienst Beethovens „Messe in C". Am 17. Juli
fand ein Konzert in Bad Reichenhall statt, zwei Tage
darauf sang das Madrigalensemble des Chores bei

der Orgelweihe in Altötting, Messner war der Organist. Am 31. Juli fand das erste Domkonzert im Rahmen der Salzburger Festspiele statt; auf dem Programm standen Werke von Leopold Mozart, W. A.
Mozart und J. M. Haydn. Am 12. August gab der Domchor ein Kirchenkonzert in Traunstein, Ende August
wirkte er in einer Konzert-Akademie in Salzburg mit.
Für das 2. und 3. Domkonzert standen Messner die
Wiener Philharmoniker, der Staatsopernchor und auswärtige Solisten zur Verfügung. Sie führten am 17. August Beethovens „Missa solemnis" und am 25. August
Mozarts „Requiem" auf. Am 30. Oktober sangen Mitglieder des Domchores bei der Orgelweihe in der
Salzburger Dreifaltigkeitskirche, wieder war Messner

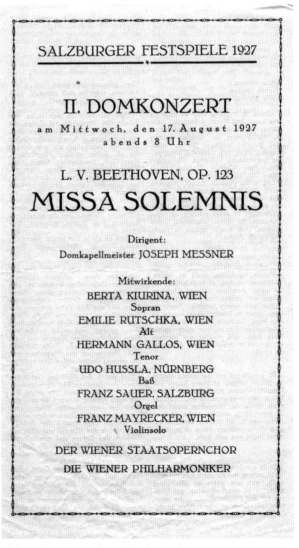

Abb. 22 Programm des 2. Domkonzerts 1927

der Organist. Am 6. November erklang im Dom Verdis „Requiem" mit dem Domchor und einem verstärkten Dommusikvereins-Orchester, am 22. November dirigierte Messner ein Orchesterkonzert in Traunstein, und im Dezember schließlich wirkte der Domchor bei Weihnachtsfeiern im Mozarteum und im Festspielhaus mit. Trotz dieses reichen zusätzlichen Programms fand der Domkapellmeister noch Zeit zur Herausgabe wertvoller alter Kirchenmusik aus dem Archiv des Salzburger Domes. Er veröffentlichte sie im Lauf der Jahre in zwanzig Einzelheften unter dem Titel „Alte Salzburger Meister". Und er komponierte.

Das Jubiläumsjahr 1928

Dreihundert Jahre zuvor, im Herbst des Jahres 1628, war der neue Salzburger Dom von Fürsterzbischof Paris Lodron eingeweiht worden. Nie hatte die Haupt- und Residenzstadt größere Festlichkeiten als damals gesehen, obwohl außerhalb der Landesgrenzen schon seit zehn Jahren heftig gekämpft wurde. Die kluge Politik Paris Lodrons hatte Salzburg jedoch vor dem Dreißigjährigen Krieg bewahrt. Das Jahr 1928 stand in Salzburg nun ganz im Zeichen des Dom-Jubiläums; eine Festwoche im September sollte das dreihundertjährige Bestehen des prächtigen Gotteshauses würdigen. Darüberhinaus feierte die musikalische Welt das Andenken an den Komponisten Franz Schubert, der hundert Jahre zuvor, am 19. November 1828, gestorben war. Domkapellmeister Messner richtete alle großen kirchenmusikalischen Aufführungen auf diese beiden Gedenkanlässe aus. Bereits am Neujahrstag führte er im Hauptgottesdienst Schuberts „Messe in G" auf, um 11 Uhr sang der Männergesangsverein die „Deutsche Singmesse". Am Karfreitag erklang Schuberts „Stabat Mater", am Ostersonntag seine „Messe in As"; im August war zum ersten Mal die „Große Messe in Es" zu hören.

Die konsequente Probenarbeit mit dem Domchor und dem Orchester des Dommusikvereines trug schon so reiche Früchte, daß Messner beide Ensembles in allen Domkonzerten der Festspiele einsetzen konnte, den Domchor auch für Sonderkonzerte im In- und Ausland. In diesem Sommer wollte er die größte

Komposition des 17. Jahrhunderts aus Salzburg, die sogenannte „Benevoli-Messe"[86], aufführen. Zu diesem Zweck mußte Messner jede einzelne Chor- und Orchesterstimme zum Gebrauch der Mitwirkenden aus der alten Partitur ins Reine schreiben. Über die Schwierigkeiten der Aufführung wird später zu berichten sein.

Eine chronologische Übersicht über die wichtigsten Ereignisse dieses Jahres läßt Joseph Messners großen Fleiß und seine anstrengende Arbeit erahnen: Am 5. Februar dirigierte er in Wien ein Vormittagskonzert des Wiener Symphonie-Orchesters, das von Radio Wien direkt übertragen wurde; auf dem Programm standen die Symphonie „La Reine" von J. Haydn, geistliche Gesänge von J. S. Bach, Mozarts „Klavierkonzert in G", Messners „Marienlegenden" und sein „Scherzo fugato". Fünf Tage später sang der Domchor in einem Symphoniekonzert in Innsbruck unter Emil Schennichs Leitung Messners Chorwerk „Das Leben". Mit diesem Werk gastierte der Chor unter Messner dann in Nürnberg, wo am 19. März – dem „Josefitag" – ein großer Joseph-Messner-Abend stattfand, an dem auch die Bruckner-Improvisation, die „Marienlegenden" und die „Sinfonietta" aufgeführt wurden. Die nächste Reise führte Messner und den Domchor zu mehreren Konzerten wieder nach Tirol, und diese Reise glich einem Triumphzug, weil der nun fünfunddreißigjährige Domkapellmeister in seiner Heimat wie ein Held gefeiert wurde. Das Programm der Konzerte umfaßte alte und zeitgenössische Chorwerke von Salzburger und Tiroler Komponisten sowie A-Capella-Chöre von Peter Cornelius, Alfons Stier und Max Reger. Die Aufführungsorte waren Kitzbühel (28. April), Innsbruck (29. April) und Schwaz (30. April). In den „Kitzbühler Nachrichten" vom 30. April 1928 erschien folgender Stimmungsbericht: *Hell tönten am Samstag um halb 8 Uhr abends unsere Glocken in den linden Abend hinaus, um viele Musikfreunde und Neugierige zum Domkonzert zu laden und die verehrten Gäste aus Salzburg zu begrüßen. Der Salzburger Domchor mit Domkapitular Anglberger [sic!] und Kapellmeister Joseph Meßner war mit dem Wiener Schnellzug um 18 Uhr 10 angekommen und wurde am Bahnhof von der Ortsgeistlichkeit empfangen und freudigst begrüßt und in die Stadt begleitet. Beim „Tiefenbrunner" war schon für Unterkunft und Verpflegung bestens gesorgt. Als dann um halb acht Uhr unser volles Geläute festlich ertönte,*

Abb. 23 Der Domkapellmeister mit seiner Mutter vor dem elterlichen Wohnhaus in Schwaz, 30. April 1928

war man über dessen Pracht ganz entzückt. Nun strömten die Besucher massenhaft in die Stadtpfarrkirche. Bald war die geräumige Kirche wie an Festtagen gefüllt. Es dürften bei 650 Menschen der regen Einladung zum Domchorkonzert Folge geleistet haben. Mit hingebender, fast totenstiller Aufmerksamkeit lauschte sodann die Menge der glanzvollen Aufführungen. Alle die nur irgendein kleines Maß des musikalischen Verstehens mitgebracht hatten, hatten sich nicht umsonst gefreut, sie kamen ganz auf ihre Rechnung und fanden besonders über die großartigen a capella Chöre nur eine ehrliche Stimme der höchsten Begeisterung ... Nach einer Würdigung Meister Meßners, der Gesangssolisten und des Sologeigers heißt es weiter: *Alles in allem: die Zuhörerschaft war von Andacht der Musik erfüllt und die Künstler durften empfinden, durch ihre Darbietungen auch neuerer Musik, Wege zum allgemeinen Verständnis gebahnt zu haben. Nach dem Konzert fand sich ein intimer Kreis der Einheimischen mit dem Domchor in gemütlicher Unterhaltung zusammen. [...] Den schönen Sonntagmorgen benützten die Salzburger Gäste zu Spaziergängen in die Umgebung, deren landschaftliche Schönheit immer wieder begeisterte Anerkennung fand. Um halb 10 Uhr las Herr Anglberger die hl. Messe, bei welcher der Domchor deutsche, von Meßner bearbeitete Meßlieder sang. Dann schlug die Stunde des Abschieds. Um 11 Uhr trat der Domchor seine Weiterreise nach Innsbruck an. Dort wohnten dem Konzert in der Hofkirche um 8 Uhr abends ungefähr 1500 Menschen bei. Am besten war das Konzert in Schwaz, der Heimat Meßners, besucht, mit ungefähr 1800 Teilnehmern. Seine Landsleute überreichten dem*

Abb. 24 Programmzettel aus Warschau, 11. Mai 1928

Domkapellmeister einen prächtigen Lorbeerkranz mit der Widmung: „Dem Künstler der Heimat!" Am Montag vorm. konnte der Domchor, mit neuen Erfolgen gekrönt, nach Salzburg zurückreisen. Bei der Durchreise durch Kitzbühel entbot Koop. Groder dem Domchor ein herziniges „Lebe wohl" und nahm von Herrn Domkapitular Anglberger die Versicherung entgegen, der Domchor nähme viele schöne Erinnerungen von seiner Tirolerreise heim, aber die liebste Erinnerung bleibe ihm von Kitzbühel[87].

Der Domchor sang das Tiroler Konzertprogramm dann noch dreimal, und zwar in Salzburg, Hallein und Traunstein. Dazwischen reiste Messner nach Warschau, um das schon früher erwähnte Symphoniekonzert zu dirigieren. Die „Salzburger Chronik" schrieb darüber am 16. Mai: *Wie das große Warschauer Tagblatt „Warszawianka" unter dem 11. d. mitteilt, fand zu Ehren des*

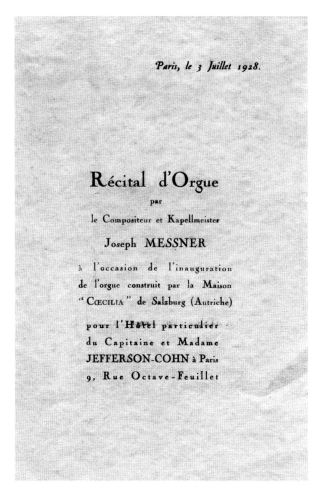

Paris, le 3 Juillet 1928.

Récital d'Orgue

par

le Compositeur et Kapellmeister

Joseph MESSNER

à l'occasion de l'inauguration
de l'orgue construit par la Maison
"Cœcilia" de Salzburg (Autriche)

pour l'Hôtel particulier
du Capitaine et Madame
JEFFERSON-COHN à Paris
9, Rue Octave-Feuillet

Abb. 25 Orgelkonzert in Paris, 3. Juli 1928

Domkapellmeisters Meßner am 10. d. bei der österreichischen Gesandtschaft ein offizieller Empfang statt, dem das ganze diplomatische Korps der Stadt, Primas Hlond=Posen, Kardinal Kakowski=Warschau, Erzbischof Ropp, Bischof Gall, der Rektor der Universität, die Spitzen der zivilen und militärischen Behörden beiwohnten. In über hundert Personen war die Warschauer Gesellschaft vertreten. Das Konzert am 11. d. wurde zahlreich besucht und brachte Meßner wieder einen vollen Erfolg[88].

Die „Salzburger Chronik" informierte am 6. Juli ihre Leser auch über die nächste Konzertreise Messners: *Aus Paris wird berichtet: Im Beisein des bekannten Organisten zu Notre-Dame, Grafen Saint-Simon, und eines musikfreudigen Publikums, unter dem sich auch der österreichische Gesandte in Paris, Dr. Alfred Grünberger, befund, hat am 3. d. der Salzburger Domkapellmeister Meßner auf einer von einem bekannten Kunst-*

freund kürzlich erworbenen Cäciliaorgel eine Reihe von Orgelstücken in meisterhafter Weise und unter großem Beifall zum Vortrag gebracht[89]

Die Salzburger Orgelbaufirma „Cäcilia" führte damals einen großen Betrieb mit etwa hundert Angestellten in Salzburg-Parsch und hatte Niederlassungen in Laibach und Warschau. Sie profitierte seit längerem von der Zusammenarbeit mit Joseph Messner, weil der berühmte Organist für ihre neuen Instrumente warb, sie großartig präsentierte und auch in Fachzeitschriften bekannt machte; so hatte er zum Beispiel die neue Orgel der Vöcklabrucker Schulschwestern in der „Katholischen Kirchenzeitung" vom 8. September 1927 als „Eine ideale Klein-Kirchenorgel"[90] vorgestellt. Außerdem arbeitete Messner an technischen Verbesserungen im Orgelbau, die ihm sogar das Patent für einen elektrischen Spieltisch einbrachten; die Patenturkunde mit der Nummer 111060 wurde am 25. Oktober 1928 in Wien ausgestellt.

Gleich nach der Rückkehr aus Paris nahm Messner die Proben für die Gottesdienste und Konzerte während der Festspielzeit wieder auf. Hofmannsthals „Jedermann" erklang in diesem Jahr ohne seine Bühnenmusik[91], weil sich die Salzburger Festspielhausgemeinde für die Musikstücke von Einar Nilson allein entschieden hatte, was Max Reinhardt bedauerte[92]. Messner dirigierte sieben Domkonzerte: vier mit der „Benevoli-Messe", zwei Konzerte mit Werken alter Salzburger Meister und dem „Stabat mater" von Schubert und schließlich ein Konzert mit Schuberts „Großer Messe in Es". Die größte künstlerische Herausforderung war die Aufführung der 54-stimmigen barocken Messe. Der Domkapellmeister berichtete darüber viele Jahre später im Salzburger „Journal der musikalischen Wettkämpfe – Olympia" (Heft 2) vom August 1950: *Die Partitur dieser einmaligen Messekomposition umfaßt folgende Klangkörper: zwei achtstimmige Chöre, die sich oft in vier vierstimmige Chöre auflösen; zwei Streicherensembles mit Violinen, Bratschen, Violoncelli und Bässen; einen Chor von Holzbläsern, der aus zwei Oboen und vier Flöten besteht, wobei auch an die Alt- und Tenorflöte gedacht ist; beide Gattungen werden von hohen Trompeten geführt. Ein tragender Bläserchor von zwei Trompeten und drei Posaunen steht mitten in der 53-linigen Partitur eingezeichnet, dazu treten je vier Blechbläser mit Pauken zum ersten und zweiten Vokalchor, beide Gruppen werden von je einer*

Continuo-Orgel unterstützt. [...] Die lokalen Möglich-
keiten für die Aufstellung der vielen einzelnen Instru-
mental- und Vokalgruppen waren aber seit 1628 ande-
re geworden: die Choremporen an den Kuppelvierungen
waren 1859 verschwunden[93], es fehlte die Presbyteri-
umsorgel (für den zweiten Continuo), so daß der ganze
Klangkörper auf die sechs ungedeckten Marmorbalko-
ne und die Orgelempore verteilt werden mußte, was
sich als ausgezeichnete Lösung erwies. Der Dirigent stand
mit dem Rücken zur Orgel und übersah die vier Vokal-
chöre und zwei Streicherkörper auf den Balkonen, drei
Bläserchöre und die Holzbläser (in doppelter Beset-
zung) musizierten hinter dem Dirigenten. Da die Auf-
führungen meist abends stattfanden, und auch bei der
liturgischen Aufführung am 24. September 1928 die
Sicht auf den Dirigenten durch das rückwärtige große
Fenster behindert war, trug der Taktstock eine winzige
Glühbirne, so daß er von allen Mitwirkenden deutlich
gesehen werden konnte. Da die beiden Orgelcontinuo
im Original abwechselnd spielten, war es ein leichtes,
beide von der Hauptorgel aus zu bedienen. Das Zusam-
menspiel der einzelnen Gruppen gestaltete sich leich-
ter, als alle Mitwirkenden ursprünglich glaubten: man
mußte nur dem Taktstock gehorchen, nicht dem eige-
nen Ohr, das bei einer Entfernung der Klanggruppen
von zirka 50 Meter diese verspätet aufnimmt. [...] Die
Originalpartitur der Messe ist uns noch erhalten, sie
hat die Höhe von 82 Zentimeter und eine Breite von 55
Zentimeter und enthält 29 beschriebene Blätter mit 53
Liniensystemen: das städtische Museum verwahrt sie
als besondere Kostbarkeit. Im Zusammenhang mit die-
sem Juwel muß eines Mannes dankbar gedacht wer-
den, der diese Partitur vor der Vernichtung bewahrte:
Domkapellmeister Innozenz Achleitner (1868–1881) ent-
deckte das Werk in einer Spezereihandlung in der Kai-
gasse, eben, als der Verkäufer daran war, die Blätter aus
dem Band zu reißen und damit seine Ware zu verpak-
ken. Achleitner nahm die Kostbarkeit gegen ein Trink-
geld zu sich, und so kam sie auf uns und die Nachwelt
als teures Vermächtnis einer großen musikalischen
Epoche[94]. Die Aufführungen des gewaltigen Werkes
zogen Musikkenner aus aller Welt an, der Dom war
bis auf den letzten Platz gefüllt. Die Sitzplätze kosteten 5 Schilling (RM 3,–) und 3 Schilling (RM 1.80), die
Stehplätze 1 Schilling (RM 0,60).

   Das Domjubiläum kündigte sich am 15. August,
dem Fest „Mariä Himmelfahrt", mit der Weihe von

Abb. 26 Programmzettel der Domkonzerte, 1928

vier neuen Glocken an, zu der Messner einen Hymnus
komponiert hatte; endlich konnte das dem Weltkrieg
geopferte Geläut wieder ergänzt werden. Im September fand dann die große, dreitägige Feier statt, der
auch Bundeskanzler Dr. Seipel beiwohnte. Da der
Festtag des heiligen Landespatrons Rupertus (24. September) auf einen Montag fiel, begann das Triduum
schon mit einer Vorabendfeier am Samstag. Die Kirchenglocken der Stadt läuteten das Fest ein, Ansprachen und Predigten wechselten einander ab, auf dem
Domplatz spielte die Militärmusik, Höhenfeuer er-
hellten die Nacht. Am Sonntag erklang im Dom Schuberts „Große Messe in Es", am Rupertitag die „Benevoli-
Messe" und am eigentlichen Domweihfest, dem
25. September, Mozarts „Krönungsmesse". Die Kardi-
näle Faulhaber (München) und Piffl (Wien), drei Fürst-
bischöfe und drei Bischöfe zelebrierten die Gottesdienste. Am Rupertitag zog eine große Prozession mit den

Reliquienschreinen der Stadtheiligen durch die Innenstadt; verschiedene katholische Organisationen hielten Umzüge und Versammlungen ab; am letzten Abend beschloß ein feierliches „Te Deum" das Fest.

Der Domchor sang nicht nur bei den erwähnten großen Aufführungen in der Stadt Salzburg, sondern auch am 3. August in einem geistlichen Konzert in St. Gilgen anläßlich der Einweihung des Mozart-Brunnens und am 25. August in Badgastein in einer „Franz-Schubert-Zentenarfeier" zugunsten der Kriegsopfer. Die „Große Messe in Es" erklang noch einmal am Vorabend zu Schuberts Todestag in der Salzburger Kollegienkirche. Zwei Wochen vorher, am 4. November, hatte Messner im Dom das „Requiem in c" von Luigi Cherubini aufgeführt. Als eine weitere bemerkenswerte Neueinstudierung ist eine Bruckner-Messe zu nennen, über die mehrere Zeitungen berichteten. Im „Linzer Volksblatt" vom 15. November 1928 schrieb Karl Neumayer: *Bruckner-Uraufführung im Salzburger Dom. Schon im Vorjahre brachte der Salzburger Domchor die erste Messe Anton Bruckners, die der 18jährige in Windhaag entworfen hat, nach der Instrumentierung durch K. Schmidinger[95], von Jos. Meßner ergänzt und neu bearbeitet, zu Gehör. Am letzten Sonntag erklang zum erstenmal an derselben Stätte die A=capella=Messe für vierstimmigen gemischten Chor, die der 20jährige als Schulgehilfe in Kronstorf geschrieben hat. Da sie laut der Ueberschrift nach den im Welser Stadtmuseum aufbewahrten Originalstimmen und des Propriums für den Gründonnerstag bestimmt war, fehlen Kyrie und Gloria, auch das Credo reicht nur bis „descendit de coelis". Die „Bruckner=Gemeinde zur Pflege geistlicher Musik" in München hat nun, durch den großen Erfolg jener Windhaager Messe veranlaßt, Domkapellmeister Meßner ersucht, das in A. Göllerichs Bruckner=Biographie ohne alle Vorzeichen gedruckte Fragment zu ergänzen und herauszugeben. Man wird einwenden: „Wenn dreifünftel der Partitur von Meßner stammen und der Rest von ihm bearbeitet wurde, was bleibt da noch von A. Bruckner?". – Keine Angst, die gleiche ehrfurchtgetragene, schonende Pietät, die Meßner bei der Herausgabe der „Alten Salzburger Meister" leitet, läßt ihn auch hier die eigene Künstlerpersönlichkeit völlig in den Hintergrund stellen. In der ganzen Messe ist jeder Takt von A. Bruckner; die Rekonstruktion der fehlenden Teile erfolgte nur durch Auflösung und Neuverwendung des Graduale und Offertoriums, durch reichliche* Heranziehung der sonstigen erhaltenen Teile und ist mit solchem Geschick durchgeführt, daß das ganze Werk naht- und fugenlos wie aus einem Guß von einer Hand geformt vor uns steht. [...] Jedenfalls wird mit dieser Messe, die einem halbwegs geschulten Chor keinerlei Schwierigkeiten bietet, der Geist und Name A. Bruckners auch in die Kirchen der kleinsten Städte und Marktflecken einziehen, denen wegen der instrumentalen Besetzung vielleicht auch die Erstlingsmesse unzugänglich ist. Wie letztere, ist auch die „Choralmesse" im Verlag Wilhelm Berntheisel=München erschienen[96].

Bruckners „Choralmesse" wurde unter anderem in der Fachzeitschrift „Organon", Heft 6/1928, gewürdigt[97]. Messner nahm in derselben Ausgabe dieser Zeitschrift wieder einmal zu „Kirchenmusikalischen Gegenwartsfragen" Stellung. Er wünschte sich als Thema der nächsten Cäcilienvereinstagung in Köln eine Kritik der Kirchenmusik oder ein Referat über die „Behandlung der Orgel" zum Nutzen junger Organisten und schloß seine Bemerkungen mit folgenden Sätzen ab: *Der Allgemeine Deutsche Tonkünstlerverein fragt sich jährlich bei seinen Tagungen, ob der Verein bzw. die Tagungen mit den vielen Konzerten überhaupt noch eine Berechtigung haben. Hat sich der Cäcilienverein schon einmal darüber Rechenschaft gegeben, ob es noch einen Zweck hat, jährlich aufs neue Palestrina und Orlando zu beweisen und gegen die Wiener Klassiker zu protestieren? Denn diese beiden Akte wiederholen sich alljährlich. Entweder bringt man wirklich einmal etwas Neues und wagt sich zu neuen Bekenntnissen, oder bleibt bei den Erbgütern, die keine neuen Beweise „echt kirchlichen Geistes" benötigen. Nur dann haben die Vereinstagungen noch einen Zweck. Haltet einmal ein modernes Kirchenmusikfest und ihr werdet sehen, wie viel Interesse für das neue kirchenmusikalische Leben allseits besteht. Also auf zum Bekenntnis neuen geistigen Lebens![98]*

Als Kuriosum sei für das ausklingende Jahr 1928 noch erwähnt, daß Joseph Messner am 15. Dezember in Hannover eine Welte-Konzertorgel mit seinem Spiel einweihte, als im Kuppelraum des dortigen Planetariums eine Kultur-Filmbühne eröffnet wurde.

Jahre großer Entscheidungen
1929 bis 1931

Ansehen und Ruhm des Salzburger Domkapellmeisters wuchsen ständig weiter. Schriftsteller und Dichter schickten ihm ihre Texte mit der Bitte um eine Vertonung zu, Komponisten widmeten ihm ihre neuen Stücke, Künstler schenkten ihm ihre Porträtphotos. Messner nahm laufend Werke von Zeitgenossen in sein kirchenmusikalisches Programm auf. Im Jahr 1929 zum Beispiel scheinen folgende Namen auf: Karl Maria Pembaur, Peter Griesbacher, Hermann Spies, Joseph Marx, Vinzenz Goller, Alfons Schlögl, Walter Widenhofer, H. Mracek, Karl Greith, Josef Renner jun., Richard Düringer, Max Springer, Josef Lechthaler, W. Skop, J. Dorn, Joh. Bapt. Thaller, Oskar v. Pander, Nikolaus Jöchl, Lorenz Kagerer, Josef Gmachl, Carl Koch, Franz Neuhofer, P. Leo Söhner, Hans Gál, F. Müller, A. Brunetti-Pisano, Hans Völgify. – Im Namen der Internationalen Bruckner-Gesellschaft wandte sich Max Auer[99] mit der Bitte an Joseph Messner, in Salzburg eine Sektion zu gründen; man könne dann auch in Salzburg eine Jahresversammlung oder ein Bruckner-Fest abhalten.

Die Lokalzeitungen berichteten weiterhin regelmäßig über die Aufführungen des Domchores und über seinen Leiter. Am 15. Juni 1929 schrieb die „Salzburger Chronik": *Joseph Meßners neuestes Werk „Von den letzten Dingen", eine abendfüllende, vierteilige Chorsymphonie für Soli, Chor und Orchester nach Dichtungen des Angelus Silesius wurde von Generalmusikdirektor Hans Weisbach für Düsseldorf zur Uraufführung erworben*[100]. Die Uraufführung kam aber nicht zustande. Im Jahr 1936 erhielt Messner für dieses überaus anspruchsvolle Werk mit dem neuen Titel „Die vier letzten Dinge" den Österreichischen Staatspreis. Damals hätte der Dirigent Oswald Kabasta die Chorsymphonie in Wien aufführen sollen, er ging aber nach München. Erst im Jahr 1963, zum 70. Geburtstag des Komponisten, wurde Messners großes Werk über Tod, Gericht, Hölle und Himmel unter der Leitung von Professor Hans Gillesberger in Wien uraufgeführt.

Der Sommer kündigte sich wieder mit großem Programm an. Am 31. Mai bestritt Messner mit einer Sängerin ein Konzert im Dom anläßlich des „XI. Allschlaraffischen Concils zu Juvavia". Die Papstfeier am Fest der Apostel Peter und Paul – der 29. Juni war da-

mals noch ein hoher kirchlicher Feiertag – wurde im Salzburger Dom ausschließlich mit Messners Werken op. 4, 7, 11 und 19 begleitet. In den Kirchenkonzerten von Bad Reichenhall, St. Gilgen, Badgastein und Zell am See führte der Domchor Kompositionen vom Barock bis zur Gegenwart auf, unter anderem Messners „Leben" und Verdis „Stabat mater". Für die Festspiel-Aufführungen wurde die meiste Probenzeit verwendet. Als das interessanteste Werk der vier Domkonzerte sah man ein bislang verschollenes „Stabat mater" des deutschen Komponisten Peter Cornelius an: Es sollte in Salzburg seine Uraufführung erleben. Joseph Messner schrieb für die Musik-Rundschau der „Münchner Neuesten Nachrichten" vom 14. Juli 1929 folgende Einführung zu diesem Werk: *Wer kennt und liebt ihn nicht, den schwärmerischen Dichter=Musiker der „Brautlieder", den innig=frommen Poeten der „Weihnachtslieder", den lyrischen Dramatiker des „Barbier von Bagdad", den deutschen Meister des Chorgesanges im „Requiem" und in den „Psalmliedern", den gläubigen Grübler im „Vater unser"? Cornelius ist der deutsche Musiker=Poet, der sich einem erst ganz erschließt im Verborgenen, zwischen vier Wänden – in der Hausmusik: da offenbart er ein Göttliches in seiner Musik. – Nur ein Werk, des Meisters g r ö ß t e s C h o r w e r k, blieb bislang der Welt verborgen, jenes 1848–49 geschaffene, groß angelegte Oratorium „Stabat mater" für Soli, Chöre und Orchester. Der junge Musiker erlebte nicht die Freude, eines seiner großen Werke gedruckt zu sehen; selbst der „Barbier" wurde erst 30 Jahre nach seinem Tode veröffentlicht. Durch den Berliner Musiktheoretiker Siegfried Dehn*[101]*, dessen Unterricht der 21-jährige durch vier Jahre besuchte, kam Cornelius auf das Gebiet der Kirchenmusik. Eine Reihe größerer und kleinerer Werke sind das Ergebnis dieses Ringens mit Form und Inhalt, mit Schule und Eigenpersönlichkeit: eine Motette „Domine, salvum fac" für Männerchor, eine solche über den gleichen Text für gemischten Chor und großes Orchester, eine 4–6 stimmige A capella=Messe und eine solche in dorischer Tonart. Man konnte sich auf Grund dieser Werke denken, daß jenes unauffindbare „Stabat mater" aus der gleichen Zeit – wie der Corneliusbiograph Dr. Max Hasse schreibt – mehr denn ein Gesellenstück sei, sah doch Cornelius in jeder Mutter mit dem Kinde an der Brust eine Madonna. Um wie viel mehr mußte jene Tragödie auf Golgatha das musikalisch reiche Empfinden des jungen Künstlers beflügelt* haben! – Um wieviel größer mußte daher auch die Enttäuschung für den Komponisten gewesen sein, als ihm Hofkapellmeister Nikolai nach Einsicht des Werkes zu verstehen gab, daß er keine Note richtig setzen könne, daß er bei Professor Dehn nicht in der richtigen Schule gewesen. Man muß den Humor bewundern, mit welchem Cornelius an seinen Bruder berichtet: „Aus der ganzen Geschichte ging hervor, daß er (Nikolai) auf mich nur als auf den Sack schlug, aber den Esel meinte, nämlich Dehn. Ich will Dir nicht das ganze Gespräch Wort für Wort hersetzen, kurz, ich war von dem Augenblick an verloren, wo die zwei Worte „Dehns Schüler" über meine armen, unglücklichen Lippen gekommen waren." Wie so oft, spricht auch im Falle Cornelius erst die Nachwelt das Urteil über Wert oder Unwert: er selbst verschloß sein Werk in die Lade, überzeugt davon, daß es später seine Auferstehung erhalten wird. Cornelius schleppte die Partitur von Berlin mit sich nach Weimar, von da nach Wien und schließlich nach München,

um es seinen Kindern in einem vergessenen Schrank zu hinterlassen, wo es im Vorjahre – achtzig Jahre nach dem Entstehen – entdeckt wurde. So soll nun das Werk eines unserer besten deutschen Meister während der *Salzburger Festspiele* durch den Domchor zum ersten Erklingen gebracht, zum erstenmal die dem Werke innewohnende Kraft des Genialen erwiesen werden[102].

Im Schaufenster der Musikalienhandlung Höllrigl war die Originalpartitur des „Stabat mater" ausgestellt; zur Erinnerung an die Uraufführung am 11. August wurden eigene Bildpostkarten mit einem Porträt des Komponisten gedruckt, der Uraufführung selbst wohnten Tochter und Sohn Cornelius bei. Die Musikkritiker waren über die Wiedergabe des Werkes voll des Lobes. So schrieb Paul Stefan in der „Neuen Leipziger Zeitung" vom 15. August 1929: *Der Domchor und sein Dirigent bewährten ihren Ruf, auch das Orchester hielt sich vortrefflich, und das Soloquartett war gut zueinander abgestimmt und vorzüglich besetzt: mit der ausgezeichneten Salzburger Kirchensängerin Maria Kehldorfer-Gehmacher, der schönsingenden Wiener Altistin Jelly v. Braun-Fernwald, dem Innsbrucker Tenor Hans Auer und dem stimmächtigen Opernbaß Heinrich Hölzlin. Es war sicherlich einer der interessantesten Abende, die man in diesem Salzburger Jahr zu hören bekam[103].* Das „Stabat mater" wurde im 3. Domkonzert wiederholt. Im 4. Domkonzert erklang Mozarts „Requiem" – ein Werk, das jedes Jahr aufs neue die Mitwirkenden und Zuhörer in seinen Bann zog.

Anders als heute begannen die Domkonzerte erst am späten Abend. Die Sänger und Instrumentalisten musizierten nicht vorne im Kuppelraum des Domes, sondern auf der hohen Westempore, wo sie im Halbkreis um das Dirigentenpult in der Mitte gruppiert und somit den Blicken der Zuhörer unten im Kirchenschiff entzogen waren; das Publikum konnte sich ganz auf das Hören konzentrieren. Dem Domkapellmeister gelang es Jahr für Jahr, großartige Festspielsolisten für seine Konzerte zu verpflichten, obwohl er ihnen nur bescheidene Gagen zu zahlen vermochte. Einer seiner treuen Sänger der ersten Jahre war Kammersänger Richard Mayr, der berühmte „Ochs von Lerchenau"; er verlangte für seine Mitwirkung in den Domkonzerten nie ein Honorar, weil er seinen Gesang in der Kirche als Gebet auffaßte. Andere namhafte Künstler wirkten aus Freude über schöne Partien oder aus Ehrerbietung gegenüber dem Dirigenten mit, ei-

Abb. 27 Programmzettel des 2. Domkonzertes, 1929

Abb. 28 Evi Klemens, Wien, Februar 1929

nigen jüngeren Solisten verhalfen Messners Konzerte zu einer erfolgreichen Karriere. Jedenfalls lockten nicht nur große Werke, sondern auch berühmte Interpreten Musikfreunde aus aller Welt in den Salzburger Dom. Trotzdem deckten die Einnahmen aus dem Kartenverkauf nur selten die Kosten der Aufführungen. Die Veranstalter der Festspiele zogen sich daher schon bald von den Domkonzerten zurück, beließen sie jedoch im Festspielprogramm, allerdings in der Eigenregie des Domkapellmeisters. Messner steckte mutig einige Jahre lang seine Ersparnisse in die Domkonzerte und brachte immer neue, große Werke heraus, bis die Aufführungen außer dem ideellen Gewinn auch finanzielle Erfolge erzielten. – Im September beschloß eine Aufführung von Werken Salzburger Meister anläßlich der Philologentagung in Salzburg die Konzertsaison des Domchores.

Mit dem Herbst 1929 bahnte sich eine tiefgreifende Veränderung in Messners Leben an. Wie jedes Jahr hörte er sich im Stadttheater zu Beginn der Spielzeit die neu engagierten Sänger an – er holte sich bei Bedarf ja auch die Theatermusiker in den Dom – und lud eine junge Sängerin ein, im Dezember als Solistin in einem Gottesdienst mitzuwirken. Die „Salzburger Chronik" vom 24. Dezember 1929 berichtete: *Am Salzburger Domchor erklangen letzten Sonntag zum erstenmal Hans Gal's poesieumwobene „Zwei geistliche Gesänge" für Sopransolo, Gamba und Orgel. Selten gelungene Verbindung alter Texte mit moderner musikalischer Ausdrucksweise. Ungekünstelte, traumhafte Gambentöne zur Sopranstimme und Orgel. Dank einer vorzüglichen Wiedergabe machten denn die beiden Gesänge stärksten Eindruck auf die andächtige Zuhörerschaft. Evi Klemens' modulationsfähiger Sopran, weich im Piano, strahlend im Forte, füllte siegreich den großen Dom und war wie geschaffen für die zarten Stimmungen dieser Gesänge. Karl Stummvolls Bratsche klang kaum je so schön, wie in dieser von reinster Romantik diktierten „Begleitstimme" der Gal'schen Lieder; dazu Jos. Meßners wohlabgewogenes Orgelspiel, das die Stimmung jeweils mit pikanter Registrierung unterstrich. Im ganzen eine selten schöne Begleitmusik zur Messe*[104].

Drei Monate vorher hatte die gleiche Tageszeitung ihren Lesern das neue Theaterensemble des Direktors Paul Blasel vorgestellt und dann am 16. September angekündigt: *Dienstag kommt die humorvolle Operette „Madame Pompadour", Musik von Leo Fall, in welcher die erste Operettensängerin Frl. Evi Klemens und der jugendliche Gesangskomiker, Herr Fritz Seden, auftreten*[105]. Die Premiere und alle Wiederholungen dieser beliebten Operette sowie die zahlreichen anderen Bühnenwerke, in denen die neue „erste Operettensängerin" innerhalb zweier Spielzeiten auftrat, waren erfolgreich. Evi Klemens wurde von den Kritikern stets gelobt. Die elegante, schlanke Künstlerin hatte ein schönes, ausdrucksvolles Gesicht, sie sang, sprach und tanzte mitreißend und verfügte über eine große Ausstrahlung. Trotz ihrer persönlichen Bescheidenheit trat sie selbstbewußt auf, war mutig, klug und fleißig. Das Publikum erkor sie schon bald zu seinem Liebling. Noch im Spätherbst des Jahres 2002 erinnerte sich der Salzburger Musiker Professor Joseph Schröcksnadel als über Neunzigjähriger lebhaft an die Auftritte dieser jungen Dame. Schröcksnadel, der als sehr guter Geiger bereits 1928 im Theaterorchester und bald danach auch im Dom spielte, kannte die Sängerin aus nächster Nähe. Seinen Worten zufolge strömten die Salzburger in Scharen ins Theater, wenn Fräulein Klemens auftrat, um sie in bestimmten Szenen und mit bestimmten Liedern wieder und wieder zu hören[106]. Da der Spielplan des Stadttheaters damals hauptsächlich auf unterhaltende Stücke hin ausgerichtet war, stand Evi Klemens alle paar Wochen in einer neuen Rolle auf der Bühne und spielte manchmal vier, fünf Abende hintereinander. Sie sang in Salzburg unter anderem die Rosalinde in der „Fledermaus", die Saffi im „Zigeunerbaron", die Fiametta in „Boccaccio", die Eurydice in „Orpheus in der Unterwelt", die Fürstin in „Paganini", die Kurfürstin im „Vogelhändler", Franz Léhars „Eva", die Lisa im „Land des Lächelns", die Ninon im „Veilchen von Montmarte", Paul Abrahams „Viktoria" und die Rosette Falcari im „Spitzentuch der Königin". Sooft die „Madame Pompadour" auf dem Programm stand, wartete das Publikum voll Spannung auf das Couplet „Josef, ach Josef, was bist du so keusch?", weil es den Salzburgern nicht verborgen geblieben war, daß sich zwischen der attraktiven Sängerin und dem Herrn Domkapellmeister feine Fäden der Sympathie, vielleicht sogar der Zuneigung entsponnen hatten. Die beiden galten als ein „schönes Paar", wenn sie miteinander durch die Stadt gingen; Klatsch und Tratsch folgten ihnen nach. Als Solistin der Dommusik wurde Evi Klemens – den Domchor-Aufzeichnungen zufolge – nie wieder verpflichtet.

In den letzten Tagen des Jahres 1929 kündigte sich eine mögliche Änderung in Messners Karriere an. Wie er selbst am 10. Dezember 1965 in einem Brief[107] an das Domkapitel schrieb, kam Ende Dezember 1929 der Apostolische Administrator und künftige Bischof von Berlin, Dr. Christian Schreiber[108], nach Salzburg und bat den hiesigen Erzbischof, Joseph Messner als Kapellmeister an die St.-Hedwigskathedrale freizugeben, natürlich mit Zusicherung eines namhaften Gehaltes. Als Messner einen Ortswechsel erwog, weil er in Salzburg nur gering entlohnt wurde, sicherte ihm Fürsterzbischof Dr. Ignatius Rieder eine Gehaltsregelung aus den Mitteln des Dommusikvereines zu, worauf Messner in Salzburg blieb.

Das Jahr 1929 klang im Dom mit zwei musikalischen Aufführungen aus, die von den Zeitungen gerühmt wurden. Die „Salzburger Chronik" berichtete über den letzten Sonntagsgottesdienst, bei dem in der Halb-Zwölf-Uhr-Messe nach Brunetti-Pisanos „Weihnachtssehnen" ein bislang verschollenes Weihnachtslied von August Hartl „nach einem Motiv des Sohnes Mozart" in Messners Bearbeitung erklang. Das „Salzburger Volksblatt" wiederum informierte seine Leser über die Salzburger Erstaufführung von Verdis großem „Te Deum" am Silvesterabend: *Die außerordentlich stark besuchte Aufführung des von Domkapellmeister Meßner dirigierten Werkes wurde mit Mozarts „Exsultate" (in dem Frau Keldorfer-Gehmacher den Solopart mit Reife und Volltönigkeit sang) eingeleitet und mit Meßners „Pange lingua", einem großzügigen Werk für Orchester und Chor, das auf lyrisch=romantischer Basis von mystischen Zügen durchwebt ist, beschlossen*[109].

Das neue Jahr brachte Messner eine Einladung nach Rom. Die Wiener „Reichspost" schrieb darüber am 24. Februar 1930: *Oesterreichische und deutsche Musiker in Rom. Der Domkapellmeister von Salzburg Meßner gab am Sonntag in der Deutschen Nationalkirche Sta. Maria dell'Anima in Rom ein Orgelkonzert. Unter seiner Meisterhand zeigte die neue Orgel der Anima ihren hohen musikalischen Wert. Die beiden Gesandten Oesterreichs sowie die beiden deutschen Botschafter und zahlreiche Mitglieder der österreichischen und deutschen Kolonie wohnten dem Konzerte bei. Auf Einladung der Cäcilienakademie veranstaltete Generalmusikdirekor Kleiber von der Berliner Staatsoper am Sonntag im Augusteum sein erstes Konzert. Das Publikum, unter dem sich Mitglieder des italienischen Königshofes sowie die diplomatischen Vertreter Oesterreichs und Deutschlands befanden, spendeten lebhaften Beifall*[110].

Zu Ostern fand im Dom die Uraufführung von Messners „Invitatorium und Responsorien für die Auferstehung" (op. 26) statt; sie sind dem Domkapitular Angelberger gewidmet. Mit diesen Stücken für Sopran- und Altsoli, vierstimmigen Chor und Bläsersextett begannen die Vertonungen der Proprientexte zum Osterfest. – Für den Festspielsommer 1930 waren vier Domkonzerte vorgesehen. Auf dem Programm standen wieder Werke alter Salzburger Meister, weiters W. A. Mozarts „Krönungsmesse", eine Vesper, mehrere Motetten und sein „Requiem", Messners „Bruckner-Improvisation" und Bruckners „Große Messe in f". In diesem Sommer übertrug die Ravag (Österreichische Radio-Verkehrs-AG) am 3. August im Rund-

Abb. 29 Anton Steinhart: Joseph Messner, 1930. Rohrfeder-zeichnung, 25 x 20 cm. Salzburg Museum, Inv.-Nr. 120/60

funk erstmals eine Sonntagsmesse aus dem Dom[111]. Vier Monate später präsentierte sich der Salzburger Domchor am 8. Dezember im Studio des Senders Frankfurt am Main mit Werken alter Salzburger Meister; weitere Stationen auf dieser Konzertreise waren Darmstadt, Mannheim und Mainz. Was immer sich der Domchor an Honoraren ersang, floß in eine gemeinsame Kasse, aus der die Reisen und Ausflüge bezahlt wurden; die Chormitglieder selbst sangen unentgeltlich, auch wenn sie in den Sonn- und Feiertagsmessen Solopartien übernahmen. Die Orchestermusiker bekamen für jeden Dienst im Dom 1,50 Schilling.

Gegen Ende des Jahres 1930 kam ein Herr Mehren als Vertreter der in Berlin-Wilmersdorf ansässigen Firma „Christschall – Gesellschaft zur Förderung christlicher Musikkultur M.B.H." nach Salzburg, um Joseph Messner zu Schallplattenaufnahmen einzuladen. Er schloß mit ihm einen Exklusivvertrag auf fünf Jahre über eine jährlich garantierte Anzahl von Aufnahmen ab. Messner spielte schon im Februar 1931 seine ersten Schallplatten ein, die vor allem für Deutschland, die Schweiz und den englischsprachigen Raum bestimmt waren. Aufgenommen wurden geistliche Lie-

der und Arien, Motetten und Kantaten verschiedener Komponisten sowie Mozarts „Krönungsmesse", sein „Requiem" und Schuberts „Messe in G"[112]. Eine Firmenliste nennt für 1931/32 die Produktionsnummern 74 bis 105 und 9.600 verkaufte Schallplatten (darunter die Nummer 97 mit Weihnachtsliedern, gesungen von Evi Klemens)[113]. Der Fünfjahresvertrag konnte aber wegen der sich verschlechternden wirtschaftlichen Lage nicht eingehalten werden, was in den folgenden Jahren zu großen Verstimmungen zwischen Messner und „Christschall" führte. Die Berliner Firma mit einer Zweigstelle in Zürich wurde schließlich liquidiert.

Messners Bemühungen, sein neues großes Chorwerk von den vier letzten Dingen aufführen zu lassen, blieben trotz des Lobes bedeutender Dirigenten vergebens. Das Werk war nicht nur äußerst anspruchsvoll, sein Inhalt widersprach auch dem Zeitgeist. Wie etwa Musikdirektor Fritz Binder[114] aus Nürnberg an Messner schrieb, wollte man öffentlich nichts vom Sterben hören, sondern verlangte nach Lebensbejahung, Freude und Jubel. – Die biblische Oper „Hadassa" lag unverlangt in der Schublade. Trotzdem reizte es Messner, ein neues Bühnenwerk zu schreiben; diesmal wollte er einen weltlichen Stoff mit einer spannenden Handlung vertonen, doch noch fehlte ihm ein geeignetes Textbuch. Schließlich stieß er auf eine Ballade der österreichischen Dichterin Enrica Handel-Mazzetti[115] und fand in den Salzburger Literaten Oskar Gunther und Karl Neumayr die Librettisten für die Oper „Das letzte Recht". Als Komponist stand er nun vor einer schwerwiegenden Entscheidung: Sollte er, den man vor wenigen Jahren als Hoffnungsträger der modernen Musik in einem Atemzug mit Schönberg genannt hatte, auf dem Weg der „Neutöner" weitergehen? Messner entschied sich dagegen und wandte sich von jeder atonalen Kompositionsweise ab. Von nun an wollte er eine Musik schreiben, die allgemein akzeptiert werden konnte.

Für alle Fragen und Pläne, Zweifel und Erwartungen hatte Joseph Messner auf gemeinsamen Spaziergängen und Ausflügen in der Sängerin Evi Klemens eine aufmerksame Zuhörerin und verständige Gesprächspartnerin gefunden. Sie erkannte seine Genialität und konnte seinen kompositorischen Plänen dank ihrer eigenen großen Musikalität folgen. Sie stärkte sein Selbstvertrauen, half ihm über seelische Nöte hinweg und regte ihn zu neuem Schaffen an.

Die Freundschaft des Domkapellmeisters mit der Sängerin wurde von vielen Bürgern Salzburgs als skandalös empfunden.

Messner hatte es in der Stadt Salzburg nicht leicht. Fast täglich begegnete er seinen ehemaligen Lehrern und Erziehern und fühlte sich ihnen gegenüber in die Rolle eines Schülers zurückgedrängt. Aus dem Kollegenkreis verspürte er viel Neid und Mißgunst. Der alte Hermann Spies, der sich trotz zweier Nachfolger im Amt weiterhin als Domkapellmeister von Salzburg titulieren ließ, intrigierte besonders heftig gegen ihn und machte sowohl seine Musik als auch seine Person verächtlich, weil ihm Messners Erfolge und weltliche Interessen zuwider waren. Hausmeistertratsch und böswilliges Gerede drangen bis zur Domgeistlichkeit vor, wobei sich viele Gerüchte immer wieder um das heikle Thema „Frau" drehten, obwohl sich Messner in der Öffentlichkeit durch eine zwar freundliche, aber deutlich merkbare Distanz vor den ihn umschwärmenden Frauen schützte. Da von seiner Person noch im hohen Alter eine große Anziehungskraft auf das weibliche Geschlecht ausging, muß diese Attraktion in jüngeren Jahren weitaus stärker gewesen sein. Seinetwegen brachen unzählige Eifersuchtsszenen aus, die sogar bis zu handgreiflichen Auseinandersetzungen führten. Frauen legten ihm buchstäblich ihr Herz zu Füßen. Eine Sängerin des Domchores stürzte sich im selben Augenblick, als Messner an ihrem Wohnhaus am Waagplatz vorüberging, aus dem Fenster und blieb schwerverletzt vor ihm liegen; sie hinkte dann zeitlebens. Eine andere Sängerin bedrängte ihn lange Zeit hindurch mit dem Wunsch, ein Kind von ihm zu empfangen, was den Kolleginnen im Domchor nicht unbekannt blieb. Klatschmäuler schrieben dem kräftigen, temperamentvollen Mann im Lauf der Jahre eine ganze Reihe von Kindern zu. Als er im Sommer 1955 aus Mitleid ein dunkelhäutiges Mädchen als Pflegekind in sein Haus nahm, meinte er in seinem Tiroler Dialekt: „Wenigstens können sie mir das net aufdividieren"[116].

Aber nun weiter in der Chronologie. Das große Ereignis im Frühling 1931 war die Einweihung der Heldenorgel von Kufstein, die – losgelöst von jeglicher liturgischer Funktion – als ein tönendes Heldendenkmal an die Gefallenen des Weltkriegs erinnern sollte. Dazu sei ein Artikel aus der „Saarbrücker Zeitung" vom 7. Mai zitiert, verfaßt vom Sonderberichterstatter

Abb. 30 Joseph Messner an der Kufsteiner Heldenorgel. Bildpostkarte, wohl 1931

Kunz von Kauffungen, München[117]: *Solch ein Leben hat das stille Bergstädtchen Kufstein wohl noch nie gesehen! Schwere schwarze Wolken hingen über der alten Bürgerstadt und über der Feste Geroldseck. Doch von Minute zu Minute verschaffte sich die Sonne ein größeres, freieres Guckloch. Der Burghof, auf dem der Weiheakt stattfand, strahlte weiß in weiß. Die tiroler, deutschen und österreichischen Farben grüßten von der Feste herab, und aus deutschen und tiroler Fahnen war ein Baldachin für die Ehrengäste gebaut. Als die Kirchuhr die zehnte Stunde verkündete, nahm der weihevolle Akt seinen Anfang. Eine Abteilung des 12. Alpenjägerregiments sowie der Schützenkompanien Kufsteins und Aldrans fungierten als Ehrenkompanie, als Fürsterzbischof Dr. Riederer [sic!] die Feldmesse zelebrierte. Daran anschloß sich die vom Erzbischof vorgenommene Wei-*

he der Orgel, und mächtig erklang dann zum ersten *Male das „Te Deum" auf der Heldenorgel weit in die Lande hinaus. Stumm=andächtig verharrte die vieltausendköpfige Menge, deren Zahl auf 80 000 geschätzt wurde. Erschütternd war es, als Domkapellmeister Joseph Messner=Salzburg das „Lied vom guten Kameraden" und das „Andreas Hoferlied" auf der Heldenorgel spielte, und als die Menge in den letzten Vers einfiel und begeistert mitsang. Mächtig brauste das Lied in die Berge und darüber hinaus nach Südtirol. – Nachdem der Bundespräsident, der Bürgermeister von Salzburg und der deutsche Gesandte in Wien, Dr. Ried, Ansprachen gehalten hatten, überbrachte ein Turner des deutschen Turngaus Tirol die Erinnerungsurkunde an die Einweihung der Orgel, die in einem Eilbotenstaffellauf von Innsbruck – Berg Isel – nach der Feste Geroldseck in drei Stunden 45 Minuten gebracht wurde. Daraufhin setzte sich der Festzug in Bewegung! Ein buntwirbelndes Bild, wie man es so echt und volkstümlich selten wieder sieht. In ihren uralten Trachten marschierten die tiroler und bayrischen Trachtenvereine, die vaterländischen Verbände und Kameradschaften Deutschlands und Oesterreichs am Bundespräsidenten und Erzbischof im Paradeschritt vorbei. Zwei Stunden dauerte der Vorbeimarsch.* Messner hatte anläßlich der Einweihung dieser Orgel eine „Paraphrase über die österreichisch-deutsche Volkshymne" (op. 28) komponiert.

Die diesjährigen Salzburger Festspiele standen im Zeichen W. A. Mozarts, da man seines 175. Geburtstages und 140. Todestages gedachte. Messner hatte im Dom schon am 25. Jänner anläßlich der Mozartfeier einen Festgottesdienst mit Kompositionen des Genius loci gestaltet; nun widmete er ihm das erste, dritte und fünfte Domkonzert. Auf dem Programm standen eine Kirchensonate und das „Exsultate" zusammen mit „Davidde penetente", weiters das „Requiem" und zuletzt Händels „Messias" in der Bearbeitung Mozarts. Das wahrscheinlich älteste Tondokument der Salzburger Festspiele ist die Rundfunkübertragung des „Requiems" vom 3. Domkonzert, das direkt in die Vereinigten Staaten von Amerika ausgestrahlt wurde[118]. Im 2. und 4. Domkonzert erklangen Solo-Kantaten von Schubert und Bruckners „Messe in e" sowie Beethovens „Missa solemnis". Als Messners bedeutendste Solistin dieser Saison wurde die Opernsängerin Gabrielle Ritter-Ciampi gerühmt. Der in Salzburg

tätige Künstler E. Toni Angerer[119] malte Messner als Dirigenten (s. Abb. S. 85).

In der Kirche von St. Peter führte Dr. Bernhard Paumgartner, der aus Wien stammende Direktor des Konservatoriums Mozarteum, traditionsgemäß Mozarts „Messe in c" auf; er dirigierte dieses Werk schon seit 1927 alljährlich im Rahmen der Festspiele. Zwischen ihm und dem Domkapellmeister bestand ein gespanntes Verhältnis, das nicht frei von Sticheleien und Intrigen war, weil jeder im anderen einen Konkurrenten sah. Paumgartner erboste sich, wenn sich Messner die Musiker aus „seinem" Mozarteum-Orchester in den Dom holte (was den Instrumentalisten wegen des zusätzlichen Verdienstes aber stets willkommen war), andererseits benötigte Paumgartner für seine eigenen Aufführungen des öfteren Sänger aus dem Domchor als Verstärkung. Nach außen hin verkehrten die beiden Dirigenten miteinander in größter Höflichkeit, wie ein Brief Paumgartners vom 11. August 1931 zeigt: *Sehr verehrter Herr Domkapellmeister, ich wäre Ihnen herzlich dankbar, wenn Sie die besondere Güte hätten, die Mitglieder Ihres Domchores – Ihr Einverständnis natürlich vorausgesetzt – mit Ihrer Empfehlung in meinem Namen zur Mitwirkung an der C-moll Messe zu ersuchen, deren nächste Probe Mittwoch 8 Uhr abends im Probesaal des Mozarteums stattfindet. Ich hoffe auf Ihre freundliche kollegiale Unterstützung rechnen zu dürfen und bleibe mit besten Grüßen Ihr ergebener Dr. B. Paumgartner*[120].

Mit dem Sommer ging der Aufenthalt der „ersten Operettensängerin" in Salzburg zu Ende, weil ihr Vertrag auslief. Evi Klemens hatte schon im Juni ein Gastspiel in Danzig gegeben und wurde daraufhin für die Zeit vom 1. September 1931 bis zum 31. August 1933 an das Stadttheater Danzig verpflichtet. Den Eintragungen im Deutschen Bühnenjahrbuch zufolge war es ihr viertes Engagement nach den Bühnen von Greifswald, Gablonz und Salzburg. Die freundschaftliche Beziehung zu Joseph Messner blieb trotz der weiten Entfernung aufrecht, sie vertiefte sich sogar noch und führte zu beider Entschluß, sich ein gemeinsames Heim in St. Jakob am Thurn südlich der Stadt Salzburg zu schaffen, sobald es ihre finanziellen Mittel zuließen. Joseph Messner gab der Sängerin seine neueste Komposition mit auf die Reise, es war die „Messe in B" (op. 29). Auf das Titelblatt hatte er geschrieben: *Gemeinsam geworden und gewachsen wid-*

me ich mein jüngstes Werk meinem Everl. Salzburg, 27. VIII. 1931. Jos. Meßner.

Die „Messe in B für Sopransolo, gemischten Chor und Bläsersextett" wurde am 25. Oktober 1931 im Salzburger Dom zusammen mit den neuen „Wechselgesängen für das Christkönigsfest" uraufgeführt; die schwierige Sopranpartie sang damals Maria Keldorfer-Gehmacher. Die deutsche Erstaufführung dieses Werkes fand am Weihnachtstag in der Liebfrauenkirche von Duisburg statt; dort wurde auch das Sopransolo dem Chor überantwortet, weil es ortsunüblich war, Solisten in einem Gottesdienst singen zu lassen. Die neue Meßkomposition erregte großes Aufsehen und gefiel allgemein. Der Leipziger Thomaskantor Karl Straube schrieb im Sommer 1932 an Messner: *Ich muß es nur bedauern, wenn ich in dem Knabenklang meiner Thomaner nicht das Ausdrucksmittel habe, um das südliche Feuer dieser Kunst im Klange auferstehen lassen zu können*[121]. – Als der Aachener Domkapellmeister Rehmann zu Beginn der 1940er Jahre Messners „Messe in B" aufführen wollte, bat er den damaligen Aachener Generalmusikdirektor Herbert von Karajan, der die Messe von Salzburg her kannte, ihm eine geeignete Sopranistin für die hohe, schwierige Solopartie zu vermitteln. Karajan nannte Rehmann eine junge Sängerin, die sich mit diesem Werk den Beifall der Kritiker und die Herzen aller Zuhörer ersang: Irmgard Seefried. Sooft die Künstlerin später bei den Salzburger Festspielen mitwirkte, wünschte sie sich von Joseph Messner, wieder seine „Messe in B" singen zu dürfen[122].

Über die restlichen Monate des Jahres 1931 ist zu berichten, daß am 27. September Messners II. Symphonie von Radio Wien ausgestrahlt wurde. Im Oktober reiste Messner für einige Tage nach Danzig. Die Pläne für zwei neue Opern reiften heran. – Knapp vor Weihnachten erhielt der Domkapellmeister ein Schreiben von Dr. Géza Koudela aus Budapest, das sich auf das letzte Domkonzert des vergangenen Sommers bezieht und erneut Messners Ansehen im Ausland beweist: *Hochwürdiger Herr! Sehr geehrter Maestro! Der Musikreferent unserer Hauptstadt und berühmter Dirigent Victor K a r v a l y, der jährlich den Salzburger Festspielen beiwohnt, ersuchte mich um Vermittlung seiner folgenden Bitte. K a r v a l y hörte das Oratorium „Messias" von Händel unter der grossartigen Leitung des SG. Maestro und möchte er es mit den-*

selben Verkürzungen hier aufführen. Wäre erlaubt einen Klavierauszug einzusenden um diese praktischen Notizen und Direktiven von SG. Maestro einzuschreiben lassen, oder wenn das unbequem, mühevoll wäre, würden Sie die Güte haben einen präparierten Klavierauszug auf einige Tage an mich zu senden? – Bitte zu erlauben in Ihre werte Erinnerung zu bringen, dass ich derselbe bin, der mit Ihnen in der Sonkoly'schen Interview korrespondierte / das war für mich nicht angenehm! / und der mit Ihnen in Rom in Anima zusammentraf / das war für mich sehr angenehm! / Mit priesterlicher und kollegialer Hochachtung Budapest, 15. Dez., 1931. D G Koudela, Kirchenmusikdirektor der königl. Ung. Universität, Prof. der Ung. Landeshochschule für Musik[123].

„Das letzte Recht" – Charles-Marie Widor – Ernennung zum Professor 1932

Die beiden Höhepunkte des Jahres 1932 waren das auf Messners Einladung erfolgte Konzert Widors im Salzburger Dom und die Verleihung des Professorentitels an den Domkapellmeister. Weitere bedeutende Ereignisse prägten den Jahresablauf: Konzertreisen in österreichische und deutsche Städte, nach Frankreich und Belgien, Rundfunkübertragungen eigener Werke aus München, Berlin und Leipzig, der Abschluß der Oper „Das letzte Recht", Beginn der Arbeit an der Oper „Ines", die Komposition zweier deutscher Chormessen (op. 32 und 34) und einer Suite für Orgel (op. 33), die Uraufführung seiner „Deutschen Sakramentsmesse" für 3-stimmigen Frauenchor und Orgel, fünf Domkonzerte während der Festspiele. Messners Korrespondenz mit Künstlern, Verlegern und Intendanten, mit Rundfunkanstalten und Konzertagenturen nahm ständig zu.

Die große Hoffnung, die Messner auf seine neue Oper gesetzt hatte, erfüllte sich nicht. „Das letzte Recht" (seit 1933 „Deutsches Recht") ist eine Volksoper voll wirkungsvoller Szenen, in denen es um Liebe und Tod, Gier, Verrat, Gefahr und Rettung geht. Schauplatz der Handlung ist die oberösterreichische Stadt Steyr.

Dort wird um das Jahr 1450 die schöne, reiche Tochter des Bürgermeisters als Scheintote begraben. Ein junger Grabräuber namens Christoph entdeckt die noch lebende Margaret im frischen Grab und bringt sie ihrem Vater zurück. Der Richter von Steyr, ein von Margaret abgewiesener Freier, verhängt über den jungen Lebensretter trotzdem die Todesstrafe. Nun rettet Margaret Christoph vor dem Galgen, indem sie ihm nach altem deutschen Recht Hand und Herz bietet. – Messner reichte sein neues Werk an mehreren Bühnen ein. Aus Köln schrieb ihm Dr. Meinrad Zallinger am 17. Juni 1932: *Lieber Messner, ich muss Dich vielmals um Verzeihung für mein langes Schweigen bitten; bitte ziehe daraus nicht den Schluss, dass ich auf Deine Angelegenheit vergessen hätte. Ich habe das Textbuch sofort gelesen und finde es außerordentlich theaterwirksam und erfreulich weit weg von der üblichen Opernkonventionalität einerseits, andrerseits ebenso fern von der Konstruiertheit moderner Opernbücher. Dass ich bisher in der Sache nichts tun konnte, liegt darin begründet, dass Hofmüller und ich gemeinsam mit einer Inszenierung des erfolgreichsten Theaterstücks der Gegenwart, des „Weissen Rössl", beschäftigt waren ... Sobald irgendwelche positive Ergebnisse vorliegen, werde ich Dich sofort verständigen; es würde mich ausserordentlich freuen, wenn ich Dir mit Erfolg behilflich sein könnte. Für heute herzlichste Grüsse*[124]. – Aus Hamburg schrieb Generalmusikdirektor Dr. Karl Böhm am 13. September 1932 an Messner: *Ihre Oper „Das letzte Recht" hat – ohne alle Redensarten – wirklich mein allerstärkstes musikalisches Interesse gefunden. Ich begrüße eine Entwicklung, die wieder Volkstümliches in die Oper hineinträgt, die fern aller gehirnlichen Problematik menschliche und volkstümliche Stoffe zu unmittelbarem musikalischem und dramatischem Ausdruck bringt. Ich werde mich stets für eine Musik, die der Oper nach dieser Seite hin wieder neue Entwicklungsmöglichkeiten gibt, mit Überzeugung einsetzen. Bei aller musikalischen Wertschätzung des Werkes kann ich jedoch gewisse Bedenken gegen Einzelheiten des Textbuches nicht unterdrücken. Diese Bedenken richten sich nicht gegen die dichterische und dramaturgische Qualität des Buches sondern mehr gegen eine Szene, – ich meine die Friedhofsszene – von der ich fürchte, daß sie bei unserm ganz besonders gearteten Publikum nicht ohne Widerspruch hingenommen werden dürfte. Sie wissen vielleicht nicht, daß wir es hier mit einem streng pro-testantischen und fast asketisch konservativen Publikum zu tun haben. In südlicheren Gegenden – und ich meine da vor allem die katholischen Gegenden Österreichs – herrscht ein ausgesprochener Sinn für das Romantische, diese Szene würde dort so verstanden, wie sie gedacht ist: als eine romantisch-unheimliche Begebenheit. […] Ich bin wie gesagt überzeugt davon, daß diese Szene Ihnen den ganzen hiesigen Erfolg zerstören und damit evtl. den weiteren Weg über die deutschen Bühnen von vornherein verschließen würde … Wie Sie mir ja mitteilen, kommen Sie Ende dieses Monats nach Berlin und dann nach Hamburg; vielleicht könnte eine persönliche Aussprache, die ich sehr begrüßen würde, völlige Klarheit schaffen. Ich erwarte also Ihre diesbezügliche Nachricht und bin mit besten Grüßen, auch von*

Abb. 31 Charles-Marie Widor mit seiner Ehefrau und Joseph Messner am Eingang des Salzburger Domes

meiner Frau, Ihr sehr ergebener Dr. Karl Böhm[125]. – Die gleichen Bedenken wie Böhm äußerte einige Monate später auch der Operndirektor des Stadttheaters Leipzig. In Berlin interessierte sich Erich Kleiber als Generalmusikdirektor der Staatsoper für das Werk, nahm es dann aber nicht an. Im Jahr 1933 setzte sich Architekt Clemens Holzmeister für eine Aufführung in Wien ein, doch vergebens. Die Oper ist bis heute unaufgeführt geblieben.

Die Verbindung des Salzburger Domkapellmeisters zu Charles- Marie Widor geht auf ihre schon vor Jahren erfolgte Begegnung in Paris zurück und vertiefte sich bei jedem neuen Aufenthalt Messners in der französischen Hauptstadt; sein letztes Konzert hatte er dort im Mai dieses Jahres in der „Madeleine"-Kirche[126] gegeben. Widors Reise nach Salzburg war den Tageszeitungen manchen Bericht wert. Zum Beispiel schrieben die „Münchner Neuesten Nachrichten" am 31. Juli 1932 in einem Artikel über den ersten Sonntag der diesjährigen Festspielzeit: *Ferner wird es an diesem Tag eine Ueberraschung im Salzburger Dom geben: um 11 Uhr vormittags wird der berühmte französische Orgelvirtuos und Komponist K. Widor aus seinen Werken auf der Domorgel vortragen; der 80jährige Künstler hat sich dies anläßlich der Orgelvorträge des Domkapellmeisters Joseph Meßner in Paris als einzige Gunst erbeten: einmal in seinen letzten Lebenstagen auf der Salzburger Domorgel spielen zu dürfen*[127]. Die „Salzburger Chronik" hatte bereits am 28. Juli berichtet: *Gestern ist der hervorragende französische Komponist K. Widor aus Paris hier angekommen, um der Mozartstadt einen längeren Besuch abzustatten. Hiebei wird er am 31. d. M., um 11 Uhr, über besonderen Wunsch des Fürsterzbischofs Dr. Rieder, verschiedene seiner Schöpfungen auf der Domorgel zu Gehör bringen. Meister Widor wurde bei seiner Ankunft vom Landes-Verkehrsamte und von hier lebenden Landsleuten empfangen. Er befindet sich in Gesellschaft seiner Gattin. Das besondere Interesse des berühmten Tonkünstlers gilt den Mozart=Erinnerungen und Mozartstätten Salzburgs, die er eingehend zu besichtigen wünscht*[128]. Widor, der 1844 in Lyon geboren wurde, war nun 88 Jahre alt und trotz seines hohen Alters immer noch Präsident und Lehrer der Pariser Musikakademie, außerdem versah er in Paris nach wie vor das Organistenamt an der Kirche St. Sulpice. Er, der Wagner, Liszt, Verdi und Bruckner persönlich gekannt hatte, gab im Dom ein Konzert mit eigenen Kompositionen! Auf dem Programm standen die „Symphonie gothique", das „Salvum fac populum" und die „Suite latine". *Begeistert von der Meisterschaft des greisen Künstlers erwarteten viele Hunderte diesen am Domportal und begrüßten ihn in Ehrfurcht. Unser kunstsinniger Fürsterzbischof Dr. Ignatius Rieder, sowie der französische Gesandte Graf Clauzel – Wien wohnte den Darbietungen Widors an*[129]. Widors freundschaftliche, ja herzliche Beziehung zu Messner setzte sich in den folgenden Jahren fort.

Die Domkonzerte dieses Jahres – wieder mit so berühmten Solisten wie Hermann Gallos, Helge Roswaenge, Josef von Manowarda, Richard Mayr und Gabrielle Ritter-Ciampi – umfaßten Mozarts „Litaniae" (KV 243), die „Krönungsmesse" und das „Requiem", Haydns „Schöpfung", Beethovens „Missa solemnis", Bruckners Motetten „Tota pulchra" und „Ave Maria" sowie seine „Messe in d". – In diesem Festspielsommer reiste der italienische Komponist Vittorio Gnecchi aus Mailand nach Salzburg, um mit Messner wegen der Aufführung eigener Werke Kontakt aufzunehmen. – Am 23. September meldete die „Salzburger Chronik": *Domkapellmeister Joseph Meßner wurde eingeladen, das Konzert „Alte und neue Salzburger Meister", das er im Mai mit außerordentlichem Erfolg in Paris absolvierte, im November im Conservatoire zu Brüssel zu wiederholen*[130].

Einige Wochen nach dieser Zeitungsmeldung traf in Salzburg ein Schreiben folgenden Wortlauts ein:

Wien, am 17. Oktober 1932.

An Herrn Josef MESSNER, Domkapellmeister in Salzburg.

Der Herr Bundespräsident hat Ihnen über meinen mit Zustimmung des Ministerrates gestellten Antrag mit Entschließung vom 13. Oktober den Titel PROFESSOR verliehen.

Es gereicht mir zur Freude, Sie hiemit von dieser Auszeichnung mit meinem Glückwunsch in Kenntnis zu setzen.

Der Bundesminister: Rintelen[131].

Die Ernennung eines noch nicht einmal Vierzigjährigen zum Professor war auch damals ungewöhnlich und ist daher als eine ganz besondere Ehrung des Salzburger Domkapellmeisters zu werten. Messner verwendete den Professorentitel voll Stolz und auch mit einer gewissen Erleichterung, weil er fortan nur mehr innerhalb der Amtskirche mit „Hochwürden" tituliert wurde; allgemein hieß er nun „der Herr Professor". Die öffentliche Anerkennung seines Wirkens beflügelte sein kompositorisches Schaffen, er stürzte sich in die Arbeit an seiner neuen Oper „Ines".

Im November reiste Messner, wie angekündigt, zu Konzerten nach Belgien; wieder verstand er sich als musikalischer Botschafter Salzburgs. In einem Artikel der „Salzburger Chronik" vom 19. November 1932 berichtete er dann ausführlich über seine Eindrücke: *Vor etwa einem Monat bekam ich die Einladung, zugunsten der Künstlerhilfe in Belgien ein Konzert im Brüsseler Konservatorium zu veranstalten; man sicherte mir die Mitwirkung bedeutender Künstler zu; ich schlug sofort die berühmte Pariser Koloratursängerin Gabrielle Ritter-Ciampi vor, die bekanntlich im Vorjahre die ungeheuer schwere erste Sopranpartie in Mozarts „Davidde penetente" mit frappierender Vollendung im Salzburger Dom sang; als Geiger sagte der bekannte Brüsseler Virtuose Professor Henry Wagemanns seine Mitwirkung zu; das Programm suchte ich möglichst abwechslungsreich und dennoch fünf Jahrhunderte Salzburger Musik gut illustrierend zusammenzustellen: Salzburg hat ja eine solche Fülle musikalischer Gaben zu verspenden, daß die Auswahl schwerfällt*[132]. – Der Erfolg des Konzertes in Brüssel war groß. Nach der Aufführung gab der ehemalige Minister für Kunst und Wissenschaft Destrée einen Empfang. Am nächsten Vormittag wohnte Messner dem Festgottesdienst zum „Feiertag des Friedens" in der St. Gudula-Kathedrale bei, am Nachmittag wurde er auf Schloß Steenoockerzeel, dem Wohnsitz der Exkaiserin Zita, empfangen. Außerdem hatte er Gelegenheit, die umfangreiche Sammlung alter Musikinstrumente im Konservatorium von Brüssel zu besichtigen, auch besuchte er das Krankenhaus für Künstler, zu dessen Gunsten das Konzert stattgefunden hatte. Das Brüsseler Konzertprogramm wurde in Mecheln wiederholt. Dort hörte Messner am Sonntag den berühmten Mechelner Domchor, der aus hundert Knaben und hundert Männern bestand (damals waren in den katholischen Kirchen Belgiens Frauenstimmen noch verboten). – Die letzte Reise dieses Jahres führte Messner bis nach Königsberg.

Das Jahr 1933 und die Folgen

Professor Joseph Meßner, dem allverehrten Domkapellmeister, zum 40. Geburtstag

Schau nieder! Sieh, es füllen sich die Hallen
Im weiten Dom; ein drängt sich Schar um Schar.
Es ist ein stummes, endlos langes Wallen:
Aus vielen Gauen stellen sie sich dar.
Und jetzt – in brausenden Akkorden schallen
Die Stimmen auf zum Chor, zum Jubilar:
Das sind, o Meister, deine Lebensstunden,
Die sich zu Gruß und Glückwunsch eingefunden.
Und deine Freunde sind's aus sel'gen Auen,
Die H i m m l i s c h e n , so oft von dir geehrt,
Die Toten, die aus Gräbern dankbar schauen,
Die deines Mitleids Weihesang verklärt,
Die E r d e n p i l g e r, die das Gottvertrauen
Den Tempelgang zum Ewigen gelehrt,
Sie alle wünschen dir an diesem Tage,
Daß deine Kunst noch reiche Früchte trage.
Und ward des Leides Trank dir nicht geschenkt,
Hat Neid und Unverstand dich oft gekränkt,
Drang auf des Hoffens Saat der Hagel ein
Und schlug die stolzesten der Blüten klein
Und überkam dich manchmal müdes Zagen,
O, laß dir eins zu hehrem Troste sagen:
Kein Sänger schwang sich auf zur höchsten Sphäre,
Dem nicht den Klang betaut die bittre Zähre.
Alois A u ß e r e r[133]
(Von Fräulein Bindig im Mozartkostüm vorgetragen im Hotel „Wolf-Dietrich" am 27. Februar 1933)

Messners persönliche Festtage – sein Geburtstag am 27. Februar und sein Namenstag am 19. März – waren Einschnitte im Jahreslauf, an denen er Kompositionen begann oder beendete, Entscheidungen traf und Konzerte gab; auch ließ er an diesen Tagen von Zeit zu Zeit Künstlerphotos von sich anfertigen. Messner genoß die Festtage und freute sich herzlich über Gratulationen. Der 40. Geburtstag wurde natürlich von seiner Salzburger Anhängerschar, speziell vom Domchor, besonders festlich gestaltet. Sein Librettist Karl Neumayr, Deutschprofessor an der Staatsgewerbeschule, Musikrezensent, Messners Freund und erster Biograph[134], berichtete am 4. März[135] über die Geburtstagsfeier nach Danzig: *Liebes, sehr verehrtes*

Fräulein Klemens! Erst heute komme ich dazu, Ihnen mitzuteilen, daß der ganze Geburtstagsrummel glücklich vorüber. Der Abend hat Hrn. M. zahlreiche Beweise aufrichtiger Verehrung und Liebe gebracht u. ist so schön und reibungslos verlaufen, wie selten eine derartige Veranstaltung. Der „Chronik"-Bericht wird Ihnen ja zugehen. Ich habe während des von ca. 150 Gästen besuchten Abends wiederholt „heftig" an Sie gedacht und es förmlich gefühlt, daß auch Sie als unsichtbarer Gast an der Ehrentafel saßen. Als die Tanzorgie begann, setzte ich mich mit Düringer[136] zu einem Kaffee ins Nebenzimmer u. verschwand um fh 2 h; hatte ich doch Dienstag 8–1 h Unterricht, allerdings mit einem „Fenster" v. 10–11, das ich benützte, um den Jubilanten aus dem Bett zu stampern[137].

Kurze Zeit später richtete Karl Neumayr einen streng vertraulichen Brief an Evi Klemens und warnte sie vor der politischen Entwicklung: *Wenn so namhafte Dirigenten wie Fritz Busch u. Bruno Walter aus dem Sattel gehoben werden können, wenn Max Reinhardt aus Berlin geflüchtet ist, so ist das ein Beweis, daß künstlerische Leistung gegen politische u. persönliche Intrigen vollkommen machtlos ist. Und Meßners Feinde sind an Zahl u. vor allem an Macht seinen wirklichen Freunden weit überlegen. Ich bitte Sie daher auch in Ihrem eigensten Interesse auf ihn einzuwirken, daß er alles an die Herausbringung der Oper und des Chorwerkes dransetzt ... Der dadurch gewonnene neue künstlerische Ruhm würde seine hiesige Stellung, die ja keine pragmatisch-fixierte wie bei Dr. Paumgartner ist, erst richtig unterbauen und sturmfest machen ... Wenn Sie für die nächste Saison noch ein günstiges Engagement in Bayern oder Österreich finden, nehmen Sie es an[138].*

Messner war inzwischen ohnehin nicht untätig gewesen, er hatte seine Partituren und Klavierauszüge an verschiedenen Stellen eingereicht und hoffte nun darauf, daß sich namhafte Intendanten und Dirigenten seiner Werke annehmen würden. Aus Danzig schrieb sich Messner am 23. März in einem Brief an Freund Neumayr alles, was ihn in Salzburg bewegte, von der Seele: *Und Du machst einen Trugschluss, wenn Du glaubst, dass ein Erfolg mit Opern oder Oratorium meine Position stärken würde! Es war immer so: je mehr Erfolg, desto mehr Feinde; drum, wenn sich Erfolg einstellen sollte, dann gibt es nur eine Möglichkeit: Unabhängigkeit von jeder Stellung ... Darum auch meine feste Überzeugung: je eher ich auf der eigenen Scholle*

Abb. 32 Evi Klemens mit Hündchen in Danzig, um 1933

sitzen werde, desto mehr werden mir meine Feinde Ruhe lassen. Der Mozartplatz ist der physische Tod für mich! [...] Und wenn es dem Erzbischof recht ist und er seinen Segen zum eigenen Heim schon vor einem Jahr gegeben hat, dann muss es der ganzen Welt recht sein, und er war es auch, der mir schon vor 1 oder 2 Jahren sagte: Sie sollten eine Frau an der Seite haben wie Dr. Adamer[139], die Ihnen Arbeit und Sorge abnehmen kann. [...] Gott sei Dank, dass ich endlich aus der verdammten Timidität der Seminarerziehung gekommen bin, die uns vor jedem Präfekten zittern liess; diese Unsicherheit über meine eigene Person habe ich nun Gott sei Dank gründlich überwunden. Das war mein grösster Feind, den trug ich in mir selbst – – mit den äusseren werde ich schon fertig. Und so ganz innerlich und seelisch frei werde ich erst, wenn ich in meiner eigenen Welt in St. Jakob sitzenwerde [sic!] *– erst dann wird sich die im-*

mer noch vielleicht ein wenig vor äusseren Feinden er-zitternde Seele ganz finden, um dann endlich meine grossen Werke ungestört und ohne Hemmungen berei-ten zu können. [...] Wenn Du schreibst: „Das Nieder-trächtige ist das Allmächtige" dann ist mein Grundsatz: „Alles Böse rächt sich auf Erden" – – siehe Berndl[140] und seine Aktionen vor zwei Jahren!! Ich will gut sein, so lange ich lebe und das muss den Menschen genügen, wenn der Herrgott selber damit zufrieden ist. [...] So-lange ich meine Pflicht tue, kann niemand mir was an-haben!! Und dass ich meine Pflicht in überreichem Masse erfülle, bestätigte mir wieder das Schreiben bei-der Bischöfe anlässlich meines Geburtstages! Das ge-nügt mir. [...] So Gott will, ist jetzt die Zeit gekommen, so dass im kommenden Winter 3 grosse Werke von mir in die Welt gehen!![141]

Der Domkapellmeister erhoffte sich von einer Monographie, die Karl Neumayr an Gustav Bosse, den Redakteur der „Zeitschrift für Musik", gesandt hatte, ein größeres Interesse für seine weltlichen Komposi-tionen. Neumayrs ausführliche Darstellung von Jo-seph Messners Person und Werk erschien im 8. Heft des Jahres 1933. Der Autor legte gleich zu Beginn dar-auf Wert, Messner als einen kerndeutschen[142] Kom-ponisten zu präsentieren, den schon Paul Scheinpflug als den wertvollsten, weil gesündesten arischen Vertre-ter der neupolytonalen Stilrichtung erkannt habe. Zu Messners Enttäuschung blieb das erwünschte Echo auf die Monographie aus. Weder wurde das „Deut-sche Recht" von einer Bühne angenommen, noch er-füllte sich die Hoffnung, die „Vier letzten Dinge" im September beim Katholikentag in Wien oder am Buß- und Bettag in Kassel aufführen zu können; es man-gelte an Zeit und Geld. Auch für eine Aufführung der neuen Oper „Ines" ergaben sich Schwierigkeiten. An der Staatsoper Wien war Clemens Krauss derart mit Arbeit überbürdet, daß er das Werk nicht studieren konnte[143]. Karl Elmendorff, damals Generalmusikdi-rektor von Wiesbaden, stieß sich an der Handlung. Am 24. September 1933 schrieb er an Messner: Sehr verehrter Herr Professor! Zunächst muss ich Ihnen lei-der eine kleine Enttäuschung bereiten. Herr Intendant von Schirach, wie Sie wissen der Vater des Reichsjugend-führers von Schirach, also erklärter Nationalsozialist, sagte mir nach dem Lesen des Textbuches, dass er mo-mentan auf der Deutschen Bühne eine Handlung mit Negern, Bastarden, und französischen Kolonialtruppen

für völlig ausgeschlossen halte. Ich kann ihm darin lei-der nicht Unrecht geben. Auch ich hatte, wenn ich Ih-nen das auch in meinem ersten Brief nicht schrieb, beim Lesen des Buches, trotz der Wirksamkeit der Hand-lung denselben Eindruck, habe ihn aber nicht laut wer-den lassen und Herrn von Schirach infolgedessen kei-neswegs beeinflusst, drum war ich gar nicht erstaunt als er und auch unser Oberregisseur Friederici densel-ben Eindruck hatten. Gibt es für Sie keine Möglichkeit die Figur Hoango und der Babeckan irgendwie umzu-biegen? Ich fürchte, dass Sie momentan in Deutschland an allen Bühnen denselben Einwänden begegnen wer-den wie bei uns[144].

Die Oper geht auf Kleists Novelle „Die Verlobung in St. Domingo" und Theodor Körners Schauspiel „Toni" zurück, doch gaben Messner und Neumayr der Hand-lung ein versöhnliches Ende: Auf Haiti haben sich im Jahr 1803 die schwarzen Sklaven von ihren europä-ischen Kolonialherren befreit. Ihr Anführer Hoango verfolgt blutrünstig alle Weißen, um sie umzubrin-gen. Als der junge Schweizer Offizier Gustav von Ried ausgerechnet in Hoangos Haus Schutz und Hilfe für sich und seine Kameraden sucht, überredet ihn die alte, listige Mestize Babekan, hier zu übernachten. Ihre Tochter Ines verliebt sich in den jungen Mann und will ihn retten, was ihr nach aufregenden Ver-wicklungen auch gelingt. – Auch diese Oper ist un-aufgeführt geblieben.

Noch vor seiner Reise nach Danzig, Leipzig und Berlin hatte sich Joseph Messner im März 1933 erbo-ten, die Bühnenmusik zu einem volkstümlichen Schau-spiel des Salzburger Schriftstellers Leo Maasfeld[145] zu komponieren. Im Markt Golling, etwa dreißig Kilome-ter südlich der Stadt Salzburg, sollte mit dem Stück „Schön Rosmarie" ein Freilicht-Festspiel zur Hebung des Fremdenverkehrs ins Leben gerufen werden. Maas-feld stellte es im Gollinger Reiseführer so vor: Unser Gollinger Festspiel will ..., da aus dem Heimatboden hervorquellend und in diesem wurzelnd, als ein natio-nales, ein deutschgläubiges Heimatspiel verstanden werden, das nirgends wo anders zum Leben erweckt werden könnte, als hier im Rahmen der Gollinger Burg, im Rahmen der Gollinger Bergwelt, im ewig lebendig-bleibenden Geist einer längst entsunkenen Zeit[146]. Messner machte dem Textdichter in einem Brief vom 9. März folgende Vorschläge: 1) ich komponiere die 3 Gesänge in der verabredeten Form (mit Guitarrebeglei-

tung) – 2) bei vorhandenen brauchbaren Musikern (Bläser) schreibe ich auch die Festfanfare für den Beginn des Stückes – 3) arbeite ich die Musik für den höfischen Tanz. [...] Nach Überlegungen über die Tantiemenfrage kam ich zu folgendem Resultat: da die Einnahmsmöglichkeit 1300 S ist, ist das von mir vorgeschlagene 1/2 % doch zu minimal, und schlage daher vor 2 %, das wären bei S 1300 Bruttoeinnahmen ohnedies nur S 26. Ich glaube, daß diese Berechnung auch noch sehr mäßig ist und der Festspielkasse keine besonderen Aufgaben stellt. Diese Vereinbarung gilt nur für das Jahr 1933[147]. Da die Freilichtaufführungen in diesem Sommer aber wegen der ungünstigen Witterung und des Ausbleibens deutscher Gäste schlecht besucht waren, wurden sie im folgenden Jahr nicht wieder aufgenommen[148]. – Die Einführung der Tausend-Mark-Sperre für deutsche Urlauber verringerte auch die Zahl der deutschen Festspielgäste in der Stadt Salzburg.

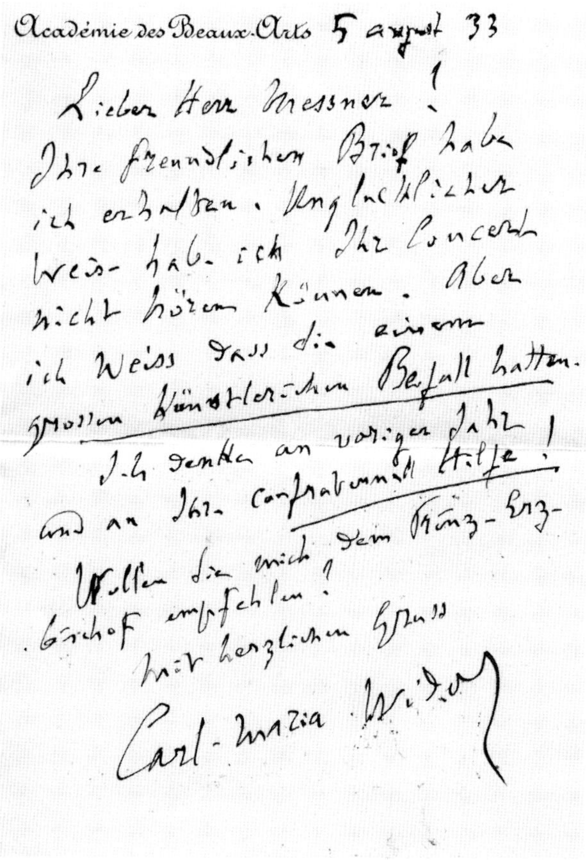
Académie des Beaux-Arts 5 august 33
Lieber Herr Messner!
Ihre freundlichen Brief habe ich erhalten. Unglücklicher weis habe ich Ihr Concert nicht hören können. Aber ich weiss dass die einem grossen Künstlerischen Befall hatten.
Ich denke an vorigen Jahr! und an Ihr confraternell Hilfe! Wollen Sie mich dem Fürst-Erzbischof empfehlen!
Mit herzlichen Gruss
Carl-Maria Widor

Abb. 33 Brief von Charles-Marie Widor an Messner vom 5. August 1933

Einen Tag vor der Abfassung des Briefes an Maasfeld hatte Messner ein Schreiben an die Orgelbauanstalt Dreher & Flamm (vormals „Caecilia") gerichtet. Messner erklärte darin sein Ausscheiden aus der Firma, an deren Gründung und Aufbau er mitgewirkt hatte: Man brauche ihn anscheinend nicht mehr und habe ihn bei Remunerationen übersehen[149].

Am 23. April 1933 wurde im Dom Messners „Deutsche Messe für Männerchor" uraufgeführt; sie ist dem Fürsterzbischof Dr. Rieder *als dem großen Gönner und tatkräftigen Förderer salzburgischer Musiktradition in Ehrfurcht gewidmet*. – Am 13. Mai sendete Radio Wien eine „Kompositionsstunde Joseph Meßner", in der Klavierstücke, Lieder und die „Marienlegenden" zu hören waren. Am 29. Mai übertrug der Berliner Rundfunk ein Konzert, in dem Messner ein eigenes Werk spielte. – Ende Mai traf aus Klosterneuburg eine Bildpostkarte mit folgendem Wortlaut ein: *Lieber und verehrter Herr Domkapellmeister, Erst heute bin ich in der Lage, mich für Ihre wiederholten Aufmerksamkeiten zu bedanken, mit denen Sie mich in der Presse und in Briefen bedachten – indem ich Ihnen meine soeben erschienene „Missa choralis" dediziere.* [...] *Mit herzlichen Grüßen Ihr ergebener V. Goller*[150]. Am 24. Juni 1933 dirigierte Messner, von einem Orgelkonzert im Zürcher Großmünster kommend, in Paris ein Orchesterkonzert mit Werken Mozarts, das vom französischen Rundfunk als „Festival Mozart" ausgestrahlt wurde. Zu Messners Solisten zählten Gabrielle Ritter-Ciampi (Sopran) und Robert Casadesus (Klavier). Der greise Widor konnte das Konzert zu seinem Bedauern nicht hören, gratulierte dem Dirigenten aber noch nachträglich zum großen Erfolg[151]. Möglicherweise traf Messner während dieses Aufenthalts in Paris mit dem Pianisten Alfred Cortot und dem Komponisten Olivier Messiaen zusammen; beide Künstler schenkten Messner ihre Porträtfotos mit respektvollen Widmungen.

Für die Salzburger Festspiele bereitete Messner fünf Domkonzerte mit folgenden Werken vor: Mozarts „Versperae solennes" (KV 339) und die „Krönungsmesse", Rossinis „Stabat mater" als Erstaufführung in Salzburg, weiters das „Deutsche Requiem" von Brahms, Bruckners „Große Messe in f" und Mozarts „Requiem". In einem Bericht für die „Neue Zürcher Zeitung" vom 14. August beschreibt Paul Stefan die erste Halbzeit dieser Festspiele: *Es grenzt ans Wun-*

derbare, wie diese Spiele, für die man noch zu Beginn ernstlich fürchten mußte, nunmehr fast schon zur Hälfte des überreichen Repertoires gediehen sind. Die ganze Fülle einer im wesentlichen doch österreichischen Begabung teilt sich hier mit, nicht zum wenigsten jene Kunst des Improvisierens, die bei uns von jeher daheim war. Auch die österreichische Sorglosigkeit war vonnöten, das Fest zu beginnen und trotz der bösen Zeit weiterhin so festlich zu begehen, als wäre ringsum nichts geschehen. Vielleicht ist Sorglosigkeit nicht einmal das richtige Wort: es ist ein Absehenkönnen und Absehenwollen. – Improvisationen mußten ja auch über verschiedene Absagen hinweghelfen, die in ihrer Gesamtheit, wie bei uns allgemein angenommen wird, den Versuch plangemäßer Störung der Spiele darstellten. [...] Die Domkonzerte unter Meßner haben bisher ein Mozart=Programm und das Stabat mater von Rossini gebracht, beides in würdigster Aufführung und mit größtem Erfolg. Auch die Serenaden unter Paumgartner tragen viel zu dem salzburgischen Gelingen bei. Es gibt fast mehr Gäste als im vorigen Jahr und die Stimmung ist an einem Höhepunkt angelangt[152].

In diesem Sommer hielt die Bruckner-Gemeinde ihre Tagung in Salzburg ab, weshalb auf dem Programm der Dommusik außer der F-moll-Messe noch weitere Werke Bruckners standen. Als Bernhard Paumgartner in der Kirche von St. Peter ebenfalls eine Bruckner-Messe aufführen wollte, wehrte sich der Domkapellmeister dagegen. Zwischen den beiden Dirigenten kam es zu folgendem Briefwechsel: *Sehr geehrter Herr Domkapellmeister, die Ravag, Wien, hat mir von einem Briefe Mitteilung gemacht, in dem Sie gegen eine Aufführung einer Bruckner-Messe in der St. Peterskirche am 15. August d. J. Protest einlegen. Die von Ihnen in jenem Briefe zum Ausdruck gebrachte Meinung, es handle sich um die grosse f-moll Messe von Bruckner, die Sie um dieselbe Zeit in einem Dom-Konzert zur Wiedergabe bringen wollen, ist unrichtig. Beabsichtigt ist eine Aufführung der d-moll Messe unter meiner Leitung, jedoch nicht in Konzertform, sondern zur liturgischen Handlung, also bei freiem Eintritt. Daher entbehrt auch Ihre Ansicht von einer Schädigung des Dom-Konzertes jeder Grundlage. Da Sie ausser der f-moll Messe – wie ich höre – auch die e-moll Messe liturgisch zu bringen gedenken, wäre eine Aufführung der dritten grösseren Messe, der d-moll Messe, glaube ich, durchaus im Sinne der Brucknerveranstaltung dieses*

Sommers und müsste von Ihnen eigentlich collegialiter begrüsst werden, ausser Sie wären der Meinung, dass Ihnen ein Monopol auf sämtliche kirchenmusikalischen Veranstaltungen Salzburgs zustehe. [...] Dass ich auch nur einen Augenblick lang gedacht haben könnte, Ihnen oder der Veranstaltung des trefflichen Domchores zu schaden, muss ich sehr energisch von mir weisen. Ich möchte mir wünschen, dass Sie sich um meine Angelegenheiten so wenig kümmern, wie ich mich um die Ihren. [...] Ihre künstlerischen Erfolge freuen mich im Interesse der musikalischen Kultur Salzburgs. Aber mit Ihnen in der Form zu rivalisieren, wie der bisherige Gang der Ereignisse um die d-moll Messe dartut, habe ich keine Zeit und schon darum auch keine Lust, weil ich finde, dass für uns beide in Salzburg genug Raum ist. [...] Niemals würde ich mich in Angelegenheiten mischen, die [auf] Ihre gewiss verdienstvolle Arbeit mit dem Musikleben am Salzburger Dom Bezug haben. Aber wenn es Ihnen aus dieser Position heraus gelingen sollte, mich an einer gelegentlichen Aufführung eines kirchenmusikalischen Werkes an anderem Orte und ohne jede Konkurrenzierung Ihres Kreises zu hindern, so würden Sie mir lediglich die Bewunderung Ihrer Ellbogen und nicht Ihrer künstlerischen Persönlichkeit, die anzuerkennen ich jederzeit bereit bin, abnötigen. Mit ausgezeichneter Hochachtung Dr. B. Paumgartner[153].

Messners Antwort darauf erfolgte gleich nach seiner Rückkehr aus Paris: *Sehr geehrter Herr Direktor, eine mehrtägige Abwesenheit läßt mich erst heute zur Beantwortung Ihrer Zuschrift vom 20. ds kommen und bitte ich Sie, folgendes zur Kenntnis nehmen zu wollen: es liegt mir ferne, mich um Ihre Angelegenheiten zu kümmern, solange diese nicht die Interessen des Domchores berühren, wie dies bei der geplanten Aufführung einer Bruckner-Messe unter Ihrer Leitung vor dem IV. Domkonzert der Fall ist. Die Direktion der Festspiele hat in der Erkenntnis dessen, daß die Aufführung der d-moll Messe drei Tage vor dem IV. Domkonzert, eine finanzielle Schädigung des Domkonzertes bedeutet, Ihre Aufführung gestrichen ... Wenn die Bruckner-Gesellschaft oder Radio Wien dem Domchor irgend einen Zuschuß gibt für seine Konzerte, ist mir die Aufführung der d-moll Messe gleichgültig; wenn aber der Domchor an die Festspielhausgemeinde an die S 2000 für Propaganda bezahlt, läßt er sich nicht eine andere Bruckneraufführung drei Tage vorher ansetzen. [...] Ich habe auch niemals ein Monopol der Kirchenmusik für mich oder den Domchor in Anspruch genommen; im Gegenteil: nur meinen „freundlichen Bemühungen" war es gelungen, Ihnen für die C-moll Messe so lange Mitwirkende zur Verfügung zu stellen, bis dem Domchor Ihre unkollegiale Art bekannt geworden ist, wie Sie für die erste „Missa solemnis" im Jahr 1931 Propaganda gemacht haben, indem Sie schon vor der Aufführung in den Salzburger Kaffeehäusern über die Tische hin von einem „Festspielskandal" gesprochen haben.* [...] *Auch ich bin der Ansicht, daß Salzburg für uns beide Raum bietet – doch ist es unkollegial von Ihnen,* [vor] *meiner F-moll Messe-Aufführung mit einheimischen Kräften, eine Aufführung der d-moll Messe mit z. T. auswärtigen Kräften anzusetzen, oder gar durch eine Radioübertragung unserer Aufführung das Publikum abzuziehen. Ich könnte der Gründe viele anführen, die mich veranlassten, seit Jahren ein Zusammenarbeiten mit Ihnen nicht mehr anzustreben – gar manche sind Ihnen ja selbst bekannt. Ich glaube, Sie können mit Fug und Recht die Bewunderung, die Sie meinen Ellenbogen zollen, sich selbst zukommen lassen. Sie werden sich noch erinnern, daß Sie vor zwei Jahren dem Domchor Mozarts Requiem ausspannen wollten, obwohl es schon seit sechs Jahren in unserem Festspielprogramm aufscheint. Mir fiel es nie ein, die C-moll Messe auf unser Programm zu nehmen, um Ihren Wirkungskreis nicht zu stören. Ebenso verzichtete ich seit Jahren auf alle konzertanten Veranstaltungen im Dom (gegen den Wunsch des Fürsterzbischofs und vieler Salzburger Musikfreunde) – lediglich, um Ihren Symphoniekonzerten keine Konkurrenz zu machen*[154].

Außer den Domkonzerten bereitete Messner noch ein großes musikalisches Ereignis vor, und zwar die Uraufführung der „Missa Salisburgensis" für Sopransolo, Chor, Orchester und Orgel des berühmten Mailänder Komponisten Vittorio Gnecchi, der die Messe dem Fürsterzbischof Dr. Ignatius Rieder gewidmet hatte; sie erklang zum ersten Mal am 23. Juli, ein zweites Mal am 6. August 1933.

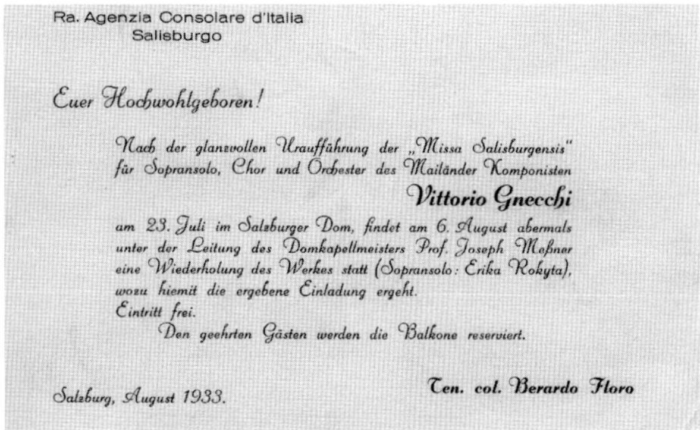
Ra. Agenzia Consolare d'Italia
Salisburgo

Euer Hochwohlgeboren!

Nach der glanzvollen Uraufführung der „Missa Salisburgensis" für Sopransolo, Chor und Orchester des Mailänder Komponisten

Vittorio Gnecchi

am 23. Juli im Salzburger Dom, findet am 6. August abermals unter der Leitung des Domkapellmeisters Prof. Joseph Meßner eine Wiederholung des Werkes statt (Sopransolo: Erika Rokyta), wozu hiemit die ergebene Einladung ergeht.
Eintritt frei.
Den geehrten Gästen werden die Balkone reserviert.

Salzburg, August 1933. Ten. col. Berardo Floro

Abb. 34 Einladung zur Aufführung der „Missa Salisburgensis" von Vittorio Gnecchi

Der Salzburger Konzertsommer hatte ein unangenehmes Nachspiel, als im Spätherbst (nach Messners Rückkehr von einem Urlaub in Dubrovnik[155]) ein Exekutor in die Wohnung des Domkapellmeisters kam, um die für die Veranstaltungen fällige Warenumsatzsteuer (WUST) einzutreiben. Messner konnte die Steuer nicht zahlen und wandte sich mit der Bitte um Hilfe direkt an den Finanzminister, der ihm folgende Antwort zuschickte: *Sehr geehrter Herr Professor! Unter Bezugnahme auf Ihr geschätztes Schreiben vom 4. November l. J. erlaube ich mir mitzuteilen, daß Ihrem Vorschlag dem Salzburger Domchor die zu entrichtende Warenumsatzsteuer durch Gewährung einer gleichhohen Subvention nachzusehen, leider nicht nähergetreten werden kann, da dem Bundesministerium für Finanzen für die Bewilligung solcher Subventionen keine Kredite zur Verfügung stehen.* [...] *Die Finanzlandesdirektion Salzburg wurde jedoch angewiesen, von Exekutionsmaßnahmen vorläufig abzusehen und zur Abstattung des Rückstandes angemessene Raten zu bewilligen. Empfangen Sie, sehr geehrter Herr Professor, den Ausdruck meiner vorzüglichen Hochachtung, Buresch*[156].

Im Sommer war mit dem Ende der Spielzeit 1932/33 das Engagement der Sängerin Evi Klemens ausgelaufen. Sie hatte auch in Danzig große künstlerische Erfolge gehabt, sehr gut verdient und so fleißig gespart, daß sie die Hälfte der Kosten für das geplante gemeinsame Wohnhaus in St. Jakob am Thurn übernehmen konnte. Nun aber erhielt sie keinen neuen Vertrag mehr, weil sich die Kollegen auf deutschsprachigen Bühnen weigerten, mit nichtarischen Personen zusammenzuarbeiten; die junge Frau war nach damaliger Diktion Halbjüdin[157]. Im Deutschen Bühnenjahrbuch von 1934 ist noch ihr Name und ihre Mitgliedsnummer verzeichnet, dazu die Bemerkung: „gastiert"[158] und als Adresse: „Salzburg, Mozartplatz 9/I"[159]; damit sind die Hinweise auf ihre Bühnenkarriere zu Ende. Aus Fräulein Evi Klemens wurde im Lauf der Jahre Frau Eva Klemens, die fortan als unermüdliche Gefährtin für und mit Professor Messner lebte. Sie verhandelte mit Intendanten, Künstlern und Behörden, erledigte die umfangreiche Korrespondenz und schrieb fein säuberlich die Stimmnoten seiner Kompositionen aus. Das von ihr angefertigte Notenmaterial wird noch immer – wenngleich photokopiert – für die Aufführungen im Salzburger Dom verwendet. Frau Klemens sorgte fast vier Jahrzehnte lang dafür, daß Joseph Messner seiner eigentlichen künstlerischen Berufung leben konnte, und sie war es später auch, die seinen Nachlaß betreute und sicherte[160]. Als sie im Jahr 1933 von Danzig nach Salzburg übersiedelte, begann für sie allerdings eine schwierige Zeit, denn sie wurde sofort in eine gesellschaftliche Außenseiterrolle gedrängt. Doch Eva Klemens war eine starke Persönlichkeit; sie hatte es als ihre Aufgabe erkannt, dem Künstler Messner hilfreich zur Seite zu stehen, und davon ließ sie sich durch niemanden abbringen. Der Wunsch beider, die Stadt zu verlassen und in der Abgeschiedenheit von St. Jakob ruhig leben und arbeiten zu können, wurde immer dringender.

Sparmaßnahmen – Unsicherheiten – Zwiste
1934

Da die wirtschaftliche Lage allgemein schlecht war, litt auch die Dommusik unter zunehmenden Sparmaßnahmen. Am 18. März 1934 schrieb Joseph Messner folgenden Brief an Dr. Kurt Schuschnigg, Bundesminister für Kultus und Unterricht: *Euere Exzellenz! Hochverehrter Herr Minister! Die Not unserer an großer Tradition reichen Dom-Musik zwingt mich, mit einer Bitte an Eure Exzellenz heranzutreten: seit etwa 3/4 Jahren sind die instrumentalen Aufführungen am Dom beinahe vollends gestrichen, die doch die einzigen musikalischen Darbietungen für die weitesten Kreise der Salzburger Bevölkerung waren. Und nun teilt mir das f. e. Ordinariat Salzburg mit, daß es in kurzer Zeit auch den Bezug des Domkapellmeisters nicht mehr leisten wird können. Nachdem ich nun 12 Jahre hier meine ganze Kraft und mein Können in den Dienst Salzburgs gestellt und den Ruf der Mozartstadt zu hundertmalen in die Welt getragen habe, sehe ich mich gezwun-*

gen, mir eine andere Existenzmöglichkeit (vielleicht gar in Deutschland) zu suchen, der ich mit Leib und Seele meiner Heimatscholle verwachsen bin.— Das Unterrichtsministerium hat im Jahr 1930 eine Subvention von S 5.000 dem Salzburger Dommusikverein zugesichert und damit wurde mir eine Existenzmöglichkeit hier geboten, nachdem ich 8 Jahre mit einem Monatsgehalt von S 160 gelebt und gearbeitet habe. Ich bitte nun Euere Exzellenz es möglich zu machen, daß der Dommusik-Verein aus dem „Kunstbeitrag", der im März durch die Ravag eingehoben wurde, nun doch wieder die S 5.000 erhält; auf diese Weise wäre die alte musikalische Tradition am Dom gerettet und meine Existenz hier in Salzburg gesichert. Diese Intention hatten doch Exzellenz, als dieser Kunst-Hilfebeitrag eingeführt wurde! – Nachdem Euere Exzellenz mir im Sommer bei der Audienz im Hotel Europe hier in Salzburg Ihre stärkste Mithilfe zugesagt haben, hoffe ich keine Fehlbitte im Interesse unseres in aller Welt bekannten Musikzentrums am Salzburger Dom getan zu haben und empfehle meine untertänige Bitte ganz besonders Euerer Exzellenz![161].

Die finanzielle Not der Dommusiker ist Inhalt eines Briefes, den Messner am 22. März an Dr. Adolf Schemel schrieb: *Sehr geehrter Herr Landeshauptmannstellvertreter! Gestatten Sie, daß ich auf das eben mit Ihnen geführte Telefongespräch zurückkomme, wobei ich Sie um die Anweisung der S 120,– für das bereits am 24. Februar abgehaltene Requiem für die Gefallenen der Exekutive ersuchte, nachdem bereits wiederholt die Musiker um die Auszahlung des Dienstes ersucht haben. – Die Art und Weise, wie Herr Landeshauptmann mich hiebei abgefertigt haben, hat mich sehr verletzt, zumal ich mich absolut selbstlos in den Dienst der Sache gestellt und sogar meinen Krankheitsurlaub unterbrechen mußte. Ich habe lediglich für die armen Musiker gesprochen, die sich in ärmsten Verhältnissen befinden und oft täglich nichts als Brot zu essen haben. – Ich darf wohl annehmen, daß ich mich um das Musikleben Salzburgs lange Jahre ehrlich und mit Erfolg hier und im Ausland bemüht und genug Verdienste erworben habe, so daß mir eine schroffe Ablehnung auf ein Ersuchen für die armen Musiker mit den Worten: „Sie werden es schon bekommen" unter sehr verletzendem Tonfall nicht gebührt[162].*

Ausführlich behandelte der Domkapellmeister „Kirchenmusikalische Fragen der Gegenwart" in einem

Beitrag zum „Korrespondenzblatt für den katholischen Klerus" vom 10. April 1934[163]: Messner fordert eine gesicherte Finanzierung der österreichischen Kirchenmusik, damit die Chöre und Musikvereine weiterhin in der Lage seien, Werke aus der Tradition der Wiener Klassik aufzuführen. Die von Papst Pius XI. propagierte stärkere Pflege des Gregorianischen Choralgesanges (der an den Domkirchen von den Theologiestudenten ausgeführt werde und daher keine Kosten verursache) werde von den Gläubigen hierzulande genau so ungern angenommen wie die neuen Choralmessen. Viele Menschen könnten die großen Messen unserer Klassiker aber leider nur mehr als Rundfunkübertragung erleben. *Damit ist allerdings die Gefahr erwachsen, daß neuerdings ein Teil jener Kirchenbesucher von der Kirche abgezogen wurde, der früher dort mit der Kirchenmusik betete. Die Kirchenmusik im Rundfunk ist ja nur ein Ersatz, ein Halbes, da jede echte Kirchenmusik ihre letzte Wirkung ja doch im Verein mit der Liturgie ausübt.* Trotzdem möge es der österreichische Rundfunk als eine kulturelle Aufgabe ansehen, wertvolle Kirchenmusik zu vermitteln, und da wäre es begrüßenswert, wenn er monatlich wenigstens einmal eine diesbezügliche Sendung aus Wien oder Salzburg ausstrahle; der deutsche Rundfunk übertrage jeden Sonntag eine Bach-Kantate aus Leipzig. Was die Bestrebungen mancher Komponisten anlange, atonale Stilelemente in die österreichische Kirchenmusik einzuschmuggeln, so lehne Messner sie ab: *... die Kirchenmusik wird damit ihrem ersten Zweck entzogen – der Erbauung des Kirchenbesuchers. ... wer atonal schreiben will, bleibe im Konzertsaal ... Es darf nicht vorkommen, daß Kirchenbesucher kopfschüttelnd über die Mißtöne, die vom Chor erklingen, das Gotteshaus verlassen; es wird immer extravagante Menschen geben, die Atonalität auch für die Kirche als brauchbare „Kunst" hinstellen: Kirchenmusik aber muß Volkskunst sein!* Zum Abschluß seines Artikels wünschte sich Messner eine gedeihliche Zusammenarbeit aller führenden Kirchenmusiker und forderte, daß die Fachzeitschrift „Musica divina" alle Bereiche der kirchenmusikalischen Praxis behandeln solle, dann werde sie auch wieder gelesen. – Dieser Zeitungsbeitrag gefiel den Herausgebern der „Musica divina" gar nicht und verstimmte auch Professor Dr. Josef Lechthaler, den Leiter der Abteilung für Kirchen- und Schulmusik an der Wiener Musikakademie. Lechthaler schrieb da-

Abb. 35 Professor Messner an der Salzburger Domorgel

mals nämlich Messen im atonalen Stil und bezog daher Messners Kritik auf sich, was der Autor möglicherweise beabsichtigt hatte. Der Salzburger Domkapellmeister ärgerte sich nämlich schon lange über die seiner Meinung nach selbstherrliche Art, in der sein Tiroler Landsmann in Wien über Aufführungen zeitgenössischer Werke und über die Bestellung von Kirchenmusikern entschied.

Aus Salzburg übertrug die Ravag im Sommer regelmäßig Gottesdienste, die von der Dommusik gestaltet wurden; in den ersten Jahren kamen sie aus dem Dom, später wegen der besseren akustischen Verhältnisse aus der St. Peterskirche. Im Juli 1934 sah sich der Domkapellmeister zu einem Schreiben an den Wiener Weihbischof Dr. Ernst Seydl als den Präsidenten des Verbandes für katholische Kirchenmusik veranlaßt, weil etwas Unerhörtes passiert war: *Euere Exzellenz! Als Vorstandsmitglied des neu gegründeten „Verbandes für katholische Kirchenmusik" erlaubt sich der Unterzeichnete auf folgende Tatsache hinzuweisen: Radio Wien überträgt – wie angekündigt – in den Sommermonaten die liturgischen Gottesdienste aus der Stiftskirche St. Peter und hat die musikalische Leitung dabei dem Konservatoriumsdirektor Dr. B. Paumgartner übertragen, der bekanntlich* Protestant *ist. Die Tatsache, daß nunmehr der Nichtkatholik zum Leiter der Kirchenmusik wird, ist den Bestrebungen des „Verbandes" ein Faustschlag ins Gesicht ... Wenn die Bestimmungen des „Motu proprio" und der „Constitutio apostolica" ernstgenommen werden sollen (darin die kirchl. Musik ein* wesentlicher *Bestandteil der Liturgie und der Kirchenmusiker der Träger eines liturgischen Amtes ist), dann müssen wir kath. Kirchenmusiker gegen eine solche Fehlbesetzung durch die Ravagleitung protestieren – oder Kirchenmusikschulen und kirchliche Vorschriften verlieren ihren Sinn und Zweck!*[164]

Wegen der neuerlichen Spannungen mit Bernhard Paumgartner hatte sich Messner noch immer nicht um die Aufnahme in die Kapellmeisterunion Österreichs beworben, obwohl er seit dem 1. Mai dieses Jahres gesetzlich verpflichtet war, einen Kapellmeisterberechtigungsschein zu erwerben, da ihm aus der Veranstaltung von Kirchenkonzerten ein finanzieller Gewinn zufloß. Messner hätte sich dazu bei Herrn Dr. Paumgartner anmelden sollen, was er ablehnte; er bat den Präsidenten der Kapellmeister-Union, Professor Heinrich Singer, seine Anmeldung direkt an die Wiener Zentrale schicken zu dürfen[165].

Noch bevor es zu den Mißstimmungen mit der Ravag gekommen war, hatte die Arophon-Film A.G./ Zürich im April die Entstehungsgeschichte des Salzburger Weihnachtsliedes „Stille Nacht, heilige Nacht" unter dem Titel: „Das unsterbliche Lied" verfilmt und darin eine Passage im Salzburger Dom aufgenommen, in der Joseph Messner unter der Maske des Komponisten eine Messe Franz Grubers dirigierte. Entgegen der Vereinbarung wurden im Vorspann zum Film weder Messner noch der Domchor in der Liste der Mitwirkenden genannt, sodaß die für die Dommusik erhoffte Werbung ausfiel; auch ließen sich Pläne zu einer Verfilmung von Händels „Messias" unter der musikalischen Leitung des Salzburger Domkapellmeisters nicht verwirklichen. Messner hatte jedoch die Pläne schon für Versprechungen gehalten und verrannte sich, enttäuscht wie er war, in einen Rechtsstreit mit der Schweizer Filmgesellschaft, der sich bis in das nächste Jahr hinzog.

In den letzten Monaten dieses Jahres hatte Messner an einer neuen Oper zu schreiben begonnen, zu der ihm wieder Karl Neumayr den Text lieferte, diesmal nach Hebbels Trauerspiel „Agnes Bernauer". Die sprachlich ungeschickte und viel zu langatmige Behandlung des Stoffes – das Libretto erschien manchen Sachverständigen sogar als unbrauchbar – führte zu länger anhaltenden Differenzen zwischen dem Komponisten und dem Textdichter, sodaß Messner im Herbst die Arbeit an der Oper über die schöne Augsburger Baderstochter vorläufig einstellte.

Neben mancherlei Ärgerlichem gibt es für das Jahr 1934 auch Positives zu berichten. Ilse von Stach, die Dichterin der „Missa poetica", meldete sich aus Florenz und nahm auf einen Brief Messners Bezug, in dem er sich für den Dirigenten Heribert von Karajan eingesetzt hatte: *Inzwischen hat sich auch in Münster viel geändert. Wir wussten allerdings noch nicht, dass – wie Sie schreiben – der Posten des Musikdirektors frei werden soll. Ausserdem wüssten wir nicht, welchen der jetzt verantwortlichen Herren wir erreichen könnten. So fürchte ich, verehrter Herr Professor, dass wir für die Bewerbung des Herrn Heribert von Karajan nichts unternehmen könnten. Mein Mann kommt Anfang Mai nach Münster zurück und kann nur das Eine tun, sich bei dem früheren Vorsitzenden des Musikvereins, mit dem wir gut befreundet sind, erkundigen. Falls dieser Herr noch einigen Einfluss hat, ist mein Mann gern bereit, Ihre warme Empfehlung weiterzugeben*[166]. – Der alte Widor schickte Messner seine neuesten Orgelstücke zu, berichtete in einem Brief über seine kürzlich erfolgte Demission in St. Sulpice, dankte nochmals herzlich für die schönen Tage vor zwei Jahren in Salzburg und schloß mit den Worten: *Ne m'oubliez pas cher Maestro ... Votre accueil, votre pays, votre Ciel, votre peuple nous sont profondément sympathique. Quelle que soit l'heure, en dépit de toute politique, nombreux sont les Français qui prient pour l'Autriche. Ce voyage de Salsburg reste une heure heureuse de notre vie*[167].

Über die Festspiele dieses Sommers seien auszugsweise zwei Zeitungsberichte zitiert. Der erste Bericht stammt von Professor Heinrich Damisch und ist am 10. August 1934 in der „Niedersächsischen Tages-Zeitung", Hannover, erschienen: *Vor 20 Jahren, im August 1914, sollte in Salzburg die feierliche Schlußsteinlegung des von dem Münchener Architekten Perndl [sic!] neu erbauten schönen Mozarteumsgebäudes stattfinden, zugleich sollte ein großes Mozartfest abgehalten werden. Die damaligen Juliereignisse erschütterten die Zuversicht der Salzburger nicht, das Mozartfest sollte abgehalten werden, und erst, als die ganze Welt in Brand geriet, entschloß man sich, die Schlußsteinlegung des schönen Werkes still und in kleinem Kreise durchzuführen. Heuer hat in Salzburg die Lebensfreude und Schaffenskraft der Festspielstadt gegenüber allen drohenden Gefahren auch im Schatten des Verhängnisses, das über Oesterreich zog, die Oberhand behalten, und die Festspiele finden trotz der unzähligen*

Schwierigkeiten, die auf ihrer Vorbereitung und Durchführung lasten, statt. [...] Mit einer halbtägigen, durch die politischen Ereignisse bedingten Verspätung haben die Salzburger Festspiele am 29. Juli mit einer Trauerfeier für den verstorbenen Bundeskanzler[168] und einer Aufführung von Beethovens „Fidelio" begonnen[169].

Der zweite Bericht ist ein sehr persönlich gefärbter Beitrag des Sängers Franz Furch für den „Grenzboten" in Bratislava/Preßburg: *Als ich anfangs April ganz unverhofft die Berufung erhielt, bei den Salzburger Festspielen die Tenorpartie in der Missa solemnis von Beethoven zu singen, ahnte ich wohl, daß dies für mich ein ganz gewaltiges Erlebnis sein wird, aber dies voll zu erfassen konnte ich erst, als ich mich inmitten des Salzburger Festgetriebes befand. Mein erster Weg war in Salzburg zur Domkirche, wo das Konzert später stattfand. Als ich das Kirchenschiff mit seinen großen Raumausmaßen durchschritt (der Dom ist ungefähr dreimal so groß als der Preßburger) und als ich zum außergewöhnlich hochgelegenen Chor hinaufkletterte, erfaßte mich ein leises Bangen, ob wohl meine Stimme stark genug sei, um diesen gigantischen Raum, der, wie man mir später berichtete, eine heimtückische Akustik aufweist, füllen wird [sic!]. Diesbezüglich beruhigte ich mich erst, als nach der Aufführung in den Salzburger und Wiener Zeitungen durchwegs belobende Kritiken über mich erschienen sind. [...] Der Aufführung selbst verlieh der Salzburger Domkapellmeister Prof. Joseph Meßner als ausgezeichneter Dirigent und feinfühlender, das grandiose Werk Beethovens tief erfassender Musiker den Stempel höchster Weihe.* Furch erzählt weiters von Künstlern, Proben und Aufführungen, vom Dirigenten Toscanini und dem mondänen Publikum, er schildert das Sprachengewirr, die prominenten Festspielgäste und die Ausländerinnen in Dirndlkleidern; auch berichtet er von seiner Fahrt nach Berchtesgaden und auf den Obersalzberg, wo er mit Tausenden von Schaulustigen einen Blick auf die Häuser Hitlers und Görings warf. *Auf der Heimfahrt nach Salzburg fuhr ich mit einem Bukarester Künstlerpaar. Auch sie befanden sich beim Bewundern der durch bleiches Mondlicht in schönster Pracht beleuchteten Bergwelt in wehmutsvoller Stimmung. Wir sagten uns, ohne es auszusprechen: „Du göttliche Natur von Berchtesgaden, Sinfonie der Natur und du, ehrfürchtige Mozartstadt Salzburg mit den rauschenden Festklängen, wie nah seid ihr beide und doch – wie ferne!"*[170]

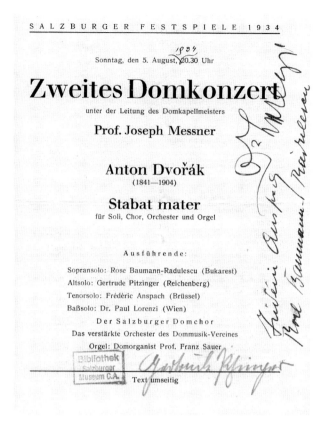

Abb. 36 Programm des 2. Domkonzertes 1934 mit den Autogrammen der Sänger

Anläßlich der fünf Domkonzerte, die in diesem Jahr als zentrales Werk Dvořáks „Stabat mater" im Gedenken an den 30. Todestag des Komponisten aufwiesen, erlebte Messner Freude und künstlerischen Erfolg. Als Salzburger Erstaufführung erklang Verdis „Stabat mater" zusammen mit der uraufgeführten „Biblischen Kantate" Vittorio Gnecchis. Ein Konzert war Beethovens bereits erwähnter „Missa solemnis" gewidmet, zwei Konzerte dem Komponisten Mozart mit den „Litaniae" (KV 243), der „Missa solemnis" (KV 337) und dem „Requiem". Um die Überakustik im Dom zu verbessern, hatte der Dirigent im Kuppelraum weiße Vorhänge anbringen lassen.

Die intensive Beschäftigung mit Mozarts Werken spiegelt sich in einem Zeitungsartikel wider, den Messner unter dem Titel „Gedanken zu Mozarts Kirchenmusik" am 4. August 1934 im „Heidelberger Volksblatt" veröffentlichte. Nach einer Einführung in die Musikgeschichte Salzburgs und einer Würdigung der „Krönungsmesse" schrieb er: *Die Aufführung der Mozartschen Messen stellt namentlich dem Dirigenten* schwere Aufgaben, nicht im technischen Sinne, denn Mozart schrieb seine Werke für einen kleinen Chor von etwa 30–40 Mitwirkenden. Am Salzburger Dom sangen zu seiner Zeit etwa 14 Knaben und ebensoviele Herren mit; darum der Stimmumfang auch immer für Knaben gewahrt bleibt; auch das Fehlen der Bratsche ist zurückzuführen auf das damalige Orchester im Salzburger Dom; in den Werken der Wiener Zeit verwendet Mozart auch die Bratsche und die Klarinette (bzw. das Bassetthorn). Was dem Dirigenten aber die Aufführung erschwert, ist das Entdecken der kleinen und kleinsten Momente in den Werken des Meisters, die dem Ausdruck dienen; als da sind: kleine Akzente im Orchester, nur seltene leicht zu übersehende Crescendi (Mozart hat seine Partituren trotz der Eile bei der Fertigstellung genau gezeichnet!), kleine melodische Phrasen als Kontrapunkte, die zu gerne als Begleitfiguren angesehen werden, in der Tat aber wesentliche Faktoren im Gesamtkunstwerk sind. Ferner ist das richtige Tempo nur zu leicht Gegenstand einer irrtümlichen Auffassung: wie mancher Dirigent scheut sich, ein wirkliches „Vivace" in der Kirche zu spielen, das Mozartsche „Andante" ist oft unserem Adagio gleichzuhalten, denn nur zu oft, wo wir heute halbe oder ganze Noten setzen würden, verwendet Mozart mit Rücksicht auf eine gute Phrasierung Viertel= und Achtelnoten. Bei aller Kirchenmusik Mozarts aber muß immer bedacht werden, daß der junge und reife Meister die kirchlichen Werke aus wahrhaft religiösem Geiste schrieb[171].

Als die Festspiele zu Ende waren, gingen die Sorgen um die Bezahlung der Dommusiker weiter, sodaß Messner eine schriftliche Stellungnahme dazu erwog. Vorher aber kam es noch zu einem Briefwechsel mit dem italienischen Maler Giuseppe Duodo[172], der vorübergehend ein Atelier in Salzburg-Parsch bezogen hatte, um Festspielkünstler zu porträtieren. Einer Anregung der Gattin des Landeshauptmanns Dr. Rehrl folgend, hatte er auch ein Porträt von Joseph Messner angefertigt, obwohl ihm der Domkapellmeister keinen Auftrag dazu erteilt hatte; Messner lehnte die Bezahlung des Gemäldes ab. Was mit dem Bild geschehen ist und wo es sich jetzt befindet, ist derzeit unbekannt. – Kaum war Messner von Exerzitientagen im Kloster St. Peter in den Dienst zurückgekehrt, schrieb er an seine vorgesetzte Behörde einen Brief zur Frage, ob im Dom aus Gründen der Einsparung anstatt des Domchores wieder Sängerknaben Dienst

tun sollten: *Hochwürdigster Herr Kustos! Ich möchte die Gelegenheit benützen, um die geistliche Stelle einmal über die Sängerknaben-Frage zu orientieren, da in dieser Frage bei der kompetenten Stelle scheinbar ein großer Irrtum besteht: nämlich daß durch die Wiedereinstellung von Sängerknaben eine große Ersparnis im Dommusikverein eintreten würde.– Die Dommusik setzt sich zusammen aus folgenden Musikgruppen:*

aus bezahlten Kräften, *die dem* Dommusikverein *angehören, d. s. 15 Musiker, die z. T. als Sänger, z. T. als Instrumentalisten verwendet werden; darunter befindet sich auch der Domorganist. (Siehe Amtskalender)*

aus aushilfsweise *angestellten Musikern, die für größere Aufführungen herangezogen werden und je nach der Besetzung einer Messe-Komposition in größerer oder kleiner Anzahl verpflichtet werden und pro Stunde mit S 3 honoriert sind.*

aus dem „Salzburger Domchor", der aus 80 Mitgliedern besteht und durchwegs aus Liebe zur Musik und zur Kirche im Chore singt; der Chor erhält keine Bezahlung vom Dom *oder Dommusikverein; die einzige Bezahlung an den Chor leiste ich persönlich als Unternehmer der „Domkonzerte", indem ich dem Chor je nach dem Eingang pro Sommer bis zu* S 2.000 *in ein Sparkassenbuch des „Domchores" lege und mit dem Chor dafür einen Ausflug oder eine musikalische Exkursion mache. – Für die Mitwirkung dieses freiwilligen Chores bei den liturgischen Aufführungen hat sich nur selten eine „offizielle" Stelle bedankt, sondern diese Leistung als Selbstverständlichkeit angesehen. […] Der* Hauptirrtum *bei der geistlichen Stelle ist nun der, daß man der Meinung ist, der freiwillige Chor besteht nur aus einem* Damenchor, *während im Domchor (unbezahlt)* 45 Damen *und* 35 Herren *mitwirken. Wenn man nun darangehen will, neuerdings einen Knabenchor (Sängerknaben) einzustellen, so bleiben die Ausgaben für den Dommusikverein die gleichen, nämlich a) die Mitglieder des Dommusikvereines b) die Aushilfsmusiker – im Gegenteil, die Ausgaben werden noch größer: die 14 – 20 Sängerknaben müssen doch eine* angemessene Sustentation *erhalten. Also:*

muß ein gemischter Chor erhalten werden (Knaben und Herren)

können dann die Mitglieder des DMV. nicht mehr als Instrumentalisten verwendet werden, da man sie als Sänger braucht.

müssen um so mehr „Aushilfsmusiker" eingestellt

werden, als ja jetzt bei großen Aufführungen die Dommusiker als Instrumentalisten verwendet werden.

Wer bezahlt die Sustentation der Sängerknaben ...? Und die Rentabilität dieser großen Sustentationsausgaben? Früher hatten die 14 Knaben genügend Beschäftigung, da der DMV fast sämtliche Kirchen Salzburgs versorgte; heute hat der Domchor nur das Conventamt am Sonntag zu besorgen – und dafür kann man doch nicht ein Sängerknabeninstitut erhalten! Die kirchlichen Verordnungen über Kirchenmusik wünschen zwar immer wieder Knaben für den kirchl. Gesang – wenngleich das Aufführungsprogramm ein sehr beschränktes bleibt. Dem ist gegenüber zu stellen der Wert eines gewissen Apostolates an gegen 100 freiwilligen Mitwirkenden, die Sonntag für Sonntag die Kirchenmusik besorgen und daraus für Glauben und Leben Nutzen ziehen. Diese grundlegenden Gedanken möchte ich der geistlichen Stelle einmal vorgelegt haben[173].

Neue Kompositionen – Große Konzerte – Anfeindungen – Officier d'Académie 1935

Klerus und Gläubige hatten sich bereits längere Zeit auf das Hinscheiden ihres hochverehrten Fürsterzbischofs gefaßt machen müssen. Dr. Ignatius Rieder verstarb nach längerer Krankheit am 8. Oktober 1934 und wurde drei Tage später bestattet. Joseph Messner komponierte zu den Trauerfeierlichkeiten „Vier Absolutionen" für Männerchor und Posaunen, die nach dem Mozart-Requiem und einem „Libera" von Alois Taux erklangen. Zu Rieders Nachfolger wurde Weihbischof Dr. Sigismund Waitz[174] gewählt. Seine Amtseinführung im Jänner 1935 veranlaßte Joseph Messner zur Komposition der Festmusik, bestehend aus einem Begrüßungschor, den Festfanfaren und einem „Te Deum". Das „Salzburger Volksblatt" berichtete am 28. Jänner: *Domkapellmeister M e ß n e r hat anläßlich der großen kirchlichen Feierlichkeiten des 26. und 27. Jänner einige neue Werke hören lassen, die sich weit über den Charakter der Gelegenheitsmusik erheben. Samstags wurde das neue Oberhaupt der Erzdiözese mit einem festlichen Begrüßungschor und mit*

feierlichen Fanfaren (op. 36 b und c) in seiner Domkirche willkommen geheißen. Der Sonntag brachte zum Pontifikalamt die bereits bekannte Messe in B sowie das „Ecce sacerdos" (op. 11) und als Krönung des eindrucksvollen Aktes die Uraufführung von Meßners Op. 38, „T e d e u m ". In machtvollem C=Dur braust der chorische Ruf auf: „Te Domine confitemur", gehoben auf edlem Klangteppich kunstvoll gewobener Bläserharmonien. In einem großen und vornehmen Zug, hier und dort durch solistisch hervortretende Stimmen gegliedert, schließlich von vollem Orgelklang überflutet, strömt Gottes Lob in den hohen Raum. So preist nicht ein Mensch, sondern eine festlich und dankbar gestimmte, stolze Gemeinde den Herrn. Der Salzburger Domchor entledigte sich ganz ausgezeichnet der schwierigen Aufgabe, diesen bei aller Monumentalität harmonisch überaus komplizierten, man möchte sagen, fast rassigen Hymnus zu entsprechender Wirkung zu bringen. Der dirigierende Komponist durfte mit solcher Wiedergabe zufrieden sein[175]. Am Schluß des Gottesdienstes spielte Professor Sauer Widors Festpräludium „Sub tuum praesidium". Was der Zeitungsbericht verschweigt, ist als Anekdote mündlich überliefert: Zu Beginn der Feier dauerte der Einzug der vielen geladenen Geistlichen länger als erwartet, die vorgesehene Begrüßungsmusik war aber schon zu Ende. Da setzte sich Joseph Messner an die Orgel und improvisierte in feierlichem Stil über den Operettenschlager aus Bernatzkys „Weißem Rössl": „Was kann der Sigismund dafür, daß er so schön ist, was kann der Sigismund dafür, daß man ihn liebt?" Als der neue Fürsterzbischof den Altarraum endlich erreicht hatten, beendete Messner sein Spiel mit einer kraftvollen Kadenz über die Worte „... daß man ihn liebt". Waitz bedankte sich beim Festmahl in launigen Worten für das musikalische Extempore[176].

Im Februar machte sich Messner in einem Brief an Herrn Dr. Hans Perner, Staatssekretär im Unterrichtsministerium, wieder einmal Luft über die geringe Beachtung seiner weltlichen Werke in Österreich, weiters über das *Cliquenwesen und den Krämergeist* in der Ravag und über das Ausbleiben von zugesagten Subventionen, wodurch seine, Messners, Existenz als Domkapellmeister von Salzburg gefährdet sei: *Da das hochlöbliche Unterrichtsministerium mich bereits im Alter von 39 Jahren mit dem Professorentitel auszeichnete und dabei auf meine Verdienste um die* österr. Musik im In- und Ausland hinwies, erlaubte ich mir, diese Ausführungen in aller Offenheit und Ehrlichkeit mitteilen zu dürfen und zugleich die Versicherung zu geben, daß ich Herrn Staatssekretär mit keinem Ersuchen mehr belästigen werde, nachdem ich nun genügend oft erfahren mußte, daß wir österr. Künstler in unserer Heimat nur schwer ein geneigtes Ohr finden[177].

Mitte März dirigierte Messner in Innsbruck ein vielbeachtetes Festkonzert mit Werken von J. S. Bach zur 250. Wiederkehr von Bachs Geburtstag; am 30. April war er – ebenfalls in Innsbruck – der Dirigent eines Festkonzertes zum „Tag der Musikpflege" mit Werken österreichischer Meister (L. Thuille, H. Wolf, K. Koch, J. Messner und A. Bruckner). Die nächsten Konzertreisen führten den Künstler ins Ausland, zunächst nach Deutschland. Dort erfreute sich sein neues „Te Deum" bereits großer Beliebtheit. Da dieses Werk gleichzeitig mit der im Saarland durchgeführten Volksabstimmung zugunsten Deutschlands entstanden war, hatte der Komponist nichts dagegen einzuwenden, daß es alsbald „Saar-Tedeum" genannt wurde, er verwendete den Beinamen sogar selber. Von der raschen Anerkennung der Komposition zeugt das folgende Zitat aus der „Märkischen Volks-Zeitung" vom 27. April 1935: *Am ersten Ostertag hat das neue Werk des Salzburger Domkapellmeisters Joseph M e ß n e r im Reich seine Uraufführung erlebt. Das Werk wurde bei der Inthronisation des Fürsterzbischofs Dr. Waitz am 26. Januar in Salzburg erstmals aufgeführt. In der H e i d e l b e r g e r J e s u i t e n k i r c h e erlebte es unter Ignaz Bundschuh die erste Aufführung im Reich. Dies neue Werk, das der Komponist auf Grund des Sieges an der Saar „Saar=Tedeum" genannt hat, darf als eines der besten Werke zeitgenössischer Kirchenmusik betrachtet werden. Trotz der Eigenart Meßners und einer gewissen Schwierigkeit wird es auch kleineren Chören möglich sein, dies Werk (Op. 38) aufzuführen, zumal die Besetzung mit Rücksicht auf die Chorpartien geschrieben worden ist. Außer in Heidelberg kam das Tedeum am ersten Ostertag zur Aufführung in Wien, Salzburg, Innsbruck, Meran und Preßburg. Demnächst finden Aufführungen statt bei einem Meßner=Abend in Pforzheim unter O. Baumann, bei dem Prof. Meßner an der Orgel mitwirken wird, sodann in Freiburg, Duisburg und Insterburg[178].*

Am letzten Wochenende im Mai fand in Pforzheim das eben erwähnte Joseph-Meßner-Fest statt, das dem Publikum in drei Veranstaltungen folgende Werke präsentierte: die Orgelsuite, die Frauenchormesse, die Chorsätze „Ich will dich lieben", „Tantum ergo" und die im Jahr 1933 komponierte „Christkönigshymne"; die „Messe in B", die Auferstehungsgesänge, die „Messe in D", das „Te Deum" und die Bruckner-Improvisation. Die allgemeine Begeisterung der Zuhörer für Messners geistliche Werke geht aus einem Ausspruch hervor, der einige Monate später im Zusammenhang mit einer neuen Komposition zitiert wurde: *Meßner ... schreibe seine Kirchenmusik nicht für schwankende, schwache, uneingeweihte Kritiker, die auf dem Gebiet der Musica sacra auch den letzten Schmarren loben – Freunderlwirtschaft! – sondern erstens einmal für Gott selber und zweitens für die Welt, die Gott sucht[179].*

Drei Wochen nach den Konzerten in Pforzheim befand sich Messner schon wieder auf einer Konzertreise, die ihn diesmal über die Schweiz und Frankreich nach England führte. Im Züricher Großmünster präsentierte er sich als Organist, in Paris dirigierte er ein Mozart-Konzert, in Canterbury konzertierte er am 21. Juni im Rahmen der dortigen Festspiele auf der Orgel der Kathedrale. *Professor Meßner wurde auf Intervention von Lady Mabel Dunn, die als Musikkritikerin bekannt ist und Mitglied des London Salzburg Club ist, zur Mitwirkung eingeladen. Sie hörte ihn zum erstenmal anläßlich der vorjährigen Salzburger Festspiele und faßte damals den Entschluß, diesen ausgezeichneten Organisten auch in England bekannt zu machen. Domkapellmeister Meßner war während seines Aufenthaltes in Canterbury Gast im Hause des Erzbischofs Davidson[180]. [...] Das Konzert fand in der vollbesetzten Kathedrale statt und das Programm umfaßte Bach, Mozart und Max Reger. Dem Salzburger Domkapellmeister war ein außerordentlich großer Erfolg beschieden und ganz besonders gefiel eine Improvisation über ein Thema von Mozart, weil die Kunst der Improvisation in England so gut wie unbekannt ist. Die Londoner Presse veröffentlichte äußerst anerkennende Artikel über das Spiel des Salzburger Musikers, denen auch eine ausgezeichnete Propagandawirkung für die Salzburger Festspiele zukommt. Professor Meßner wurde aufgefordert, auch bei den nächstjährigen Festspielen in Canterbury mitzuwirken[181].* In einem Brief an Eva Klemens[182] äußerte sich Messner ganz begeistert über die herzliche Gastfreundschaft, den ihm erwiesenen Respekt und die unerwartet große öffentliche Anerkennung. Auf der Straße baten ihn Passanten um Autogramme, dreimal wurde er für die englische Wochenschau gefilmt und unzählige Male photographiert. Wie Nachforschungen in Canterbury ergaben[183], wirkte Joseph Messner kein zweites Mal bei den dortigen Festspiele mit, auch kam eine für die folgenden Jahre geplante große Reise des Domchores über Paris und Brüssel nach London trotz der Einladung der BBC auf Grund der politischen Verhältnisse nicht mehr zustande.

Die nächsten großen Konzerte, fünf an der Zahl, fanden wieder im Rahmen der Salzburger Festspiele statt. In einem Feuilleton für die Zeitung „Vaterland Luzern" vom 10. August schrieb Dr. Krivanec: *Daß die Salzburger Festspiele eine künstlerische Angelegenheit von internationaler Bedeutung geworden sind, beweist in erster Linie der Umstand, daß 758 Sender die Aufführungen in ihr Rundfunkprogramm aufgenommen haben und die Columbia Broadcasting eine eigene Reportage für ihre überseeischen Hörer durchführen wird. In zweiter Linie zeugt die Tatsache, daß schon seit Wochen alle Saalkonzerte und eine Anzahl von Opern vollständig ausverkauft sind und der Vorverkauf über 500,000 ö. S. einbrachte, dafür, daß die Festspiele in der romantischen Alpenstadt Gemeingut der Intelligenz der ganzen Welt geworden sind. Nicht zuletzt kommt die Internationalität der Festspiele auch durch die Namen der Mitwirkenden deutlich zum Ausdruck. Man wird diesmal die fünf berühmtesten Dirigentenpersönlichkeiten am Pulte sehen: Arturo Toscanini (Mailand), Bruno Walter, Felix von Weingartner, Adrian Boult (London) und Prof. Josef Meßner. Letzterer, welcher erst vor wenigen Wochen bei den Festspielen in Canterbury einen großen Erfolg errungen hat, wird als der derzeit unbestritten hervorragendste Kirchenmusikdirigent die Domkonzerte leiten*[184]. Messners Konzerte enthielten folgende Werke: Mozarts Kirchensonate KV 329, sein „Exsultate" und Beethovens „Messe in C"; Palestrinas „Stabat mater" und Gnecchis „Missa Salisburgensis"; Bachs „Actus tragicus", Händels „100. Psalm" und Mozarts „Krönungsmesse"; Motetten, Gesänge und Orgelstücke von Bach, Brahms, Bruckner und Reger; zuletzt Mozarts „Requiem". Der große Star des Domkapellmeisters war in diesem Jahr die berühmte Sopranistin der Opernhäuser von Paris und New York Eidé Norena, die „norwegische Nachtigall"[185]; sie sang am 18. August im 4. Domkonzert.

Da die Domkonzerte jeweils an den Sonntagen nach dem „Jedermann" stattfanden, war Messner als Dirigent und Organist von morgens bis abends im Einsatz: um 9 Uhr „Geistliche Feierstunde" (Rundfunkübertragung) in St. Peter, um 10 Uhr feierliches Hochamt im Dom, um 11.30 Uhr – im Wechsel mit Domorganist Sauer – Orgelmesse im Dom, um 20.30 Uhr Domkonzert; jede Aufführung sollte so gut wie möglich ausfallen. Die Ravag übertrug auch im Sommer 1935 wieder zwei Domkonzerte. — Messners Arbeitskraft war schier unerschöpflich. In aller Hektik zwischen Dienstverpflichtungen, Reisen, Proben und Konzerten, zwischen Ärger, Aufregungen und Erkrankungen brachte er auch noch die Energie für neue Kompositionen auf. Am 8. September 1935 wurde in der St. Peterskirche anläßlich des Radiogottesdienstes seine „Messe in C" uraufgeführt. Das Werk erschien im Augsburger Verlag von Anton Böhm & Sohn. Messner schrieb auf sein Handexemplar: *Der Herr erlöse uns von allen unseren Feinden!! Meinem Everl zugeeignet! Beendet am Thumsee am 11. Juni 1935 Jos. Meßner.*

Einer der Hauptfeinde des Domkapellmeisters war – wie schon erwähnt – sein Vorvorgänger Hermann Spies, der es sich bereits vor Jahren zum Ziel gesetzt hatte, seinem ehemaligen Schüler das Leben in Salzburg zu verleiden und seine Kompositionen abzuwerten. Am 14. Mai 1935 hatte Messner noch einmal dessen Umtriebe, Bosheitsakte und Verleumdungen in einem sechs Seiten langen Brief an das fürsterzbischöfliche Ordinariat zusammengefaßt und gebeten, die Klagepunkte einem Schiedsgericht vorzulegen[186]. Kleinere Angriffe und Sticheleien kamen immer wieder von Mitbewohnern des Domherrenhauses am Mozartplatz; so etwa paßte es dem hochwürdigen Domscholasticus Christian Greinz gar nicht, daß Messner sein neuerworbenes Auto in der breiten Hauseinfahrt abgestellt hatte: *Da die Vermutung nahe lag, daß Herr Domkapellmeister diese Neuerung veranlaßt haben, erkundigte ich mich bei Herrn Domdechant, ob dies mit Zustimmung des Domkapitels geschehen sei. Dieser erklärte, nichts davon zu wissen und es keineswegs gestattet zu haben und beauftragte mich, die Entfernung desselben zu betreiben*[187].

Gleich nach dem Festspielsommer setzte Messner seine Konzerttätigkeit fort. Ende September reiste er nach Danzig, spielte in der Kirche St. Nicolai und gab am 27. September in Oliva ein Konzert, das vom

Reichssender Königsberg übertragen wurde. Die „Danziger Landeszeitung" berichtete am 2. Oktober 1935: *Kaum ein Würdigerer als der berühmte Salzburger Domkapellmeister Prof. Joseph Messner konnte gefunden werden, die neu erstandene Orgel der Kathedrale zu Oliva durch ein Konzert zu weihen und sie einer überaus großen Zuhörerschaft vorzuführen. Er tat es mit einem künstlerisch hochstehenden Programm, das dem Instrument die Möglichkeit gab, sich in seiner ganzen Schönheit und Vielfältigkeit zu zeigen. [...] Es erübrigt sich zu betonen, daß Joseph Messner sowohl technisch als auch ausdrucksgemäß den Werken ein meisterlicher Interpret war. Der heimische Orgelbauer Joseph Goebel kann stolz sein auf sein geschaffenes Werk, und wir Danziger sind es mit ihm. Das bekundete auch der außerordentlich starke Besuch*[188]. – Zwei Wochen später konzertierte Messner in Wien, worüber die „Stunde" am 18. Oktober zusammenfassend berichtete: *Der weltbekannte Salzburger Domkapellmeister Professor Joseph Meßner zeigte sich in zwei Konzerten als Organist, Komponist und Dirigent. In der Klosterkirche der Barmherzigen Brüder gab er ein Orgelkonzert, den Meistern gewidmet, die durch drei Jahrhunderte für den Salzburger Dom komponiert hatten – als Letzter in der Reihe stand Meßner selber, der an diesem Abend besonders eindrucksvoll und als unbestrittener Beherrscher des königlichen Instruments spielte. In einem Radiokonzert dirigierte er eine Ouverture seines Lehrers Thuille, instrumentierte Lieder von Hugo Wolf, die Dr. Paul Lorenz geschmackvoll sang, und seine eigene Zweite Symphonie, ein Tongemälde von großer Wucht und bemerkenswerter gedanklicher Bedeutung*[189]. Als Solisten im Kirchenkonzert nannte das „Neue Wiener Tagblatt" die Sopranistin Eva Hadrabova und den Geiger Wolfgang Schneiderhan.

Ende Oktober fand in Salzburg ein Christkönigs-Kongreß statt, der von der Dommusik festlich umrahmt wurde. Messner erhielt den folgenden Dankesbrief: *Hochwürdiger Herr Professor! Im Namen des Hochwürdigsten Herrn Fürsterzbischofs, des Präsidenten des Christkönigs-Kongresses, spreche ich Dir und allen Mitgliedern des Domchores den ergebensten Dank aus für die gütige Mitwirkung bei den kirchenmusikalischen Veranstaltungen des Kongresses, insbesondere beim Mitternachtsamt und beim Festgottesdienst. – Die übergroßen Spesen des Kongresses und seine geringen Einnahmen erlauben leider nicht, den freiwillig Mitwirkenden wie geplant durch einen Abendtee eine bescheidene dankbare Anerkennung zu zollen. – Ueber die Sparsamkeit im Oktober spreche ich meine besondere Freude aus. Auch für die Orgelvorführung in den Kongreßtagen (Freitag und Samstag 12 Uhr) sei Dir und Professor Sauer aufrichtiger Dank gesagt. Mit ergebenem Gruß Alb. Lungkofler, Domkapitular*[190].

Aufgrund der schlechten finanziellen Lage wurde Messners Bitte um eine Wohnungszulage im Zusammenhang mit seiner bevorstehenden Übersiedlung abgewiesen. Messner mußte nämlich seine Wohnung am Mozartplatz 9 dem neu ernannten Domkapitular Dr. Anton Schmid zur Verfügung stellen und ein Privatquartier in der Altstadt beziehen. Das Ordinariat schrieb ihm: *Herr Domkapellmeister dürfen nicht übersehen, daß Ihre Stellung als Chorvikar, deren Pflichten Sie bisher nur in ganz geringem Maße beschwerten, von Ihrer Seite als ein nicht zu unterschätzender Teil Ihres Domkapellmeister-Gehaltes gewertet werden muß. Mögen Sie auch nicht vergessen, daß das f. e. Ordinariat Ihnen großes Entgegenkommen gezeigt hat, indem es Ihnen Gelegenheit zu Nebeneinkommen ermöglichte, und nicht außerachtlassen, daß Ihre Obliegenheiten als Dom-Kapellmeister gegenüber denen Ihrer Vorgänger wesentlich vermindert sind. Diese Umstände werden Herr Domkapellmeister bei Ihrer Besoldungsfrage im Auge behalten müssen, um in der Stellungnahme des f. e. Ordinariates nur pflichtgemäße Festigkeit zu erblicken*[191]. Messner hatte sich mit seiner Bitte auf einen Brief des verstorbenen Fürsterzbischofs Dr. Rieder gestützt, der ihm außer einem Monatsgehalt von vierhundert Schilling auch den abgabefreien Genuß einer Dienstwohnung am Mozartplatz 9/I bestätigte und bei eventuell notwendigem Wohnungswechsel *den Anspruch auf Zuweisung einer anderen standesmässigen Dienstwohnung oder eines entsprechenden Quartiergeldes* zusicherte[192].

Im November erklang Messners „Marien-Messe" (op. 40) nach ihrer Uraufführung in Graz zum ersten Mal im Salzburger Dom. Messner hat diese Messe für Sopransolo, Chor, Streicher und Orgel dem Gnadenbild der Muttergottes von Maria Plain bei Salzburg gewidmet[193]. – Das letzte große Ereignis des Jahres 1935 ist mit dem 2. Dezember verbunden: An diesem Tag ernannte der französische Erziehungsminister den Salzburger Domkapellmeister Joseph Messner zum „Officier d'Académie des Beaux Arts". Der Herr

Professor freute sich zeitlebens über die Auszeichnung durch die „Palmen" der Akademie.

Ein Satz aus Constantin Schneiders „Geschichte der Musik in Salzburg von der ältesten Zeit bis zur Gegenwart" (Salzburg 1935) faßt alle bisherigen Würdigungen zusammen: *Joseph Meßner ist seit der Glanzzeit des Erzstiftes auf musikalischem Gebiet im 18. Jahrhundert vielleicht die erste schöpferische Persönlichkeit von hohem Rang, die weit über die amtliche Tätigkeit in der uralten kirchlichen Kernstadt Salzburgs mit ihrer viel hundert Jahre alten Tradition hinaus in der internationalen Kunstwelt Achtung und Einfluß gewonnen hat, als Komponist, Organist, Dirigent und Wiedererwecker alter Musik*[194].

Staatspreis – Weitere Auszeichnungen – Festspielfanfare – St. Jakob am Thurn 1936

Die wichtigste Kulturmeldung zu Jahresbeginn betraf die Verleihung der Staatspreise. Am 5. Jänner 1936 berichteten die „Wiener Neuesten Nachrichten": *Ueber Vorschlag der beiden Preisrichterkollegien für die Verleihung der großen österreichischen Staatspreise 1935 für Literatur und Musik unter dem Vorsitz des Universitätsprofessors Dr. Josef Nadler und des ordentlichen Professors Hofrat Max Springer hat der mit der Führung des Bundesministeriums für Unterricht betraute Bundeskanzler in Anerkennung des bisherigen künstlerischen Schaffens den Würdigungspreis für Literatur dem Kärntner Dichter Prof. Josef Perkonig in Klagenfurt, den Würdigungspreis für Musik dem Domkapellmeister in Salzburg Prof. Josef Meßner, dann den Förderungspreis für Musik dem im Wien lebenden Komponisten Prof. Dr. Friedrich Reidinger für sein zum Wettbewerb eingereichtes Oratorium verliehen. Von der Verleihung des Förderungspreises für Literatur wurde in diesem Jahre abgesehen*[195]. Der Musikverlag Ludwig Doblinger reagierte auf die Nachricht schon zwei Tage später mit folgendem Brief, unterzeichnet von Bernhard Herzmansky: *Sehr geehrter Herr Professor! Ich erlaube mir hiermit, Ihnen meine herzlichsten Glückwünsche zur wohlverdienten Verleihung des Würdigungspreises für Musik zu übermitteln.*

Ich werde selbstverständlich sofort alle Ihre Kompositionen mit der entsprechenden Aufschrift in die Schaufenster meiner Firmen geben lassen. Ausserdem versende ich u. e. Ihre in meinem Verlage erschienenen Kompositionen mit dem Hinweis „Preisgekrönt" an die bekannten Wiener Musikalienhandlungen, sowie an die Firma Ed. Höllriegl in Salzburg. Der Versand an die Deutschen Sender erfolgt nunmehr auch mit dem entsprechenden Vermerk[196]. – Von offiziellen Stellen, von Verehrern und Freunden trafen zahlreiche Gratulationsschreiben bei Messner ein. Eines davon sei als Beispiel zitiert: *Hochverehrter Herr Professor! Meinen herzlichsten Glückwunsch zu der Ehrung, die Ihnen zuteil wurde. Wir haben uns riesig darüber gefreut! Wir hoffen, daß das Werk* [gemeint ist die preisgekrönte Chorsymphonie „Die vier letzten Dinge"] *nun bald in den größeren Musikstädten herauskommen wird und daß auch wir Salzburger – vielleicht im Sommer! – die Freude haben werden, dasselbe zu hören! In steter Dankbarkeit Ihr ergebenster Dr. E. v. Karajan*[197].

Nach einer besonders arbeitsreichen Weihnachtszeit – laut den Aufzeichnungen der Salzburger Dommusik leitete Joseph Messner vom 24. Dezember 1935 bis 6. Jänner 1936 allein im Dom siebzehn Aufführungen – reiste der Domkapellmeister nach Prag, um seine 2. Symphonie in einem Konzert des Rundfunks zu dirigieren. Auf der Rückreise gab er sein erstes Orgelkonzert in Brünn und wirkte auch in einem Konzert mit Werken Salzburger Meister mit. *Der Orgelsaal des Deutschen Hauses war bis auf den letzten Platz besetzt und widerhallte von stürmischem Beifall für Prof. Meßner und alle übrigen Mitwirkenden. Im Anschluß an die Aufführung versammelten sich die Mitglieder des Brünner Männergesangsvereines und seines Frauenchores in ihrem sehenswert museal ausgestatteten Vereinsheim im Deutschen Haus zu einer Ehrung Prof. Joseph Meßners, dem der MGV.-Obmann Direktor Frank in Anerkennung seines verdienstvollen Eintretens für Anton Bruckner die anläßlich der Siebzigjahrfeier des Brünner MGV. gestiftete Bruckner-Medaille mit einer künstlerisch ausgeführten Widmungsurkunde überreichte*[198]. – Am 17. Juni empfing Messner noch eine weitere Auszeichnung, als er in Salzburg zum Ehrenmitglied der J. F. Hummel-Gesellschaft[199] ernannt wurde.

Nach seiner Rückkehr aus Brünn wartete viel Kompositionsarbeit auf Messner. Er hatte den Ehrgeiz, noch vor seiner Übersiedlung nach St. Jakob die Oper „Agnes Bernauer" fertigzustellen, weil er sich mit diesem Werk den lange ersehnten Bühnenerfolg erhoffte. Über das Schicksal dieser Oper wird später zu berichten sein. Inzwischen hatte die Ravag einen Wettbewerb für eine Salzburger Festspielfanfare ausgeschrieben. Landeshauptmann Dr. Franz Rehrl empfahl Messner schriftlich, daran teilzunehmen. *Der Brief kam an Messners Postfach Salzburg I, 101. Messner las ihn am Weg über den Residenzplatz. Als er am Brunnen vorbeikam, fiel ihm bereits das entscheidende Motiv ein. Aus den Einsendungen, die unter einem Kennwort anonym erfolgen mussten, kamen drei in die engere Wahl*[200]*, und eine Jury unter Sompek*[201]*, Paumgartner, Sauer und Messner sollte daraus die endgültige Fanfare wählen. Zur entscheidenden Sitzung verspätete sich Prof. Messner, worauf die übrigen Juroren allein die Wahl trafen. Die Fanfaren waren bereits in Wien auf Schallplatten aufgenommen worden. Als Messner endlich kam, erklärte ihm der gleichfalls anwesende LH Rehrl die inzwischen eingetretene Situation und liess ihm die ohne sein Votum ausgewählte Fanfare vorspielen. Nach ihrem Abhören versicherte Messner überrascht: „Das ist ja meine Fanfare!" Die Prüfung der Kennworte ergab die Richtigkeit seiner Erklärung. Das Thema war keinem der Juroren bekannt. Messner versicherte dazu lächelnd: „Das ist doch das „Ave verum"*[202].

Die „Salzburger Chronik" berichtete am 24. Juli 1936: *Meßners Salzburger Festspielfanfare als Pausenzeichen. Die Ravag wird, beginnend mit der diesjährigen Festspielsaison, vor allen Übertragungen von Salzburger Festspielaufführungen und vor jeder die Salzburger Festspiele betreffenden Ankündigungen an Stelle des sonst üblichen Pausenzeichens eine Fanfare senden. Von den Kompositionen, welche für diesen Zweck bei der Ravag eingereicht wurden, ist die von Domkapellmeister Professor Joseph Meßner in Salzburg verfaßte gewählt worden, in welcher ein Mozart-Motiv verarbeitet ist. Professor Meßner hat die Komposition dem Landeshauptmann Dr. Rehrl gewidmet. Diese Einrichtung wird zweifellos geeignet sein, für die Hörer in aller Welt*[203] *mit besonderem Nachdruck auf die Salzburger Kunst und auf unsere Festspiele aufmerksam zu machen; die Fanfare wird Samstag, den 25. d., erstmalig von der Ravag gesendet und wird überdies auch bei dem am selben Tage um halb 7 Uhr abends stattfindenden Turmblasen vom Rathaus, das während der* ganzen Festspielzeit durchgeführt werden soll, vom Turme des Rathauses herab erklingen*[203].

Am 16. Juni 1936 übersiedelten Joseph Messner und Eva Klemens nach St. Jakob am Thurn in ihr eigenes Haus. Weitere arbeitsreiche Wochen standen bevor. Die Vorbereitung für die sechs Domkonzerte dieses Jahres hatten schon Monate vorher begonnen. Messner konnte zwar nicht alle Sänger seiner Wahl als Solisten verpflichten, aber es waren wieder international berühmte Künstler darunter. Lotte Lehmann hatte ihre Mitwirkung bereits vor einem halben Jahr absagen müssen und am 25. Jänner aus New York geschrieben: *Sehr verehrter Herr Professor! Ihr freundlicher Brief vom 10. Januar wurde mir hierher nachgeschickt und kam erst heute in meine Haende. Leider muss ich Ihnen mit einer Absage kommen. Mein Programm fuer die Salzburger Festspiele dieses Jahres ist so ueberaus anstrengend, dass ich wirklich nicht das Geringste mehr annehmen kann. Ich werde Fidelio und Eva unter Toscanini singen und natuerlich, wie immer, die Marschallin und ausserdem einen Liederabend unter Bruno Walter geben. Da werden Sie selbst einsehen, dass es mit nicht moeglich sein wird, noch ein anderes Konzert anzunehmen. Es tut mir sehr leid, denn es waere eine grosse Freude fuer mich, mit Ihnen zu musizieren. Bis auf Wiedersehen im Sommer gruesst Sie sehr herzlich Ihre ergebene Lotte Lehmann*[204]. An ihrer Stelle konnte Messner für das 3. und 5. Domkonzert erneut Eidé Norena gewinnen, die sich am 6. Juni in einem Brief aus Paris meldete: *Liebe Frau Clemens! Danke vielmals für Ihre und Herrn Professor Messners freundlichen Grüsse diesen Sommer. Es ist sehr liebenswürdig von Ihnen, sich meiner zu erinnern, und ich kann Ihnen versichern, dass ich an meinen reizvollen Aufenthalt in Salzburg letzten Sommer öfters denke. – In einem Brief, den ich neulich von ihm erhielt, sagte mir Max Weber*[205]*, er meinte, Sie würden so liebenswürdig sein, um zu sehen, ob Sie eine Wohnung oder eine kleine Villa in oder bei Salzburg für die Zeit, die ich im August ds. Js. dort verbringen werde, für mich finden könnten. Ich glaube, dass ich gegen den 5. August ankommen und bis zum Ende des Monats dort bleiben werde. Zwei Freunde werden mit mir nach Salzburg kommen und, da Max vielleicht auch mitkommen wird, so müsste ich 4 Hauptschlafzimmer und 2 Schlafzimmer für die Bediensteten haben. Glauben Sie, dass es möglich ist, so was zu finden, das angenehm und nicht*

Abb. 37 Joseph Messner und Eva Klemens in St. Jakob am Thurn

die „Gralserzählung" aus Wagners „Lohengrin". Tags zuvor hatte die „Salzburger Chronik" gemeldet: *Benjamino Gigli singt zugunsten des Salzburger Domes. Kaum wurde durch das Programm der Festspiele bekannt, daß der berühmte italienische Tenor bei den Salzburger Festspielen singen wird, setzte auch schon die Nachfrage nach Eintrittskarten ein, denn der Name dieses einzigen Tenors erfüllt die ganze Welt. Und doch stammt er aus armer Familie: sein Vater war Küster und Schuhmacher in Recanati, wo der kleine Benjamino als Kirchensänger der Liebling des Ortes war. [...] Maestro Gigli, der inzwischen mit höchsten Auszeichnungen von Kirche und aller Herren Länder bedacht wurde, erklärte sich über Ansuchen des Salzburger Fürsterzbischofs Dr. Sigismund Waitz bereit, ohne jedes Honorar zugunsten des Salzburger Domes im letzten Domkonzert als einziger Solist aufzutreten, was umso höher zu werten ist, als der berühmteste Tenor der Welt sonst nur mit Honoraren von Tausenden von Dollars bedacht wird*[208]. Aus Erzählungen über die Vorbereitung zu

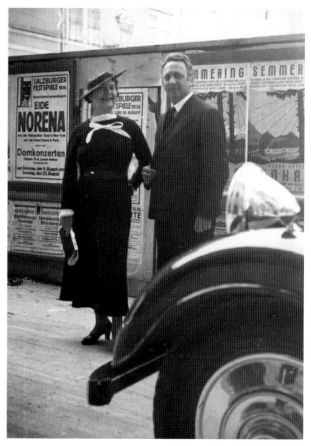

zu teuer ist? Ich werde einen Kraftwagen haben, sodass es eben so gut sein würde, wenn in Salzburg selbst nichts zu haben ist, irgend etwas in einem Dorf in der Umgebung zu mieten, was auch wahrscheinlich billiger sein wird. – Ich hoffe, dass dies Ihnen nicht zu sehr viel Mühe verursachen wird; ich weiss wirklich nicht, was ich ohne Ihre Hilfe tun würde, denn man sagt mir, beinahe alles sei schon besetzt. Mit herzlichsten Grüssen Freundlichst Ihre Eide Norena[206].

Die ersten fünf Domkonzerte enthielten folgendes Programm: Alte Salzburger Meister; Bruckners „Messe in e" und Messners „Te Deum"; Pergolesis „Stabat mater" und Mozarts „Missa solemnis" (KV 337); Anatol Provazniks „Cantantibus organis" (Psalm 150), Felix von Weingartners „Auferstehung" und Franz Liszts „13. Psalm"; Mozarts „Requiem"[207]. Das 6. Domkonzert am 30. August hatte den größten Zulauf und war die Sensation dieser Festspiele: Der weltberühmte Tenor Benjamino Gigli sang geistliche und weltliche Arien, unter anderem das „Ave Maria" von Bach-Gounod, „Panis angelicus" von César Franck, und

Abb. 38 Joseph Messner und Eidé Norena vor einem Plakat der Domkonzerte 1936

diesem Konzert ist bekannt, daß der Domkapellmeister nach einer Verständigungsprobe im Hause Katholnigg auf Giglis Verlangen noch rasch eine Reihe von Strichen in die Orchesternoten eintragen mußte. Gigli selbst mußte unmittelbar vor dem Konzert beruhigt werden, denn er fürchtete sich – da er nicht schwindelfrei war – vor der Höhe der Orgelempore im Dom; während des Singens hielt er sich am Dirigentenpult fest. Anschließend an das Konzert fand im fürsterzbischöflichen Palais ein Empfang zu Ehren des Sängers statt.

Nach einer kurzen Sommerpause galt es, das Goldene Priesterjubiläum des Fürsterzbischofs gebührend zu feiern. Einer der Ehrengäste schrieb am 10. Oktober folgenden Brief an Messner: *Euer Hochwürden! Hochverehrter Herr Domkapellmeister! Bei meiner letzten Anwesenheit in Salzburg gelegentlich des goldenen Priesterjubiläums des Hochwürdigsten Herrn Fürsterzbischofs war ich besonders gespannt auf die Aufführung des unter Ihrer Leitung stehenden Domchores.*

Abb. 39: Joseph Messner und Benjamino Gigli bei der Probe, 1936

Abb. 40 Programmzettel des 6. Domkonzertes 1936

Alle in Salzburg empfangenen Eindrücke rekapitulierend drängt es mich, Ihnen einzugestehen, dass mich Ihre Meisterschaft in der präzisen Leitung des Domchores ausserordentlich überrascht hat. Insbesondere hat mir Ihr eigenes Werk „das Tedeum" imponiert. Ich glaube, dass es Sie sicher freut, auf diesem Wege zu erfahren, dass Sie einen sehr aufmerksamen Zuhörer gelegentlich Ihrer Aufführung hatten. Ich beglückwünsche Sie herzlich zu Ihrer Meisterschaft und wünsche Ihnen für alle Ihre Arbeiten reichsten Erfolg und Gottes Segen. Mit vorzüglicher Hochverehrung zeichne ich mich, Herr Domkapellmeister, als Ihr ergebenster + Dr. Ferd. Pawlikowski, Fürstbischof von Seckau, Militärvikar[209].

Im Herbst setzte Messner seine kompositorische Tätigkeit mit neuem Eifer fort. In diesem Jahr entstanden unter anderem die „Drei Gesänge für Bariton und Orchester" (op. 43) nach Dichtungen von Leo Maasfeld, weiters „Präludium und Fuge" für Bläser und

Schlagwerk (op. 44), sodann die „Symphonische Festmusik" (op. 45), die „Adoration" für Posaunenchor, die „Festliche Musik für vier Posaunen", eine Bearbeitung der „Vergine"-Lieder des Peter Cornelius und einige Vertonungen von Proprientexten, auch Wechselgesänge genannt. Die zuletzt genannten Kompositionen erfolgten auf Wunsch des Fürsterzbischofs Dr. Waitz, der die päpstlichen Vorschriften über die Kirchenmusik endlich in die Tat umsetzen wollte. Schon im Jahr 1903 hatte Pius X. in einem „Motu proprio" gefordert, daß die Texte der Proprien (Introitus, Graduale, Offertorium, Communio), soweit sie nicht nach dem Gregorianischen Choral gesungen wurden, aus der Bibel oder einem liturgischen Buch stammen oder sonstwie kirchlich approbiert sein müßten; Papst Pius XI. wiederholte diese Forderung im Jahr 1928. In vielen Kirchen hielt man nämlich noch immer an der alten Praxis fest, zwischen den Teilen des Ordinariums beliebige Instrumentalstücke oder unpassende Motetten aufzuführen. Solche „Einlagen" sollten künftig durch eine künstlerisch wertvolle Vertonung der vorgesehenen liturgischen Texte ersetzt werden, um der Meßfeier einen einheitlichen Charakter zu verleihen. Messner hatte bekanntlich schon drei Proprienzyklen komponiert, und zwar für das Fest „Peter und Paul", für „Allerheiligen" und für das Christkönigsfest. Nun begann er zunächst mit der Vertonung von Graduale und Offertorium für einzelne Sonn- und Feiertage, weil im Salzburger Dom der Introitus und die Communio gewöhnlich noch choraliter gesungen wurden. Nach dem Zweiten Weltkrieg komponierte er auch diese Gesänge und schuf mit seinen fast hundert Proprienzyklen musikalische Kunstwerke, die mit wenigen Ausnahmen nur im Salzburger Dom zu hören waren. Da die lateinischen Texte der Proprien nicht allen Gläubigen verständlich waren, trachtete der Komponist danach, deren Inhalt und Bedeutung mit musikalischen Mitteln wiederzugeben, ohne jedoch in bloße Tonmalerei zu verfallen. Sein Wissen um theologische Zusammenhänge und sein Hang zur dramatischen Gestaltung verbanden sich mir der kompakten, vokalreichen Kultsprache der römisch-katholischen Kirche zu aussagekräftigen Botschaften. Musik und Liturgie durchdrangen einander, und diese Wechselwirkung erhöhte die Feier der Gottesdienste.

Schwierige Zeiten kündigen sich an 1937 bis 1938

Als Messner Ende Jänner 1937 zum zweiten Mal in Brünn konzertierte, erlebte seine „Symphonische Festmusik"[210] dort ihre viel umjubelte Uraufführung. In der Besetzung für Blechbläser, Pauken und Orgel und in der späteren Orchesterfassung erklang dieses wirkungsvolle Werk in den folgenden Jahrzehnten viele Male sowohl in der Kirche als auch im Konzertsaal[211]. Aus Brünn und Breslau nach Hause zurückgekehrt, fand der Domkapellmeister einen Brief des greisen Komponisten Wilhelm Kienzl vor: *Verehrter Herr Professor! Sie haben mir mit Ihren lieben Zeilen zu meinem 80. Geburtstag eine wahre Freude gemacht. Dass Sie als einer der berufensten Meister der katholischen Kirchenmusik an mich mit der Anregung herantreten, ein größeres kirchliches Werk gleichsam als sublimen Abschluss meiner langjährigen kompositorischen Tätigkeit zu schreiben und sich – in unvorsichtiger Wei-*

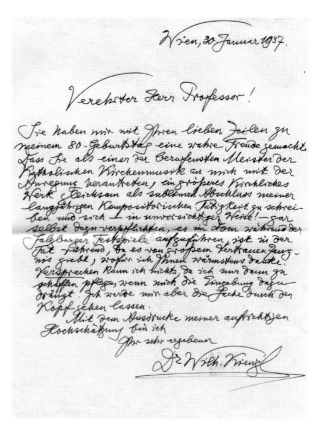

Abb. 41 Brief von Dr. Wilhelm Kienzl an Joseph Messner vom 30. Jänner 1937

se! – gar selbst dazu verpflichten, es im Dom während der Festspiele aufzuführen, ist in der Tat rührend, da es von großem Vertrauen Zeugnis giebt, wofür ich Ihnen wärmstens danke. Versprechen kann ich nichts, da ich nur dann zu schaffen pflege, wenn mich die Eingebung dazu drängt. Ich werde mir aber die Sache durch den Kopf gehen lassen. Mit dem Ausdrucke meiner aufrichtigen Hochschätzung bin ich Ihr sehr ergebener Dr. Wilhelm Kienzl[212].

Zu Ende des Winters wurden im Salzburger Dom auf Wunsch des Fürsterzbischofs die im Jahr 1859 abgetragenen vier Pfeilerorgeln im Kuppelraum durch zwei Manualwerke an den vorderen Kuppelpfeilern wenigstens teilweise ersetzt. Verbunden mit einem Pedalwerk hinter dem Hochaltar konnten diese Instrumente elektromagnetisch sowohl von einem Spieltisch im Altarraum als auch von der großen Orgel auf der Westempore aus bespielt werden. Clemens Holzmeister war für ihre künstlerische Gestaltung verantwortlich, der Halleiner Bildhauer Jakob Adlhart hatte die Konsolen angefertigt, die Orgeln selbst waren von der Firma Dreher & Reinisch gebaut worden[213]. Die feierliche Einweihung der neuen Orgeln fand am 19. März statt, ihre Klangfülle wurde als „überwältigend schön" empfunden. – Architekt Holzmeister und Orgelfachmann Messner wirkten auch in der Planung der Orgel für den Erweiterungsbau des Festspielhauses zusammen.

Im April konzertierte Messner wieder in München, Königsberg und Leipzig. Im Mai reiste er zu Orgelkonzerten nach Zürich, Paris und Frankfurt[214]. In der französischen Hauptstadt sollte im Rahmen der Pariser Weltausstellung während der Pfingstwoche vom 15. bis 22. Mai ein internationaler Kongreß für katholische Kirchenmusik stattfinden. Außer einigen französischen Ensembles waren Chöre aus Deutschland, Österreich, Italien und Jugoslawien dazu eingeladen. Als Vertreter Österreichs wollte der Wiener Kammerchor vom Land Salzburg eine Subvention für Reise und Aufenthalt erwirken, weil er unter anderem ein Werk Joseph Messners aufzuführen gedachte. Ein diesbezüglicher Brief Professor Dr. Lechthalers an den Salzburger Landeshauptmann wurde dem Domkapellmeister zur Stellungnahme vorgelegt. Messner sah aber keine Veranlassung, dem Ansuchen stattzugeben, denn die vom Kammerchor ausgewählte Komposition aus seiner Feder werde schon seit zwanzig

Jahren an vielen Orten aufgeführt. Warum ziehe man denn in Wien für eine Veranstaltung wie jene in Paris nicht den international bekannten Salzburger Domchor in Betracht, da doch auch andere Domchöre eingeladen seien? Messners abschlägige Antwort blieb Lechthaler nicht unbekannt und verstärkte die gegenseitigen Spannungen. Messner selbst hielt sich zur Zeit des Kongresses in Paris auf, denn er war von der „Union des Maîtres d'Orgue" in den Ausschuß des Musikfestes gebeten worden[215], außerdem gab er am 19. Mai unter dem Protektorat des französischen Unterrichtsministers ein Konzert. – Im Verlag Anton Böhm & Sohn erschien Messners „Messe in G" (op. 46) für gemischten Chor und Orgel. Messner schrieb auf die Titelseite seines Exemplars: *Möge das erste grössere St. Jakob-Werk Gottes Segen über unser Heim bringen! MGfE. Jos. Meßner, St. Jakob im Juni 1937.*

Der Festspielsommer verlief in diesem Jahr schwieriger als sonst. Messner hatte sechs Domkonzerte mit folgendem Programm vorbereitet: Mozarts „Krönungsmesse" und Bachs „Actus tragicus"; Beethovens „Messe in C", die „Petrarca-Gesänge" von P. Cornelius und Anatol Provazniks „Psalm 116"[216]; E. v. Dohnanyis „Szegediner Festmesse" und Messners „Symphonische Festmusik"; „Ein deutsches Requiem" von Brahms; ein Konzert mit Chorwerken und Solostücken, gesungen von den Wiener Sängerknaben und Eidé Norena; zum Abschluß wieder Mozarts „Requiem". Obwohl Messner auch in diesem Jahr international bekannte Sänger, wie Jarmila Novotna, Eidé Norena[217] und vier Solisten des Königlichen Opernhauses Budapest verpflichten konnte (wodurch am 30. September ein Konzert Messners in Budapest zustandekam), entsprach die übrige Besetzung nicht immer seinen ersten Wünschen. Künstlern aus dem deutschen Reich war nämlich der Auftritt in Österreich verboten worden, manche von ihnen mußten noch in letzter Minute absagen, sodaß Umbesetzungen notwendig wurden. Einer der engagierten Solisten, der Bassist Georg von Tschurtschenthaler (damals am Stadttheater in Oldenburg tätig), forderte von Messner die Bezahlung des vereinbarten Honorars von 250 Schilling, da er nach einem Auftrittsverbot und seiner telegraphischen Absage doch noch die Erlaubnis zur Mitwirkung in Salzburg bekommen hatte, aber zu spät! Messner hatte bereits einen anderen Sänger verpflichtet, die Programme für das 6. Domkonzert waren

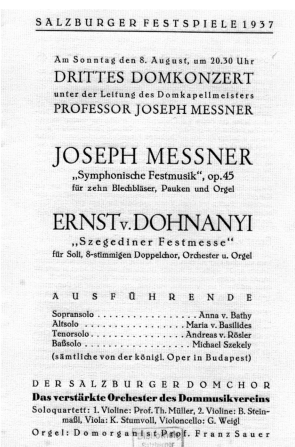

Abb. 42 Werbepostkarte mit dem Festspielprogramm von 1937   Abb. 43 Programm des 3. Domkonzertes 1937

gedruckt, er verweigerte die Bezahlung. Tschurtschen-thaler wertete daraufhin die Salzburger Festspiele ab, begann einen Streit mit dem Domkapellmeister und drohte, ihm künftig zu schaden: er werde dafür sorgen, daß Messners Name auf die Liste jener Komponisten komme, deren Werke im Reich nicht mehr aufgeführt werden dürften[218]. Messner sah sich am 22. Oktober 1937 veranlaßt, einen Brief an den Präsidenten der Reichsmusikkammer, Herrn Prof. Dr. Peter Raabe, zu schreiben, in dem er ihm den Sachverhalt darlegte. *Nun möchte ich den Herrn Präsidenten bitten, rechtlich zu entscheiden: ob ich nach einer formellen telegrafischen Absage verpflichtet bin bis zum letzten Tag mit der Verpflichtung einer neuen Kraft zu warten oder nicht. [...] Ferner möchte ich Herrn Präsidenten bitten mich rechtlich vor derartigen Drohungen zu schützen; eben wegen meiner vielfachen Beziehungen zu den Künstlerkreisen des Reiches habe ich alljährlich mehrere reichsdeutsche Solisten verpflichtet; und*

es ist nicht meine Schuld, daß die Kammer ihren Mitgliedern das Auftreten verbietet. Niemand bedauert das mehr als ich selbst und Herr Präsident können mir glauben, daß gewisse Kreise mir die Absagen der reichsdeutschen Solisten „vergönnt" haben. Also zum Schaden auch noch den Spott und nun gar noch die Drohung eines Boykotts![219]

Wie in den Jahren vorher begannen bereits im Spätherbst die Proben für die Domkonzerte des nächsten Sommers. Messner hatte für den „Österreichischen Musik- und Sänger-Almanach" des Jahres 1937 in stolzen Worten einen Beitrag über die „Musik im Salzburger Dom" verfaßt, in dem es zum Schluß heißt: ... *die Zahl der für die Domkonzerte eingereichten Werke ist groß und sie laufen aus aller Herren Ländern ein; denn alle Komponisten wissen, daß es kaum eine zweite derartige Möglichkeit gibt, neue Werke einem größeren Kreis von Kritikern und internationalem Publikum vorzustellen. Und schon manches Werk eines lebenden Komponisten hat vom Salzburger Dom aus den Weg durch die Konzertsäle der Welt angetreten. Für den Kapellmeister aber und den Chor ist es immer die größte Freude, wenn im November das Studium für die Festspielkonzerte des kommenden Jahres beginnt, wenn Dirigent und Mitwirkende, immer Neues lernend, sich unermüdlich und freudig darauf vorbereiten, dann im Sommer wieder mit reichem Programm vor das internationale Publikum zu treten in der Überzeugung: getreu einer großen Tradition Großes leisten zu müssen, wenn man im Mittelpunkt des kirchenmusikalischen Geschehens der Welt stehen will*[220]. Solche Sätze las man vor allem in Wien mit großem Mißfallen, weil die dortigen Kulturträger keine Konkurrenz in der „Provinz" dulden wollten.

Anfang November erhielt Messner einen Brief des Generalmusikdirektors Gotthold E. Lessing aus Baden-Baden: *Unsererseits war am 5. Oktober ein Schreiben an die Reichsmusikkammer gegangen mit dem Bemerken, daß wir Sie als Organisten für ein Konzert verpflichten wollen und um Erteilung der Auftrittsgenehmigung bäten. Trotz zweimaliger Mahnung erhielten wir keine Antwort. Erst am 27. Oktober bekamen wir von Berlin den Bescheid, daß Ihre Auftrittsgenehmigung nicht erteilt würde. [...] Schuld trägt einerseits die österreichische Regierung, die in letzter Zeit in unkonsilianter Weise Reichsdeutschen die Auftrittsgenehmigung für Österreich verweigert hat, andrerseits eine Einstellung Ihrer Person gegenüber reichsdeutschen Stellen, die mir allerdings aufgrund unserer Unterhaltungen unerklärlich ist und auf einem Mißverständnis zu beruhen scheint*[221]. Im Antwortbrief schreibt Messner unter anderem: *Sie können sich denken, daß mich das Auftrittsverbot der Reichsmusikkammer nicht gleichgültig berührte; denn ich war immer ein deutscher Mensch, habe im Reich meine größten Erfolge erzielt, die bedeutendsten Dirigenten führten meine Werke auf, darunter Scheinpflug und Raabe. [...] Daß nun auch gegen mich die teuflische Denunziation arbeitet, trifft mich schwer; dieses Los habe ich nicht verdient; nun verstehe ich auch, daß die Berliner Staatsoper und die Dresdener Staatsoper trotz des besten Gutachtens ihrer eigenen Fachleute meine „Agnes Bernauer" nicht aufführen konnten*[222].

Zeitgleich mit diesem Brief wurde ein Benachrichtigungszettel der Landeshauptmannschaft Salzburg ausgefertigt. Er informierte Hochwürden Prof. Jo-

sef Messner, daß er mit Rechtswirksamkeit vom 1. November 1937 von der Pfarre Salzburg-Dom an die Pfarre Berndorf versetzt und dort zum Kooperator bestellt sei, jedoch mit Dienstzuweisung in Salzburg, Dompfarre. Sein Jahreseinkommen betrage 2.531,72 Schilling[223]. Dieser Betrag reichte knapp für den Lebensunterhalt aus. Es ist daher verständlich, daß Messner bestrebt war, seine Einkünfte durch Honorare und Tantiemen zu erhöhen. Jede Einschränkung, die er als Komponist, Gastdirigent oder Konzertorganist erfuhr, traf ihn spürbar. In diesem Herbst fielen die in Deutschland geplanten Konzerte Messners aus, auch konnte eine von langer Hand vorbereitete große Konzertreise des Domchores nach London mit Anschlußkonzerten in Zürich, Paris und Brüssel sowie eine geplante Chorreise nach Budapest nicht mehr realisiert werden.

Im Lauf des Jahres 1937 waren außer mehreren Motetten zwei größere geistliche Kompositionen entstanden, nämlich die schon erwähnte „Messe in G" (op. 46) – uraufgeführt am 29. August[224] als Radiomesse in St. Peter – und eine Vertonung des 116. Psalmes: „Lobet den Herrn" (op. 47). Auch dieses Werk erschien im Verlag von A. Böhm & Sohn im Druck. Messner übergab ein Exemplar der Psalmvertonung Eva Klemens als Weihnachtsgeschenk und schrieb auf die Titelseite: *Wir wollen Gott loben aus tiefstem Herzen, wir haben allen Grund dazu!*

Nach der Jahreswende verschlechterten sich die politischen und sozialen Zustände zusehends. Man befürchtete einen Krieg. Fürsterzbischof Dr. Waitz erließ am 23. Februar 1938 folgende kirchliche Anordnung: *Am kommenden Sonntag Quinquagesima soll in allen Seelsorgskirchen und auch in allen Ordenskirchen des Bereichs der Erzdiözese Salzburg das Höchste Gut zur zehnstündigen Anbetung ausgesetzt sein ... Beim Hauptgottesdienst soll die Weihe an das Heiligste Herz Jesu in feierlicher Weise erneuert werden und die Anbetungsstunden sollen mit allem Eifer durchgeführt werden. Auch sollen die hl. Sakramente eifrig empfangen werden. Mit der Verehrung des heiligsten Herzens Jesu sei verbunden die innige Verehrung der Gottesmutter. [...] Sancta Maria, magna mater Austriae, ora pro nobis!*[225]

Die katholische Kirche war bis zum 11. März 1938 eine tragende Stütze des christlichen Ständestaates. Innerhalb weniger Tage aber schwenkte sie von ihrem eindeutigen Bekenntnis zu Schuschnigg zur Huldigung an Adolf Hitler um, weil sie sich davon die Einhaltung des Konkordats und die Unterstützung im Kampf gegen den Bolschewismus erhoffte. Am 15. März feierte der neue Machthaber auf dem Heldenplatz in Wien die „Heimkehr" Österreichs in das Deutsche Reich. Am 18. März unterzeichneten Kardinal Dr. Innitzer, Fürsterzbischof Dr. Waitz und die übrigen österreichischen Bischöfe in Wien eine feierliche Erklärung folgenden Wortlautes: *Aus innerster Überzeugung und mit freiem Willen erklären wir unterzeichneten Bischöfe der österreichischen Kirchenprovinz anläßlich der großen geschichtlichen Geschehnisse in Deutschösterreich: Wir erkennen freudig an, daß die nationalsozialistische Bewegung auf dem Gebiet des völkischen und wirtschaftlichen Aufbaues sowie in der Sozialpolitik für das Deutsche Reich und Volk und namentlich für die ärmsten Schichten des Volkes Hervorragendes geleistet hat und leistet. Wir sind auch der Überzeugung, daß durch das Wirken der nationalsozialistischen Bewegung die Gefahr des alles zerstörenden gottlosen Bolschewismus abgewehrt wurde. – Die Bischöfe begleiten dieses Wirken für die Zukunft mit ihren besten Segenswünschen und werden auch die Gläubigen in diesem Sinne ermahnen. – Am Tage der Volksabstimmung ist es für uns Bischöfe selbstverständlich nationale Pflicht, uns als Deutsche zum Deutschen Reich zu bekennen, und wir erwarten auch von allen gläubigen Christen, daß sie wissen, was sie ihrem Volke schuldig sind.* Kurz vor dem Wahltag wies das „Wiener Kirchenblatt" die Katholiken nochmals an, den Worten der Bischöfe zu gehorchen und mit „Ja" zu stimmen. Mit dieser Zustimmung seien vier Pflichten verbunden: *1. Gehorsam gegen die neue weltliche Obrigkeit, 2. hingebend treue Mitarbeit am Aufbau unseres großdeutschen Vaterlandes, 3. Bewährung unseres Katholizismus in der neuen Lage, 4. tägliches Gebet für das Großdeutsche Reich und seinen Führer, damit die große Aufbauarbeit unseres Führers von Gottes Segen begleitet sei*[226].

Die Kenntnis dieser beiden Texte ist für das Verständnis eines wiederholt zitierten Zeitungsbeitrages wichtig, der am 6. April 1938 unter dem Titel „Deutsche Musik im alten und neuen Österreich" in der „Rheinisch=Westfälischen Zeitung" erschien. Die Zeitung hatte zwei österreichische Musiker – Prof. Joseph Messner/Salzburg und Prof. Robert Keldorfer/Linz – gebeten, sich zur *Wiedervereinigung Oesterreichs mit*

dem Reich zu äußern. Der unter Messners Namen abgedruckte Text lautet: *Als am 13. März d. J. unser herrlicher Führer Adolf Hitler die Ostmark mit dem Deutschen Reich vereinte und das deutsche Volk in Oesterreich von einer volksfremden Systemherrschaft befreite, da flogen zahlreiche Grüße und Glückwünsche aus dem Reich in mein Arbeitszimmer von Freunden der deutsch= österreichischen Musik, ein Beweis dafür, daß die Sehnsucht der österreichischen Künstler nach den Konzertsälen und Opernhäusern des Reiches nicht minder groß ist als das Verlangen unserer Volksgenossen im Reiche nach unserer österreichischen Musik. Der junge österreichische Musiker begann ja immer seinen Aufstieg im Reich als Komponist, als Dirigent, als Sänger oder Schauspieler. Wie oft denke ich mit Dankbarkeit an die großen Dirigenten des Rheinlandes Scheinpflug, Raabe, Schulz-Dornburg, Abendroth, Elmendorf und wie sie alle heißen, die meine Werke in zahlreichen Aufführungen dem deutschen Konzert= und Opernpublikum darboten, an die Chordirektoren, die meine Kirchenmusik mit großer Hingabe pflegen. Sie alle lieben die österreichsche Art des Musizierens, des Komponierens und Singens, das aus der österreichischen Landschaft und der österreichischen Seele fließt.* Nach einem Rückblick auf das Wirken großer Komponisten in Österreich – auf Mozart, Beethoven, Schubert, Brahms und Bruckner – heißt es weiter: *Und daß wir nun wieder zu unseren Brüdern im Reiche sprechen dürfen, des freuen wir uns von ganzem Herzen. Meiner vielen Freunde aber, die mir zur Wiedervereinigung der Kunst der Ostmark mit der des großen Deutschen Reiches Glückwünsche sandten, werde ich gedenken, wenn ich am großen Wahltage des 10. April morgens 1/2 8 Uhr für alle deutschen Reichssender Mozarts „Missa solemnis"*[227] *mit dem Salzburger Domchor zur Aufführung bringen werde. Mozarts Gloria soll ein Dankgebet sein zu Gott für die große Tat unseres herrlichen Führers Adolf Hitler*[228].

Was war in diesem Text verordnete Ausdrucksweise, was war Messners eigene Meinung? Er war im Vielvölkerstaat der Österreichisch-Ungarischen Monarchie herangewachsen, fühlte sich vor allem der Kultur des deutschen Sprachraums verbunden, liebte sein Heimatland Tirol, liebte Österreich, aber er hatte seine bisher größten Erfolge nicht hier, sondern in Deutschland erlebt. Nun erhoffte er sich einen neuen künstlerischen Aufschwung. Daraus läßt sich aber nicht schließen, daß Joseph Messner die Ideologie der Nationalsozialisten gutgeheißen hätte. Er hat niemals ihrer Partei angehört, doch gelang es ihm gelegentlich auf Grund alter Bekanntschaften, Parteimitglieder für sein Schaffen zu interessieren. Wenn er in schriftlichen Äußerungen zeitgebundene Worte und Wendungen einfließen ließ, so entsprachen sie dem nunmehr geforderten Stil. Um sich selbst und die ihm nahestehenden Personen nicht zu gefährden, durfte sich Messner keine Blöße geben. Er hatte – wie schon erwähnt – beruflich und privat eine Reihe von Gegnern, noch dazu beschäftigte er in seinem Haus eine Halbjüdin als Sekretärin[229]. Seinem Bruder DDr. Johannes Messner wurde wenige Wochen nach dem im März 1938 erfolgten „Anschluß" die Lehrbefugnis an der Universität Wien entzogen, er erhielt dort Hausverbot, seine Bezüge wurden eingestellt. Nach kurzen Aufenthalten bei seinen Angehörigen in Salzburg und Schwaz konnte sich Johannes auf Grund einer Warnung im letzten Augenblick vor seiner Verhaftung durch die Gestapo retten. Er floh zunächst in die Schweiz und reiste dann nach Großbritannien aus, wo er bis 1949 in Birmingham im Exil lebte[230].

Im Alltag erfuhr der Domkapellmeister unter den neuen Verhältnissen schon bald mancherlei Ärger, Messner war aber nicht der Mensch, Mißstände schweigend hinzunehmen. Dazu ein Beispiel: Im Juli 1938, mitten in den Proben für die Domkonzerte, beschwerte er sich in einem Brief an Landesrat Karl Springenschmid über den neuen Präfekten des Kapellhauses, weil dieser dem Domchor das gewohnte Probelokal verbieten wollte. Als Messner ihm sagte, daß der Chor den Raum mit Bewilligung des Herrn Landesrates weiterhin benützen dürfe, behauptete der Präfekt, Messner hätte eine abfällige Bemerkung über das Bild des Führers gemacht. *Entrüstet über diesen gänzlich unbegründeten Vorwurf verlangte ich die Nennung eines Zeugen, worauf er hiefür eine Angestellte des Hauses namhaft machte; daraufhin verlangte ich die sofortige Konfrontierung. Da er diese verweigerte, begab ich mich mit ihm in die Küche, um die Konfrontierung selbst herbei zu führen.* Die Behauptung des Präfekten erwies sich als falsch. Messner bat um den nachhaltigen Schutz des Landesrates[231]. Im nächsten Jahr erhielt der Domchor die Erlaubnis, die Proben im Musikzimmer der Lehrerbildungsanstalt abzuhalten[232].

Der Festspielsommer bescherte den Zuhörern sechs Domkonzerte, die von der Presse wieder mit großem Lob bedacht wurden. Im „Völkischen Beobachter" vom 25. Juli 1938 etwa schrieb Dr. Friedrich Bayer über das 1. Domkonzert unter anderem: *Heute fand in dem trotz Ungunst des Wetters gut besuchten Dom zu Salzburg das erste Kirchenkonzert statt, das unter der bewährten Leitung des Domkapellmeisters Prof. Josef M e ß n e r stand und ein voller Erfolg wurde. [...] Der Leitung des Domchors gebührt uneingeschränkte Anerkennung. Wer die Mühen des Chorerziehers kennt, versteht die unermüdliche Arbeit einzuschätzen, deren es bedurfte, um den Chor auf diese Höhe zu bringen*[233]. Im „Neuen Wiener Journal" vom 1. September 1938 würdigte Richard Winter die Konzertreihe Messners mit den Worten: *Die Salzburger Domkonzerte gehörten zweifellos mit zu den schönsten Veranstaltungen der diesjährigen Salzburger Festspiele. Es war nicht nur allein die interessante Wahl der verschiedenen Werke großer Meister, die die Zuhörerschaft anlockte, anlockend waren vor allem die künstlerisch hochwertigen Leistungen, die geboten wurden. Professor Joseph M e ß n e r hat hier ganze Arbeit geleistet. Seinem Können, seiner aufopfernden Tätigkeit ist es zuzuschreiben, daß die Konzerte jenes hohe Niveau erreichten, das sich vollkommen mit dem der anderen Aufführungen identifizierte*[234]. Auf dem Programm der Konzerte standen Werke alter Salzburger Meister, Mozarts „Krönungsmesse", seine „Missa solemnis" und das „Requiem", Pergolesis „Stabat mater", Schuberts „Messe in Es", Bruckners „Messe in e", das „Deutsche Requiem" von Brahms und Messners „Te Deum". – Mit dem Ende der Ravag hatten die Übertragungen von Radiomessen aufgehört. In der Stiftskirche von St. Peter dirigierte nun Meinrad von Zallinger anstelle Bernhard Paumgartners die C-moll-Messe von Mozart. – Dem Publikum aus dem „Altreich" wurden Salzburg und seine Festspiele in einer prächtigen, reich bebilderten Festschrift[235] präsentiert, außerdem entstand ein Propagandafilm über die „Kulturstadt Salzburg", in dem sogar Ausschnitte aus den Domkonzerten eingeblendet waren. Als dieser Film einige Monate später in Berlin und anderen großen Städten gezeigt wurde, erhielt Messner Anerkennungsschreiben von Freunden und Verehrern, die sich freuten, ihn auf der Leinwand dirigieren zu sehen. – Im September 1938 führte Generalmusikdirektor G. E. Lessing in Baden-Baden zum ersten Mal Messners „Sinfonische Festmusik" in der neuen Orchesterfassung auf. Das Werk mit seinem festlich-heldischen Grundcharakter[236] gefiel allgemein so gut, daß es in den folgenden Jahren in vielen Konzertsälen des Deutschen Reiches erklang.

Für die Gottesdienste im Salzburger Dom entstanden weitere Proprien, zudem beschäftigte sich Messner wieder mit Opernplänen. Eine Paracelsus-Oper hätte ihn gereizt. Sein Librettist Karl Neumayr fühlte sich jedoch zur Gestaltung eines bühnenwirksamen Textes über den berühmten Arzt nicht berufen und empfahl ihm, Max Mell oder Richard Billinger darum zu fragen[237]. Ob Messner Neumayrs Anregung aufgegriffen hat, ist unbekannt; Billinger veröffentlichte im Jahr 1942 ein Paracelsus-Drama[238]. Messner wandte sich auf der Suche nach einem Textdichter auch an Luis Trenker. Aus dessen Antwortbrief geht hervor, daß Trenker für eine solche Arbeit wohl Interesse, aber keine Zeit hatte[239].

Probleme und Verbote – Neue Werke – 50. Geburtstag – Bomben 1939 bis 1945

Seit Monaten beunruhigten Messner Gerüchte über eine künftige Einschränkung oder gar ein Verbot der Domkonzerte. Am 6. Februar 1939 schrieb er folgenden Brief an Herrn Dr. Albert Reitter: *Sehr geehrter Herr Landesstatthalter! In der Annahme, daß das Programm der Salzburger Festspiele 1939 in allernächster Zeit fertiggestellt wird, ich aber bisher von keiner Seite aufgefordert wurde die Programme der Domkonzerte einzusenden, erlaube ich mir die höfliche Anfrage, ob die in der Stadt kursierenden höchst unglaubwürdigen Gerüchte Tatsache sind, wonach die Domkonzerte aus dem Programm der Festspiele gestrichen wären. – Da die Domkonzerte in den elf Jahren ihres Bestandes durch die Aufführung von etwa siebzig Werken der kirchenmusikalischen Weltliteratur (vor allem der Mozartschen Werke!) im In- und Ausland hohe Anerkennung und große Beliebtheit erlangt haben, so daß der Reichspropagandaminister Dr. Josef G o e b b e l s im Sommer 1938 für den Propagandafilm der Salzburger Festspiele einen größeren Ausschnitt aus Domkonzerten,* die er als *b o d e n s t ä n d i g e* Pflegestätte der Mozartschen Muse bezeichnete, aufzunehmen befahl, kann ich den obenerwähnten Gerüchten keinen Glauben schenken. Wie kein B a c h -Fest in Leipzig ohne Thomaskirche und Thomanerchor – so ist auch kein Mozart-Fest in Salzburg ohne Salzburger Dom und Domchor zu denken. Im vergangenen Jahr sprach Intendant Dr. Drewes davon, die Domkonzerte sogar in die Reichsobhut übernehmen zu wollen, so daß ich das durch die neuen Verhältnisse bedingte Defizit der Domkonzerte 1938 mit Rücksicht auf kommende Jahre gerne übernahm. – Da ich bereits mehrere prominente in- und ausländische Solisten für 1939 verpflichtet habe, wäre ich für eine umgehende Nachricht über den Stand der Dinge sehr verbunden. Heil Hitler! Ihr sehr ergebener ...[240].*

Die Antwort Dr. Reitters lautete: *Sehr geehrter Herr Professor! Auf Ihr Schreiben vom 6. Feber 1939 muss ich Ihnen mitteilen, dass im Festspielprogramm 1939 Domkonzerte nicht vorgesehen sind. Es dürfte Ihnen bekannt sein, dass die grundsätzliche Programmgestaltung ganz wesentlich vom Propagandaministerium mitbestimmt wird. Ich bedaure, Ihnen keine andere Mitteilung machen zu können. Heil Hitler![241]*

Am 10. März schrieb Messner an den Reichsminister Dr. Goebbels, wies auf die Verdienste des Domchores und die öffentliche Anerkennung der Domkonzerte hin und setzte seinen Brief folgendermaßen fort: *Nun wurde dem Salzburger Domchor durch Freunde mitgeteilt, daß der Landesstatthalter Herr Dr. Albert Reitter für die zukünftigen Festspiele keine Domkonzerte mehr vorsieht und damit die Wirkungsstätte Mozarts bei den Salzburger (Mozart-) Festspielen ausschalten will; und dies nicht etwa aus politischen oder künstlerischen Gründen, sondern lediglich dazu, um dem Mozarteum die Möglichkeit zu geben, einen Teil der vom Domchor aufgeführten Mozart-Werke durch den Wiener Staatsopernchor unter der Leitung Meinhard v. Zallingers in der Stiftskirche St. Peter aufführen zu können; damit ist die einzige bodenständige und traditionelle Betätigung bei den Salzburger Festspielen ausgeschaltet. – Da dieses Vorhaben des Herrn Dr. Reitter weder der in dem Propagandafilm „Die Kulturstadt Salzburg" geäußerten Absicht Euerer Exzellenz entspricht, noch auch mit den kulturpolitischen Reden des Präsidenten Herrn Dr. Peter Raabe in Einklang zu bringen ist, am wenigsten aber der berühmten musikalischen Tradition des Salzburger Domes Rechnung trägt,* sondern lediglich einem persönlichen Interesse des Herrn Landesstatthalters entspringt, bittet der ergebenst Gefertigte im Namen des Salzburger Domchores und im Interesse der bodenständigen Kunstpflege Euere Exzellenz, die „Domkonzerte" der Salzburger Festspiele auch weiterhin im Programme belassen zu wollen und diese in den Schutz des Hohen Propaganda-Ministeriums – wie die übrigen Veranstaltungen der Festspiele – gütigst nehmen zu wollen. Das für die Festspiele 1939 vorgesehene Programm der „Domkonzerte" wird zur gütigen Durchsicht beigelegt. Heil Hitler! Euerer Exzellenz ergebener Domkapellmeister u. Komponist[242].

Noch deutlicher äußerte sich Messner gegenüber dem Präsidenten der Reichsmusikkammer, DDr. Raabe: Hochverehrter Herr Präsident! Vor einigen Jahren hatten Herr Präsident die Güte, mich in den Räumen der Reichsmusikkammer in Berlin zu empfangen und sich über die Verhältnisse in Österreich berichten zu lassen. Da ich weiß, daß Sie immer grosse Stücke auf das österreichische Musikleben hielten, erlaube ich mir, in der Anlage eine Durchschrift eines Schreibens an das Propagandaministerium zu übersenden, in welchem ein großes Unrecht gegen den Salzburger Domchor und mich persönlich aufgezeigt werden soll. [...] Die Ausschaltung der Domkonzerte bei den Festspielen ist lediglich die Tat des Gaukulturwalters Dr. Reitter und nur zu dem Zweck, einen künstlerischen Konkurrenten des Mozarteums auszuschalten, dessen Leitung der Schwager Dr. Reitters Meinhard v. Zallinger übernehmen soll. Somit ist die Situation für den Domchor noch schlechter als in der Systemzeit, wo Dr. Paumgartner ohnmächtig gegen die Leistungen des Domchors kämpfte. Jetzt unterdrückt man sie einfach und hat damit leichtes Spiel gewonnen. [...] Ich arbeite die Jahre her mit einem freiwilligen Chor von hundert Mitgliedern (in einer Stadt von 38.000 Einwohnern) wirklich im Interesse des Volksganzen, wie der Zustrom zu den liturgischen und konzertanten Aufführungen zeigte. Und jetzt soll ich als anerkannter schaffender Künstler betteln gehen, damit ich die Gottesgabe meines Talentes für die deutsche Musik ausnützen darf. Man arbeitet jetzt hier ganz im Gegensatz zu den Grundsätzen, die Herr Präsident immer wieder verkündeten![243]

Beide Briefe blieben ohne Antwort. Über Vermittlung von Frau Gerta Breyne, einer Dame der Berliner Gesellschaft, erfuhr Messner, daß der zuständige Referent Herr Lukaschik meinte, in dieser Angelenheit

schwer etwas Rettendes unternehmen zu können, da es sich offenbar um einen Kriegszustand mit Dr. Reitter handle, für den weder das Ministerium noch die Reichsmusikkammer zuständig seien[244]. Trotzdem sandte Messner sogleich ein ausführliches Schreiben an Lukaschik, in dem er noch einmal Dr. Reitters Einfluß auf das Salzburger Kulturleben hervorstrich[245]. Der Sommer kam heran, ohne daß sich die Situation geändert hätte: Es gab also keine Domkonzerte, doch in der Stiftskirche St. Peter dirigierte Zallinger zwei Konzerte geistlicher Musik mit Mozarts „Messe in c" und dem „Requiem". Messner ließ nicht locker. Im November teilte ihm Frau Breyne mit, daß der zuständige Referent Lukaschik versetzt worden sei und sein Nachfolger Dr. Goslich sich erst einarbeiten müsse; dieser Herr meinte aber, daß Messners Sache in Berlin gut stünde, da er als Künstler ein hohes Ansehen habe[246]. Auch im Sommer 1940 trat keine Änderung ein. Im Herbst erhielt Messner einen Brief vom Reichspropagandaamt Salzburg, unterschrieben vom Kulturreferenten Dr. Karl Windischbauer: Sehr geehrter Herr Professor! Auf besondere Veranlassung und Ersuchen des Landesleiters der Reichsmusikkammer, Herrn Prof. Franz Sauer[247], möchte ich hinsichtlich des derzeit gegebenen Standes Ihrer Angelegenheit mitteilen, dass es zwar vorläufig aus hier nicht näher zu erörternden Gründen nicht möglich ist, Herrn Professor bei Veranstaltungen der Partei oder des Staates in einer Ihrer künstlerischen Leistung gemässen Weise als Mitwirkenden zu verwenden und auch gebührend herauszustellen; doch sind andererseits gegen Ihre künstlerische Tätigkeit keinerlei Einwendungen zu machen. Es steht Ihnen, Herr Professor, selbstverständlich in jeder Weise frei, Ihren Beruf und Ihre künstlerische Tätigkeit nach wie vor auszuüben und Herr Professor können gewiss sein, dass Ihrem ausserordentlich künstlerischem Schaffen gebührende Anerkennung gezollt wird. – Ich glaube wohl annehmen zu dürfen, dass es im Verlauf der Zeit und späterhin auch möglich sein wird, Herrn Professor bei offiziellen Anlässen und Veranstaltungen einzusetzen. Jedoch halte ich es in der gegebenen Lage für das Beste, davon abzusehen, eine in jeder Weise präzise Stellungnahme erreichen zu wollen. – Die abgegebenen Meinungen und Gutachten sind teilweise so widersprechend, dass es kaum leicht sein dürfte, eine durchaus klare und eindeutige Entscheidung herbeizuführen. – Im Übrigen seien Sie versichert, sehr geehrter

Herr Professor, dass wir Ihr künstlerisches Können dankbar und bewundernd zu schätzen wissen. Heil Hitler![248] Aus der Antwort Messners, die auf der Rückseite dieses Briefes erhalten ist, geht hervor, daß ihn private Feinde in Mißkredit gebracht hatten (*private Äusserungen einer mir persönlich nicht Gutgesinnten*). *Aber ich gebe mich der Hoffnung hin, daß die Zeit auch in diese meine Angelegenheit Klarheit bringen wird. Inzwischen will ich – nach wie vor – alle meine Kräfte in den Dienst unserer deutschen Musik stellen! Heil Hitler!*[249]

Um das für Messner leidige Kapitel „Domkonzerte" abzuschließen, seien noch drei Briefe erwähnt. Am 29. März 1941 schrieb Dr. Windischbauer an Messner: *Im Auftrage des Gauleiters teile ich mit, dass die im Mozart-Jahr 1941 veranstalteten Domkonzerte in das Gesamtjahresprogramm aufzunehmen sind und bitte Sie deshalb, Ihre Programmeldung möglichst sofort an den Leiter des Konzertamtes, Herrn Direktor Dr. Preussner, zu übermitteln. Ferner gebe ich Ihnen zur Kenntnis, dass – laut Verfügung des Gauleiters – alle nunmehr in Kirchenräumen, bezw. vom Domchor veranstalteten Kirchenkonzerte* öffentliche *Konzerte sind, welche in jeder Hinsicht wie öffentliche Konzerte behandelt werden und den darüber bestehenden Vorschriften unterliegen. Die Geistlichkeit hat auf diese Art auf Kirchenkonzerte keinerlei Einfluss. Ausgenommen ist nur jene Art von Musik und Chorgesang, welche liturgische Handlungen begleitet. Heil Hitler!*[250] Der Domkapellmeister beantwortete Windischbauers Schreiben am 26. April, nachdem er das Programm an Dr. Preussner abgeschickt hatte, bat aber um eine Abänderung des Vorschlages von drei Konzerten. Mit Rücksicht auf die beschränkte Probezeit wolle er nur ein einziges Domkonzert mit dem Mozart-Requiem leiten[251]. Kaum drei Wochen später schickte Messner einen Brief an Dr. Friedrich Rainer, Reichsstatthalter und Gauleiter in Salzburg, in dem er schreibt: *Am 10. Mai teilte Herr Dr. Preußner mir mit, daß nicht er für das Programm der Festspiele maßgebend sei, sondern nur die Leitung der Festspiele, d. i. Baron Puthon. Ich besprach mich sofort mit Baron Puthon, der seinerseits einen schriftlichen Auftrag von Dr. Preussner verlangte, daß die Aufnahme des Mozartschen Requiems unter meiner Leitung in Ordnung gehe, worauf Dr. Preussner sich wieder auf das kulturpolitische Amt der Gauleitung berief und darauf verwies, daß Regierungspräsident Dr. Reitter keine Domkonzerte wünschte. Angeblich habe Baron Puthon* auch Rücksprache mit Dr. Windischbauer gehalten und keine definitive Antwort erhalten. Aus dem Verhalten der zuständigen Persönlichkeiten muß ich erkennen, daß meine Mitwirkung bei den Festspielen nicht erwünscht sei und ich daher auch bei den heurigen Festspielen auf eine Mitwirkung verzichten muß. Es hat mich sehr befremdet, daß der Leiter des Konzertamtes mich als Mitglied dieses Amtes gerade zu dieser für mich als Vertreter der Kirchenmusik wichtigen Arbeitstagung nicht eingeladen hat; dies möchte ich Herrn Gauleiter besonders zur Kenntnis bringen. Leider muß ich neuerdings erkennen, daß meine künstlerische Mitarbeit am Aufbau unserer Ostmark heute nicht mehr erwünscht ist, während die Nationalsozialisten in der illegalen Zeit sich oft und gerne meiner Person bedient haben. Herrn Gauleiter bitte ich ob dieses aufklärenden Schreibens nicht ungehalten zu sein und zeichne mit Heil Hitler!*[252] – Während der Festspiele dirigierte Zallinger in St. Peter wiederum die C-moll-Messe. Es war das letzte Mal, daß bei den Salzburger Festspielen während der Kriegsjahre geistliche Musik in einer Kirche erklang.

Wenngleich Messners Stellung als Dirigent bei den Salzburger Festspielen umstritten blieb, konnte man ihn als Künstler nicht übersehen. Im Oktober 1940 wurde er als Vertreter der Ostmark zur „Arbeitstagung der Fachschaft Komponisten in der Reichsmusikkammer" auf Schloß Burg an der Wupper eingeladen. *Unter den Tonschöpfern sah man den markanten Kopf des Barons von Rezniczek, ferner bemerkte man Kurt Thomas, Hermann Unger, Höller, Hessenberg, Gerster, Meßner, Künnecke und andere. Hans Pfitzner und Franz Lehar konnten zu ihrem Bedauern nicht kommen, sie hatten um so herzlicher geschrieben*[253]. Unter den Ehrengästen befand sich auch Generalintendant Dr. Heinz Drewes, der die Abteilung Musik im Reichsministerium für Volksaufklärung und Propaganda leitete. Anläßlich dieser Tagung fand im nahen Remscheid ein Konzert mit Werken zeitgenössischer Komponisten statt, das mit Messners „Sinfonischer Festmusik" eingeleitet wurde. – Am 27. Februar 1941 (Messners Geburtstag!) schrieb in Salzburg Dr. Preußner folgenden Brief an Messner: *Laut Anordnung des Gauleiters wird im Rahmen der Stiftung Mozarteum ein neues Konzertamt eingerichtet, zu dessen Leiter der Unterzeichnete bestimmt wurde. Im Einverständnis mit dem Präsidenten der Stiftung Mozarteum, Herrn*

Regierungspräsident Dr. Albert Reitter, berufe ich Sie als ständiges Mitglied in das Konzertamt. Ich bitte Sie, mir möglichst bald mitzuteilen, dass Sie die Berufung annehmen. Gleichzeitig lade ich Sie zur Gründungsversammlung des Konzertamtes auf Donnerstag, den 6. März 16 Uhr im Präsidium der Stiftung Mozarteum ein. Bei der Wichtigkeit der ersten Beratung rechne ich bestimmt mit Ihrer Erscheinung. Heil Hitler![254] Der oben zitierte Brief Messners bezüglich eines Festspielkonzertes im Sommer 1941 läßt allerdings vermuten, daß die Berufung des Domkapellmeisters in das Konzertamt nur ein Akt der Höflichkeit war.

Die nächste offizielle Einladung an Messner betraf ihn als Preisrichter beim Orgel-Wettbewerb des Reichsgaues Oberdonau, der am 14. September 1941 auf der Bruckner-Orgel in St. Florian ausgetragen wurde. Die künstlerische Oberleitung hatte der Münchener Professor Joseph Haas inne, als weitere Juroren waren Professor Johann Nepomuk David[255] aus Leipzig und Hofrat Professor Max Springer aus Wien berufen worden. Die „Volksstimme Linz" berichtete

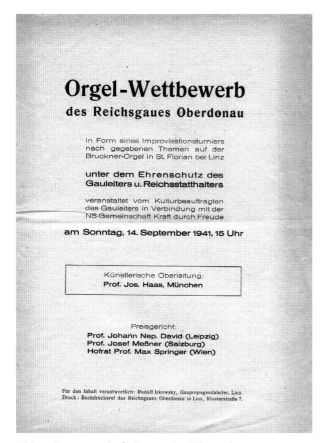

Abb. 44 Programmheft des Orgelwettbewerbs 1941

am 15. September über den Wettbewerb: *Gestern fand in St. Florian in Gegenwart des Gauleiters und des Stellvertretenden Gauleiters der Orgel=Wettbewerb von Oberdonau statt, der im ganzen Reich größtem Interesse begegnet. Die Veranstaltung war gut besucht und das Publikum nahm stärksten Anteil an der Durchführung des Wettbewerbes. Abends nahm dann im Landhause nach einer einleitenden Rede des Leiters des Reichspropagandaamtes Pg. Irkowsky und des Vorsitzenden des Preisgerichtes Professor Haas der Gauleiter die Preisverteilung vor. Einen Ersten Preis mit dem Titel Gausieger erhielt mit 166 Punkten Hermann Kronsteiner. Den zweiten Ersten Preis erhielt Dr. Georg Pirkmeyer vom Brucknerkonservatorium mit 160 Punkten, den dritten Ersten Preis erhielt Professor Ludwig Daxsperger mit 149 Punkten. Zwei zweite Preise fielen an Direktor Adolf Trittinger mit 148 Punkten und an Josef Kronsteiner mit 145 Punkten. Ein dritter Preis wurde an Martin Ritschel mit 108 Punkten verliehen. Es ist interessant, daß die beiden Kronsteiner und Ritschel zu den unbekannten Begabungen rechnen, die drei übrigen sind Konzertorganisten. Die Gruppe Komponisten fiel gänzlich aus*[256]. Messner erzählte des öfteren, wie sehr er sich damals freute, daß mit den Brüdern Kronsteiner zwei junge Priester unter den Preisträgern waren.

Eigene Orgelkonzerte zu geben oder als Organist in Konzerten mitzuwirken, war in diesen Jahren schwierig. Messner spielte im Juni 1939 in Würzburg, im Mai 1942 in Regensburg und im September 1943 in Baden-Baden. Sonst aber hörte man ihn fast nur im Salzburger Dom in den Gottesdiensten und bei den täglichen Orgelvorführungen für Angehörige der deutschen Wehrmacht[257]. Die „Orgelmusik im Dom von Salzburg" war manchen Zeitungen im Reich einen Bericht wert. Im „Würzburger General Anzeiger" vom 23. Juni 1939 war zum Beispiel folgender Artikel zu lesen: *Während der warmen Sommerszeit finden alltäglich mittags und abends im architektonisch herrlichen Dome zu Salzburg „Orgel-Konzerte" statt, die in ihrer stilistischen und musikalischen Wertstellung eine nicht hoch genug einzuschätzende Kulturaufgabe erfüllen. Zwei bedeutende Meister des Orgelspiels stehen dazu bereit: Domkapellmeister Prof. Joseph Meßner und Domorganist Prof. Franz Sauer, die jederzeit bestrebt sind, eine progressive Ueberschau der gesamten alten und neuen Orgelliteratur zu bieten. Dabei brin-*

gen sie all die Schönheiten der wundervollen Salzburger Domorgel zu voller Geltung und schließen den einzelnen Werken noch eine freie „Improvisation" an, in der sie Gelegenheit nehmen, alle manuellen Klangwirkungen zu entfalten. Auf diesem Gebiete sind die beiden genannten Vorführenden wahre Meister der Erfindung und Gestaltung! Aus einem noch so unscheinbaren Thema bringen sie es fertig, eine wundersam entwickelte, polyphon feindurchdachte Durchführung aufzubauen, in deren Struktur sämtliche Registrierungs=Differenzierungen zur ohrfälligen Darstellung gelangen[258].

Als Komponist war Messner mit seinen weltlichen Werken zu wiederholten Malen in den Konzertsälen präsent, nicht nur in den Wochen um seinen 50. Geburtstag. Die Orchesterfassung seiner „Symphonischen Festmusik" erklang unter anderem in Danzig, Wien und Salzburg. Der Reichssender München übertrug 1940 die Uraufführung seiner Komposition für Frauenchor und Orchester mit dem Titel „Der Himmel hängt voller Geigen" (op. 48); der dem Werk zugrundeliegende Text aus „Des Knaben Wunderhorn" war be-

reits von Gustav Mahler in der IV. Symphonie vertont worden. Messner hat dieses heitere Werk ausdrücklich Eva Klemens gewidmet, viele andere Kompositionen sind im Autograph mit dem Kürzel „MGfE" („Mit Gott für Eva") versehen. – Im Jahr 1940 entstand außer einem „Impromptu" für Bläser die heitere „Salzburger Suite"(op. 51). Angeregt durch Verse eines ungenannten Verfassers stellt dieses Werk als musikalischer Reiseführer die Festung Hohensalzburg, die Hellbrunner Wasserspiele, den Friedhof von Sankt Peter, die Untersberger Zwerge und den Salzburger Dom vor, wobei der Komponist Werke von Hofhaymer, Eberlin, W. A. Mozart, M. Haydn, Messner und Sompek zitiert[259]. Die „Suite" sollte 1941 im Wiener und Münchener Sender aufgeführt und später vom Sender Hilversum übertragen werden, doch fielen alle Vorhaben den kriegsbedingten Programmumstellungen zum Opfer[260]. Drei Sätze dieser Komposition erklangen damals nur einmal in privatem Kreis[261]; die erste öffentliche Aufführung des Werkes kam erst im November 1948 im Wiener Konzerthaus unter Professor Rudolf Nilius zustande. In den frühen 1960er Jahren hatte der Komponist die Absicht, die „Salzburger Suite" mit einem Drehbuch des Linzer Schriftstellers Carl Hans Watzinger für einen Fernsehfilm des Österreichischen Rundfunks aufzubereiten; das Vorhaben wurde jedoch nicht verwirklicht.

In Essen fand am 14. Dezember 1941 im Beisein des Komponisten die Uraufführung der „Fröhlichen Weisheit" (op. 49) statt, für die Messner sieben Gedichte von Wilhelm Busch zu einem Liederzyklus für Mezzosopran und Männerchor vereint hatte. Auf eine Anregung der Wiener Philharmoniker hin komponierte Messner ein Bläserquintett, das am 29. November 1942 im Wiener Konzerthaus uraufgeführt wurde. Einige Wochen vorher war am 25. Oktober in Essen zum ersten Mal sein „Rondo giocoso" (op. 54)[262] erklungen. Auch dieses Werk erfreute sich rasch großer Beliebtheit; am 25. März 1943 wurde es zum Beispiel im Concertgebouw Amsterdam gespielt. An heiteren Kompositionen entstanden noch einige kleinere Chorwerke nach Texten aus dem „Wunderhorn", weiters nach Gedichten von Wilhelm Busch und Leo Maasfeld. Zwei ernste Textvorlagen, eine aus der Feder des deutschen Arbeiterdichters Heinrich Lersch, die andere aus des Biedermeierpoeten Johann Nepomuk Vogl, inspirierten Messner zu den Chorwerken „Schicksal der Deutschen" (op. 56) und „Deutschlands Ehre" (op. 58)[263].

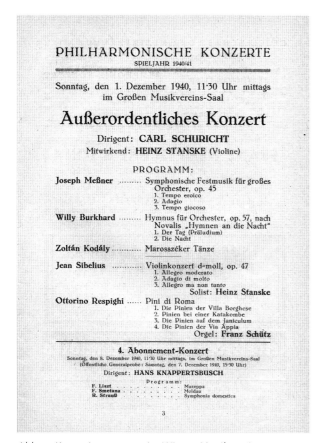

Abb. 45 Konzertprogramm im Wiener Musikverein, 1940

Abb. 46 Unbekannt: Hl. Cäcilia, Patronin der Musik. Gemälde, 19. Jahrhundert, aus dem Besitz von Joseph Messner

Eine besondere Gruppe von weltlichen Kompositionen stärkte Messners Ansehen sogar bei den Machthabern in Salzburg: es waren seine Fanfaren. Drei große Fanfaren entstanden allein im Jahr 1941[264]. Am 24. September ehrte die Stadt Salzburg in einer imposanten Veranstaltung den Arzt Theophrastus Bombastus von Hohenheim (genannt Paracelsus), der auf den Tag genau 400 Jahren zuvor in Salzburg verstorben war. Für die „Paracelsus"-Fanfare verwendete Messner ein Motiv von Paul Hofhaymer, einem Zeitgenossen des berühmten Heilkünstlers. – Als melodische Grundlage der nächsten Fanfare wählte Messner das alte österreichische Lied vom edlen Ritter Prinz Eugen[265], der in der Schlacht bei Belgrad die Türken bezwungen hatte. Der „Prinz-Eugen-Kampfruf" war das Auftragswerk für eine Totenfeier am 9. November zu Ehren von Ingo Ruetz, dem Kommandanten der Gauschulungsburg Hohenwerfen; Ruetz war im Jugoslawien-Feldzug gefallen. Auf Wunsch des Gauleiters Dr. Rainer wurde der Name des Komponisten nicht genannt, die Zuhörer wußten aber sofort, daß die Fanfare nur vom Salzburger Domkapellmeister stammen konnte. Nach Kriegsende brachte dieses Werk seinen Schöpfer in Schwierigkeiten mit der amerikanischen Besatzungsmacht, da einige Musikerkollegen Messner als Parteimitglied bezichtigt hatten. Er konnte jedoch nachweisen, daß er im Jahr 1941 vor der Annahme des heiklen Auftrages sowohl Fürsterzbischof Dr. Waitz als auch Landeshauptmann Rehrl um Rat gefragt hatte[266]. Rehrl hatte ihm damals zur Annahme des Kompositionsauftrages geraten und gemeint: *Ja freilich machens Sie's. Die können doch nit wegen einer Fanfare zum Schuasta gehen, wo Sie das am besten können*[267]. – Die dritte Fanfare entstand anläßlich der 150. Wiederkehr von Mozarts Todestag. Für den Festakt auf dem Mozartplatz komponierte Messner die „Große Mozart-Fanfare", und zwar unter Verwendung des „Tuba mirum" und des „Lacrimosa" aus dem „Requiem". Das „Salzburger Volksblatt" berichtete am 6. Dezember 1941: *Zu der Feier der Kranzniederlegung am Mozartdenkmale um 12.30 Uhr hatte sich außer den Vertretern von Partei und Staat, den Gliederungen und Verbänden und der Jugend die Bevölkerung zahlreich auf dem mit Fahnen geschmückten Platz rings um das Mozartdenkmal eingefunden. Den kraftvollen Auftakt zu der lichten Feierstunde gab, Schönheit in Kampf und Sieg kündend, eine „Mozart= Fanfare", dirigiert von dem Komponisten Professor Meßner, der die Fanfare für die Feier komponiert hatte. Sie erklang hier zum erstenmal. Nach dieser musikalischen Einleitung sprach Gauleiter und Reichsstatthalter Dr. Scheel. [...] Es folgte dann zu den Klängen des Ave verum – das Mozart kurz vor seinem Tod geschrieben hatte und das nun aus dem Dom auf den Platz übertragen wurde, – die Niederlegung der Kränze des Gauleiters und Reichsstatthalters Dr. Scheel, des Regierungspräsidenten Dr. Reitter und des Oberbürgermeisters Giger. In Glockengeläute klang die Feier aus*[268]. Für die Bläsergruppe hatte Messner Musiker aus Salzburg und München engagiert.

Messners 50. Geburtstag am 27. Februar 1943 war Anlaß für zahlreiche Gratulationen. Drei ganz unterschiedliche Schriftstücke seien zu diesem Gedenktag zitiert. Aus Berlin traf ein Telegramm folgenden Inhaltes ein: IN WUERDIGUNG DER VIELFAELTIGEN VERDIENSTE DIE SIE SICH IN DEN BEREICHEN KUENSTLERISCHEN SCHAFFENS UND NACHSCHAFFENS UM DAS DEUTSCHE MUSIKLEBEN DER GEGENWART ERWORBEN HABEN BEGLUECKWUENSCHE ICH SIE ZU IHREM EHRENTAG AUFS HERZLICHSTE = DER PRAESIDENT DER REICHSMUSIKKAMMER DR PETER RAABE[269]. – Aus Salzburg erhielt Messner den folgenden Brief: *Hochw. Hr. Domkapellmeister! Zur Vollendung Deines 50. Jahres herzliche Gratulation. Dein Leben ist mit viel Arbeit u. Erfolg, aber auch mit viel Hemmung und Verkennung erfüllt. Wohl überwindet Dein starker Wille vieles, doch lässt dieser Kampf Spuren in Deiner Gesundheit zurück. Möge der Herr Dir noch mehrere Jahrzehnte in ungebrochener Kraft schenken zur Verherrlichung seines Namens, zur Verschönerung unserer Liturgie, zur Freude Deines goldenen Mütterleins u. zur Bereicherung der kirchenmusikalischen Literatur. Noch darf Deine Muse nicht ruhen, auch die Konzepte des Künstlers haben bleibenden Wert. Bist Du auch als „lebender Zögling" täglich in mein Memento eingeschlossen, so soll doch am 22. ds. ein ausdrückliches Gedenken im hl. Opfer mithelfen, Deine Zukunft im Sinne der göttlichen Vorsehung glücklich zu gestalten. Dein treuer Präfekt von einst A. Lungkofler*[270]. – Der Jubilar selbst schickte ein Dankschreiben an den Domchor: *Meine Damen und Herren! Sie haben mich anlässlich meines fünfzigsten Geburtstages mit Geschenken und Wünschen aller Art überhäuft und geehrt und damit gezeigt, wie sehr Sie sich alle mit mir verbunden fühlen. Ich danke*

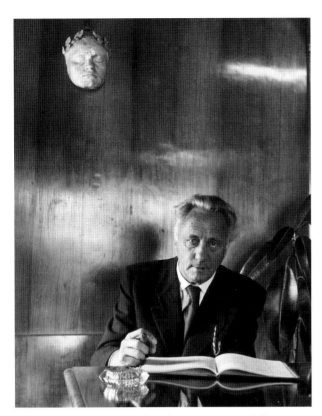

Abb. 47 Messner am Schreibtisch, im Hintergrund die Beethoven-Totenmaske, die er zu seinem 50. Geburtstag geschenkt bekommen hatte

Ihnen herzlich für die erwiesene Liebe und Anhänglichkeit und verspreche Ihnen, gerne, meine Kräfte auch in Zukunft „meinem Domchor" zu widmen, bitte aber alle Damen und Herren auch ferner um ihre getreue Gefolgschaft, auf dass unser Domchor weiterhin, der traditionellen Stätte entsprechend, ruhmreich bestehe. Herzlich grüsst Sie alle: Der Domkapellmeister[271].

Noch einmal bekam Messner einen offiziellen Kompositionsauftrag, und zwar sollte er die Bühnenmusik zu „Wallensteins Lager" schreiben. Für den 31. Oktober 1943 war als „einmalige Großveranstaltung der Wehrmacht"eineFreilichtaufführungdesSchiller'schen Stücks auf dem Kapitelplatz in Salzburg angesetzt. Das Spiel, in dem 800 Personen mitwirkten, begann um 18 Uhr; ein Scheinwerfer strahlte die Festung im Hintergrund an. Wieder war eine Fanfare gewünscht, weiters zwei Lieder und ein Tanz; die Bühnenmusik ist verschollen[272]. – Aus einem im Nachlaß erhaltenen amtlichen Schriftstück – einer Strafverfügung – erfährt man, unter welch schwierigen Bedingungen Messner damals arbeitete: *Messner Josef, Musikpro-*

fessor in St. Jakob am Thurn Nr. 39, hat am 31.10.1943 um 20 Uhr 30 in Salzburg das Fahrrad nicht verdunkelt und dadurch eine Übertretung nach § 2 d. Verd. Vdg. begangen. Gemäß § 9 LSG wird gegen den Genannten in Anwendung des § 47 des Verwaltungsstrafgesetzes mittels dieser Strafverfügung eine Geldstrafe von RM 20,– verhängt. Im Falle der Uneinbringlichkeit der Geldstrafe tritt an deren Stelle Arrest in Dauer von 3 Tagen[273]. Schon bald nach Kriegsbeginn war Messners Privatauto beschlagnahmt worden. Er bekam es zwar wieder zurück, durfte es jedoch nicht mehr benützen, sodaß er die Wegstrecke von St. Jakob in die Stadt Salzburg und wieder zurück teils zu Fuß, teils mit dem Autobus oder mit der Eisenbahn zurücklegen mußte. Als auch die öffentlichen Verkehrsmittel ausfielen, fuhr Messner mit dem Fahrrad hin und her, so auch am 31. Oktober nach der Aufführung des Theaterstücks. Trotz der mühevollen Wege hielt er seine Termine pünktlich ein. Da er vom Regen oder Schnee oft völlig durchnäßt in der Stadt ankam, hatte er im Zimmer seiner früheren Wirtschafterin Marie trockene Kleider zum Wechseln deponiert.

Zu den Mühen des Alltags kamen private Ereignisse, die Messner schmerzten. Am 16. März 1944 starb seine geliebte Mutter im 80. Lebensjahr; Joseph zelebrierte in der Schwazer Stadtpfarrkirche die Seelenmesse für sie. Am 29. März starb in Salzburg Messners Förderer, der Domherr Ludwig Angelberger. In der Familie Messner war einige Monate später ein weiterer Todesfall zu beklagen: Neffe Hans, der ältere Sohn Jakob Messners, wurde in Jugoslawien ein Opfer des Krieges.

So wie schon vor dem Krieg hatte sich Messner auch während der letzten Jahre bemüht, eine Aufführung seiner großen Kompositionen – der Chorsymphonie und der Opern – zu erreichen. Wilhelm Furtwängler erbat sich die „Vier letzten Dinge" zur Durchsicht, lobte das Werk, konnte es aber nicht mehr in sein Konzertprogramm aufnehmen[274]. Im Mai 1944 erhielt Messner endlich eine Mitteilung des Reichsdramaturgen, derzufolge gegen eine Aufführung seiner Oper „Der Engel von Augsburg" („Agnes Bernauer") kein Bedenken bestand. Sollte endlich ein Bühnenerfolg winken? Als der Komponist im Jahr 1968 von einer belgischen Germanistikstudentin, die sich mit dem Agnes-Bernauer-Stoff beschäftigte, über seine Oper gefragt wurde, schrieb er ihr folgendes: *Ich habe*

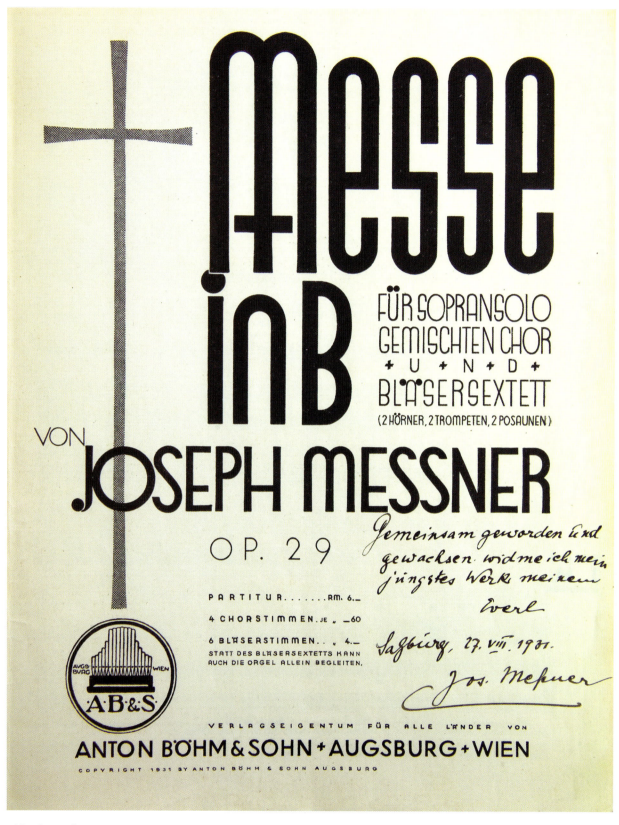

Abb. 48 Joseph Messner: Messe in B, op. 29, 1931. Salzburg Museum, Messner Nachlaß

Abb. 49 E. Tony Angerer: Bildnis Joseph Messner, 1931. Öl auf Leinwand, 105 x 80 cm. Salzburg Museum, Inv.-Nr. 23/68

die Oper im Jahre 1933–1935 komponiert und zwar nach der gleichnamigen Dichtung von Friedrich Hebbel, die der Salzburger Karl Neumayr als Operntext einrichtete. Im Jahre 1943 wurde das Werk vom Intendanten Willi Hanke und dem Generalmusikdirektor Max Dressel für die Staatsoper in Nürnberg zur Uraufführung angenommen: wie mir beide Herren wiederholt mitteilten, hat man mit großer Begeisterung an der Oper studiert. Das Werk sollte im Herbst 1944 zur Uraufführung kommen. Doch im September wurden infolge des Krieges alle deutschen Theater geschlossen: die Oper kam nicht mehr zur Aufführung. – Die Intendanz sandte mir das komplette Material nach Salzburg: es ist heute noch in meinen Händen – mit allen Einzeichnungen des Studiums. [...] Ich habe die Oper keinem Theater mehr angeboten – vielleicht erinnert sich Nürnberg noch einmal meines Werkes[275]. Nach dem Krieg fragte jedoch niemand mehr nach Messners Oper, weil mittlerweile Carl Orffs „Bernauerin" (1947) die Aufmerksamkeit der Theaterdirektoren auf sich zog.

Obwohl Messner mit seinen Bühnenwerken bisher nie den ersehnten Erfolg gehabt hatte, arbeitete er noch einmal an einer Oper. Sie sollte mit einem Baß-Buffo als Hauptfigur einen heiteren Charakter haben und „Das Dorf der schönen Frauen" heißen. Messner hatte sich bei der Suche nach einem geeigneten Sujet an eine ungarische Sage erinnert, die davon erzählt, wie die Frauen eines von Männern verlassenen Dorfes zu neuen Liebhabern kommen wollen, indem sie vorgeben, alle von großer körperlicher Schönheit zu sein. In Wien hatte Messner im Herbst 1942 nach der Uraufführung seines Bläserquintetts mit der Schriftstellerin Luise G. Bachmann[276] über den Opernstoff gesprochen und sie als Librettistin gewonnen. Seine Beschäftigung mit dem Bühnenwerk verzögerte sich nach der Komposition des ersten Bildes, da sich andere Aufgaben dazwischenschoben, auch wünschte Messner einige Änderungen im Text. Im Lauf des Jahres 1944 skizzierte er noch einzelne Szenen, dann beendeten äußere Ereignisse die Arbeit an dieser Oper. Schon bei einem der ersten Bombenangriffe auf die Stadt Salzburg mußte die hier mit ihrer Mutter lebende Schriftstellerin evakuiert werden. Als ihr Wohnhaus kurz vor Kriegsende total zerstört wurde, riß die Verbindung zum Komponisten für mehrere Jahre ab, und das Werk blieb als Torso zurück[277].

Messners wiederholte Beschäftigung mit heiteren Themen in einer Zeit des zunehmenden Greuels und der Verwüstung mag auf den ersten Blick verwunderlich erscheinen. Oberflächlich betrachtet, blieb die Forderung offizieller Stellen[278] nach kraftvollen, freudespendenen Kunstwerken zwar nicht ohne Einfluß auf ihn (er lebte ja auch von seinen Kompositionen), im Grunde aber konnte Messner die Kümmernisse und das Leid der Kriegsjahre nur ertragen, indem er sich von Zeit zu Zeit in eine imaginäre Welt zurückzog, die frei von Schrecknissen war.

Sein Amt als Salzburger Domkapellmeister war in diesen Jahren von massiven Einschränkungen und Schwierigkeiten geprägt. Die Aufzeichnungen der Dommusik über die Gottesdienstgestaltung der Sonntage – kirchliche Feiertage während der Woche mußten entfallen – weisen hauptsächlich Orgelmessen und A-capella-Stücke aus dem langjährigen Repertoire des Domchores auf. Je länger der Krieg dauerte, umso weniger war an ein regelmäßiges Proben zu denken; viele Sänger konnten oder wollten nicht mehr kommen, der Domchor hatte kein Probelokal mehr, der Dommusikverein war aufgelöst worden (wodurch ein Teil von Messners Gehalt wegfiel), es fehlte am Geld. Die Musiker waren nun, soweit sie nicht Kriegsdienste leisteten, im „Salzburger Landesorchester" vereinigt und mußten zu den öffentlichen Veranstaltungen in Stadt und Land aufspielen. Als Fürsterzbischof Dr. Sigismund Waitz am 30. Oktober 1941 im 78. Lebensjahr verstarb, war es Messner nicht mehr möglich, sich mit dem Mozart-Requiem von seinem Dienstherrn zu verabschieden, denn die einsetzbaren Musiker reichten nur für das „Posaunen-Requiem" von Ignaz Mitterer aus. In kleiner Besetzung führte er im November 1941 Kompositionen von Leopold und W. A. Mozart anläßlich des „Salzburger Hausmusiktags" im Dom auf, desgleichen einige Werke alter Salzburger Meister in einer „Lob-Gottes-Stunde" am 16. August 1942 in Kitzbühel.

Die Erzdiözese Salzburg blieb lange Zeit ohne geistliches Oberhaupt. Während der Sedisvakanz hatte Weihbischof Dr. Johannes Filzer ihre Leitung inne, bis endlich im Jahr 1943 Dr. Andreas Rohracher zum neuen Salzburger Fürsterzbischof bestellt wurde. Dem Domkapellmeister bereitete die festliche Inthronisation große Mühe. Über die Schwierigkeiten, Musiker für die kirchliche Feier zu engagieren, erzählte er drei Jahre später in einem Beitrag für die „Salzburger Volkszeitung" vom 9. Oktober 1946: *Als bekannt wurde, daß die Inthronisation am 10. Oktober 1943 angesetzt wäre, verlegte Gauleiter Dr. Scheel ausgerechnet auf diesen Tag die Einweihung eines Heldenhaines in Saalfelden und Propagandaleiter Dr. Wolf beorderte das ganze Mozarteumsorchester dorthin, so daß wir im Dom ohne Orchester sein sollten. Da Salzburg dem neuen Erzbischof eine festliche Inthronisationsfeier bereiten wollte, hieß es rasch handeln. Telephonische Anrufe nach Wien zu den Philharmonikern und Symphonikern blieben ergebnislos; aber der musikalische Leiter des Münchner Rundfunks sagte unverbindlich die Mitwirkung der Musiker zu. Da erlebte München am 2. Oktober den ersten großen Luftangriff, so daß alle telephonischen Verbindungen abgeschnitten waren. Am 4. Oktober fuhr ich nach München, d. h. ich mußte von Trudering zwei Stunden zu Fuß in die Stadt gehen und kam in einen neuen Luftangriff; aber meine Reise erzielte die Zusage des Rundfunks; am Freitag, den 8. Oktober fuhr ich neuerlich nach München zur Probe mit den Musikern, am Samstag abends kamen die fünfzehn Herren pünktlich in Salzburg an, im „Münchner Hof" wurden sie gastlich aufgenommen. So kam es am 10. Oktober zur herrlichsten Aufführung der Brucknerschen E-moll-Messe, die Salzburg je erlebte. Der Domchor bot eine vollendete chorische Leistung*[279]. Außer der Bruckner-Messe erklangen nur Kompositionen von Messner, und zwar das Graduale und Offertorium vom 17. Sonntag nach Pfingsten, das „Te Deum" und die „Sinfonische Festmusik" in der Fassung für Bläser und Orgel. Am Vorabend der Inthronisation war zum feierlichen Einzug in den Dom eine eigens komponierte Fanfare gespielt worden.

Während des Krieges entstanden mehrere Proprien für die Gottesdienste im Dom; oft wurden sie schon wenige Tage nach ihrer Niederschrift aufgeführt, kaum daß die Tinte getrocknet war. Am Ostersonntag des Jahres 1940 – damals waren Orchestermusiker noch leichter zu bekommen – wurden zum ersten Mal alle Teile des gewaltigen Osterpropriums aufgeführt. Dieses Werk lockt seither jedes Jahr wieder Hunderte, ja Tausende von Gläubigen in den Salzburger Dom. Wenn in der Sequenz „Victimae paschali laudes" der Tod mit dem Leben kämpft, wenn im Offertorium „Terra tremuit" tatsächlich der Boden unter den Füßen zu beben beginnt und Ferntrompeten das

Gericht Gottes ankündigen, erschauert die zuhörende Kirchengemeinde, bis endlich der Alleluja-Jubel einsetzt.

Aus dem Jahr 1941 verdient eine Motette besonderer Erwähnung, sie ist über den Text komponiert: „Da pacem, Domine, in diebus nostris, quia non est alius, qui pugnet pro nobis, nisi tu, Deus noster" – „Schenk uns Frieden, Herr, in unseren Tagen, es ist ja niemand da, der für uns stritte, wenn nicht du, unser Gott!" Auf Messners Wunsch hin wurden die Anfangstakte dieser Komposition in seine Grabplatte eingraviert.

Je länger der Krieg dauerte, umso häufiger beeinträchtigten die Luftangriffe auf die Stadt Salzburg alle öffentlichen Veranstaltungen[280], auch die Gottesdienste und Orgelvorführungen im Dom. Bei Fliegeralarm flüchteten sich die Anwesenden nach Möglichkeit in einen Luftschutzstollen im nahen Mönchsberg. Messner aber harrte jedesmal im Domarchiv neben der Westempore aus und arbeitete im Schutz eines mächtigen Pfeilers am Kopieren von Noten. So geschah es auch am 16. Oktober 1944. *An diesem Tag, ungefähr um die Mittagszeit, schrieb J. M. wieder im Archiv, als ein aus Deutschland gekommener Orgelbauer, der eben eine Reparatur des Instrumentes vornahm, aufgeregt erschien und meldete, dass bereits über Salzburg Bomben fielen. Er war es, der J. M. sofort veranlasste, sich mit ihm unter einen Gewölbepfeiler des Südturmes zwischen Archiv und Orgelchor zu begeben. In diesem Augenblick erscholl ein zischender Einschlag, der den Domkapellmeister zu dem Ausruf veranlasste: „Jetzt muss* [es] *die Hauptpost troffen haben!" Denn dieses Gebäude befindet sich in allernächster Nähe des Domes. Erst nach einer längeren Weile gingen die beiden Männer nachschauen. Es fiel ihnen sofort auf, dass das Dominnere ganz von Nebel erfüllt war, sodass sie eine besonders starke Vernebelung annahmen. Dann hörten sie auf einmal, wie jemand von unten heraufrief: „Der Messner ist ja oben! Messner, Messner!" Es waren die Stimmen von einigen Domherren, die wussten, dass der Domkapellmeister vor dem Beginn der Orgelvorführung im Archiv saß und die selbst während des Bombenangriffes in einer unterirdischen Turmkammer verweilten. Sie suchten, als sich Messner gemeldet hatte, noch den Dompfarrer Etter, der um diese Zeit in einem Beichtstuhl in einer Seitenkapelle in Kuppelnähe war. Es stellte sich heraus, dass auch Etter unverletzt aufgefunden*

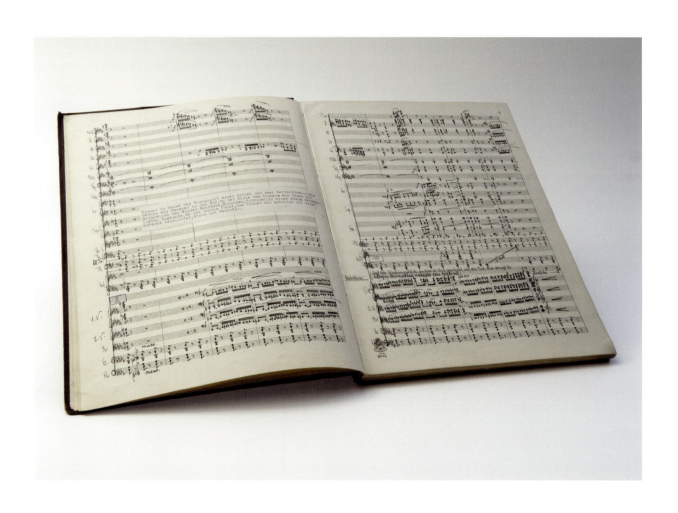

Abb. 50 Joseph Messner: Partitur der Oper „Ines", op. 35 (1933). Autograph mit eingeklebten Regieanweisungen. Salzburg Museum, Messner Nachlaß

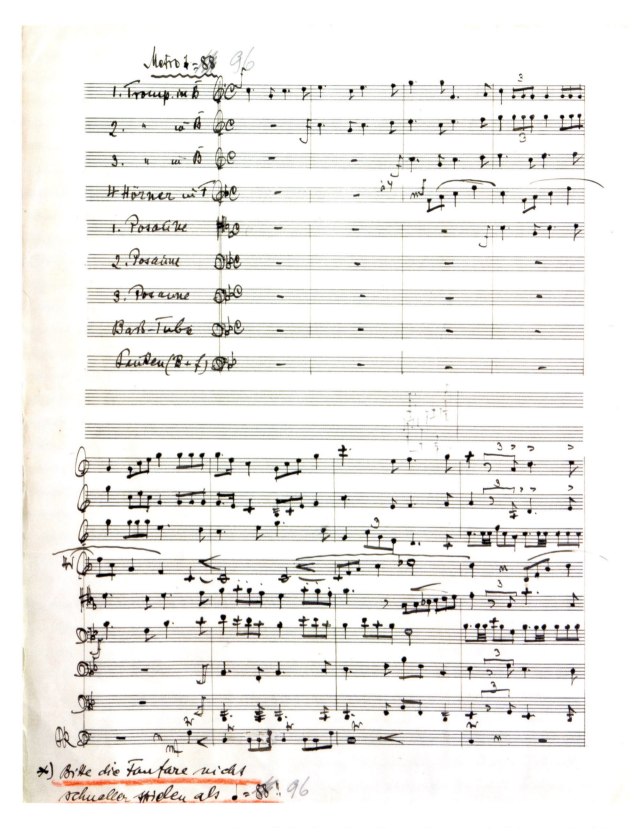

Abb. 51 Ausschnitt aus dem Autograph der Festspielfanfare (op. 55/1) mit Messners Korrekturen der Metronomzahlen. Salzburg Museum, Messner Nachlaß

Abb. 52 Der bombardierte Dom. Foto: Bruno Kerscher

wurde. Als alle Anwesenden unten im Dominneren standen, legte sich der Nebel und man konnte durch die zerstörte Kuppel den blauen Himmel sehen u. bis zum halben Dominnern lag ein Schuttberg[281]*. [...] Prof. M. wollte anschliessend per Rad heimfahren, konnte aber nicht durch die Kaigasse, weil das Kaiviertel vollkommen zerstört war. – Von diesem 16. Oktober 1944 an konnten keine Orgelvorführungen mehr stattfinden. Da der Dom völlig unbrauchbar geworden war, trat die Stiftskirche St. Peter als Ersatz an seine Stelle. Hier wurde von nun ab die Domliturgie und auch die Dommusik weiterfortgeführt; auch über das Kriegsende hinaus. Allerdings nahmen jetzt die Alarme zu und Geistlichkeit sowie Domkapellmeister und Domchor mussten oftmals mitten während der Sonntagsmesse den sogen. Mönchsbergstollen als Luftschutzkeller aufsuchen. Um die Dommusik aufrechterhalten zu können, bedurfte es der Übersiedlung des Notenmaterials, das sich noch im Domarchiv befand. Diese Übersiedlung bewerkstelligte Domkapellmeister Messner persönlich, indem er 4–5 mal mit der Notenfracht ein Handwägelchen belud und selbst bis nach St. Peter zog, weil sich kein berufener Helfer fand*[282]*.*

Die Monate bis Kriegsende nahmen an Gefahr und Schrecken zu, die Bombenangriffe auf Salzburg dauerten an. Südlich der Stadt, im nahen Aigen, wohnte der Reichsführer SS Himmler in der Villa der Familie Trapp; er ließ sich bei jedem Luftangriff mit einem eigenen Eisenbahn-Kurzzug zu einem Steinbruch fahren, wo man für die Gemeinden Haslach und St. Jakob einen Luftschutzstollen errichtet hatte. Dort suchte auch der Domkapellmeister mit seinen Hausgenossen Schutz[283]. Anfang Mai 1945 – Messner war nach einer schweren Ruhrerkrankung gerade aus dem Spital nach Hause entlassen worden – erschienen SS-Offiziere bei ihm und verlangten die Räumung seines Wohnhauses binnen 24 Stunden. *Als sie zur angegebenen Zeit wiederkehrten und das Haus noch nicht geräumt fanden, wurden sie ausfällig. Jedoch im gleichen Augenblick erfolgte ein außerordentlich schwerer Bombenangriff auf den in Sichtweite jenseits der bayrischen Grenze gelegenen Obersalzberg, bei dem Hitlers Berghof vollständig zerstört wurde. Während der pausenlosen Bombardierung von etwa 3/4 Stunden entfernten sich stillschweigend die SS-Männer. Zwei Tage später begann der Einmarsch der Amerikanischen Armee in Salzburg am 5. Mai*[284]. Noch zweimal sollte das Wohnhaus in St. Jakob beschlagnahmt werden, und zwar von amerikanischen und französischen Truppen. Messner konnte die Soldaten mit einer „Off limits"-Bestätigung und seinem Diplom als Offizier der französischen Akademie abwehren[285].

Der Neubeginn: Mozarteum-Orchester – Festspiele – Kirchenmusikseminar – „Domkonzerte" 1945 bis 1946

Gleich nach dem Einmarsch begab sich der Domkapellmeister per Rad ins Salzburger Mozarteum, wo er nur Dr. Preussner und Baron Puthon vorfand. In den folgenden Tagen meldeten sich dort laufend Musiker, Sänger, Mitglieder des Bruckner-Orchesters Linz und berühmte Solisten. Manche kamen noch in Uniform nach St. Jakob zu Messner und erhielten von ihm Zivilkleider. Das Zusammenströmen so vieler Künstler bewog J. M. zunächst, ein Orchester von 60 Mann aufzustellen, die er

Tag für Tag buchstäblich vor dem Mozarteum erwarte-te[286]. Mit diesem Klangkörper probte er voll Zuversicht und Energie. Bereits im Juni konnte Messner den amerikanischen Besatzern die ersten Konzerte mit einem erstaunlich vielfältigen Programm anbieten: Am 20. Juni spielte das neue Mozarteum-Orchester unter seiner Leitung in Traunstein Mozarts „Kleine Nachtmusik", Bizets „Arlésienne-Suite", Beethovens 3. Leonoren-Ouverture und Tschaikowskys 6. Symphonie. Vier Tage später wurde dieses Programm wiederholt, nur erklang anstelle der „Arlésienne-Suite" Bruchs Violinkonzert. Am 28. Juni fand in St. Johann/Tirol ein „'Pops' Symphony Concert" statt, in dem die Sängerin Elisabeth Schwarzkopf mitwirkte. Die Soldaten hörten die „Kleine Nachtmusik", das „Alleluja" aus dem „Exsultate", Schuberts „Unvollendete", die Cavatine der Rosine aus dem „Barbier von Sevilla", den „Frühlingsstimmen-Walzer" von Johann Strauß, die Ouverture zum „Zigeunerbaron" und den „Donauwalzer"; ein Domkapellmeister, der beschwingt Walzer dirigierte, überraschte sogar die Musiker. Das Konzert wurde am 13. Juli im Salzburger Festspielhaus für die in der Stadt stationierten amerikanischen Soldaten wiederholt. Bereits eine Woche vorher hatte das einheimische Publikum die genannten Werke von Bizet, Bruch und Tschaikowsky im Mozarteum hören können. Schon am 18. Juli fand das nächste Orchesterkonzert mit einem teilweise neuen Programm statt.

Durch die Erfolge ermutigt, wagte Professor Messner mit dem Mozarteum-Orchester einen Neubeginn der Salzburger Festspiele; die Philharmoniker durften Wien ja nicht verlassen. Er unterbreitete dem Salzburger Landeshauptmann Dr. Schemel und dem Festspielpräsidenten Heinrich Puthon ein drei Wochen umfassendes Programm noch für den August 1945. Sein Plan wurde begeistert aufgenommen und sofort vom amerikanischen Hochkommissar für Österreich, General Geoffrey Keyes, unterstützt. *Prominente Solisten wohnten damals „kriegsbedingt" in Salzburgs Nähe und im Salzkammergut; Baron Puthon suchte alle persönlich auf und bat um Mitwirkung: Maria Cebotari, Elisabeth Schwarzkopf, Rosl Schwaiger, Esther Rethy, Julius Patzak, Ludwig Weber, Walter Carnuth; als Dirigenten wurden aus der Schweiz Robert Denzler und Bernhard Paumgartner, aus Waging am See GMD Eugen Jochum berufen, in Salzburg lebten damals Bertil Wetzelsberger, Felix Prohaska, Walter Ducloux und Theo*

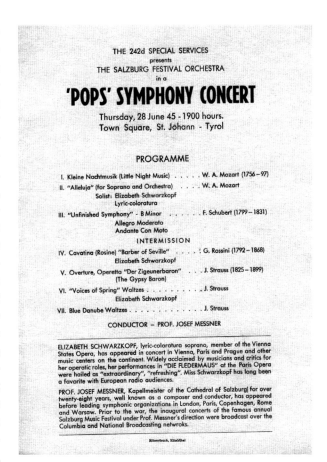

Abb. 53 Konzertprogramm vom 28. Juni 1945

Ma[c]keben, Rudolf Moralt und Dr. Robert Wagner. Als Instrumental-Solisten wirkten mit: Franz Bruckbauer, Gilbert Schuchter und der Domorganist Prof. Franz Sauer. Der Salzburger Domchor brachte unter Joseph Messner zwei Chorkonzerte (Mozarts „Requiem" und „Krönungsmesse", Pergolesis „Stabat mater"). Als einzige Oper stand Mozarts „Entführung aus dem Serail" am Programm, zwei Konzerte bestritten die Wiener Sängerknaben, die damals in der Nord-Steiermark lebten. Als einziges Schauspiel veranstaltete das Landestheater „Tor und Tod" von H. v. Hofmannsthal mit Frieda Richard, Albin Skoda und A. Trojan. Fünf Orchesterkonzerte und fünf Serenaden ergänzten das Programm[287]. Zusätzlich fanden sechs „Österreichische Abende" und ein Solistenkonzert statt. Da die Veranstaltungen auch von Zivilpersonen besucht werden durften, waren sie alle ausverkauft.

Messner dirigierte im Lauf der nächsten Monate weitere Orchesterkonzerte mit dem Mozarteum-Orchester und verhalf damit vielen Musikern und ihren

Abb. 54 Joseph Messner: Bläser-Quintett in Ges, op. 57 (1942), geschrieben für ein Bläser-Quintett der Wiener Philharmoniker. Autograph. Salzburg Museum, Nachlaß Messner

Abb. 55 Ise Glaninger-Halhuber: Porträtbüste Joseph Messner, 1963. Patinierter Gips, H. 40 cm. Salzburg Museum, Inv.-Nr. 1171/82

Familien zu einer sicheren Existenz. Es gab kaum eine musikalische Veranstaltung in Salzburg, an der er nicht mitwirkte. In der Felsenreitschule fand ein „Festabend" vom Bund antifaschistischer Künstler statt, im Festspielhaus die Veranstaltung „Künstler für den Salzburger Dom", dann eine Gelöbnisfeier für Angehörige der Polizeidirektion; überall war Messner am Werk. Anfang Dezember gastierte er mit dem Mozarteum-Orchester an drei Abenden mit Werken von Mozart, Händel, Haydn und Bach im Innsbrucker Landhaus, wo einheimische Zuhörer und französische Besatzungssoldaten den Musikern aus Salzburg reichen Beifall spendeten. Die amerikanische „Regenbogen-Division" hatte den Dirigenten Messner bereits im November in einem langen Zeitungsinterview für die „Rainbow Reveille" gewürdigt und sich über sein unkompliziertes, aufgeschlossenes Wesen gefreut[288].

Im Herbst 1945 verwirklichte Messner nach einem Gespräch mit Herrn Dr. Paumgartner ein weiteres großes Projekt. Er richtete am Mozarteum für interessierte Studenten aus den westlichen Bundesländern ein viersemestriges Seminar für Kirchenmusik ein, weil die jungen Leute wegen der Demarkationslinien nicht zur Ausbildung nach Wien fahren konnten. Messner selbst unterrichtete vier Jahre hindurch die Fächer „Geschichte der Kirchenmusik", „Liturgisches Orgelspiel" und „Stilkunde". Prof. Franz Sauer erteilte Orgelunterricht, der Benediktinerpater DDr. Erhard Drinkwelder lehrte „Gregorianischen Choral" und „Katholische Liturgie", Prof. Johann Nepomuk David übernahm die Ausbildung der Chorleiter und Orgelbaumeister Max Dreher das Fach „Orgelbau". Messner zeigte sich in einem Beitrag für die „Salzburger Volkszeitung" zufrieden: *So ist nun Tatsache geworden, was seit Jahren angestrebt wurde: eine Kirchenmusikschule in Salzburg, als eigenes Institut angegliedert an die Musikhochschule Mozarteum; den Schülern steht die Teilnahme an den Aufführungen des Domchores zur Verfügung, sie können sich beteiligen am Choralgesang der Theologen, am Chorgesang des Domchores, an den instrumentalen Aufführungen des Mozarteum-Orchesters, so daß die Theorie sofort mit der Praxis verbunden erscheint*[289].

Die Verbindung Messners zum Mozarteum wirkte sich für die Dommusik günstig aus. Messner holte sich nämlich Studenten der Gesangs- und Instrumentalklassen in sein Ensemble und konnte die Proben fortan im Mozarteum abhalten, weil der Domchor ja kein eigenes Probelokal mehr besaß. Die Domliturgie selbst fand so lange in der Stiftskirche St. Peter statt, bis die Aufräumungsarbeiten im schwer beschädigten Dom beendet waren – allein das Wegschaffen der Schuttberge dauerte sechs Monate – und bis eine Trennwand den Kuppelraum vom intakten Langhaus abteilte.

Die Fülle der vielfältigen organisatorischen Aufgaben drängte Messners kompositorische Tätigkeit vorübergehend zurück. Noch vor Kriegsende war die 3. Symphonie abgeschlossen worden; sie erlebte ihre Uraufführung erst im Jahr 1953 in Wien. Für den liturgischen Gebrauch entstanden zwar weiterhin Proprienvertonungen, die sich zu Zyklen für bestimmte Sonn- und Feiertage zusammenfügten, zu größeren Werken fehlte es aber an Zeit und Ruhe.

Die Menschen in Österreich litten in der unmittelbaren Nachkriegszeit große Not. Viele Städte waren bombardiert worden, Hunger und Armut bedrückten die Bevölkerung, riesige Flüchtlingsströme durchzogen das Land. Unzählige Familien hatten tote, verwundete oder vermißte Angehörige zu beklagen. Zur äußeren Not kam die innere, weil sich jene Menschen, die der Ideologie des Dritten Reiches angehangen waren, nun verraten fühlten. Um dem Volk frischen Mut zu geben, wollten Staat und Kirche ein neues Österreich-Bewußtsein schaffen. Sie pflegten deshalb das religiöse und kulturelle Erbe der Heimat und begingen als Ausgleich zum mühseligen Alltag der Staatsbürger alle Fest- und Gedenktage mit großem Bedacht. Da in das Jahr 1946 die 190. Wiederkehr von Mozarts Geburtstag fiel, widmeten sich Künstler und Wissenschaftler vermehrt Mozarts Werk und seiner Person; Joseph Messner verfaßte für die „Salzburger Volkszeitung" den Artikel „Mozart, der Salzburger"[290]. In den „Salzburger Nachrichten" vom 2. Februar wiederum schrieb er über die Wesensmerkmale der österreichischen Musik[291], ein Thema, das damals wiederholt behandelt wurde[292] und für den Sammelband „Österreich – 950 Jahre" verfaßte er einen Beitrag über „Salzburg, die Musikstadt"[293]. – Im März 1946 feierten die Katholiken den 70. Geburtstag von Papst Pius XII.; bei einem Festakt im Salzburger Festspielhaus erklangen drei Kompositionen Messners („Festfanfaren", „Lobet den Herrn" und „Tu es Petrus"). Am Gründonnerstag führte der Domkapellmeister im

Mozarteum Haydns „Sieben Worte des Erlösers" auf. Am 26. April dirigierte er dort ein Festkonzert zum Jahrestag des wiedererstandenen Österreichs und ein weiteres Festkonzert am 1. Mai. Einige Tage danach wurde in Kufstein mit großer Begeisterung der 15. Jahrestag der Heldenorgelweihe begangen. Selbstverständlich war Joseph Messner zur Feier eingeladen, worüber die „Tiroler Nachrichten" vom 7. Mai 1946 folgendermaßen berichteten: *„Heute spielt der Professor Meßner, da müssen wir uns ans Fenster setzen!" riefen die Frauen am Samstag beim Einkaufen einander zu. Und so war es auch. Nur wenige stiegen die ausgetretenen Steinstufen zu der kleinen gedeckten Halle am Fuße der Festung Geroldseck empor, in deren Bürgerturm die Pfeifen dieses Rieseninstrumentes stehen, um eine kleine Gemeinde um den Spieltisch zu bilden, an dem Professor Meßner, der Domkapellmeister von Salzburg spielte. Doch überall saßen die Familien in ihrem Heim am geöffneten Fenster und lauschten in den Abend hinaus, der erfüllt war von den gewaltigen Akkorden, die eine begnadete Meisterhand erweckte*[294].

Professor Messner selbst wurde aus Anlaß seines zwanzigjährigen Dienstjubiläums als Domkapellmeister gefeiert. Zeitungen und Zeitschriften würdigten seine Person und seine Tätigkeit, so etwa die „Salzburger Nachrichten" vom 13. Juni 1946. Ihr Artikel schließt mit den Sätzen: *Von vielen bewundert, von wenigen bedankt. Wenn man nun hört, daß sich das Ausland für diesen Salzburger Künstler interessiert und ihm lockende Angebote winken, so kann man nur hoffen, daß Salzburg und damit Österreich den erfahrenen Musiker Meßner nicht verlieren mögen*[295]. Wahrscheinlich spielte der Verfasser K. E. auf Pläne Messners an, die ein halbes Jahr zuvor bereits in der Zeitung der amerikanischen Besatzungssoldaten angedeutet worden waren. In der „Rainbow Reveille" hatte nämlich der Journalist J. B. T. geschrieben: *And the Professor has reason to be interested in musical America … he did admit that plans are now being formulated for the establishment of an „American Salzburg" in some city at home. There people will be able to study and hear fine music as in Salzburg – there will be numerous schools and an annual summer festival. Professor Messner did not disclose what chamber of commerce in the States was behind the plan, but he did admit that he is to be a director of the development*[296]. – In der Beilage zur „Furche" vom 20. Juli 1946 nahm auch Luise G. Bach-mann Bezug auf eine mögliche Veränderung im Wirken Messners. Ihr Artikel „Joseph Meßner – Das Bild eines Österreichers" beginnt mit den Worten: *Wer in der Zeit von 1938 bis 1945 jenes musikalische Salzburg suchte, das vorher in der ganzen Welt einen bekannten und geachteten Namen besaß und das untrennbar mit dem Begriff österreichischer Musik verbunden ist, der fand es – freilich seltener als sonst und beinahe ein verborgenes Dasein führend – im Salzburger Dom bei Joseph Messner.* Zum Schluß heißt es: *Daß sich nunmehr auch unsere Heimat darauf besinnen wird, was sie dem Österreicher Meßner schuldet, der schon längst den Ruhm ihrer Musik im Ausland gestärkt und verbreitet hat, darf nicht mehr zweifelhaft sein. Seine Musik, die in Ausdruck und Form echt österreichisches Gepräge trägt, muß schließlich in ihrer Gesamtheit, nicht nur in Einzelwerken, wie dem geistsprühenden, tiefmusikalischen „Rondo giocoso", Allgemeingut unserer Heimat werden*[297].

Im Sommer 1946 fanden, obgleich der Dom als Aufführungsort ausfallen mußte, wieder geistliche Konzerte unter dem Titel „Domkonzerte" statt, und zwar in der als Konzertsaal adaptierten Aula academica der alten Benediktineruniversität (in Kirchenräumen waren Konzerte mit Eintrittsgebühren nunmehr untersagt). Der neugewonnene Raum erwies sich wegen seiner trockenen Akustik zwar als nicht besonders günstig, trotzdem hatten Messners Konzerte einen großen Zulauf. Das lag einerseits an den zugkräftigen Werken, andererseits an den berühmten Gesangssolisten und an Messners Persönlichkeit als Dirigent. Unter seiner Stabführung fühlten sich Sänger und Musiker sicher. Sie wirkten mit Freude mit, weil Messner von ihnen ein kreatives Musizieren erwartete, ihnen seinen Willen nicht aufdrängte, sondern sie die Werke immer wieder neu erleben ließ; sie durften ihre Phrasen aussingen und ausspielen, Schlamperei aber duldete er nicht. Auf dem Programm des Jahres 1946 standen drei Konzerte mit Messen von Schubert und Bruckner sowie Mozarts „Requiem".

Im Herbst begann erneut der Studienbetrieb am Mozarteum. Im Oktober des Vorjahres war Dr. Bernhard Paumgartner mit der Oberleitung des Konservatoriums betraut worden. Er selbst hielt sich aber noch in seinem Schweizer Exil in Lugano auf und wurde nacheinander von J. N. David, Dr. Ernst Reichert, Her-

Abb. 56 Joseph Messner, 1968

mann Schmeidel und Dr. Egon Kornauth verteten. Interne Machtkämpfe vergifteten die Atmosphäre. Monate hindurch kursierten Gerüchte über Beziehungen Paumgartners zu den italienischen Faschisten, ebenso über Verbindungen J. N. Davids und Dr. Preussners zu den Nationalsozialisten. Einige Leute vermuteten, daß der Domkapellmeister an der Kampagne gegen diese drei wichtigen Personen teilnähme, er aber wies alle Vorwürfe entschieden zurück. Wäre es jedoch damals gelungen, die Beschuldigten auszuschalten, dann wäre wahrscheinlich Messner als einziger Kandidat für den Posten eines Direktors übrig geblieben, und dann wären der Dommusikverein und das Mozarteum nach einer Jahrzehnte dauernden Trennung wieder vereint gewesen[298]. – Paumgartner wurde im November 1947 rehabilitiert. Messner selbst gehörte in den Jahren 1946/47 einer von der Salzburger Landesregierung aufgestellten „Entnazifizierungs-Kommission" an; er konnte in dieser Funktion eine Reihe verdächtiger Personen entlasten[299] und manchen zu einer neuen beruflichen Karriere verhelfen. Auch der Dirigent Herbert von Karajan suchte die Hilfe des Domkapellmeisters. Karajan besuchte eines Tages Messner zuhause in St. Jakob, um ihn um seinen Rat und seine Unterstützung zu bitten. Als der Gast, auf einer Sofalehne sitzend von hochfliegenden Plänen sprach, sagte Messner doppeldeutig zu ihm: „Passen S' auf, daß S' net abifallen"[300].

Domchor – Neue Kompositionen – Dienstjubiläum – 60. Geburtstag 1947 bis 1953

Das kulturelle Leben in Salzburg festigte sich allmählich. Der Domkapellmeister war als Lehrer, Dirigent, Orgel- und Glockensachverständiger vielbeschäftigt. Außerdem gründete er 1947 den „Salzburger Musikverlag", in dem hauptsächlich Werkausgaben alter Meister erschienen; der Großteil von Messners eigenen Kompositionen ist bis heute ungedruckt geblieben. Ob sich der Künstler nach dem Krieg tatsächlich eine Berufung ins Ausland erwartete – wie manche Zeitungen geschrieben hatten – oder ob Gerüchte darüber nur seine Position in Salzburg stärken sollten, war lange

Zeit ungewiß. Einem Brief Messners an den Präsidenten der Salzburger Festspiele, Heinrich Puthon, vom November 1955 aber ist zu entnehmen, daß er zu jener Zeit tatsächlich an einen Ortswechsel gedacht hatte, denn er schrieb: *Im Jahre 1947 lehnte ich über ausdrücklichen Wunsch Dr. Rehrls eine Berufung durch Kardinal Spellmann an die Patriks-Kathedrale nach Newyork ab – und blieb leider in Salzburg*[301]. Aus Äußerungen von Zeitzeugen geht hervor, daß Messner damals nach größerer persönlicher Freiheit und materieller Sicherheit strebte, weil sein von der geistlichen Obrigkeit gewährtes Einkommen weiterhin nur die Basis für eine bescheidene Lebensführung bildete. Im Jänner 1946 war sein Monatsgehalt von 257 Reichsmark in einen Schillingbetrag gleicher Höhe umgewandelt worden[302]. Bis zum Jahr 1951 steigerte sich die Bezahlung stufenweise auf monatlich 740 Schilling, dazu kam erstmals eine kleine Weihnachtszulage; im Jahr 1954 erhielt Messner nach einer nochmaligen Gehaltserhöhung zum ersten Mal ein 13. Monatsgehalt[303].

Die gewissenhafte Arbeit mit dem Domchor brachte Messner nach wie vor große Anerkennung ein. Neue, junge Sänger und Musiker verstärkten das bestehende Ensemble, und so wie in den Jahren vor dem Weltkrieg war es auch jetzt wieder für jedes Mitglied eine Ehre und Auszeichnung, in der Dommusik mitwirken zu dürfen. Die Bürger Salzburgs legten noch immer großen Wert auf das eigene Musizieren, und das Singen war ihre liebste Freizeitbeschäftigung. Die meisten Katholiken betrachteten es außerdem als selbstverständlich, an den Gottesdiensten der Sonn- und Feiertage teilzunehmen. So konnte sich der Domkapellmeister die Mitglieder seines Chores aus einer großen Schar williger, fähiger Personen auswählen und viele von ihnen auf Grund ihres Könnens auch solistisch einsetzen. Eine rein künstlerische Laufbahn war den meisten seiner Sänger in jenen Jahren materieller Unsicherheit versagt, sie verdienten sich ihren Lebensunterhalt in bürgerlichen Berufen.

Innerhalb der Sängerschar, speziell im Frauenchor, rissen die Eifersüchteleien und das Buhlen um die Gunst des Dirigenten nicht ab. Gewisper und Getuschel erreichten auch die Ohren der Neuankömmlinge. Es hieß, daß Messner vom Papst die Erlaubnis erhalten habe, Eva Klemens zu heiraten; die beiden hätten eine Tochter, die in einem Schweizer Internat erzogen werde. Auch von einem Sohn Messners[304] war die Rede. Einige Sängerinnen erzählten hinter vorgehaltener Hand, daß sich der Herr Professor für eine Kollegin im Chor interessiere; andere wollten dagegen wissen, daß er eine Herzensfreundin in Vöcklabruck, im nahen Oberösterreich, gefunden habe. Im Chor entstand viel Unruhe, die sich noch verstärkte, als Frau Klemens von all dem wirren Geschwätz nicht unberührt blieb. Sie reagierte zeitweise mit heftiger Eifersucht, wich dem Herrn Professor kaum von der Seite und scheute eines Tages auch nicht davor zurück, öffentlich mit einer Sängerin zu streiten. – Messner selbst blieb auf Distanz. Gerüchte wehrte er gewöhnlich mit wenigen Worten ab, wie die folgende Begebenheit zeigt: In der Generalprobe zu einem „Domkonzert", als die Chorsänger bereits auf dem Podium standen und Messner gerade die Partitur aufschlagen wollte, machte Frau Klemens dem Chor ein Zeichen, daß sich der Dirigent zu ihr umdrehen solle. Eine junge Sängerin rief: „Herr Professor, die Frau Gemahlin wollte Ihnen was sagen!". Er erwiderte trocken: „Bei unsereinem gibt's ka Frau Gemahlin"[305]. – Eine andere Geschichte beweist Messners Vorsicht vor zudringlichen Frauen: Für einen Sonntagsgottesdienst im Dom war eine auswärtige Sopransolistin engagiert worden, sie kannte aber das neue Proprium für das Schutzengelfest noch nicht. Messner bat seine verläßliche Altsolistin um den Gefallen, der Gastsängerin die Noten dazu ins Hotel zu bringen. In der Eingangshalle wartete die Dame bereits in vollem Aufputz auf den Herrn Domkapellmeister und war bitter enttäuscht, nur seiner Botin zu begegnen. Als Messner am Sonntag nach der Messe die einheimische Altistin mehr lobte als die zugereiste Sopranistin, wurde die Verschmähte dermaßen wütend, daß sie auf den Dirigenten zusprang, ihn an beiden Schultern packte und heftig hin und her schüttelte[306].

Den Solistinnen dieser Jahre sind noch weitere Erinnerungen zu verdanken: Die vorhin erwähnte Altistin war als Bankbeamtin tätig. Messner brachte ihr des öfteren Noten vorbei, damit sie ihren neuen Part nicht erst in der Probe kennenlerne. Einmal kam er am 23. Dezember in die Bank, zeigte ihr das frisch komponierte Proprium von Weihnachten und sagte: „Jetzt pfeif' ich es Ihnen vor. Gehen S' nach Haus und probieren Sie's am Harmonium. Während der Predigt können wir's noch einmal durchsingen"[307]. (Im ersten Oratorium rechts von der Orgelempore, wo ein Klavier

Abb. 57 Joseph Messner, 1948

stand, probte Messner gelegentlich mit den Solisten; manchmal zog er sich während einer Predigt auch zum Rauchen dorthin zurück[308].) – Eine andere Sängerin erinnert sich an die folgende Begebenheit aus ihren Jugendtagen: Messner hatte die Absicht, sie zum ersten Mal als Solistin in der „Krönungsmesse" einzusetzen. Er telefonierte mit ihren Eltern und kündigte sein Kommen in der nächsten halben Stunde an, denn er wolle mit dem Fräulein Tochter proben. Dann saß er zum Schrecken der ganzen Familie mit brennender Zigarre im Wohnzimmer am Klavier und probte mit der Sängerin das „Agnus Dei"[309]. – Messner war stets von feinem Tabakgeruch umhüllt. Daß er gleichzeitig rauchen und Klavier spielen konnte, erstaunte viele Leute. Seine Vorliebe für das Rauchen ging so weit, daß er mit den Lippen auch ohne eine Zigarre im Mund ziehende Bewegungen machte, sobald er konzentriert arbeitete.

Den Domchor regierte der Herr Professor mit väterlicher Güte und Strenge, er wies Störenfriede teils

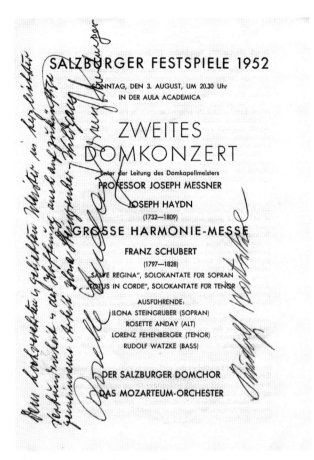

Abb. 58 Programm des 2. Domkonzertes 1952

humorvoll, teils schimpfend oder brummend zurecht und forderte stete Pünktlichkeit und Aufmerksamkeit. „Wenn S' am Sonntag singen wollen, müssen S' in die Proben kommen"[310], sagte er, und die Sänger hielten sich daran. Oft entschied er erst in der letzten Probe, wer bei der Aufführung die Soli singen dürfe, daher wollte niemand fehlen. Immer wieder machte Messner den Chor auf musikalische Zusammenhänge aufmerksam, erklärte die lateinischen Texte und gab sogar über die Etymolgie einzelner Wörter Auskunft. Den Sängern verlief die Probezeit, die zum größeren Teil für Messners eigene Werke verwendet wurde, meistens zu rasch. Scheinbar ganz nebenher beobachtete Messner seine Chormitglieder voll Aufmerksamkeit und half – unbemerkt von der ganzen Schar – allen, die sich in Schwierigkeiten oder Nöten befanden; dadurch gewann er sich die Dankbarkeit vieler Personen. War er mit der Leistung einzelner Sänger besonders zufrieden, so beschenkte er sie mit einem Künstlerphoto oder schrieb anerkennende

Worte auf das Konzertprogramm. War er mit dem Chor unzufrieden, dann meinte er in späteren Jahren manchmal abfällig: „So singen's in Schneizlreuth auch"[311]. Dieser kleine bayerische Ort in der Nähe von Bad Reichenhall war durch eine singende Wirtin bekannt geworden. Die Domsänger sollten lieber den reinen Stimmen der Benediktinerinnen vom Kloster Nonnberg zuhören!

Bei der Programmauswahl für die Konzerte hielt sich Messner fast nur mehr an altbewährte Stücke. Die fünf Domkonzerte des Jahres 1947 zum Beispiel brachten Bachs „Actus tragicus", Mozarts „Krönungsmesse", Verdis „Requiem", Palestrinas „Stabat mater", Bruckners „Messe in e", Mozarts „Requiem" und Haydns „Harmonie-Messe". Im Sommer 1948 erklang noch einmal Gnecchis „Missa Salisburgensis". In den Jahren 1948, 1949 und 1951 waren fünf Konzerte angesetzt, 1950, 1952 und 1953 sogar sechs, darunter die viel gerühmte Aufführung von Händels „Judas Maccabäus" am 16. August 1953. Neu einstudiert wurden nur das „Requiem" von Fauré, das „Stabat mater" von d'Astorga[312] und Messners eigene Komposition über diesen Text. Die Liste der mitwirkenden Solisten enthielt wieder berühmte Namen: Maria Cebotari, Rosl Schwaiger, Irmgard Seefried, Anton Dermota, Rosette Anday, Julius Patzak, Georg Hann, Hilde Zadek, Lorenz Fehenberger, Hilde Güden, Paul Schöffler, Annelies Kupper, Josef Greindl, Wilma Lipp, Maria Stader, Otto Wiener und viele andere.

Auch die Musik für die Gottesdienste bestand größtenteils aus bewährten Werken, die von Zeit zu Zeit um neue Kompositionen Messners bereichert wurden. Für das Weihnachtsfest 1947[313] hatte sich Fürsterzbischof Dr. Rohracher vom Domkapellmeister eine Vertonung der Proprientexte des Christtages gewünscht. Messner erfüllte den Wunsch seines Dienstherrn und komponierte innerhalb dreier Wochen das großartige Weihnachtsproprium mit seinen besonders eindrucksvollen Mittelsätzen. Im Graduale ertönt der Jubel über die Macht und Herrlichkeit Gottes, „quia hodie descendit lux magna super terram", und man vermeint, dieses strahlende Licht zu sehen. Im Offertorium „Tui sunt caeli et tua est terra" preist Messner den Schöpfer Himmels und der Erde und entrollt ein gewaltiges Tongemälde vor dem Thron Gottes. – Das nächste große Proprium entstand für das Herz-Mariä-Fest, bei dessen Uraufführung am

Abb. 59 Weihnachtsgottesdienst im abgeteilten Dom, 1946

22. August 1948 Irmgard Seefried und Julius Patzak die Soli sangen. – Am 22. Jänner 1950 wurde im Dom Messners liebliche „Messe in A" (op. 66) uraufgeführt; sie ist für vierstimmigen Chor und Streicherbegleitung komponiert. Aus dem selben Jahr stammt auch das Proprium für „Mariä Heimsuchung". Im Jahr darauf entstand die zweite Fassung des Propriums für „Mariä Himmelfahrt". Die erste Fassung mußte auf Grund eines von der Ritenkongregation abgeänderten Wortlauts umgearbeitet werden, was Messner arg verdroß, weil er damals mit Arbeit überhäuft war. Er reagierte seinen Ärger mit einer besonders schwierigen polyphonen Stimmführung über den Text des Offertoriums ab („Inimicitias ponam inter te et mulierem" – „Feindschaft will ich setzen zwischen dir und dem Weibe") und verkündete dem Domchor: *Da hab ich euch aber eine sakrische Fuge hingelegt!*[314] Im Jahr 1952 schuf Messner weitere Proprienzyklen, darunter das Proprium zum Sonntag „Laetare" für das Silberne Bischofsjubiläum des allseits beliebten Weihbischofs Dr. Johannes Filzer, ebenso das Proprium zum Fronleichnamssonntag für die Stadt Steyr, jenes zum Fest „Kreuzerhöhung" und das schon erwähnte Proprium zum „Schutzengelfest". Das sakrale Hauptwerk dieses Jahres war ein über eine Passacaglia gearbeites „Stabat mater" für Sopransolo und Orgel bzw. Orchester.

An weltlichen Kompositionen schrieb Messner im Jahr 1947 ein Konzert für Violine und Orchester (op. 61), das er dem Konzertmeister des Innsbrucker Symphonieorchesters, Franz Bruckbauer, widmete. Die Uraufführung fand in Innsbruck am 27. Februar 1948, dem 55. Geburtstag Messners, statt[315]. Eine Woche vor diesem Konzert in Innsbruck hatte die Stadt Salzburg den Domkapellmeister mit einer Aufführung seines symphonischen Chorwerks „Das Leben" geehrt. Die Stadt Wien veranlaßte ihm zu Ehren für den Herbst die Uraufführung der „Salzburger Suite". – Als kleineres Werk entstand eine Klaviersonate. Weiters komponierte Messner im Jahr 1948 auf Wunsch des Ehepaares Schneiderhan-Seefried einen Zyklus für Sopransolo und Streichquartett unter dem Titel „Erfüllung" (op. 64) nach mystischen Dichtungen von Novalis, Bierbaum und Johannes vom Kreuz; das Werk ist daher Irmgard Seefried und dem Schneiderhan-Quartett gewidmet. Die Sängerin schrieb im Frühling 1949:

Sehr geehrter Herr Professor! […] Wir danken Ihnen herzlich für die Zusendung Ihrer Quartett Lieder. Ich bin überzeugt, daß sie uns liegen werden. Es tut uns nur sehr leid, daß wir bis zum heutigen Tage nicht dazu gekommen sind, sie genauer durchzusehen, da wir beide mit Arbeit überhäuft sind. Wir haben aber fest vor, sie in eines unserer nächsten Programme aufzunehmen und bei nächster Gelegenheit aus der Taufe zu heben. Seien Sie nicht böse, daß das Kind nicht jetzt schon geboren werden konnte. Auf frohes Wiedersehen und herzliche Grüße auch von meinem Gatten. Irmgard Seefried[316].

Ein heiteres Werk widmete Messner im Jahr 1949 seinem Salzburger Freund Franz Gerstendörfer und vermerkte in der Handschrift: *Ein Hornquartett ordentlich gehörnt.* Professor Gerstendörfer unterrichtete am Mozarteum. Einige Jahre hindurch fuhr er an Messners Ehrentagen schon in aller Frühe mit seinen Studenten nach St. Jakob hinauf, um dem Jubilar ein Ständchen zu bringen. Die Musiker weckten ihn mit Jagdfanfaren und bliesen dann etwa eine halbe Stunde lang verschiedene Opernstücke. Anschließend wurden sie von Frau Klemens mit Kaffee, Kuchen und einem Gläschen Cognac bewirtet[317]. – Messners Humor zeigt sich auch in den Liedkompositionen der Jahre 1951/52, etwa in der „Persönlichkeit" oder im „Esel". Seine „Drei Lieder" (op. 69) auf Texte von Ferdinand Künzelmann und Wilhelm Busch sind für dreistimmi-

Abb. 60 Joseph Messner und George Maran

gen Männerchor und Streichquartett geschrieben, die „Zwei Lieder" (op. 70) nach Wilhelm Busch für Tenor und Klavier. Die Sololieder widmete Messner seinem bedeutendsten Tenorsolisten, George Maran, einem amerikanischen Sänger armenischer Abstammung. Als Maran 1951 nach Salzburg kam und hier eine Auftrittsmöglichkeit suchte, empfahl ihm Heinrich Puthon, sich an den Domkapellmeister zu wenden. Der junge Mann sang ihm vor, wurde sofort engagiert und fand in Professor Messner einen väterlichen Freund. Aus ehrfurchtsvoller Dankbarkeit ließ der Sänger seinen Sohn auf den Namen „Joseph" taufen[318].

Für den Rundfunk schrieb Messner eine kurze Einleitungsmusik zur Sendung „Sonntags-Gedanken", außerdem war er wieder als Fanfaren-Komponist tätig. Zur Eröffnung des „Österreichischen Sängerbundfestes" in Graz entstand im Jahr 1950 die „Meistersinger-Fanfare", eine Paraphrase für großes Orchester über Motive aus Wagners gleichnamiger Oper. Der Präsident des Sängerbundes, Dr. Theodor Bernhard, bedankte sich am 21. Juli mit folgendem Brief für das Werk: *Sehr geehrter Herr Professor! Sie haben dem Österreichischen Sängerbunde anläßlich seines 1. Österreichischen Sängerbundfestes in Graz die „Festfanfare" gewidmet und die Vortragsfolge der Gesamtaufführung in der großen Festhalle am 15. Juli 1950 in sehr wesentlicher Weise bereichert. Das Präsidium des Österreichischen Sängerbundes freut sich, Ihnen berichten zu können, daß Ihr Werk großen Beifall des ausverkauften Hauses gefunden hat. Wir erlauben uns, Ihnen ein Programm dieser Gesamtaufführung zu übersenden und bitten Sie, den Betrag von S 300,–, der Ihnen in den*

nächsten Tagen zugehen wird, als bescheidenes Zeichen unserer Erkenntlichkeit entgegen zu nehmen[319]. – Im folgenden Jahr (1951) komponierte Messner für den Österreichischen Cartellverband eine „ÖCV-Fanfare". 1952 schrieb er für den Österreichischen Katholikentag in Wien die „Credo-Fanfare" über ein gregorianisches Choralmotiv.

Nach dieser Übersicht über Messners Schaffen ist für die Jahre von 1947 bis 1953 noch eine Reihe von Ereignissen zur Illustration dieser bewegten Zeit zu nennen: Ab dem Festspielsommer 1948 wurde der „Jedermann" wieder mit der Bühnenmusik von Nilson und Messner aufgeführt. Zum 100. Todestag von Joseph Mohr gestaltete Messner am 4. Dezember 1948 in Wagrain mit Sängern des Domchores eine Gedenkmesse für den Dichter des Weihnachtsliedes „Stille Nacht, heilige Nacht". – Am 10. September 1949 dirigierte der Domkapellmeister in seiner Heimatstadt Schwaz anläßlich der 50-Jahrfeier der Stadterhebung ein Festkonzert mit Haydns „Schöpfung". Am 21. Dezember führte das Hornquartett des Mozarteums Messners neue „Fröhliche Weihnachtsmusik" auf. Anfang Februar 1950 wurde Dr. Karl Berg, Messners ehemaliger Schüler im Kapellhaus, feierlich als Domherr von Salzburg installiert. Er bedankte sich in einem Brief an den Domkapellmeister herzlich für die schöne musikalische Gestaltung der Meßfeier und für den „Domherren-Tusch". Messner seinerseits beschwerte sich schriftlich beim Chefredakteur der „Salzburger Volkszeitung", Luis Grundner, darüber, daß der Zeitungsartikel über die Installationsfeier voller Fehler und Mängel gewesen sei; der Berichterstatter müsse *Schweinsohren* gehabt haben[320].

Dr. Berg war damals Regens des Priesterseminars. Zu ihm schickte Messner einen jungen Wiener Organisten, der während seiner Aufenthalte in Salzburg auch hier eine Übemöglichkeit suchte, weil er im Herbst am großen Orgelwettbewerb von Genf teilnehmen wollte. „Auf der Domorgel können S' net üben", hatte Messner gesagt, auf der Orgel des Priesterseminars aber wurde ihm das Üben gegen eine Benützungsgebühr von einem Schilling pro Stunde erlaubt[321]. Im September traf Messner als Juror in Genf abermals mit dem hochbegabten jungen Mann zusammen, der auch noch ein Studium der Rechtswissenschaft absolvierte; dreizehn Jahre später lud er ihn ein, Domorganist von Salzburg zu werden. Sein

Name: Dr. Gerhard Zukriegel. – Im September 1950 reiste der Domchor mit dem Mozarteum-Orchester nach Memmingen und führte zur Eröffnung des „Allgäuer Konzertwinters" Mozarts „Requiem" auf. Im November dirigierte Professor Franz Sauer in einem Konzert der Salzburger Liedertafel Messners Opus 48, „Der Himmel hängt voller Geigen". Messner selbst dirigierte in den folgenden Jahren wiederholt eigene Werke für Rundfunkaufnahmen und gab mehrere Interviews für Radiosendungen.

Messner und der Domchor wirkten im „ersten religiösen Großfilm Österreichs" – „Das Tor zum Frieden" – mit, in dem Hilde Krahl, Paul Hartmann und Vilma Degischer unter der Regie von Wolfgang Liebeneiner die Hauptrollen spielten[322]. Messner war auch in einem amerikanischen Dokumentarfilm mit dem Arbeitstitel „Occupation for Freedom" zu sehen[323]. Musik von ihm hörte man im Kulturfilm „Ewiger Klang der Mozartstadt"; der Text dazu stammte von Karl Heinrich Waggerl[324]. Der Salzburger Bildhauer Hans Pacher, der im Jahr 1947 eine Büste von Messner angefertigt hatte, machte 1950 einen Abguß von der rechten Hand des Künstlers; er war es auch, der im Jahr 1969 Messners Totenmaske abnahm[325]. – Messner war bereits 1947 von dem in Salzburg lebenden Maler Albert Birkle porträtiert worden[326] und – spätestens 1948 – auch von dem Tiroler Maler Walter Honeder[327]. Im Nachlaß fand sich außerdem ein in Kupfer gestochenes Profil Messners von Harald Pickert aus dem Jahr 1946 nach einer undatierten Farbzeichnung von K. Melzer[328].

Ende April 1951 feierte Domkapellmeister Joseph Messner sein silbernes Dienstjubiläum, zu dem ihm der Domchor ein fröhliches Fest bereitete. In Salzburger und Tiroler Tageszeitungen erschienen ausführliche Würdigungen seiner Person und seines Schaffens; österreichische Kirchenmusiker ehrten ihn durch die Aufführung seiner Messen, der Internationale Brucknerbund verlieh ihm die Goldene Bruckner-Medaille. Die große Wertschätzung des Jubilars geht aus vielen Gratulationsbriefen hervor, von denen einige hier zitiert seien. Den ersten Brief schickte das Metropolitankapitel Salzburg am 30. April 1951: *Hochverehrter Hw. Herr Professor! Wir beglückwünschen sowohl im eigenen Namen als auch unserer Kollegen im Metropolitankapitel Herrn Professor zum 25jährigen Jubiläum als Domkapellmeister auf das herzlichste! Herr Jubilar* haben sich in einem vollen Vierteljahrhundert nicht bloß als Dirigent des Domchores, sondern auch als hervorragender und gottbegnadeter Komponist große Verdienste erworben. Und außerdem haben Sie zur Hebung des musikalischen Weltansehens unseres lieben Salzburg wesentlich beigetragen. Gott möge Herrn Jubilar noch lange Jahre Erleuchtung, Kraft und Gnade verleihen, um zur Verherrlichung des Gottesdienstes und zur Hebung der Kultur in unserem Volke Ersprießliches wirken zu können! Mit herzlichen Grüßen für das Metropolitankapitel Daniel Etter, Domdechant, + Johannes Filzer, Weihbischof und Domprobst[329]. – In einer Gratulation des Mozarteum-Orchesters heißt es zum Schluß: *Wir geben unserer Freude Ausdruck über die enge Verbundenheit zwischen Ihnen und unserem Orchester bezw. dessen einzelnen Mitgliedern und sprechen die Hoffnung aus, dass wir noch lange Jahre eines gemeinsamen künstlerischen Weges vor uns haben*[330]. Von der Direktion der Salzburger Festspiele kam ein Schreiben Puthons: *Ihre schon Tradition gewordene Mitwirkung bei den Salzburger Festspielen, ohne deren Domkonzerte ein Programm schon gar nicht mehr vorstellbar ist, hat stets zum besonderen Glanze der Salzburger Festspiele beigetragen und gebührt Ihnen hiefür unser Aller besonderer Dank. Nicht zuletzt will ich aber erwähnen, dass Sie im Jahre 1945, meiner Anregung freundlich Folge leistend, derjenige waren, der in kürzester Zeit das damalige Salzburger Orchester wieder so weit gebracht hatte, daß dasselbe als Klangkörper für Opern und Konzertaufführungen sehr gut verwendbar war und es nur dadurch möglich war, jene Tat zu setzen, die vom In- und Ausland besonders anerkannt wurde, nämlich 3 Monate nach dem Kriege bereits wieder Salzburger Festspiele, wenn auch in bescheidenstem Rahmen zu veranstalten*[331]. – Ein herzlicher Brief traf aus Wien von Hofrat Professor Viktor Keldorfer[332] ein: *Lieber Freund! Das sind also schon 25 Jahre, seit Du das Szepter am Pult des Domchores ergriffen hast? Mir will scheinen, als ob es vorige Woche gewesen wäre, – so rasch verfliegt die Zeit! Eines ist sicher: Die ganze Ära Deiner künstlerischen Wirksamkeit wurde von meinem regsten Interesse begleitet, und ich, dessen Erinnerung an den Domchor noch bis zum seligen Hupfauf*[333] *reicht, kann und muß mit Freuden feststellen, daß Du die Kirchenmusik in unserem lieben Dom zu einer Höhe geführt hast, um die Dich so manche Metropolitankirchen beneiden können. Der Schar der Gratu-*

Abb. 61 Albert Birkle: Bildnis Joseph Messner, 1947. Kohle auf Papier, 56,9 x 41 cm. Salzburg Museum, Inv.-Nr. 8/75

lanten schließe ich mich aus vollem Herzen an mit dem Wunsche, es möchte Dir gegönnt sein, in gleicher Frische und künstlerischen Regsamkeit ein weiteres Vierteljahrhundert den Chor mit Deinem Geiste zu erfüllen. Ich stehe am Abend meines Lebens und werde nicht mehr lang Deine Tätigkeit verfolgen können. Aber mit dem, was ich in meinem demnächst erscheinenden Buche „Klingendes Salzburg" über Dich gesagt habe, war es mir möglich, Dir meine Wertschätzung zu bezeugen, die sicherlich auch in den Herzen aller Salzburger Resonanz finden wird. Und drum mein Schlußsprüchl: Wirke und schaffe weiter, und erfreue Dich in aller Zukunft des besten Wohlseins und Frohsinns, mit einem Wort alles dessen, was einen Menschen glücklich machen kann![334]

Weiter in der Chronologie: Im Februar 1952 veröffentlichte die „Radio-Woche" auf der Titelseite ihrer 9. Nummer ein Foto von Joseph Messner mit einem Sonett von Franz Ritz als Geburtstagsgeschenk. Das schon erwähnte Proprium zum Fastensonntag „Laetare" entstand. Im Juni 1952 fand in Salzburg das 26. Internationale Musikfest in Verbindung mit dem „3. Internationalen Zwölfton Kongreß" statt. Die Tagungsteilnehmer erbaten sich von Professor Messner eine Aufführung der berühmten „Benevoli"-Messe. Der Domkapellmeister setzte sie für das abendliche Pontifikalamt am 29. Juni im Dom an. Am folgenden Tag wurde die Messe unter seiner Leitung von der Firma Philips aufgenommen, die Langspielplatten waren innerhalb kurzer Zeit ausverkauft. Im September fand in Wien ein Katholikentag statt, an dessen musikalischer Gestaltung auch der Domchor mitwirkte.

Der 60. Geburtstag Messners am 27. Februar 1953 war selbstverständlich wieder ein Anlaß für zahlreiche Feiern und Ehrungen. Unmengen von Glückwunschschreiben trafen in St. Jakob ein. Ein besonders herzlicher Brief stammte auch diesmal von Viktor Keldorfer: *Lieber Freund! Es ist mir ein Herzensbedürfnis, Dir zu Deinem Sechziger einiges Liebes ins Gesicht zu sagen. Was ich von Dir als Musiker halte, das hab ich ja schon in Wort und Schrift niedergelegt und in Tönen zum Erklingen gebracht. Heut nur so viel, daß meine Meinung über Dich als „Mensch" mit der als „Künstler" adäquat ist. Und das ist viel! Und weil ich Dich also nach jeder Richtung hin schätze, drum sind auch meine Wünsche für Dein ferneres Wohlergehen die denkbar besten. Bleibe gesund und so schaffensfroh, wie bisher*

und musiziere Dich vorderhand die weiteren 40 Lebensjahre lustig durch. Und dann werden wir ja sehen: Dann bin ich gerade 120 Jahre alt und hoffe Dir für die weitere Lebenszeit gratulieren zu können. Glück auf![335]

Das „Demokratische Volksblatt" berichtete am 24. Februar 1953: *Anläßlich der Vollendung des 60. Lebensjahres Prof. Messners bringt die Sendergruppe Rot-Weiß-Rot am 27. Februar um 21 Uhr die Uraufführung der III. Symphonie in A, op. 58, ausgeführt vom Mozarteum-Orchester unter der Leitung des Komponisten; die Sendergruppe West bereitet die Uraufführung der Solokantate „Stabat mater" für Sopran und Orchester, op. 74, für den gleichen Tag vor[336].* Die „Salzburger Volkszeitung" widmete am 3. März der vom Domchor veranstalteten Geburtstagsfeier einen langen Artikel: *Zu den vielen brieflichen Glückwünschen aus aller Welt, zu der heimatlichen Ehrung durch das Hornquartett des Mozarteums, das dem Jubilar als Morgengruß seines Geburtsfestes sein „Divertimento" als Ständchen darbrachte; zu den abendlichen Ehrensalven der Jakobischützen, die, in ihre schmucken Uniformen gekleidet, persönlich gratulierten, veranstaltete der Salzburger Domchor im Liedertafelheim einen Ehrenabend, an dem auch Excellenz Weihbischof Filzer, Landeshauptmann-Stellvertreter Peyerl, die Bürgermeister der Stadt Salzburg, Pacher und Donnenberg, der Bürgermeister seiner Heimatstadt Schwaz, eine Reihe führender Persönlichkeiten, die Domchormitglieder und viele Freunde und Verehrer des Komponisten teilnahmen. [...] Als Geschenk des Domchores und der Landesregierung wurde Prof. Meßner die gedruckte Partitur seines „Stabat mater" überreicht. Aus den vielen ehrenden Ansprachen seien genannt: Landeshauptmann-Stellverteter Peyerl würdigte die kulturelle Tätigkeit des Gefeierten, Bürgermeister Pacher übermittelte den Dank der Stadtgemeinde Salzburg in Form der Verleihung der silbernen Mozartmedaille[337], Dompfarrer Feichtner sprach für das Ordinariat und das Dompfarramt, Dr. Walter Hummel für die Internationale Stiftung Mozarteum und die J.-Fr.-Hummel-Gemeinde, Direktor Kneifel für die Salzburger Liedertafel und den Oberösterreichisch-Salzburgischen Sängerbund, Bürgermeister Psenner für Schwaz und Tirol. Mithinein flocht man auch launig manch persönliche Beziehungen. Dazwischen wurden feinsinnig Werke des Jubilars in künstlerischer Weise geboten. [...] In der ihm eigenen schlichten Art dankte der Gefeierte in bewegten und herzlichen Worten für* die Ehrungen, gedachte seines besonderen Gönners, des Erzbischofs Rieder, der ihn trotz zweimaliger Berufung nach Berlin in Diensten des Salzburger Domes festzuhalten wußte. Ferner dankte er seinen Lehrern aus der Sängerknabenzeit, von denen noch zwei, Prof. Schöner und Hofrat Feichtner, am Ehrenabend teilnahmen[338]. Wieder ehrte eine Reihe von Kirchenmusikern – am eifrigsten Professor Herbert Gschwenter in Innsbruck/Pradl – den Jubilar durch die Aufführung seiner Werke.

Das Festspielprogramm dieses Sommers enthielt sechs Domkonzerte, die von den österreichischen und ausländischen Zeitungen fast einhellig gelobt wurden. Das „Vorarlberger Volksblatt" veröffentlichte am 12. August 1953 eine „Salzburger Zwischenbilanz" und schrieb darüber: *Musikalisch leitete die diesjährigen Festspiele, ganz wider die Tradition, das erste D o m - k o n z e r t in der Aula der alten Universität ein, in der Prof. Meßner mit seinem Domchor und dem Mozarteumsorchester Josef Haydns „Schöpfung" aufführte. Nicht die große Welt in ihrer Kleider=Eleganz fuhr in hunderten Autos zum ersten musikalischen Ereignis auf, sondern die Liebhaber und echten Kunstfreunde pilgerten durch die winkeligen Gänge des alten Universitätsgebäudes zu Vater Haydn. [...] Die vielen hundert Zuhörer im Saal waren auch sichtlich ergriffen von der ausgefeilten Aufführung, von den Leistungen des Chores, des Orchesters und der Solisten. Die sechs Domkonzerte, schon rein arbeitsmäßig eine Großleistung des Dirigenten=Komponisten Josef Meßner, gehören zum unabdingbaren Bestand der Salzburger Festspiele ..., und man kann es nur bedauern, wenn eine bürgerliche Wiener Tageszeitung sich in NS=Zeit=Fußstapfen begibt und eine Trennung zwischen Festspielprogramm und Domkonzerten verlangt. Gerade die „Salzburger Festspiele" sind so wesensinnig dem kirchlichen Salzburg verbunden, daß allein Pietät der Historia gegenüber die Domkonzerte verlangt[339].* Der eben zitierte Artikel bezog sich auf ein offenes Wort zu den ersten Konzertereignissen der Festspiele, das Alexander Witeschnik als Kulturredakteur der „Neuen Wiener Tageszeitung" am 31. Juli veröffentlicht hatte. Witeschnik lobte zwar die Verdienste des Salzburger Domkapellmeisters, schrieb aber dann: *Salzburg ist ein Begriff, der zu höchstem künstlerischem Niveau verpflichtet, die Domkonzerte aber bieten bestenfalls gediegene Durchschnittsleistungen. [...] Man muß ja auf die Domkonzerte* durchaus nicht verzichten, aber man löse sie aus dem offiziellen Festspielprogramm heraus. Gleich darauf stellte der Autor eine Matinee des Mozarteum-Orchesters unter Bernhard Paumgartner als durchaus festspielwürdig vor[340]. Aus Witeschniks Zeitungsbericht sind die seit jeher bestehenden Spannungen zwischen Messner und Paumgartner abzulesen. Weiters wird deutlich, daß dem gediegenen, unspektakulären Musizieren des vielseitigen Domkapellmeisters und seines Salzburger Ensembles im zunehmenden Starkult und Spezialistentum der hochdotierten internationalen Festspielkünstler eine Konkurrenz erwuchs, die von Jahr zu Jahr mächtiger wurde und Messner schließlich an den Rand des Geschehens drängte; er hatte keine potenten Geldgeber hinter sich. Manche Berichterstatter aus Wien wollten außerdem ein kulturelles Gefälle zwischen der Bundeshauptstadt und der „Provinz" erkennen und stuften Kunst und Künstler aus Salzburg von vornherein als gering ein, weil sie meinten, daß Wien die Hochkultur für sich allein gepachtet hätte. Als Beispiel für diese überhebliche Haltung seien die folgenden Spötteleien erwähnt, die in Wiener Musikerkreisen um die Mitte der 1950er Jahre die Runde machten:

„Was ist ärger als eine Atombombe? – A Dom Konzert von Messner."

„Kennen Sie einen Satz mit „Mozarteum"? – Wenn der Paumgartner noch lang so weiter dirigiert, bringt er den Mozart eh um"[341].

Todesfälle – Pflegekind – Italienreise – Mozart-Jahr – Ehrenzeichen – Dom-Festmesse – „Peter Mayr" 1954 bis 1959

Das Jahr 1954 begann ohne größere Ereignisse. Im Februar feierte der Domkapellmeister seinen 61. Geburtstag, im März wurde Domorganist Professor Franz Sauer sechzig Jahre alt. Im April dirigierte Messner in Bad Reichenhall das Brahms-Requiem, diesmal mit der Salzburger „Liedertafel", mit der er im Juni auch seine „Messe in G" in Klagenfurt aufführte; die „Liedertafel" errang damit den ersten Preis beim 2. Österreichischen Bundessängerfest. – Am 5. Mai starb

Maria Willinger, Messners alte Wirtschafterin vom Mozartplatz 9. Der Domkapellmeister hatte für die fürsorgliche Frau immer Dankbarkeit empfunden, wenngleich sie ihm zu Beginn seiner Bekanntschaft mit Eva Klemens dringend von einem Umgang mit der Sängerin abgeraten hatte. Einer Bekannten erzählte die alte „Marie" einmal in ihrer einfachen Art: „Das erste Mal, wie dös Weiberleut kommen is, san schon die Glasln g'flogen" (auch im Landhaus Messner ging im Lauf der Jahre etliches Geschirr zu Bruch, wenn Meinungsverschiedenheiten nicht nur mit Worten ausgetragen wurden). Der Domkapellmeister hatte dem „Fräulein Marie", als sie schon längst nicht mehr in seinem Dienst stand, ein Zimmer in der Goldgasse bezahlt[342]; laut einem Rechnungsbeleg der Friedhofsverwaltung kam er auch für die Kosten ihres Grabes auf dem Salzburger Kommunalfriedhof auf.

Der Festspielsommer mit den feierlichen Gottesdiensten, den Radiomessen und vier Domkonzerten verlief anstrengend wie immer. Die Meinungen der Kritiker zur Frage, ob die Domkonzerte in der Aula festspielwürdig seien oder nicht, blieben geteilt. Erik Werba, der in diesem Sommer für die „Salzburger Volkszeitung" schrieb, riet am 4. August in seiner Kritik über das 2. Domkonzert, die geistlichen Konzerte nach dem Abschluß der Renovierungsarbeiten wieder in den Salzburger Dom zu verlegen und die Aufführungen anstatt mit Eintrittsgeldern mittels Subventionen zu finanzieren: *Der Laienchor in der Kirche, der Domkapellmeister an seinem angestammten Platz, die Musikerschar den Blicken der Andächtigen entzogen, die Musik der Meister der Weihe des Gotteshauses untertan – das wären Domkonzerte, wie man sie sich für die fürsterzbischöfliche Residenzstadt vorstellt*[343]. Die eben zitierte „Volkszeitung" meldete in derselben Ausgabe den Tod des verdienten Schulmannes und Musikers Prof. Ernst Sompek. Er hatte die Salzburger Liedertafel 25 Jahre hindurch als Chormeister geleitet, hatte Quartette, Männerchöre und Kammermusik komponiert und war dem Domkapellmeister stets verbunden gewesen.

Am 16. September 1954 starb nach längerer Krankheit Frau Leopoldine Mayer, die Mutter von Eva Klemens; sie hatte ihre letzten Lebensjahre bei ihrer Tochter in St. Jakob und zum Schluß in einem Salzburger Altersheim verbracht. Ihr Tod traf Frau Klemens und auch den Herrn Professor sehr schmerzlich. Der Gedanke an die Endlichkeit menschlichen Lebens bewog Joseph Messner in den folgenden Wochen, sein Testament niederzuschreiben; es trägt das Datum vom 21. November 1954 und nennt Eva Klemens als Alleinerbin. Schon bald traf Messner ein neuer Schmerz, als am 29. November sein jüngerer Bruder Jakob in Schwaz starb[344]. Jakob hatte sich im Vergleich mit Johannes und Joseph stets als jemand gefühlt, der im Leben zu kurz gekommen war. Er hatte keine Möglichkeit zu einer höheren Ausbildung gehabt, auch wollte die Mutter wenigstens einen Sohn bei sich im Hause behalten. Jakob hatte eine Tischlerlehre begonnen, war dann aber Postbeamter geworden, heiratete und wurde Vater von vier Kindern. Für den vitalen, weltoffenen Bruder Joseph brachte er wenig Verständnis auf, auch lehnte er dessen Gemeinschaft mit Eva Klemens ab. Der Ältere aber ließ die Verbindung zu Jakob und seiner Familie nie abreißen; er nahm zeitlebens regen Anteil an ihrem Geschick und bereitete ihnen gelegentlich eine freudige Überraschung. So lud er sie zu Spazierfahrten mit seinem Auto ein, und „Tante Evi" bedachte die Kinder zu den Festtagen mit schönen Geschenken.

Das Jahr 1954 endete wieder einmal mit finanziellen Sorgen um die Dommusik, sodaß sich Messner noch am 26. Dezember schriftlich an das Hochwürdigste Erzbischöfliche Ordinariat wandte. Er legte dar, daß er trotz eines großherzig gewährten Zuschusses und eigener Einsparungen nicht mit dem budgetierten Monatsbetrag von 2.000 Schilling auskommen könne, und listete die Aufführungskosten auf: *... die mitternächtliche Schubert-Messe (50% Tariferhöhung, Nachttarif) 1.030 S, die Diabelli-Messe am Weihnachtstag S 1.000 , die kleine Bruckner-Messe am Stefani-Tag S 680, die Jahresschlußfeier (Tedeum) S 450, die Hummel-Pastoralmesse am Neujahrstag S 1.000, Diabelli am Namen Jesu-Fest S 1.000, Mozartmesse am Dreikönigstag S 700, Messe am Feste der Hl. Familie S 700.* Zusätzliche Kosten seien ihm infolge der plötzlichen Erkrankung seiner Sopransolistin erwachsen, weil nur eine auswärtige Sängerin für sie habe einspringen können; Messner sei aber nicht in der Lage, deren Honorar und Reisekosten zu bezahlen. Auch bat er, die Bezahlung des Domorganisten von durchschnittlich 250 Schilling pro Monat aus seinem Budget herauszulösen. *Daß die Donnerstage-Frühgottesdienste monatlich auf S 200 – 250 zu stehen kommen, möchte ich* nebenbei erwähnen. Und diese „Mitwirkenden" sind <u>nur</u> auf Grund von Bezahlung zu erhalten. (Da möchte ich die üble Taktik der Franziskanermusik erwähnen, die allsonntäglich alle mitwirkenden Chormitglieder bezahlt. Das kann sich allerdings nur der Bettelorden leisten!!) – Üble Dinge spielten sich auf den einzelnen Kirchenchören der Stadt ab, die das ganze Jahr keine Instrumentalmusik aufführen, in der Hl. Nacht aber den Musikern – nur um solche zu bekommen – Honorare bis zu 70 und 80 S anboten und bezahlten. Ich bezahle den normalen Tarif plus 50% Nachtzuschlag, also zusammen S 45.–, womit unsere – nachdem sie die Bezahlung der anderen Kirchen gehört haben – natürlich nicht zufrieden waren! Ich versuchte zu vermitteln[345].

Da die finanziellen Schwierigkeiten weitergingen, verfaßte der Domkapellmeister am zweiten Fastensonntag des folgenden Jahres ein Memorandum an den Erzbischof und legte ihm seine Sorgen dar: *Gewiß bewilligen Euere Exzellenz jährlich eine Summe für die Dommusik, wie sie wenigen Domen der Welt zur Verfügung gestellt wird. Trotzdem reicht dieser Betrag erfahrungsgemäß bei cca 70 Sonn- und Feiertagen nicht hin, wenigstens nur an Festtagen eine würdige Musik zu machen, wenn man bedenkt, daß z.B. eine Messekomposition mit mittelgroßer Orchesterbesetzung (Mozart, Haydn, Diabelli) ungefähr 1.000 S kostet. An größere Werke (Beethoven, Schubert, Bruckner) darf überhaupt nicht gedacht werden. Es wissen nur wenige, daß ich persönlich die finanziellen Mittel für die Gottesdienste während des Festspielmonats, um sie repräsen[ta]tiv zu gestalten, vom Bundesministerium für Unterricht aus dem Kulturförderungsfond erbettelte. Einen kleinen Zuschuß zur Dommusik gab mir – wieder über mein persönliches Ersuchen – der Salzburger Landesverkehrsförderungsfond. (Die für Weihnachten zugesagte Subvention traf erst in der Charwoche ein!). Die Güte Eurer Exzellenz haben der Dommusik schon wiederholt mit höchstpersönlichen Zuwendungen aus der größten Notlage geholfen. Aber alle diese zufälligen Wohltaten können mich meiner Sorge um eine des Domes und seiner großen Tradition würdigen Musik nicht entheben. Deshalb bitte Messner darum, daß sämtliche Erträge der Tafelsammlung im Dom ausschließlich für die Dommusik verwendet werden sollten. Nachdem ich bisher gleichsam den offiziellen Teil der Dommusik und deren notwendige Sanierung behandelt habe, erlaube ich mir nun auch in aller Be-* scheidenheit das persönliche Verhältnis zu meinem Dienstposten etwas zu beleuchten. Ich habe während meiner 30-jährigen Dienstzeit als Domkapellmeister außer den Dienstverpflichtungen (Aufführungen, Chor, Solisten-, Orchesterproben) viel Zeit für die <u>schöpferische</u> Arbeit im Interesse der Dommusik verwendet. Der Dank der Öffentlichkeit blieb nicht aus: meine Messekompositionen und mein Motettenwerk für das Kirchenjahr werden als Spezifikum des Salzburger Domes gewertet. Es war mir auch immer eine große Freude, wenn mir berichtet wurde, daß sich Euere Exzellenz über einzelne Werke besonders gefreut haben. – Umso verletzender muß für mich die Einstellung des HHst. Kustos Prälat Dr. Simmerstätter sein, der im Laufe einer telefonischen Aussprache über diesen ganzen Fragenkomplex die wörtliche Äußerung tat: „Für die wenigen Dienste, die Sie im Dom leisten, ist Ihr Gehalt mehr als genug und das Komponieren und Notenschreiben bis in die Nächte hinein ist Ihr Privatvergnügen." – – Diese Auffassung des Kustos, dem die Dommusik untersteht, über meine 30-jährige Diensttätigkeit am Dom hat mir wahrlich genügt. Glücklicherweise vertreten andere Herren des Domkapitels eine edlere Auffassung[346].* Wie Messners Brief beweist, war das Verhältnis zwischen ihm und seinem Dienstherrn von Hochachtung und Vertrauen geprägt. Fürsterzbischof Dr. Rohracher war – wie auch seine Vorgänger – dem Künstler stets gewogen und begegnete ihm mit großem Verständnis.

Am 23. Mai dirigierte Messner die Uraufführung seines im Vorjahr komponierten Konzertes für Violoncello und Orchester (op. 80) im Studio von Radio Salzburg anläßlich einer Rundfunkübertragung; der Solist war Prof. Georg Weigl. Im Lauf des Jahres skizzierte Messner eine 4. Symphonie, außerdem komponierte er ein Hornquartett nach Motiven Mozarts.

Im Frühsommer 1955 trat der Domkapellmeister mit seinem „Mozart-Ensemble" erstmals im Rittersaal der Salzburger Residenz auf. Dort und im Schloß Mirabell veranstaltete die Konzertdirektion Hummer von April bis September „Schloßkonzerte", die sich rasch einer großen Beliebtheit erfreuten. In dieser Konzertreihe musizierte Messner nun wiederholt mit den Gesangssolisten und dem Kammerchor der Dommusik sowie mit Mitgliedern des Mozarteum-Orchesters unter ihrem Konzertmeister Joseph Schröcksnadel. Auf dem Programm standen hauptsächlich die kleineren geistlichen Werke Wolfgang Amadeus Mozarts: seine Motetten, Litaneien, Kirchensonaten und Missae breves.

An außergewöhnlichen Feiern ist für den 8. Mai 1955 die *feierliche Investitur von neuen Rittern des Ritterordens vom Hl. Grabe zu Jerusalem*[347] im Dom zu nennen. Auf dem gedruckten Programmzettel dieser Veranstaltung erscheint mit Christa Hoffermann der Name einer neuen Solistin der Dommusik. Die junge, grazile Sopranistin mit der wunderschönen klaren Stimme und dem seelenvollen Ausdruck wuchs in den folgenden Jahren zur besten Interpretin der Werke Messners heran; der Domkapellmeister komponierte viele Proprien für sie.

Im Sommer standen fünf Domkonzerte auf dem Programm, wieder mit international bekannten Solisten, wie Rosl Schwaiger, Laurence Dutoit, Jean Madeira, Gertrude Pitzinger, George Maran, Otto Wiener, Norman Foster. Zu den letzten Proben hatte der Herr Professor ein dunkelhäutiges Mädchen mitgebracht, das von nun an ihn, Frau Klemens und die Hausgehilfin Hedwig Hillinger begleitete. Die damals neunjährige (Helga) Rosemarie lebte seit dem Juli 1955 zuerst als Ferienkind, dann als Pflegekind im Hause Messner. Ihr Vater war ein farbiger amerikanischer Besatzungssoldat unbekannten Namens. Ihre Mutter, eine österreichische Krankenschwester, litt seit vielen Jahren an einer so schweren Tuberkulose, daß sie das Mädchen nicht selbst betreuen konnte; Rosemarie mußte daher in Kinderheimen aufwachsen, ehe sie in St. Jakob ein Zuhause fand[348].

Für den Herbst war als Auftakt zum bevorstehenden Mozartjahr 1956 eine große Italien-Tournee des Domchores angesetzt, die von der Salzburger Konzertdirektion Hofstötter organisiert wurde (Auslandsreisen waren vor der im Mai 1955 erfolgten Unterzeichnung des Österreichischen Staatsvertrags mit Schwierigkeiten verbunden gewesen). Die Reise dauerte vom 4. bis 15. November und führte nach Mailand, Treviso, Belluno, Cremona, Genua, L' Aquila und Rom. In den genannten Städten führte Messner mit seinem Ensemble Mozarts „Versperae solemnes de confessore" und das „Requiem" auf. Er hatte dazu Mitglieder des Mozarteum-Orchesters sowie die Solisten Laurence Dutoit, Ena Thiessen, Hubert Grabner und Franz Pacher verpflichtet. Knapp vor der Abreise sagte jedoch das Orchester seine Mitwirkung wegen Schallplattenaufnahmen, Konzerten und einer bevor-

stehenden Tournee in die USA ab. Um die Aufführungen in Italien zu retten, mußte der Domkapellmeister in kürzester Zeit Musiker aus Bad Reichenhall, München und Wien zu einem neuen Klangkörper zusammenstellen. Obwohl die neue Besetzung sofort als „Dom-Orchester" an die italienischen Veranstalter weitergemeldet wurde, erschien auf einigen bereits gedruckten Ankündigungen der Name des Mozarteum-Orchesters, noch dazu in Verbindung mit dem Masken-Emblem der Salzburger Festspiele. Da neben Dutzenden von begeisterten Konzertkritiken vor allem in Mailand und Rom auch einige negative Stimmen über die Aufführungen laut wurden (es wäre z.B. mehr Eleganz wünschenswert gewesen und mehr Duchsichtigkeit in der Wiedergabe polyphoner Passagen), war in Salzburg die Hölle los. Das Mozarteum-Orchester und die Salzburger Festspiele sahen sich mißbraucht, einheimische Tageszeitungen schrieben von einer „Gefahr für die Festspielstadt"[349] und von einer „Musikalischen Bildfälschung"[350]. Messner und Hofstötter wehrten sich am 18. November – sofort nach ihrer Rückkunft – gegen die Vorwürfe: *Zu den beispiellosen und unverantwortlichen Angriffen mehrerer Salzburger Tagesblätter, die durch eine Aktion des Präsidenten des Vereines „Mozarteum-Orchester" Hofrat Josef Rehrl ausgelöst worden war und der sich die Leitung der Salzburger Festspiele, die Leitung der Akademie Mozarteum und „Camerata academica" angeschlossen hatten, nehmen wir folgendermaßen Stellung:*

Was die künstlerische und für Salzburgs Musikleben bedeutsame Wertung der Italientournee des Salzburger Domchores betrifft, möchten wir zunächst die Frage aufwerfen, wer für eine solche Wertung zuständig ist, derjenige, der ein solches Konzert in Italien angehört hat, wie der Leiter des österreichischen Kulturinstitutes in Rom, der österreichische Generalkonsul in Mailand, die Bischöfe von Feltre und Cremona, die Präfekten der Provinzen und Bürgermeister der Städte, in denen konzertiert wurde, die Präsidenten der italienischen Musikgesellschaften, die unsere Vertragspartner waren, die maßgebenden Musikkritiker Italiens und schließlich das Konzertpublikum selbst (ca 12.000 Zuhörer) oder jene oben angeführten Salzburger Stellen, die fernab und ohne persönliche Teilnahme über diese Aufführungen vom grünen Tisch aus ihr Urteil fällen.

Wie die anliegenden Kritiken aller objektiven, nicht ausschließlich durch Parteiinteressen bestimmten Blät-

ter beweisen, sind diese Konzerte in allen Städten mit stärkstem Beifall aufgenommen worden. [...].

Der österreichische Generalkonsul in Mailand als der offizielle Vertreter unseres Landes erklärte auf einem offiziellen Empfang, zu dem nach dem Konzert in Mailand neben dem ganzen Ensemble alle ausländischen in Mailand residierenden Diplomaten und die Spitzen der Behörden geladen waren, er freue sich, in Professor Messner und seinem Ensemble würdige Repräsentanten der österreichischen Kultur und Kunst begrüßen zu können, die in so eindrucksvoller Weise das Mozartjahr in Italien eingeleitet haben. Er beglückwünschte Professor Messner, die vier Solisten, Chor und Orchester zu dem ausgezeichneten Erfolg und bezeichnete die Leistung als eine Kulturtat für Mozart und Salzburg. So das offizielle Österreich in Mailand! – Auch der Leiter des österreichischen Kulturinstitutes in Rom, Sektionschef Dr. Egon Hilbert, der noch vor kurzer Zeit bestimmend die Geschicke der Salzburger Festspiele leitete, war Zeuge der hohen Anerkennung, die der Präsident der philharmonischen Akademie in Rom, DUCA FILIPPO CAFFARELLI der letzten Aufführung im Teatro Eliseo in Rom am 14.11.1955 zollte. Sektionschef Hilbert äußerte sich Professor Messner gegenüber sehr befriedigt über die dargebotenen Leistungen. So das offizielle Österreich in Rom! [...]

Wir resümieren: Wir haben weder bewußt noch fahrlässig den Namen „Mozarteum-Orchester", „Salzburger Festspiele" oder das Embleme der Salzburger Festspiele mißbräuchlich oder gar zur Irreführung des italienischen Publikums verwendet. Wir stellen fest: Die Tournee war eine voller künstlischer Erfolg und eine durchaus positive Werbung für das künstlerische Ansehen unserer Stadt, die umso höher einzuschätzen ist, als sie nicht einen Groschen öffentlicher Mittel beanspruchten. Die Tourneeteilnehmer wurden in jeder Weise zufriedengestellt und alle getroffenen Abmachungen restlos erfüllt. Wir müssen fordern, daß auch unsere Stimme zu Gehör gelangt und die Öffentlichkeit in einer der Wahrheit entsprechenden Form aufgeklärt wird. Denn unser Ruf wurde durch die einseitige Pressedarstellung auf das schwerste gefährdet. – Alle italienischen Zeitungen mit den Originalkritiken liegen im Kartenbüro P o l z e r , Bergstraße 22, zu jedermanns Einsicht auf. Die Kritiken der Konzerte in L'Aquila und Rom stehen uns zur Stunde noch nicht zur Verfügung. Diese werden nach ihrem Eintreffen sofort aufgelegt[351].

Kaum war dieses Schreiben veröffentlicht, schwächten die Salzburger Tageszeitungen ihre Angriffe auf Messner ab. Am 23. November brachten die „Salzburger Nachrichten" als Schluß ihres Artikels „Italien-Tournee mit Folgen" den Satz: Was immer sich noch daraus ergeben mag, es bleibt zu bedauern, daß dieser Fall so weite Kreise zieht; vorerst erweckt er den Eindruck, als sollte er in gewissem Sinne den Vorwand bieten, einem schon seit längerem schwelenden „kulturpolitischen Machtkampf" ein größeres Forum zu schaffen[352]. Drei Tage später aber zielte Max Kaindl-Hönig, der Kulturkritiker der selben Tageszeitung, in einem langen Artikel wieder auf den Salzburger Domkapellmeister und forderte für die künftigen Konzerte geistlicher Musik im Rahmen der Festspiele höchstes künstlerisches Niveau und auch die Mitwirkung auswärtiger Klangkörper: ... der hiesige Domchor braucht die Chance einer Erholung und die Reputation der Festspiele fordert sie unmißverstündlich, sofern man die Grade einer „Weltgeltung" aus den Menetekeln der Kritik abzulesen versteht[353]. Aus einem Brief Messners vom 30. November 1955[354] an den Präsidenten der Salzburger Festspiele, Heinrich Puthon, geht hervor, daß die Intrigen gegen ihn unter anderem den Zweck hatten, ihm die Domkonzerte wegzunehmen und sie dem Salzburger Rundfunkchor zuzuschanzen. Die Kunde von der Nennung des Mozarteum-Orchesters auf einigen italienischen Konzertplakaten war, wie Messner nachträglich erfahren hatte, der Mozarteumsleitung bereits vor der Abreise des Domchores bekannt gewesen und hatte in der Zwischenzeit für Angriffe gegen ihn genützt werden können.

Messners Ärger über die ungerechten Anschuldigungen einiger Salzburger Stellen wurde – wie schon des öfteren – durch unerwartete Anerkennung aus dem Ausland gemildert. Der Domkapellmeister hatte sogar im fernen Südafrika Freunde und Verehrer. Von der Universität Stellenbosch traf zu Jahresbeginn 1956 ein Brief folgenden Inhaltes ein: Sehr geehrter Herr Professor Messner, Als einer Ihrer aufrichtigsten Bewunderer in Süd-Afrika, möchte ich Ihnen mit diesem Brief gern zum Ausdruck bringen, wie sehr Ihre Schallplatten-Aufnahmen uns hier erfreuen. Ich erlaube mir, Ihnen mitzuteilen, dass ich eine grössere Anzahl Programme über die grössten lebenden Musiker für die hiesigen Radio-Stationen verfasst habe. Da ich die Absicht habe, diese Radio-Programme zu veröffentlichen, würde ich Ihnen zu sehr grossem Dank verpflichtet sein, wenn Sie mir freundlicherweise Ihre autographierte Photographie zukommen lassen würden. Ferner hat mich das Süd-Afrikanische Radio gebeten, eine neue Programm-Serie auszuarbeiten, unter dem Titel: „Musiker Sprechen Hier." In diesem Zusammenhang ware ich Ihnen zu weiterem Dank verpflichtet, wenn Sie mir Ihren Standpunkt über die wesentlichen Faktoren in musikalischer Interpretation bekannt geben würden. Ihr Rat und Ihre Beratung wäre von ausserordentlichem Wert für alle Musik-Studenten und Musik-Liebhaber. Daher wäre ich Ihnen sehr verpflichtet, wenn Sie mir freundlicherweise die oben verzeichneten Fragen beantworten würden. Im Voraus gestatte ich mir Ihnen meinen herzlichsten Dank auszusprechen, und verbleibe mit freundlichen Grüßen, Ergebenst G. F. Stegmann[355].

Das große musikalische Ereignis im Jänner 1956 war die Festwoche – die erste „Mozart-Woche" – anläßlich der 200. Wiederkehr von Mozarts Geburtstag. Am eigentlichen Gedenktag wurden in Salzburg drei Gottesdienste mit seiner Musik gefeiert. In der Franziskanerkirche dirigierte Pater Bartl Viertler die „Credo-Messe", im Dom erklang unter Messners Leitung die „Krönungsmesse", und in der Stiftskirche St. Peter führte Ernst Hinreiner mit dem Rundfunk- und dem Mozarteum-Kammerchor die „Waisenhaus-Messe" auf. Joseph Messner verfaßte einen langen Artikel über die „Kirchenmusikalische Tradition in Salzburg", der am 27. Jänner 1956 in den „Neuen Zürcher Nachrichten" erschien[356]. In der 4. Nummer des Salzburger „Rupertiboten" war sein Aufsatz „W. A. Mozart und die Kirche" zu lesen; eine Sonderfolge der Zeitschrift „Wien und die Wiener" bereicherte er mit einem Beitrag über „Mozarts Kirchenmusik"[357]. Durch die andauernde Beschäftigung mit alten Musikhandschriften gelangte Messner zur Überzeugung, daß eine im Archiv des Salzburger Domes aufgefundene „Missa brevis in G" von W. A. Mozart stammen müsse. Die Erstaufführung der wiederentdeckten Messe KV 140 fand am 29. Juli im Dom statt; als Solisten sangen Christa Hoffermann, Helga Weeger, George Maran und Helmut Pesendorfer.

Mozart als musikalischer Jahresregent bestimmte selbstverständlich auch die Programme der Schloßkonzerte und der Festspiele. Der Domchor hatte für die Sommermonate laut seinem Probenplan[358] ein

Mozart-Jahr
(1756 1956)

Festliche Erstaufführung
nach Authentifizierung des Werkes

WOLFGANG AMADEUS MOZART

„MISSA BREVIS IN G"
KV 140

Kyrie — Gloria — Credo — Sanctus — Benedictus — Agnus

Ausführende:
Sopran: Christa Hoffermann
Alt: Helga Weeger
Tenor: George Maran
Baß: Helmut Pesendorfer
DER SALZBURGER DOMCHOR
DAS MOZARTEUM-ORCHESTER
ORGEL: DOMORGANIST PROF. FRANZ SAUER
Leitung:
DOMKAPELLMEISTER PROF. JOSEPH MESSNER
Propriengesänge des Sonntages
(Introitus — Graduale — Offertorium — Communio)
von Joseph Messner

Abb. 62 Programmzettel, 29. Juli 1956

ungemein dichtes Arbeitspensum. In die Zeit vom 8. Juli bis 9. September 1956 fielen 38 Termine; sie betrafen die Proben und Aufführungen im Dom, die Schloßkonzerte, die Hauptproben, öffentlichen Generalproben und Aufführungen der vier Domkonzerte sowie die Chorproben für jene Sänger, die in manchen Festspielkonzerten – wie auch in früheren Jahren – den Wiener Staatsopernchor verstärkten. Wenn man bedenkt, daß Messner den Sommer über an den Wochentagen im Wechsel mit Professor Sauer auch noch die Orgelvorführungen im Dom bestritt, kann man über seine Arbeitsleistung nur staunen. Die Internationale Stiftung Mozarteum würdigte denn auch im Dezember Messners *verdienstvolle Tätigkeit im Mozart-Gedenkjahr 1956*[359]. Als eines der privaten Dankschreiben für die schönen Aufführungen während der Festspiele sei die in fehlerhaftem Englisch verfaßte Widmung eines libanesischen Konzertprogramms an den Salzbuger Domkapellmeister zitiert: *Dear Respected Prof. Messner – Mozart Requiem which I had*

*heard for the first time in my musical life, was under
your baton in Salzburg Festival 1955, it made me cry my
24 year late brother whom I lost in Baghdad 1954. Ple-
ase, I dedicate to you the programm of the Requiem
which my Libanaise Musican Prof. Alexis Boutros had
conducted in Beyrouth. I met him in this month (1956)
on my way to Austria – we praised your kind influnce
to Mozart Church Music – I hope you a long musical
life, Professor. Your Admirer Louis Zanbaka – Salzburg
30 / 7 / 1956*[360].

Neben Mozart gedachte man in diesem Jahr
zweier weiterer Komponisten: Bruckner war vor 60
Jahren gestorben, Michael Haydn vor 150 Jahren; Werke aus ihrer Feder erklangen daher auch in den Domkonzerten. Messner selbst feierte zwei Jubiläen: Im
Mai waren es 30 Jahre her, daß er zum Domkapellmeister bestellt worden war, und im Oktober jährte
sich der Tag seiner Priesterweihe zum 40. Mal. Beide
Termine veranlaßten ihn, seine Kunst auch außerhalb
des Domes in den Dienst Gottes zu stellen. Am 31. Mai
gestaltete er in der Kirche der Landesheilanstalt die
Kirchenmusik zum Fronleichnamsfest, wozu er einen
Bläsersatz zu Bruckners „Tantum ergo" und vier Altar-
fanfaren für Bläsersextett schrieb. Am 7. Oktober konzertierte er mit Christa Hoffermann und Joseph
Schröcksnadel zum Abschluß der Kirchweih-Festwo-
che in der Stadtpfarrkirche Maxglan. Für das Kirch-
weihfest selbst hatte er mit der Komposition von Introitus und Communio sein Proprium vervollständigt.

Im Lauf dieses Jahres entstanden noch weitere
geistliche Werke, unter anderem drei Gesänge für die
Karwoche und die „Gesänge für die Weihnachtsma-
tutin". Unter seine weltlichen Werke fällt eine Tanz-
musik zu „Jedermann", die er auf Bitten Ernst Lothars
hin schrieb[361].

Im neuen Jahr 1957 erhielt Messner ein außerge-
wöhnliches Geburtstagsgeschenk:
*Die Präsidentschaftskanzlei beurkundet hiemit, dass
der gemäss Artikel 64 Absatz 1 des Bundes-Verfassungs-
gesetzes die Funktionen des Bundespräsidenten der Republik Österreich ausübende Bundeskanzler mit Ent-
schliessung vom 27. Februar 1957 dem Herrn Domkapellmeister, Professor Josef Messner das Goldene Ehrenzei-
chen für Verdienste um die Republik Österreich verliehen hat*[362]. Die Insignie und das diesbezügliche Dekret
wurden ihm am 8. August im Rittersaal der Salzburger Residenz übergeben[363].

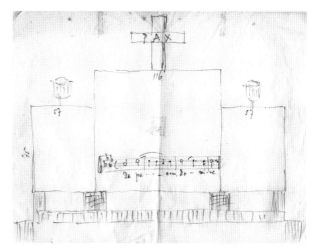

Abb. 63 Grabskizze von Joseph Messner

Seit längerer Zeit dachte der Domkapellmeister
daran, sein Wohnhaus in St. Jakob am Thurn gegen ein
Domizil im Stadtgebiet zu vertauschen, weil ihn vor
allem zur Winterszeit die ständigen Fahrten nach
Salzburg anstrengten[364]; es war ihm aber nicht möglich, seinen Plan zu verwirklichen. Auch beschäftigte er
sich mit der Gestaltung seines künftigen Grabmals und
bat den Salzburger Bildhauer Bohdan Zarowskyj[365],
ihm einen Entwurf für eine dreiteilige Grabplatte zu
machen. Das in Ton ausgeführte Modell – es zeigt auf
der mittleren Tafel Christi Tod am Kreuz, auf den Sei-
tentafeln links die Grablegung, rechts die Auferstehung – entsprach wohl Messners Vorstellungen, die
Kosten für einen Bronzeguß hätten jedoch seine finanziellen Möglichkeiten bei weitem überstiegen,
und daher mußte er auf eine Ausführung der schönen
Arbeit verzichten[366]. Messner entwarf daraufhin selber
sein Grabmal[367], das aus drei schlichten Steinplatten –
einem breiten Mittelstück und zwei schmalen Seiten-
teilen – bestehen und von einem kleinen steinernen
Kreuz bekrönt werden sollte. Der waagrechte Kreuz-
balken trägt die Inschrift „PAX", in die mittlere Platte
sind unter dem Gedenktext die Anfangsnoten seiner
Motette „Da pacem, Domine" aus dem Kriegsjahr
1941 eingraviert. Die Breite der mittleren, etwas höheren Tafel ist mit 116 Zentimetern angegeben. Als Maße
der Seitenteile bestimmte Messner eine Höhe von
75 Zentimetern und eine Breite von 57 Zentimetern.
Vermutlich kann man die drei angegebenen Zahlen in
der Tradition der alten Meister als Hinweise auf
Psalmverse und auch als Symbole auffassen. Messner

Abb. 64 Messner und der Sänger Jaro Daniel vor dem Salzburger Dom, 15. September 1957

hatte im Jahr 1937 den Lobgesang des Psalms 116 („Laudate Dominum omnes gentes") vertont. Die Psalmen 75 und 57 (gespiegelte Zahlen!) besingen Gott einerseits als einen furchtbaren Herrscher, andrerseits als einen Helfer der Gerechten („Notus in Judaea Deus" und „Si vere utique justitiam loquimini")[368]. Die Ziffernsumme aus den Zahlen 5 und 7 ergibt die Zahl 12, die als Hinweis auf die zwölf Stämme Israels, die zwölf Apostel, die zwölf Monate des Jahres und die zwölf Stunden des Tages verstanden werden kann. Mit den drei angegebenen Zahlen und den ausgewählten Inschriften gab der Komponist also auch seinem Grabmal Form und Inhalt: Es kündet von einem Menschen, der sein Leben lang Gott lobte und Christus nachfolgte; auf Erden ist ihm manches Unrecht widerfahren, Gott schenke ihm nun den Frieden. Die spätere Ausführung des Grabmals entspricht ziemlich genau den auf der Skizze angegebenen Maßen. Die Gedenkplatte wurde vom Salzburger Bildhauer Hans Pacher gestaltet; nur die Posaunenengel auf beiden Seiten sind nicht zur Zufriedenheit der Auftraggeber ausgefallen[369].

In diesem Sommer 1957, der noch mehr Aufführungen als im Vorjahr umfaßte, fielen nach dem Abschluß der Festspielzeit die sonst üblichen zwei Urlaubswochen für Domkapellmeister und Chor aus, weil Messner Anfang September mit seinem Schloßkonzert-Ensemble einen Festgottesdienst zur Achthundert-Jahrfeier des Wallfahrtsortes Mariazell vorbereitete. Er hatte dazu ein eigenes Proprium („Stillabunt montes") komponiert[370], das am Samstag, dem 14. September, uraufgeführt wurde; als Ordinarium erklang Mozarts „Missa brevis in B". Den mitwirkenden Sängern und Musikern blieb die Reise nach Mariazell unvergeßlich. Zwar fuhr ihr Autobus am Freitag pünktlich um 13 Uhr von Salzburg ab, er kam aber nicht, wie geplant, nach sechs Stunden ans Ziel, sondern erst lange nach Mitternacht, weil die Reisegruppe wegen eines Motorschadens stundenlang in einem kleinen oberösterreichischen Dorf halten mußte. Die fünfzehn Damen und zwanzig Herren von Chor und Orchester wollten sich unterdessen in dem einzigen Gasthaus des Ortes stärken, der Wirt hatte aber nur mehr zehn Semmeln und einen Topf mit Gulaschsuppe vorrätig. Damit jeder etwas Warmes zu essen bekäme, wurde die Suppe mit Wasser gestreckt, und Professor Messner schnitt als Beigabe die Semmeln in hauchdünne Scheiben – die Hungrigen hätten sich eine wunderbare Brotvermehrung gewünscht![371] Am nächsten Morgen fand der Festgottesdienst mit aller Pracht statt, gleich darauf fuhr das Ensemble nach Salzburg zurück und bereitete sich auf die Sonntagsmessen im Dom vor. Einige Tage danach mußte sich der Domkapellmeister schweren Herzens wieder einmal an den Erzbischof mit der Bitte um einen finanziellen Zuschuß für die Dommusik wenden, weil öffentliche Subventionen zum Teil gekürzt, zum Teil sogar gestrichen worden waren[372].

Da die Salzburger Katholiken die schöne, festliche Musik im Dom und in den anderen großen Gotteshäusern der Stadt sehr schätzten und ihre Gestaltung mit Interesse verfolgten – die Kirche verstand sich damals noch als eine wichtige Pflegestätte der Hochkultur –, so berichteten auch die Tageszeitungen immer wieder ausführlich über die verschiedenen Aufführungen, speziell zu Ostern und zu Weihnachten. Sie nannten die Komponisten, beschrieben die Werke und stellten die Interpreten vor. Als Beispiel sei der letzte Absatz eines langen Artikels der „Salzburger Volkszeitung" vom 15. Jänner 1958 über die „Festliche Musica sacra" im Dom während der Weihnachtszeit zitiert: *Wir Salzburger dürfen stolz darauf sein, daß wir dank des Kunstsinnes der kirchlichen Stelle uns selbst und den zahlreichen Besuchern unserer Stadt eine solche Fülle von Weihnachtsmusik im Dom bieten konnten, wie wohl kaum eine zweite Kathedrale. Wir müssen dem S a l z b u r g e r D o m c h o r und dem M o z a r t e u m - O r c h e s t e r mit Professor Sauer an der großen Domorgel danken für die hingebungsvollen, künstlerisch hochstehenden Leistungen. Nicht zuletzt gedenken wir mit besonderer Genugtuung der Solisten, die Stimme und Können in den Dienst der weihnachtlichen Dommusik stellten: die Soprane Christa Hoffermann, Luise Leitner und Hanni Pfannhauser, die Altistinnen Margarete Kissel und Helga Pesendorfer, die Tenöre Rudolf Orbert, Alfons Adam, Kajetan Schmidinger und die Bässe Helmut Pesendorfer und Hartmut Müller, die Instrumentalsolisten Josef Schröcksnadel (Violine) und Wolfgang Billeb (Oboe). Ganz besonderer Dank aber gebührt unserem Domkapellmeister Prof. Joseph M e ß n e r für Programm und Ausführung, nicht zuletzt für sein umfangreiches kompositorisches Schaffen, das der Salzburger Dommusik das Signum der Einmaligkeit gibt*[373].

Gestärkt und ermuntert durch die wiederholte Würdigung seiner Arbeit als Domkapellmeister, fühlte sich Messner verpflichtet, „seiner" Kathedrale weiterhin wertvolle Musik zu schenken. Als abzusehen war, wann der Dom nach den schwierigen Restaurierungsarbeiten in neuem Glanz erstrahlen werde, bestärkte ein Brief des Erzbischofs den Komponisten in seinem Wunsch, zu diesem Anlaß eine festliche Messe zu schaffen. Dr. Andreas Rohracher hatte ihm am 12. Februar 1958 geschrieben: *Da zur Vollendung unseres Domes ein großes Domfest geplant ist, möchte ich Sie aus diesem Anlaß um die Komposition einer Festmesse bitten. Bevor ich Ihnen den entsprechenden Auftrag erteilen kann, ersuche ich, mir die ungefähren Kosten, die die Aufführung erfordern wird, bekanntgeben zu wollen*[374]. Messner antwortete seinem Dienstherrn zehn Tage später: *Euere Exzellenz! Mit dem sehr geschätzten Schreiben vom 12. ds. (gerade an diesem Tag vor 50 Jahren kam ich als Sängerknabe an den Salzburger Dom) stellen Euere Exzellenz den Kompositions-Auftrag für eine große Festmesse zur Wiedereröffnung des restaurierten Domes in Aussicht. Hoch-Ihre diesbe-*

zügliche Absicht ehrt mich und hat den Entschluß in mir reifen lassen, daß ich keine wie immer geartete finanzielle Bedingung an diesen eventuellen Auftrag knüpfen möchte. Der schönste Lohn für mich wäre es, wenn der Herrgott mir für dieses Werk die Gnade einer besonderen Inspiration schenken würde. Ich sehe der gütigen Entscheidung Euerer Exzellenz untertänigst entgegen als Euerer Exzellenz ergebenster ... Daraufhin schrieb ihm der Erzbischof am 28. Februar zurück: *Hochwürdiger lb. Herr Professor! Herzlich danke ich für Ihre gesch. Zeilen vom 22. ds. M. und freue mich, daß Sie bereit sind, zum Domfest 1959 eine Festmesse zu komponieren. Wenn Herr Professor keine finanziellen Bedingungen dafür stellen, so erkläre ich mich bereit, nach Möglichkeit Ihre finanziellen Sorgen für den Domchor im laufenden Jahr zu erleichtern. Es ist mir ein großes Anliegen, daß Herr Domkapellmeister zu Ihren vielen Kompositionen für das Domfest eine besonders gelungene zu schaffen vermögen und will dieses Anliegen zu meinem Gebet machen. Mit den besten Segenswünschen und herzlichen Grüßen bin ich Ihr + Andreas, Erzbischof*[375].

Am Tag vor der Abfassung dieses gerade zitierten Schreibens feierte Messner seinen 65. Geburtstag. Im Festspielhaus erklang zu Ehren des Komponisten sein Violinkonzert in einem Orchesterkonzert der Kulturvereinigung. Wieder erschienen ausführliche Zeitungsberichte über den Jubilar, wieder stellten sich unzählige Gratulanten aus nah und fern ein. Eines der wichtigsten Glückwunschschreiben traf vom Tiroler Landeshauptmann ein: *Sehr geehrter Herr Professor! Zu Ihrem bevorstehenden 65. Geburtstag erlaube ich mir, im eigenen Namen sowie im Namen Ihres Heimatlandes Tirol Ihnen die herzlichsten und aufrichtigsten Glückwünsche zu übermitteln. Mögen diese Glückwünsche Ihnen sagen, daß Tirol Sie und Ihr Wirken im Dienste der Musik, wenn es sich auch bereits seit einem halben Jahrhundert im Nachbarland Salzburg entfaltet, nicht vergißt, daß es vielmehr mit Stolz auf seinen Sohn blickt, der durch sein weithin anerkanntes Schaffen als Komponist, sowie durch sein jahrzehntelanges Wirken als Domkapellmeister in Salzburg auch seinem Heimatlande schon viel Ehre gebracht hat. Die Wertschätzung und das Vertrauen des Landes sollte auch in dem Kompositionsauftrag zum Ausdruck kommen, der Ihnen für das Tiroler Jubiläumsjahr 1959 erteilt worden ist*[376]. Dieser Auftrag betraf eine Chorballade auf einen Text von Josef Oberkofler über den Tiroler Freiheitshelden Peter Mayr, den Wirt an der Mahr.

Die beiden Kompositionsaufträge füllten jede freie Minute aus, und dabei hatte Messner nicht nur seine Aufgaben als Domkapellmeister zu erfüllen, sondern war auch als Orgel- und Glockensachverständiger der Erzdiözese vielbeschäftigt. Seinen Verpflichtungen bei den „Schloßkonzerten" im Sommer gingen Konzerte während der neuen Veranstaltungsreihe „Musikalischer Frühling" voraus, Messner lud das Publikum zu „kirchenmusikalischen Feierstunden in St. Peter" ein. In den vier Domkonzerten dirigierte er Werke von Mozart, Schubert und Bruckner. Die Gottesdienste im Dom wurden ebenso wie die besonderen Veranstaltungen während der zweiten Jahreshälfte mit der üblichen Sorgfalt gestaltet: eine „Geistliche Abendmusik" in der Kollegienkirche anläßlich der Salzburger Hochschulwochen, ein Festgottesdienst für die Görres-Gesellschaft Ende September im Dom, eine Gedenkstunde an den verstorbenen Papst Pius XII. am 18. November im Festspielhaus. – Am 4. Oktober war Domdechant Albert Lungkofler, Messners Präfekt aus der Sängerknabenzeit, verstorben.

Am 15. Dezember 1958 schickte Messner wieder einmal einen Brief an das *Hochwürdigste erzb. Ordinariat* ab: Die wegen der Umbauten im Dom geplante Verlegung der Gottesdienste nach St. Peter mache dem Chor wegen des späten Beginns der Messen Schwierigkeiten; im Dom sei der Schmutz auf der Chorempore ärgerlich (*Daß ich vor größeren Feiertagen mit meinen Hausleuten den Dreck am Chor wegräumen mußte, damit man an Feiertagen wenigstens musizieren konnte, und daß ich heute noch an Sonn- und Feiertagen früh die Sessel der Musiker abstauben muß, wird wohl mit der Wiedereröffnung des Domes ein Ende nehmen*[377]); in manchen Kapitelämtern seien die Predigten viel zu lang und vertrieben die Gläubigen, wie man beobachten könne, aus der Kirche. – Wiederholt klagte der Domkapellmeister über zu lange Predigten und führte dafür zwei wichtige Gründe an. Erstens war er der Meinung, daß die Qualität einer Predigt nicht von ihrer Länge abhing. Zweitens mußte er die Orchestermusiker extra bezahlen, wenn sie über die ausgehandelte Zeit hin im Dom Dienst tun sollten, und dazu fehlte ihm das Geld im Budget. So kam es immer wieder vor, daß Messner seinen Ärger über einen redseligen Prediger auf der Kanzel nicht

nur sichtbar, sondern auch hörbar ausdrückte. Zuerst schwenkte er seine Arme als Zeichen zum Aufhören hin und her. Reagierte der Geistliche darauf nicht, klopfte Messner mit dem Taktstock mehrmals vernehmlich auf das Geländer der Chorempore. War nach einigen Minuten noch immer kein Ende der Predigt zu erwarten, dann gab es nur mehr ein Mittel: Messner setzte sich an die Orgel und spielte das tiefe C im Pedal an – zuerst als langen Brummton, dann in wiederholten Stößen. Wenn auch dieses Signal nicht beachtet wurde, rief er seinem Organisten ärgerlich zu: „Jetzt spielen S' amal eini!", oder er begann selbst, das Credo einzuspielen. Seine Ungeduld trug ihm manche Zurechtweisung seitens der Domgeistlichkeit ein, Messner hielt jedoch bis ins hohe Alter an diesen Ermahnungsmethoden fest.

Zu Jahresende, als der Domkapellmeister bereits mit den Planungen für den nächsten Festspielsommer beschäftigt war, beunruhigten ihn erneut Gerüchte um die „Konzerte geistlicher Musik". Er wandte sich am 30. Dezember 1958 in einem Brief an Herbert von Karajan[378] und schrieb ihm unter anderem: *Herr Dr. Nekola teilte mir vor einigen Tagen mit, daß der Salzburger Rundfunkchor (der nicht zum geringsten Teil aus Mitgliedern des Domchores besteht) bei der Direktion der Festspiele durch den Landesrat Kaut angesucht hat, bei den Festspielen ein Chorkonzert abhalten zu dürfen. Wie ich aus Kreisen dieses Chores höre, will man das Requiem von Cherubini aufführen. – Außerdem wird der Straßburger Domchor wieder mit einem geistlichen Chorkonzert in Erscheinung treten. [...] Zum Sektor „Chorkonzert" bei den Festspielen möchte ich ausdrücklich erwähnen, daß ich unseren großen Dirigenten gerne die großen Chorwerke der Weltliteratur überlassen habe. (Über Ersuchen Bruno Walters verzichtete ich vor dem Mozartjahr sogar auf Mozarts „Requiem"). Ich habe für Sabata und für Furtwängler sogar meinen Domchor als Verstärkung des Opernchores persönlich studiert. – Daß man aber in Salzburg j e t z t quasi ein Konkurrenz-Unternehmen aufziehen will, finde ich überflüssig. Ich muß dazu noch erwähnen, daß eine gewisse – von Rundfunkchor-Kreisen beeinflußte Presse („SN") – schon seit Jahren darauf hinarbeitet, dem Domchor bzw. mir die geistlichen Konzerte aus der Hand zu winden. Baron Puthon hatte damals schon das Intrigenspiel durchschaut und war mein guter Schutzgeist. Jetzt versuchte man über Landesrat Kaut*

Abb. 65 Herbert von Karajan in Salzburg

(SPÖ) den Dirigenten des Rundfunkchores (sozialistischer Akademiker-Verband!) endlich in das Festspielprogramm zu bringen. – Nun meine Bitte an Sie, verehrter Herr von Karajan! Wenn der Rundfunkchor schon ins Programm kommt, dann nur mit einem <u>weltlichen</u> Werk. <u>Man möge den geistlichen Sektor dem für diese Sparte berufenen Domchor überlassen.</u> Möchten Herr von Karajan die große Güte [haben], Ihre diesbezügliche Entscheidung in diesem Sinne an die Direktion der Festspiele weiter zu geben. Ich danke Ihnen im voraus herzlichst![379]

Der Alltag im einsam gelegenen „Landhaus Messner" verlief den ganzen Winter hindurch arbeitsreich, der Herr Professor sollte nach Möglichkeit nicht gestört werden. Seiner Pflegetochter Rosemarie fiel es nicht immer leicht, sich an die Gebote und Verbote ihrer Umgebung zu halten. Sie verbrachte zwar ihre Schulzeit in St. Jakob, Salzburg, Glasenbach, Goldenstein und wieder in Salzburg[380] unter Gleichaltrigen, ihre Freizeit aber meistens allein mit viel beschäftig-

ten Erwachsenen. Zwischen ihnen und dem pubertierenden Mädchen entstanden Spannungen und Konflikte, die heftig an den Nerven Messners zerrten. Er brauchte jedoch alle seine Kräfte für die Vollendung seiner großen Kompositionen und für die Vorbereitung der zahlreichen Aufführungen.

Die Einstudierung der neuen Festmesse bereitete den Mitwirkenden anfangs mancherlei Schwierigkeiten, die sich aber mit der genaueren Kenntnis des Werkes verringerten. Messner hatte auch diesmal für und nicht gegen die Musiker komponiert, wieder bemaß er die einzelnen Phrasen nach dem menschlichen Atem. Sein Wunsch nach einer besonders glücklichen Inspiration für das Werk hatte sich erfüllt. Im „Agnus Dei", dem letzten Teil des Ordinariums, verband der Komponist nämlich die Bitte um das Erbarmen Gottes mit einem naturalistischen Tongemälde, das die Bombardierung des Domes und den nachfolgenden Einsturz der Kuppel schildert. Man hört das Heransausen des Sprengkörpers, den Einschlag, das fürchterliche Krachen der herabstürzenden Trümmer und dann die flehentlichen „Miserere"-Rufe des Chores[381]. Die Kirchengemeinde atmet erst wieder erlöst auf, wenn im „Dona nobis pacem" die Bitte um Frieden erklingt. Wegen dieser naturalistischen Schilderung erhielt die „Große Messe in E, op. 83" bald nach der Uraufführung den Beinamen „Bomben-Messe".

Messner selbst erläuterte den kunstvollen Aufbau und die Hauptmerkmale der gewaltigen Komposition in einem Begleittext zum Werk[382]:

Hauptmerkmale:
a) symphonischer Aufbau
b) stark polyphone Stimmführung
c) Thematik (fast leitmotivische Verwendung) nach theologisch-dogmatischer Ausdeutung des Messe-Textes
d) Ausgiebige Verwendung des Soloquartettes.

<u>Kyrie:</u>
e-moll
3-teilig: Gott Vater – Sohn – Hl. Geist
Gott Vater (Kyrie) in e moll – mächtige Steigerung.
Gott Sohn (Christe) in G dur
Gott Hl. Geist (Kyrie) in E dur – feurige Fuge und leises Verklingen

<u>Gloria:</u>
c dur

Motiv der „Herrlichkeit" = Tonleiter ist Hauptmotiv!
In den einzelnen dogmatischen Anspielungen ist die Erinnerung an die Themen des Kyrie-Christe-Kyrie.
„Qui tollis" = getragener Mittelsatz (Sonatenform)
„Cum sancto spiritu" = Doppelfuge! („in gloria Dei patris" = Anspielung auf das Motiv der Herrlichkeit)

Credo:
c dur
3-teilig entsprechend dem Text: Vater – Sohn – Hl. Geist
Chor und Orchester im 1. Teil: Illustration Gott Vaters des Schöpfers.
Soloquartett im 2. Teil: Bild von der Geburt Christi im „et incarnatus" = zarte Linienführung der Solostimmen über dem Chor. Das „Crucifixus" eine dramatische Schilderung der Kreuzigung.
„Et resurrexit" – das österliche Alleluja (gregorianischer Choral!) klingt stürmisch auf!
„Et vitam venturi"– farbenreiche Ausmalung des Lebens im Jenseits
„Amen" lebhafte, freudige Fuge (Parsifal-Glocken!) für Soli, Chor und Orchester.

Sanctus:
e dur
Anbetung der himmlischen Chöre (Mystik nach der Apokalypse des Johannes!) – „Pleni sunt coeli" Anspielung auf „Gloria".
„Hosanna" Fuge über heiter-bewegtes Thema.

Benedictus:
g dur
Anbetung der Hirten in der Krippe – hauptsächlich Soloquartett (mit kurzem Chorsatz) in solistischer Führung, Duetten, Quartetten.
„Hosanna" – mit gleichem Thema wie im „Sanctus", jedoch durchaus im pastoralen Charakter.

Agnus:
e moll
Hauptthema „Christe" (2. Teil des „Kyrie" = Gott Sohn!).
„Dona nobis pacem" (E-dur) – lyrisch! Wird unterbrochen von der kurzen Schilderung des Bombeneinschlages: dramatischer Aufschrei des 6stimmigen Chores „Miserere, miserere" – Ausklingen im erlösenden „Dona nobis pacem".

Um den Einschlag der Bombe spürbar zu machen, ertönt auf der Orgel ein Dauerton über dem tiefen C und Cis des 32'-Registers, ausgeführt vom linken Fuß mit Absatz und Spitze. Dieser Effekt ist nicht in der Partitur vermerkt – die Messe enthält keine Orgelstimme! –, sondern wurde vom Komponisten mündlich an den Domorganisten[383] überliefert. Gleichzeitig mit der Orgel setzen die Kontrabässe und Violoncelli mit Triolen über C und D ein. Die dabei entstehenden Frequenzen versetzen die Glasfenster des Domes in Schwingung, sodaß man vermeint, ein Erdbeben zu erleben.

Die Wiedereröffnung des Doms wurde mit einer ganzen Festwoche vom 30. April bis 7. Mai 1959 gefeiert. Am 2. Mai berichtete das „Salzburger Volksblatt" vom Beginn: *Mit der Aussetzung des Gnadenbildes von Maria-Plain und des Reliquienschreines des heiligen Rupertus und Virgilius am linken bzw. rechten Kuppelpfeiler des Salzburger Domes nahmen am Donnerstag früh die großen Feierlichkeiten anläßlich der Wiedereröffnung der Salzburger Metropolitankirche ihren Anfang. Nachdem Erzbischof Dr. Rohracher, umgeben vom Salzburger Metropolitankapitel, in einem Thronsessel unter der gewaltigen Domkuppel Platz genommen hat, nahm Weihbischof Dr. Filzer die Verehrung der beiden Heiligtümer vor. In den Abendstunden versammelte sich der Ordens- und Weltklerus in der Erzabtei St. Peter am Felsengrab des hl. Rupertus. Von dort setzte sich sodann eine große Lichterprozession in Bewegung und zog durch die Altstadt zum Dom. Unter dem Geläute sämtlicher Kirchenglocken und dem Krachen der Böller überschritt der Erzbischof in großem Ornat die Schwelle des Rupertus-Münsters, das in seiner festlichen Beleuchtung des Flutlichtes und der vielkerzigen Bronzelüster einen überwältigenden Eindruck darbot. Hierauf nahm der Erzbischof die Segnung der ehemals zerstörten Teile des Gotteshauses vor*[384].

Der Höhepunkt aller Feiern war natürlich der sonntägliche Festgottesdienst am 3. Mai. *Bereits in den frühen Morgenstunden versammelten sich zahlreiche Menschen am Kapitelplatz, am Domplatz und in den Seitenschiffen des Domes, während Pfadfindergruppen und eine Bundesheer-Abteilung den Mittelgang für den großen Einzug der Bischöfe und Festgäste absperrten. Kurz vor 10 Uhr setzte sich dann der Festzug vom Erzbischöflichen Palais am Kapitelplatz aus in Bewegung ... Der Festzug bot ein ungemein farbenpräch-*

tiges Bild, wobei die weißen und schwarzen Umhänge der Ritter vom Hl. Grab bzw. der Malteserritter einen reizvollen Kontrast zum Rot und Violett der Bischöfe und Prälaten bildeten. Im Dom, wo die Menschen bereits Kopf an Kopf standen, wurden die einziehenden Festgäste und Bischöfe mit Festfanfaren empfangen; als Erzbischof Dr. Rohracher die Schwelle des Gotteshauses überschritt, intonierte der Salzburger Domchor das „Ecce sacerdos". Beim darauffolgenden, feierlichen Pontifikalamt, das Erzbischof Dr. Rohracher an Stelle des erkrankten Wiener Erzbischofs Kardinal Dr. König unter großer Assistenz zelebrierte, gelangte die „Große Messe in E", op. 83, zur Uraufführung, die Domkapellmeister Prof. Joseph Messner eigens für diesen Anlaß komponiert hat. [...] Ein feierliches Te Deum beschloß die eindrucksvolle kirchliche Feier, die auch vom österreichischen Rundfunk übertragen wurde[385]. Als Gesangssolisten[386] hatte Messner folgende Sänger verpflichtet: Ilona Steingruber, Wien (Sopran), Gertrude Pitzinger, Hannover (Alt), Kammersänger Lorenz Fehenberger, München (Tenor), Franz Pacher, Oldenburg (Baß) und Robert Granzer, Salzburg (Bariton). Die Aufführung der Festmesse fand großen Beifall, der Komponist erhielt aus ganz Österreich viele Schreiben der Anerkennung und des Dankes.

Während dieser Festwoche hatte der Domchor unter Messners Leitung noch vier andere Gottesdienste zu gestalten: am 30. April eine feierliche Pontifikalvesper mit Mozarts „Vesperae solennes", am 1. Mai um 9 Uhr ein Pontifikalamt mit Mozarts „Krönungsmesse" und Messners „Proprium zum Fest des hl. Joseph", um 19 Uhr eine Maiandacht mit Mozarts „Litaniae Lauretanae", zuletzt am 7. Mai ein Pontifikalamt mit Beethovens „Messe in C" und Messners „Proprium zum Feste Christi Himmelfahrt".

Die Zeit vor und nach der Festwoche war reich an weiteren Terminen: die Mitwirkung beim „Musikalischen Frühling", ein Festgottesdienst in Schwarzach zur Eröffnung des neuen Kraftwerkes, eine „Kirchenmusikalische Weihestunde" in der Stiftskirche St. Peter, die vorgesehenen Gottesdienste im Dom und die Proben für die Uraufführung der Chorballade „Peter Mayr" in Innsbruck. Am Samstag, dem 27. Juni 1959, fuhr Professor Messner mit dem Domchor nach Innsbruck. Am Sonntag Vormittag gestalteten sie einen Gottesdienst mit Messners „Messe in A", am Nachmittag fand eine öffentliche Generalprobe zum Fest-

konzert statt, am Abend dann der Festakt zum Gedenken an die Tiroler Freiheitshelden im Schicksalsjahr 1809. Messners „Symphonische Festmusik" stand am Beginn der Feier, Landesrat Prof. Dr. Hans Gamper hielt die Festansprache, und dann erklang Messners Chorballade über jenen tapferen Peter Mayr, der sein Leben nicht für eine Lüge erkaufen wollte und am selben Tag wie Andreas Hofer von den Franzosen hingerichtet wurde. Das Werk fand stärksten Beifall, der sich zur Ovation steigerte, als Messner auch den Heimatdichter Prof. Dr. Oberkofler an die Rampe holte[387]. Die Chorballade wurde am Montagabend im Rahmen des „Österreichischen Jugendsingens" wiederholt.

In Salzburg setzten sich die Proben für die vier Domkonzerte dieses Sommers fort. Auf dem Programm standen Werke von J. Haydn und W. A. Mozart, unter den Solisten befand sich diesmal der Tenor Fritz Wunderlich. Seine Mitwirkung ist insofern erwähnenswert, als sich der Sängerstar als Einziger nicht mit dem üblichen bescheidenen Honorar, das der Domkapellmeister zahlen konnte, einverstanden erklärte. Messner lud die Solisten bekanntlich schon zu Jahresbeginn für seine Domkonzerte ein, erhielt dann entweder ihre erfreute Zusage oder eine bedauernde Absage, doch war bisher jeder Künstler mit der gebotenen Gage einverstanden gewesen. Wunderlich aber, der damals am Württembergischen Staatstheater Stuttgart engagiert war, hatte im Jänner folgendes Antwortschreiben an Messner geschickt: *Sehr geehrter Herr Professor! Über Ihren Brief habe ich mich sehr gefreut. Gerne würde ich ohne Zögern für das Konzert zusagen. Aber gestatten Sie mir bitte die Frage, ob das genannte Honorar von österreichischen Schilling 1500.– (Eintausendfünfhundert) kein Irrtum ist, es wäre dies der Gegenwert von DM 250.–, und dies wäre für ein Konzert mit öffentlicher Generalprobe und Rundfunkübertragung doch etwas zu gering gegenüber meinen sonst gewohnten Konzerthonoraren. Sollte sich ein Irrtum herausstellen, dann möchte ich Ihnen gleich meine Zusage zu dem Konzert geben. In der Hoffnung, daß Sie mir diese Frage nicht verargen möchten, verbleibe ich inzwischen mit dem Ausdruck der allergrößten Hochachtung für Sie, Herr Professor, Ihr F. Wunderlich*[388]. Messner bot dem Sänger daraufhin eine zusätzliche Reisevergütung von 500 Schilling an[389], und so sang Wunderlich am 16. August 1959 in der Aula academica das Tenorsolo in Haydns „Paukenmesse".

Die übermäßige Anstrengung der vergangenen Monate führte dazu, daß Messner im September 1959 einen Herzkollaps erlitt. Er wurde ins Spital der Barmherzigen Brüder eingeliefert, wo ihm die behandelnden Ärzte größtmögliche Schonung anrieten. Unter den Krankenschwestern der Internen Abteilung befand sich damals Schwester Marcellindis, eine große Musikliebhaberin und so wie ihre geistlichen Mitschwestern dem Herrn Professor in tiefer Verehrung zugetan. Ihrem Bericht[390] nach huschten die Schwestern in ihren kurzen Erholungspausen immer wieder in Messners Krankenzimmer, um nach dem Patienten zu sehen und mit ihm zu plaudern. Er hatte für jede von ihnen ein freundliches Wort, war überaus bescheiden und für jede Zuwendung dankbar. Als er einmal sah, daß Schwester Marcellindis die vielen schönen Blumen in seinem Zimmer bewunderte, schenkte er ihr alle für den Schmuck der Kirche; er werde von den Besuchern schon wieder neue bekommen.

Die Rekonvaleszenz dauerte einige Wochen, Messner sollte vor allem Ruhe haben. Er sah sich daher außerstande, die Pflegetochter Rosemarie weiterhin in seinem Haus zu betreuen, und beantragte am 15. Oktober 1959 aus gesundheitlichen Gründen die Auflösung des Pflegschaftsvertrages. Das Mädchen übersiedelte bis zur Namhaftmachung von Adoptiveltern ins Commonwealth-Haus, Salzburg, Nonnberggasse[391]. Aus einem Brief Messners vom 9. Dezember 1959 an den Schulrat Josef Lenz[392] in Schwaz geht hervor, daß der Domkapellmeister gegen Ende dieses Jahres noch immer schonungsbedürftig war. Eine geplante Ehrung seiner Person durch die Stadt Schwaz möge daher erst später erfolgen: ... *wie Du vielleicht erfahren hast, war ich im Sept. – Oktober krank (Herzkollaps) und bin bis jetzt noch nicht wieder ganz hergestellt, sodaß mir eine Reise doch etwas beschwerlich wäre. Darum bitte schlage vor: die Ehrung erst im Frühjahr vorzunehmen, wo ich dann verhältnismäßig leicht nach Schwaz fahren kann*[393].

Eva Klemens übernahm von nun an die zusätzliche Aufgabe, ihren „Herrn und Meister" vor allen vorhersehbaren Aufregungen zu schützen. Mit großer Sensibilität witterte sie gefährliche Situationen, beschwichtigte erhitzte Gemüter und mahnte zur Rücksicht auf den Herrn Professor. Am deutlichsten war ihre Beschützerrolle innerhalb des Domchores zu erkennen.

Jubiläen – 70. Geburtstag – „Die vier letzten Dinge" – Herzinfarkt – Haarlem – 40 Jahre Domkonzerte 1960 bis 1967

Bis Weihnachten 1959 war Messner wieder soweit hergestellt, daß er die Dommusik leiten konnte. Ein begeisterter Besucher Salzburgs – A. Z., Wettingen, Schweiz – beschrieb die Aufführungen im Dom in einem Artikel, den die „Salzburger Volkszeitung" am 16. Jänner 1960 abdruckte: *Ein seltenes Glück: Den Urlaub während der Weihnachtszeit in Salzburg zu verbringen und damit die Fülle der Musik zu erleben, die der Salzburger Dom in dieser Zeit bot. In der Hl. Nacht erklang Mozarts „Messe in G", KV. 140, am Weihnachtsfest Diabellis große „Pastoralmesse", am Stephanitag die einfach-fromme „Christkindlmesse" von J. Kronsteiner, am Johannestag J. Haydns „Orgelsolomesse". Besonders feierlich war die Jahresschlußfeier gestaltet mit Werken von Mozart, Messner und Bruckner. Das Neujahrsfest brachte Messners „Messe in G", das Namen-Jesu-Fest Mozarts „Messe in D", das Dreikönigsfest des Meisters „Messe in B" und das Fest der Hl. Familie F. Schuberts „Messe in G". Also eine Fülle herrlicher Kirchenmusik! Was aber allen Festen ein besonderes Gepräge gab, waren die herrlichen, gedankentiefen Proprienkompositionen Joseph Messners, die nur der Salzburger Dom erklingen lassen kann und von welchen man nicht weiß, welches den Höhepunkt bildete: Ob das festliche Proprium des Weihnachtsfestes oder die Uraufführung des Propriums vom Apostel Johannes, nicht zu sprechen von den Eigengesängen zum Namen-Jesu-Fest. Die Palme aber möchte ich dem Proprium von der Hl. Familie geben, denn die Motette „Tulerunt Jesum" gehört sicher zu Messners eigenartigsten und innigsten Werken. – Die Aufführungen waren stets von einer seltenen Vollkommenheit, der Domchor und das Mozarteum-Orchester mit Prof. Sauer an der Orgel leisteten ganze Arbeit mit voller Hingabe. Aus der großen Reihe der Solisten sollen Luise Leitner und Brigitte Georgi als Soprane, Maria Peter als Altistin, Franz Renberg und Alfons Adam als Tenorsolisten, H. Pesendorfer, H. Müller und der Brüsseler Belcanto-Preisträger F. Reinhartshuber hervorgehoben werden. – Ein besonderes Erlebnis war jeweils F. X. Grubers „Stille Nacht", das man in dieser Originalfassung und Innigkeit kaum anderswo hören*

Abb. 66 Dom-Fronleichnam, vor 1959

kann. – Wer die Fülle von prachtvoller Musik in so kurzer Spanne Zeit erleben konnte, darf sagen: Man hat in des Wortes bester Bedeutung „Salzburg" erlebt! Die Messe am Neujahrstag wurde übrigens im Radio übertragen.

Ebenso begeistert berichtete Frau Dr. Pellegrini in der selben Zeitung am 20. April 1960 über die „Oesterliche Musik im Dom" und erwähnte eine neue Komposition: *Besondere Erwähnung verdient die Uraufführung der „Osternachtsmesse" von Messner. Im Gegensatz zu seiner Großen Domfestmesse, die etwa eine Stunde dauert, ist diese mit nur acht Minuten Dauer die vielleicht kürzeste Messe. Das Kyrie ist noch a capella. Im Gloria (wo die Glocken wiederkommen) setzen die Bläserfanfaren mit dem österlichen Alleluja als Thema ein, das kunstvoll auch das Sanctus und Benedictus beherrrscht (Liturgisch entfallen Credo und Agnus). Der gemischte Chor ist meist homophon gehalten. Die Komposition hinterließ einen tiefen Eindruck und stellt wieder eine wertvolle Bereicherung kirchlicher Musik dar*[394].

Inzwischen hatte der Domkapellmeister die Konzession seines „Salzburger Musikverlages" zurückgelegt. Das Notenmaterial ging am 1. März 1960 an den Verlag A. Böhm & Sohn/Augsburg über, Messners Broschüre „Salzburgs musikhistorische Stätten" wurde vom Österreichischen Borromäuswerk zur Neuauflage übernommen. Professor Messner mußte lernen, mit seinen Kräften sparsamer umzugehen, daher schränkte er auch seine Konzerttätigkeit ein, um genug Energien für die vielfältigen Aufgaben innerhalb der Dommusik zu haben.

Nach der arbeitsreichen Osterzeit war jedes Jahr wieder ein anstrengender Einsatz am Fronleichnamsfest zu erwarten, denn an der Domkirche wurde dieser Tag prunkvoll mit einer großen Prozession durch weite Teile der Altstadt begangen. Für das Fest am 16. Juni 1960 überliefert uns ein Informationsblatt die Prozessionsordnung[395]:

1) Fahnenträger (von der Dompfarre gestellt)
2) Kreuzträgergruppe (Pfadfinder)
3) Pfarrvikariat Parsch mit Borromäum
4) St. Blasius und Frauenkongregation
5) Dompfarre: Jugend, farbentragende Studentenverbindungen, Mittelschullehrerverband, Pfarrgeistlichkeit, Pfarrausschuß und -Kirchenrat, Männer und Frauen

6) Flüchtlingsgruppen (griech.-kath. Gemeinde, ukrai-
nische und kroatische Gemeinde, rumänische Gruppe,
Volksdeutsche, Ungarn usw.), Militärabteilung

7) Die ehrwürdigen Ordensschwestern

8) Der hochw. Ordensklerus

9) Kreuzträger und Alumnat

10) Der Borromäumschor

11) Stadtklerus ohne pfarrliche Bindung in Chorrock
und Stola

12) Theologische Fakultät

14) Domkapitel

15) Unser Herr im Sakrament , begleitet von den Rittern
vom hl. Grab

16) Vertreter der Behörden und Ämter

17) Präsidium der KA, Diözesanausschuß und CV

18) Die Pfarren Nonntal, St. Elisabeth, St. Andrä, Mülln,
Scherzhausen und Maxglan

Der Domchor hatte die dem Umzug vorausge-
hende Pontifikalmesse mitzugestalten, während der
Prozession geistliche Lieder und an den vier Evangeli-
enaltären die Altarhymnen zu singen, was mehrere
Stunden lang dauerte. So kam es den Sängern und ihrem Dirigenten nicht ungelegen, wenn die Prozession
in manchen Jahren wegen schlechten Wetters nur
verkürzt stattfand. Messners Hymnen und Fanfaren
erklangen auch dann. Einmal kam Prälat Dr. Simmerstätter nach der Feier auf den Domkapellmeister zu
und gratulierte ihm lächelnd zu seiner schönen Musik. Messner aber wandte sich von ihm ab und zisch-
te: „Falscher Hund!", und es war ihm recht, daß der
andere ihn hörte[396].

In diesem Jahr sah die Stadt Salzburg noch mehr
Festspielgäste als sonst, weil nun auch das Große
Festspielhaus als Spielstätte zur Verfügung stand. In
der Innenstadt war der Verkehr oft so dicht, daß Messner seinen Wagen nicht auf dem gewohnten Park-
platz, sondern nur in einer zufällig entdeckten Parklük-
ke abstellen konnte. Da passierte es ihm etliche Male,
daß er sich später nicht mehr an den richtigen Ort erinnern konnte und er einen Polizisten bitten mußte,
ihm über Funk sein stadtbekanntes Auto mit dem
Kennzeichen S 33.000 suchen zu lassen[397].

Der „Jedermann" erklang im Sommer 1960 ausschließlich mit Messners Bühnenmusik, in die der
Komponist ein „Kyrie" von Steffano Bernardi einbe-
zog[398]. Auf dem Programm der drei Domkonzerte
standen Werke von Mozart, Haydn, Pergolesi und

Abb. 67 Bildpostkarte „Ich habe Salzburg und die Salzburger
Festspiele erlebt", 1960 oder später

Beethoven. Das nächste kirchenmusikalische Ereignis
von Bedeutung war der Festgottesdienst am Rupertitag,
zu dem es diesmal sogar gedruckte Programme gab.

Am 16. und 17. Oktober nahm die Firma „Attacca"
im Dom Mozarts „Missa brevis in G" (KV 140) und
Messners „Messe in A" (op. 66) für Schallplatten auf.
Messner dirigierte seinen Domchor und das Mozarteum-Orchester, als Solisten sangen Christa Hoffermann, Friederike Baumgartner, Rudolf Orbert und
Helmut Pesendorfer, die Orgel spielte Prof. Franz Sauer.

Am 22. Oktober 1960 empfing Messner in Schwaz
die Urkunde über die Ernennung zum Ehrenbürger
seiner Heimatstadt. – Im November unternahm Messner wieder einmal den Versuch, seine mit dem Staatspreis gekrönte Komposition „Die vier letzten Dinge"
zur Uraufführung zu bringen. Diesmal wandte er sich
im Gedenken an seine früheren Erfolge im Ruhrgebiet
an den Generalmusikdirektor von Duisburg, Georg
Ludwig Jochum, doch bekam er von ihm keine positive Antwort.

Abb. 68 *Johannes und Joseph Messner, 15. Februar 1961*

Einer Urkunde zufolge stiftete Messner im Jahr 1960 (das genaue Datum ist nicht angegeben) dem hochgeschätzten Augenarzt Dr. Gerhard Gruchmann-Bernau eine kleine Barockorgel für seine mit großer Liebe restaurierte Antonius-Kapelle in Söllheim bei Salzburg[399]. Das Instrument war schon nach Deutschland verkauft worden, als Messner von dessen Existenz erfuhr; er konnte das Orgelpositiv aber zurückkaufen[400].

In den Wochen um den Jahreswechsel war, wie alljährlich, die Korrespondenz wegen der nächsten Domkonzerte zu erledigen. Unter der eingegangenen Post sei als Beispiel für viele freundliche, herzliche Briefe an den Domkapellmeister ein Schreiben der Kammersängerin Ira Baasch-Malaniuk zitiert: *Sehr verehrter, lieber Herr Professor! Herzlichen Dank für Ihren lieben Brief vom 28. XII. 60 mit der Anfrage für das Konzert am 6. August 1961! Ich freue mich sehr Ihnen für dieses Konzert meine Zusage geben zu können. Das Musizieren mit Ihnen hat für mich immer etwas ganz Besonderes, ich fühle mich dabei wie vor 15 Jahren unbeschwert und restlos glücklich! Auch ich wünsche Ihnen noch nachträglich alles erdenklich Liebe, vor allem Gesundheit zum Neuen Jahr und verbleibe mit herzlichen Grüßen Ihre Ira Malaniuk[401].*

Noch im Jänner erhielt Messner aus Wien eine Einladung folgenden Wortlauts: *Dr. Heinrich Drimmel, Bundesminister für Unterricht, gibt sich die Ehre, Seine Hochwürden Domkapellmeister Professor Josef Messner zu einem Empfang einzuladen, der am Mittwoch, den 15. Feber 1961, um 16.30 Uhr im Bundesministerium*

für Unterricht anlässlich des 70. Geburtstages von DDDr. h. c. Johannnes Messner für den Priester, akademischen Lehrer und Schöpfer einer christlichen Sozial-lehre stattfindet[402]. Der Domkapellmeister nahm die Einladung mit Freuden an und fuhr nach Wien zum Geburtstagsempfang. Wenige Tage später schickte ihm Johannes einen Glückwunschbrief nach St. Jakob: *Liebster Bruder! Aus vollem Herzen sende ich Dir die besten Wünsche zu Deinem Geburtstag. Wenn man auch in unseren Jahren nicht die Schaffenskraft der Jugend erwarten kann, wünsche ich Dir doch jenes ganze Ausmaß von Spannkraft, das für die Gestaltung des Reifens, das der Segen des Alters ist, erforderlich ist. [...] Es war mir eine der <u>größten</u> Freuden beim Empfang, daß Du gekommen bist. Du wirst gemerkt haben, wie es mich ergriffen hat. Anbei einige Bilder, die viel mehr sagen, als die Leute ahnen konnten. Herzlichst Dein Hans. Besten Dank an Frau Eva für Ihre Wünsche[403].*

Eine weitere Feier stand bevor. In der zweiten Maiwoche erhielt der Domchor die folgende Einladung: *Die eb. Kustodie des Salzburger Domes beehrt sich, aus Anlaß des 35-jährigen Dienstjubiläums des Herrn Domkapellmeisters Prof. J. Messner die pt. Mitglieder des Salzburger Domchores zu einer kleinen Feierstunde in den Haydn-Saal des Stiftskellers St. Peter für Montag, 15. Mai 18.30 Uhr herzlichst einzuladen und wird sich freuen, den Salzburger Domchor bei dieser Gelegenheit versammelt zu sehen und begrüßen zu können. Simmerstätter[404].* Die kirchentreue „Salzburger Volkszeitung" berichtete ausführlich über den Verlauf der Feier, zu deren Abschluß jedes Chormit-

Abb. 69 *Festabend im Haydn-Saal, 15. Mai 1961*

glied ein Exemplar der Festschrift des Jahres 1959 – „Der Dom zu Salzburg" – geschenkt erhielt[405]. Die Sänger nützten die Gelegenheit, Erzbischof Dr. Rohracher und Prof. Messner um Autogramme[406] zu bitten. – Radio Salzburg sendete ein Interview mit dem Jubilar, der nach den Anfängen seiner Tätigkeit als Domkapellmeister befragt wurde: *Die damalige Situation ist rasch beschrieben: infolge der Inflation nach dem ersten Weltkrieg war die Fortführung des Institutes der Kapellknaben nicht mehr möglich, der zahlungspflichtige Bund wertete seine Leistung nicht auf, die letzten Kapellknaben verließen das Haus, das Stiftungskapital des „Dommusikvereines" war zusammengeschmolzen, sodaß mein Vorgänger genötigt war, sich aus musikbegeisterten Damen und Herren Salzburgs einen Domchor zu erstellen, wurde aber durch einen unvorhergesehenen Tod abberufen. Da berief mich, der ich damals bereits vier Jahre als Organist am Dom tätig war, der unvergessliche Fürst-Erzbischof ganz gegen den Willen der alten Herren im Kuratorium des Dommusikvereines zu seinem Kapellmeister und ich trat meinen Dienst am 1. Mai 1926 wohl etwas ungern an. [...] Meine erste Aufgabe sah ich darin, den Chor auszubauen und das Orchester des Dommusikvereines durch Mitglieder des Theaterorchesters zu ergänzen, so daß wie bereits im Juni Anton Bruckners „Messe in E-moll" erstmals in Salzburg zur Aufführung bringen konnten, denn der Chor war bereits auf 50 Mitglieder angewachsen und das Orchester tat mit Begeisterung mit. Nun konnte ich auch daran gehen, das kirchenmusikalische Werk W. A. Mozarts zu pflegen, das in den letzten Jahrzehnten durch den Einfluß des „Cäcilianismus" stark zurückgedrängt wurde, und des Salzburger Meisters Messen und Motetten ständig zur Aufführung bringen: zur Freude der heimischen Bevölkerung und der Besucher Salzburgs. [...] Im Herbst des Jahres 1926 kamen eines Tages Max Reinhardt und Hugo von Hofmannsthal in meine Wohnung mit dem Vorschlag, daß im Rahmen der Salzburger Festspiele – namentlich in Salzburg, als der alten Bischofsstadt – die „geistliche Musik", besonders die Mozarts wesentlich vertreten sein müsse und ersuchten mich um die Durchführung derartiger Konzerte. Der allen Idealen aufgeschlossene Fürsterzbischof Dr. Ignatius Rieder gab sofort die Zustimmung, diese geistlichen Konzerte im Dom abzuhalten und so planten wir bereits für 1927 die ersten „Domkonzerte der Festspiele": Beethovens „Missa solemnis" und Mozarts*

„Requiem" mit dem Opernchor und die Wiener Philharmoniker, der Salzburger Domchor aber sang Michael Haydn's „Franziskus-Messe". Und seither war der Domchor mit seinen „Domkonzerten" alljährlich – mit Ausnahme der Jahre 1939–1944 – vertreten und diese wurden im Laufe der drei Jahrzehnte zu einem internationalen Begriff[407].

Der Sommer 1961 ging mit den großen Aufführungen im Dom und vier „Geistlichen Konzerten" in der Aula gut vorüber. In den ersten Septembertagen vertonte Messner den 150. Psalm („Laudate Dominum in sanctuario eius"), außerdem hatte er einen Rupertus-Hymnus komponiert, weil das Fest der Domglockenweihe am 24. September bevorstand. Endlich erhielt die Kathedrale ihr vollständiges siebenfaches Geläut, aufgebaut auf den Tönen Es, Ges, B, des, es, ges und as. Als Glockensachverständiger hatte sich Messner bei der Disposition an den beiden erhaltenen Glocken Meister Neidhards[408] aus dem Jahr 1628 und am Salve-Regina-Geläut der Stiftskirchen von St. Peter und Nonnberg orientiert. Stimmung und Herstellung der Glocken beschrieb er in einem Beitrag für die Zeitschrift „Singende Kirche" (1962/63). In der „Salzburger Volkszeitung" erschien am 4. Dezember 1961 ein Bericht über das erste Erklingen der Glocken nach ihrer Kollaudierung: *Es war ein glücklicher Gedanke, die neuen Glocken unseres Domes vor dem Adventläuten aller Stadtglocken erklingen zu lassen: Die Metropolitankirche ließ zum erstenmal die Pracht des neuen Geläutes hören ... Man war von der Pracht des Geläutes schon erschüttert, als schließlich die 14 Tonnen schwere „Salvator"-Glocke wie eine Stimme aus der Ewigkeit aufzuklingen begann, ... alle erkannten und bestätigten, was unser Erzbischof bei der Glockenweihe am Rupertifest sagte, daß unsere Metropolitankirche das schönste Geläute im süddeutschen Raum besitzt. Es soll nicht verschwiegen werden, daß die „Disposition" des neuen Geläutes von unserem Domkapellmeister Prof. Joseph Messner stammt und wir dürfen stolz darauf sein, daß unsere einheimische Glockengießerei Franz Oberascher in Kasern unter der Leitung des Ing. Georg Sippel das einmalig gelungene Geläute, prachtvoll in Stimmung und Klang, herstellte!*[409]

Im Jahr 1962 liefen bereits die Vorbereitungen zu Messners 70. Geburtstag im nächsten Jahr an. Die Innsbrucker Bildhauerin Ilse Glaninger-Halhuber erhielt von der Tiroler Landesregierung den Auftrag, eine Porträtbüste des Salzburger Domkapellmeisters zu schaffen; das Kunstwerk wurde am 16. Februar 1963 im Innsbrucker Museum Ferdinandeum enthüllt[410] (Abb. S. 93). In Wien sollte einige Tage vor Messners hohem Geburtstag endlich sein großes Werk, die Chorsymphonie über „Die vier letzten Dinge", im Rahmen eines Rundfunkkonzertes erklingen. Messners einstiger Schüler Professor Dr. Hans Gillesberger wurde mit der Einstudierung und Uraufführung betraut. Joseph Messner schrieb ihm am 5. Juni 1962 nach Wien: *Lieber Doktor Gillesberger! Vor cca 30 Jahren spazierten wir zu Dritt durch die Hellbrunner Allee; damals sagte ich noch „Du" – und dieses freundschaftliche „Du" möchte ich beibehalten und Dich bitten, dieses „Du" Deinerseits auch zu mir zu sagen. Denn tatsächlich verband uns seit eh und je eine Freundschaft, die der Musik entsprang … Jetzt aber – um Dich nicht länger aufzuhalten – zu meiner Chorsymphonie „Die vier letzten Dinge". Ich schrieb sie in den Jahren 1929/30 – die Anregung dazu gab der Domkapitular L. Angelberger, der in meinem Leben eine ähnliche Rolle gespielt hat, wie ich in Deinem: ohne ihn wäre ich nie nach Salzburg gegangen. – Im Jahre 1932 hat der damalige GMD Weisbach in Düsseldorf das Werk zur Uraufführung angenommen, mußte aber, gezwungen durch die künstlich von der NSDAP heraufbeschworene Wirtschaftskrise mein Werk und „das Unaufhörliche" von Hindemith wieder absagen. – Im Jahre 1936 erhielt das Werk den großen österr. Staatspreis, womit die Aufführung unter Kabasta verbunden war. Doch Kabasta ging nach München – und das Werk blieb unaufgeführt. Da nahm sich Dr. Robert Laux[411] in Kassel des Werkes an (Du erinnerst Dich vielleicht noch dieses Namens: er galt als der beste Chordirigent Deutschlands). Doch die NSDAP hat die Aufführung verboten – es herrschte damals die Spannung zwischen Oesterreich und Deutschland! (Hier muß ich ein schönes Erlebnis erzählen: 1956 war doch die große Mozart-Feier in Salzburg. In der Residenz war großer Empfang bei belegten Brötchen und Wein – wie üblich. Da kam plötzlich ein Herr zu meinem Tisch und stellte sich vor: Dr. Robert Laux – ich schaute ihn verblüfft an – „Ja, ja", sagte er, „ich bin der Sohn des Robert Laux in Kassel, der schon längst verstorben ist. Aber ich muß Ihnen erzählen, wiesehr unser Vater Ihre Chorsymphonie geschätzt hatte. So lange er den Klavierauszug bei sich hatte, rief er uns vier Kinder jeden Tag nach dem Abendessen in*

sein Musikzimmer und spielte uns aus Ihrem Werk vor, immer besonders betonend, daß es sich heibei um eines der bedeutendsten Chorwerke nach Beethoven handelt." — Du kannst Dir denken, wiesehr mich dieses Erlebnis beeindruckt hat. Dann fragte mich Dr. Laux noch, wo das Werk uraufgeführt wurde; als ich ihm sagte, noch nirgends, dann meinte er:„Ja, das ist das Los aller großen Werke"[412].

Bevor dieser Brief geschrieben wurde, hatte der Domkapellmeister zwei große Aufführungen zu leiten gehabt, und zwar am 31. Mai eine Festmesse zum 70. Geburtstag des Salzburger Erzbischofs und am 3. Juni die musikalische Umrahmung eines Festaktes im Großen Festspielhaus anläßlich des Österreichischen Katholikentages. Messner hatte eine Fanfare über das alte Lied „Nun bitten wir den heiligen Geist" komponiert, da die Veranstaltung unter dem Motto stand: „Löscht den Geist nicht aus!". Das Honorar für die Fanfare mußte er bei Kanonikus Ferdinand Grell, dem Leiter der Katholischen Aktion, in einem Brief einmahnen: *Verehrter Herr Kanonikus! Nur der Fülle der Arbeit zum Österr. Katholikentag gebe ich die Schuld, daß sämtliche Herren vergessen haben, daß man mir für die Komposition der „Hl. Geist-Fanfare" ein – wenn auch bescheidenes Honorar versprochen hat. Sie erinnern sich bestimmt noch, daß wir auch telefonisch darüber gesprochen haben. Wir stehen doch nicht auf dem Standpunkt, daß man im Rahmen der Kirche alles umsonst machen muß. – Wie mir Prälat Stampfl gestern mitteilte, sind Sie eben bei der Schlußabrechnung und darf ich Sie bitten, für die Fanfare den Betrag von S 1.000.– einzusetzen und mir auf die oben angegebene Adresse überweisen zu lassen.*[413]

Gleich nach dem Katholikentag setzte der Komponist seine Korrespondenz bezüglich der Aufführung von weiteren seiner Werke fort. Damals plante er – wie schon in einem frühen Kapitel erwähnt –, die „Salzburger Suite" mit einem Text von Carl Hans Watzinger für das Österreichische Fernsehen aufzubereiten, auch wollte er dem Fernsehen seine Steyrer Oper „Das deutsche Recht" zur Aufführung anbieten[414]. Beide Projekte blieben im Planungsstadium stecken. Inzwischen hatten die letzten Proben für die Gottesdienste und Konzerte während der Festspielzeit begonnen. Messner dirigierte am 5., 12. und 26. August in der Aula academica drei „Domkonzerte" mit Werken von Rossini und Mozart.

Eine Anekdote[415] aus diesem Sommer sei eingefügt, um Messners Achtung vor der Würde „seines" Doms aufzuzeigen: Nach einer der vormittäglichen Orgelvorführungen gratulierte der aus Wien angereiste Organist Kurt Neuhauser dem Domkapellmeister zu seinem Spiel. Daraufhin fragte Messner den jungen Mann, ob er die Domorgel selber versuchen wolle. Neuhauser war freudig überrascht und begann zu improvisieren, wobei er sich in mehreren Stilrichtungen bewandert zeigte. Nach etwa zehn Minuten schloß er sein Spiel mit einem grell dissonanten Akkord ab und stieg von der Orgelbank herunter. „So geht das hier nicht! Setzen Sie sich noch einmal hin und bringen S' das in Ordnung!", sagte Messner und war erst zufrieden, als Neuhauser die störenden Dissonanzen kunstgerecht in einen wohltönenden Dreiklang auflöste.

Sofort nach dem Ende der Festspiele begann eine Zeit intensivster Schreibarbeit. Da die Chorsymphonie bisher nur als Partitur vorgelegen war, mußte Messner alle Stimmnoten herausschreiben und einen Klavierauszug herstellen, damit die Proben beginnen konnten. Er schilderte seine Arbeit in einem Brief an Kammersänger Lorenz Fehenberger[416]: *Lieber und verehrter Herr Kammersänger! Bitte sei nicht böse, daß ich bis heute nichts hören ließ: ich sitze seit Ende der Festspiele täglich meine 8–10 Stunden am Schreibtisch und arbeite am Orchestermaterial zu meiner Chorsymphonie „Die vier letzten Dinge" – aus denen Du vor einigen Jahren bei uns hier mit Ilona Steingruber ein paar Absätze gesungen hast. Dreimal war das Werk in der NS-Zeit zur Uraufführung angenommen (Düsseldorf, Kassel, Wien) und wurde aus „weltanschaulichen Gründen" abgesetzt. Nun ist es soweit, daß am 24. II. 63 die Uraufführung in Wien stattfindet. Und nachdem das Soloquartett in Rossini's „Stabat mater" so herrlich war (wir besitzen eine prächtige Aufnahme davon!), habe ich das ganze Soloquartett für mein Werk dem österr. Rundfunk Radio Wien vorgeschlagen – und ich war überglücklich, als mir der Sendeleiter mitteilte, daß alle vier Solisten zugesagt haben! Herrlich!! – Mit gleicher Post geht der Klavierauszug des Werkes an Dich ab – bitte schimpfe nicht über den Komponisten, der vom Soloquartett tatsächlich das „Letzte" verlangt – alle vier müssen so schön singen wie bei Rossini, bitte, bitte! – Ich möchte auch herzlich danken für den Kartengruß aus Deinem Urlaub – damals saß ich schon am Schreib-* tisch, ohne einen Tag Urlaub gehabt zu haben. Denn der Termin ist kurz für ein so großes Orchestermaterial und ich will es selbst schreiben, um möglichst wenig Schreibfehler zu machen. – Frau Eva läßt Dich und Deine Frau herzlich grüßen, wir reden oft von Euch und den Kindern. Eva muß ebenfalls viel Schreibarbeiten machen.

Mitten in dieser Arbeit, die jede freie Minute beanspruchte, traf Messner die Kunde vom Tod seines Domorganisten. Professor Franz Sauer war am 28. Oktober 1962 nach längerer Krankheit im 69. Lebensjahr verstorben. Er hinterließ eine Lücke, die monatelang nicht zufriedenstellend geschlossen werden konnte. Zeitweise stellte Messner Interimsorganisten an, die ihrer Aufgabe aber nicht ausreichend gewachsen waren, zeitweise übernahm Messner selbst den Orgeldienst und lief bei den Aufführungen im Dom zwischen Dirigentenpult und Orgel hin und her. Da war er manchmal am Schluß des einen Stückes in Gedanken schon beim nächsten, wandte sich zu den Solisten hin und vergaß, dem Orchester abzuwinken. Die Bläser ärgerten sich darüber und hielten einmal den Schlußton so lange aus, bis ihnen der Dirigent schmunzelnd das Zeichen zum Aufhören gab[417].

Im Dezember fragte Messner bei der österreichischen Schallplattenfirma „Amadeo" an, ob sie bereit wäre, eine kleine Platte mit Weihnachtsmusik herauszubringen: auf einer Seite das Lied „Stille Nacht, heilige Nacht" in der Originalfassung, auf der anderen Seite Messners Bearbeitung des Liedes „In dulci jubilo", dazu noch das prachtvolle Geläute der Salzburger Domglocken. Die Anfrage wurde positiv beantwortet. Die kleine Schallplatte diente fortan als Geschenk für Gäste und Freunde der Stadt Salzburg; sie war auch im Handel erhältlich.

Mit dem neuen Jahr 1963 häuften sich die Vorbereitungen auf das Geburtstagsfest. In Innsbruck fand am 15. Februar ein Orchesterkonzert statt, in dem die beiden heimischen Komponisten Prof. Arthur Kanetscheider und Prof. Joseph Messner durch die Aufführung ihrer Werke geehrt wurden. Messner dirigierte seine „Symphonischen Gesänge" (op. 24), die „Sinfonietta" (op. 10) und die Kantate „Der Himmel hängt voller Geigen" (op. 48); als Solisten wirkten die Sängerin Laurence Dutoit und der Pianist Gernot Sieber mit. Das Konzert wurde am folgenden Tag in seiner Heimatstadt Schwaz wiederholt. Noch in Innsbruck erfuhr Messner, daß Herr Dr. Gillesberger unvorhergesehen einer Verpflichtung im Ausland nachkommen mußte und infolge dessen die beiden letzten Orchesterproben zur Chorsymphonie nicht werde leiten können. Um die Uraufführung abzusichern, wurde der Komponist gebeten, selber in Wien mit den Musikern zu proben. In Salzburg aber war die Sonntagsmusik im Dom zu besorgen, und so drängte sich Termin an Termin. Lange Bahnfahrten in der kältesten Jahreszeit und eine anhaltende Ermüdung führten zu einer fiebrigen Erkrankung, die Messner nur mit großer Mühe überwinden konnte. Er hielt die Proben ab und verfaßte Einführungstexte für die Presse, schließlich erklang sein größtes Werk am 24. Februar 1963 im Großen Sendesaal des Rundfunks im Rahmen einer Sonntagsmatinee. Als Solisten sangen Antonia Fahberg, Claudia Hellmann, Lorenz Fehenberger und Max Pröbstl. Reicher Beifall belohnte die Ausführenden und den Komponisten. Niemand konnte verstehen, warum die Chorsymphonie dreißig Jahre auf ihre Uraufführung hatte warten müssen. Wie Messner nach dem Festbankett sagte, war er selbst von Dankbarkeit erfüllt, daß er sein preisgekröntes Werk endlich hatte hören können.

In Salzburg und St. Jakob trafen Gratulationsschreiben in großer Zahl ein. Als Beispiel für viele sei der Brief des Dekans der Theologischen Fakultät Salzburg zitiert: *Sehr geehrter Herr Professor! Es ist mir persönlich eine angenehme Pflicht und aufrichtige Freude, als Dekan Ihnen die herzlichsten Segenswünsche des Professorenkollegiums und ganz besonders meine eigenen zur Vollendung des 70. Lebensjahres aussprechen zu können. – Stadt und Land und darüber hinaus weite Kreise werden Ihrer an diesem Tage gedenken. Ihre fast 40jährige Tätigkeit als Leiter des Domchores und Ihre so fruchtbaren schöpferischen Arbeiten auf dem Gebiete der Kirchenmusik haben Ihren Namen weit über die Grenzen unserer Heimat hinausgetragen. Ihr Wirken und Ihre Werke haben durch ehrende und hohe Auszeichnungen Anerkennung und Würdigung gefunden. Wir dürfen am heutigen Tage mit Dankbarkeit zurückblicken auf all Ihre Arbeiten, die dazu beigetragen haben, Salzburgs Klang und Ruhm als Stätte hoher Musikkunst in aller Welt zu festigen und zu verbreiten. – Wo das Wort des Predigers Abseitsstehende nicht mehr anzusprechen vermag, sind es oft Ihre Schöpfungen und Aufführungen, die auch diese Kreise*

Abb. 70 Dr. Paumgartner gratuliert Professor Messner zum 70. Geburtstag, 27. Februar 1963

anziehen; sie dienen den Gläubigen zur Freude und Erbauung, den Fernstehenden zur Besinnung und dem Herrgott zur Verherrlichung. So soll es noch lange währen und der Herr möge Sie in Ihrer Schaffenskraft bei bester Gesundheit erhalten. Das sind die aufrichtigen und herzlichen Wünsche unseres Kollegiums zu diesem Festtag.– Ich darf sie nochmals herzlich für mich persönlich aussprechen und verbleibe mit herzlichen Grüßen und besten Wünschen für noch viele weitere Jahre Ihr sehr ergebener Carl Holböck, Dekan[418].

Im Chiemseehof fand in den Räumen des Salzburger Landeshauptmannes eine Geburtstagsfeier für den Jubilar statt. Er wurde mit wertvollen Kunstbüchern und einem schönen Blumengebinde beschenkt, der Bürgermeister der Stadt Salzburg kündigte ihm die Vergabe des Wappenringes an. Einige Tage später fand im Hotel Pitter eine weitere große Geburtstagsfeier statt, über die am 4. März in der „Salzburger Volkszeitung" zu lesen war: *Eine große*

Abb. 71 Joseph Messner, um 1963

festliche Gemeinde versammelte sich gestern mittags im Marmorsaal des Hotel Pitter, um den 70. Geburtstag von Domkapellmeister Prof. Joseph Messner festlich zu begehen. Das erzbischöfliche Ordinariat hatte Prof. Messner, den Domchor und eine große Anzahl von Ehrengästen dazu eingeladen. Es waren zahlreiche Persönlichkeiten zu der Feier erschienen, die den Charakter eines Familienfestes trug; voran Erzbischof Dr. Rohracher, Generalvikar Dr. Simmerstätter, Erzabt Bachler, Bürgermeister Bäck und Vizebürgermeister Donnenberg, ... zahlreiche Freunde, Weggefährten und Mitarbeiter des Geburtstagskindes[419]. Als Geburtstagsgeschenk erhielt Messner von Erzbischof und Domkapitel für den 23. Mai dieses Jahres eine Aufführung seiner Dom-Festmesse zugesagt, was einige geistliche Herren anscheinend rasch wieder vergaßen, weil Messner sie wenige Wochen später an das Geschenk erinnern mußte[420].

Für das Landesstudio Salzburg war der 70. Geburtstag wieder einmal Anlaß zu einem Interview mit dem Domkapellmeister. Auf die Frage des Reporters, ob Messner die künstlerische Begabung von seinen Vorfahren geerbt habe, erzählte er: *Ihre Frage kann ich absolut positiv beantworten, denn schon mein Großvater väterlicherseits[421] hat Volksstücke für das sogenannte „Bucher-Theater" gedichtet und komponiert, hat als Lehrer und Organist in St. Margarethen bei Jenbach die Kirchenmusik mit Liebe gepflegt. Mein Vater, der von Beruf Bergschmied im staatlichen Silberbergwerk in Schwaz war, spielte selbst mehrere Instrumente, u.a. Horn, Bombardon und Pauke, und war eifriges Mitglied der Schwazer Knappenkapelle und des Kirchenchores, der Theatermusik des Kolpinghauses und der Stadtmusikkapelle. [...] Ich kann mich nicht erinnern, daß sich meine Mutter oder Großmutter musikalisch betätigt hätten; dafür habe ich ein praktisches Erbstück mitbekommen: die kämpferische Natur. Meine Mutter stammt nämlich aus dem Geschlecht der Speckbacher, der Tiroler Freiheitskämpfer, und war wie alle Schwazer Frauen und Mädchen Arbeiterin in der K. u. K. Tabakfabrik; vielleicht sieht man mich deshalb heute so oft mit einer Zigarre[422].*

Aus den Würdigungen, die Messner anläßlich seines Geburtstags in Zeitungen und Zeitschriften erfuhr, sei eine besonders gelungene hervorgehoben. Sie erschien am 26. Februar 1963 in der „Tiroler Tageszeitung", ist mit „Josef Sulz" unterzeichnet: *Eine der markantesten österreichischen Komponistenpersönlichkeiten, die schon seit den zwanziger Jahren in der gesamten europäischen Kulturwelt in hohem Ansehen steht, feiert am 27. Februar seinen 70. Geburtstag; es ist der aus S c h w a z stammende Salzburger Domkapellmeister Professor Joseph M e s s n e r. Er gehört zu den wenigen Tonsetzern, die das romantische Erbe eines Bruckner, Mahler und Reger nicht für ein „unbrauchbares Trümmerfeld" hielten, auf dem nicht mehr weitergebaut werden kann, sondern er setzte in die Tat um, was Schönberg, als er übrigens den folgenschweren Schritt zur Atonalität hin längst vollzogen hatte, angedeutet hat, nämlich daß „in C-Dur noch viel Musik geschrieben werden könnte". Damit sei aber nicht behauptet, daß Messner den üblichen Dur-Moll-Tonraum nicht überschritten hätte, sondern es sei nur mit dem die meisten aus ländlichem Milieu stammenden Künstler auszeichnenden kompromißlosen Festhalten am bewährten Fundament der Tonalität ein wesenhafter Zug seines Stils bzw. seines Charakters genannt. – Messner vermeidet also das Experiment in seiner Musik und setzt das Evolutionäre vor das Revolutionäre. Obwohl diese solid-konservative Grundhaltung in unserer sensationsgierigen, kurzlebigen Zeit beinahe befremdend wirkt, Messner also der Atonalität, sei es in freier Form oder in zwölftöniger Gesetzmäßigkeit, ablehnend gegenübersteht, darf sich sein Werk einer außerordentlichen Beliebtheit erfreuen, und er vermag auf Grund seiner optimistischen Lebenshaltung und seines dynamischen Charakters – was im Kunstwerk ja deutlich zum Ausdruck kommt – nicht nur die musikalische Fachwelt, sondern auch breite Publikumsschichten anzusprechen. So war beispielsweise Paul Hindemith von Messners früher Messe in D, op. 4, die der Komponist in einem achttägigen Schaffensrausch in den denkwürdigen Novembertagen von 1918 komponiert hat und heute noch als einen Meilenstein in seiner Karriere schätzt, auf einem deutschen Kirchenmusikfest im Jahre 1928 so beeindruckt, daß er gegen Ende der fünfziger Jahre, als Hindemith sie in Salzburg wieder hörte, Messner zu diesem Prachtwerk beglückwünschte. Trotz seiner Vorliebe für die Polyphonie, die ihm wahrlich nicht ein Mittel zur Schaustellung seines souveränen satztechnischen Könnens, sondern geradezu ein inneres Bedürfnis ist oder – wie er sagte – zu seinem Element gehöre, hat er den Kontakt mit dem Zuhörer nie verloren. [...] Da über die Hälfte der Werke von Professor Messner der Ars sacra* angehört und er auf diesem Sektor wohl bedeutender oder zumindest bekannter ist als auf dem profanen, ist interessant zu erfahren, daß er seit jeher den Bestrebungen des Caecilianismus fernesteht und dennoch mit dem Wort-Ton-Problem nicht in Konflikt kommt. *Die Bevorzugung des Wortes bzw. der menschlichen Stimme sogar in vielen an sich instrumental angelegten Werken (z.B. Sinfonietta!), weist Messner zu jener Gruppe von Tonsetzern, die wie etwa Wagner, Wolf und Mahler imstande waren, die feinsten Gefühlswerte jedes Wortes musikalisch auszudrücken. Daneben ist in Messners Musik der Zug ins Symphonische unverkennbar, der sich, abgesehen von der Gedankentiefe, durch einen enormen Klangsinn bzw. durch die Virtuosität in der Orchestrierung äußert*[423].

Nach all den vielen Festlichkeiten brach im März die übergangene Erkältung mit großer Heftigkeit aus und hielt Messner längere Zeit in häuslicher Pflege fest.

Im Juni empfing der Domkapellmeister mit dem folgenden Schreiben aus dem Bundesministerium für Unterricht ein verspätetes Geburtstagsgeschenk: *Der Bundespräsident hat Ihnen mit Entschließung vom 6. Juni 1963 das ÖSTERREICHISCHE EHRENKREUZ FÜR WISSENSCHAFT UND KUNST I. KLASSE verliehen. Es gereicht mir zur Freude, Sie hievon mit meinen besten Glückwünschen in Kenntnis zu setzen. Wien, am 17. Juni 1963. Der Bundesminister: Dr. Drimmel*[424].

Als Kontrast zu den Ehrungen und Geschenken soll ein Schriftstück nicht unerwähnt bleiben. Es handelt sich um den Gehalts-Ausweis der Finanzkammer der Erzdiözese Salzburg für den Monat April 1963. Demnach belief sich das monatliche Netto-Einkommen Messners auf 2.640,20 Schilling. Frau Klemens schrieb auf den Rand des Zettels: *Gehalt eines Domkapellmeisters mit 70 Jahren*[425].

Um Ostern 1963 war die Bestellung eines neuen Domorganisten unaufschiebbar geworden. Der Posten war begehrt, obwohl er bis zum heutigen Tage mit keiner fixen Besoldung verbunden ist, denn der Salzburger Domorganist wird nur ämterweise bezahlt. Die bisherigen Kandidaten hatten Messners hohen Erwartungen für dieses wichtige Amt nicht entsprochen. Da erinnerte er sich eines Organisten, dessen künstlerischen Werdegang er von ferne mitverfolgt hatte. Mitte April rief er Herrn Dr. Zukriegel an und fragte ihn: „Wollen S' mein Domorganist wer-

Abb. 72 Konzertprogramm vom 25. August 1963

den?" Auf die bejahende Antwort hin wurde Dr. Zukriegel zu einem Vorstellungsgespräch mit Frau Klemens ins „Café Glockenspiel" gebeten. Die Karriere des neuen Domorganisten, der damals schon seine eigene Rechtsanwaltskanzlei führte, begann am 1. Mai 1963 mit Mozarts „Spatzenmesse". Am Mozarteum brach über die Bestellung eines Juristen zum Domorganisten ein Sturm der Entrüstung los. Professor Alois Forer konnte jedoch von Zukriegels Orgelstudium an der Wiener Musikakademie und von seiner ausgezeichneten Reifeprüfung berichten, sodaß sich die Wogen wieder glätteten. Da der neue Domorganist gleich auch einen Teil der vormittäglichen Orgelvorführungen übernahm, hatte er einen anstrengenden Sommer zu bewältigen. Messner aber sicherte ihm zu: „Sie können üben, so oft Sie wollen, nur net, wenn Gottesdienst ist"[426].

Festliche Gottesdienste standen bevor: Dompfarrer Prälat Josef Feichtner feierte am 23. Juni sein Goldenes, sein Bruder Prälat Georg Feichtner (Messners

Abb. 73 Joseph Messer an der renovierten Domorgel von 1959

Musiklehrer) gar sein Diamantenes Priesterjubiläum. Am 29. Juni wurde Dr. Eduard Macheiner zum Bischof geweiht. Für den 14. Juli war eine Festmesse in Salzburg-Herrnau angesetzt, und dann begannen bereits die Radioübertragungen aus dem Dom und die großen Gottesdienste während der Festspielzeit. Am 4., 18. und 25. August fanden in der Aula die Domkonzerte statt. Für das Mozart-Requiem hatte Messner mit Irmgard Stadler und Hanna Ludwig zwei neue junge Solistinnen engagiert, die sich auf dem Programmzettel für die wunderbare Zusammenarbeit bedankten. Die Solisten wurden ja nach jedem Konzert um ihre Unterschrift auf dem Programmzettel gebeten, und manchmal schrieb der Dirigent noch eine Bemerkung dazu. Nur einmal war Messner nicht zu seinen Künstlerautogrammen gekommen und hatte erbost vermerkt: *Wegen des „depperten" A. Witeschnik konnten die Solisten nicht unterschreiben!! Joseph Messner*[427]. Damals, im Sommer 1954, dürfte der Wiener Kulturjournalist die Sänger im Künstlerzimmer so lange und eifrig befragt haben, daß sie auf das Unterschreiben vergaßen. Messner aber, der mit seinen Bemerkungen nie zimperlich war, hatte Witeschniks Angriffe auf seine Konzerte im Jahr davor nicht vergessen; er setzte jedoch das Schimpfwort als Ausdruck seiner ganz privaten Meinung unter Anführungszeichen.

Verglichen mit früheren Jahren wurde die Arbeit mit dem Domchor trotz des fast gleichbleibenden Repertoires mühsamer. Viele Chorsänger waren mit ihrem Kapellmeister alt geworden, sie wollten nicht von ihren Gewohnheiten lassen und behaupteten ihre Plätze vor den Jüngeren mit Nachdruck. Die jüngere Generation aber wuchs bereits in die neue Wohlstandsgesellschaft hinein, in der eine individuell gestaltete Freizeit an den Wochenenden und die vielfältigen sportlichen Aktivitäten eine immer größere Bedeutung erlangten. Dadurch verringerte sich die Zahl der sangeskundigen jungen Leute, die bereit waren, sich an einen regelmäßigen Kirchendienst zu binden. Nicht von ungefähr schrieb Messner in einem längeren Artikel über den „Salzburger Domchor in Geschichte und Gegenwart" (erschienen in der Zeitschrift „Die Singende Kirche" 1963/3) den Satz: *Gebe Gott, daß auch in Zukunft begeisterungsfähige Sängerinnen und Sänger es ermöglichen, einen tüchtigen „Salzburger Domchor" zu erhalten*[428] Der gute Ruf des Domchores und Messners große persönliche Ausstrahlung hatten ihm während der letzten Jahre aber trotzdem neue junge Sänger zugeführt. Einige kamen aus anderen Chören, einige vom Mozarteum, einige gerieten ganz zufällig in den Domchor. Da hatte zum Beispiel ein musikbegeisterter Gymnasiast Jahre hindurch Sonntag für Sonntag die Hochämter im Dom besucht, bis er sich eines Tages ein Herz faßte, den Sängern zur Chorempore hinauf folgte und den verehrten Domkapellmeister fragte, ob er sich auf die Seite stellen und zuhören dürfe; er wolle sich ganz ruhig und unauffällig verhalten. „Dann stellst di' umi", war die Antwort. So ging das einige Wochen dahin, bis Messner den Burschen fragte: „Möchst net mitsingen einmal?", und damit wurde der junge Mann Mitglied des Domchores[429]. Eine andere Berufung kam so zustande: Die Gattin des Solofagottisten begleitete ihren Mann am Neujahrstag auf die Chorempore hinauf, um Diabellis „Pastoralmesse" aus der Nähe zu hören. Als sie den Domkapellmeister begrüßte, sagte er zu ihr: „Herumg'standen wird nicht – da, nehmen S' die Noten und singen S' mit!", denn er kannte die junge Frau schon von der „Liedertafel" her. Daraufhin blieb sie dem Domchor als Mitglied über vierzig Jahre lang treu[430].

Joseph Messner war in väterlicher Weise um alle seine Chormitglieder besorgt, deshalb wollte er es nicht hinnehmen, daß Bitten, die sie betrafen, von der Domgeistlichkeit unbeachtet blieben. So schrieb er zum Beispiel am 27. August 1963 an Prälat Benedikt Stampfl einen Brief folgenden Inhalts: *Hochwürdigster Herr Prälat! Was ich bereits mündlich vorgetragen habe, möchte ich nun auch schriftlich niederlegen: Herr Josef Edl, Mitglied des Domchores, war von 1905 bis 1908 Sängerknabe am Dom und am 1. September 1913 – also vor genau 50 Jahren wurde Edl als Dommusiker angestellt, und zwar als Geiger und Fagottist. Leider verlor er durch die Auflösung des Dommusikvereines im Jahre 1940 das Recht auf die ihm zustehende Pension. Edl ist bis zum heutigen Tage noch immer als fleißiger und pflichtbewußter Sänger tätig. – Josef Edl vollendete am 17. August sein 70. Lebensjahr. Aus diesem Anlaß sammelte der Domchor unter sich eine kleine Summe, die ihm an diesem Tag als Geschenk überreicht wurde. – Ich möchte jetzt den Vorschlag machen, daß ihm die Custodie vom Dom aus ein Geschenk überreicht, da Edl nur von seiner Rente als Musiker leben muß und als Sänger wohl auch eine Kleinigkeit verdient. Ich würde bitten, daß ihm das Geschenk – ich denke etwa an S 1.000 – im Ordinariat offiziell überreicht wird. – Indem ich hoffe, keine Fehlbitte getan zu haben, zeichne ich hochachtungsvoll ergebenst J. Meßner[431].*

Messners eigener 70. Geburtstag war noch einmal der Anlaß zu einer großen Ehrung. Die Salzburger Kulturvereinigung schenkte dem Komponisten am 11. Oktober 1963 eine Aufführung seiner großen Chorsymphonie im Großen Festspielhaus. Die Besetzung der Singstimmen entsprach jener in Wien, wieder dirigierte Hans Gillesberger, doch diesmal spielte das Mozarteum-Orchester. *Alle Ausführenden, besonders aber der Komponist wurden mit vielen begeisterten Beifallsbezeugungen bedacht[432].*

Obwohl der Herbst schon angebrochen war, hatte das Domkapitel dem neuen Domorganisten noch immer kein Anstellungsdekret übergeben. Messner erbat daher für sich und Herrn Dr. Zukriegel eine Audienz beim Erzbischof – („Wissen S' eh, kommen S' schön g'mascherlt und auch sonst sauber") – und schilderte

ihm die Situation; wenn nicht bald etwas geschähe, lege er, Messner, sein Amt zurück[433]. Auch schrieb er noch einmal dringlich an das Ordinariat, bis die offizielle Ernennung endlich am 10. Dezember 1963 ausgesprochen wurde. – Die Weihnachtszeit verlief in der üblichen anstrengenden Weise. Gleich nach Neujahr war wieder viel Korrespondenz zu erledigen, hauptsächlich Subventionsansuchen für 1964 und Künstlerpost wegen der Sommerkonzerte. Am 17. Jänner fand im Dom ein Requiem für Altbundeskanzler Ing. Julius Raab statt. Dann kam die „Mozart-Woche", in der Messner im Dom das Fragment einer „Missa brevis in C" des angeblich siebenjährigen Mozart mit den Ergänzungen von Bernhard Paumgartner aufführte.

Der Monat Februar wurde durch die Geburtstagsfeiern erhellt. Am 2. März hatte Messner auf dem Heimweg einen Autounfall. Er reagierte die Aufregung darüber auf seine Weise ab, nämlich komponierend, und vermerkte im Autograph seiner Fanfare für die Hundertjahrfeier des Oberösterreichisch-Salzburgischen Sängerbundes: *Komp. 3. III. 1964 nach dem Autounfall am 2. März 1964 in Haslach bei der Einfahrt nach St. Jakob.* Diese Fanfare wurde dann am 18. Oktober in Linz uraufgeführt. Als im Juni des Vorjahres das vierte Österreichische Sängerbundfest in Salzburg stattgefunden hatte, war Messner daran als ausübender Künstler beteiligt gewesen.

Unter den Kulturmeldungen der Tageszeitungen ist ein kurzer Artikel der „Salzburger Nachrichten" vom 3. April 1964 für Messners Zukunft von Bedeutung: *US-Universitätschor reist mit Werken von Joseph Messner. Joseph Messners „Messe in B" op. 29 für Sopransolo, Chor und Bläsersextett sowie dessen „Suite für Orgel" op. 38 stehen im Mittelpunkt eines Programmes, mit welchem Chor und Bläser des Musikseminars der Universität Walla-Walla im Staate Washington eine Konzerttournee durch sieben Universitätsstädte der Vereinigten Staaten absolvieren. Die Leitung von Chor und Orchester hat Prof. Kenneth Schilling inne, der im vergangenen Jahr studienhalber in Salzburg weilte[434].* Professor Schilling war ein Kenner der Salzburger Musikkultur, zudem ein großer Verehrer und verläßlicher Freund des Domkapellmeisters. Demnächst wollte er Messners „Te Deum" aufführen und erbat sich brieflich die Noten dazu[435].

Je näher der Sommer rückte, umso dichter wurde das Arbeitspensum. Die Bertelsmann-Fernseh-Pro-

Abb. 74 Joseph Messner dirigiert Chor und Orchester der Dommusik für eine Fernsehaufnahme von Mozarts „Krönungsmesse"
in Maria Plain, 28. August 1964

duktion zeichnete Mozarts „Krönungsmesse" für eine Eurovisionssendung auf. Die musikalischen Aufnahmen wurden am 10. und 11. Mai abends im Salzburger Dom gemacht, die optischen Aufnahmen am 27. und 28. August nachts in der Wallfahrtskirche von Maria Plain. Als die Sendung ausgestrahlt wurde, bekam Messner aus dem ganzen deutschen Sprachraum Dankesbriefe und begeisterte Zuschriften über die Schönheit der Aufführung.

Im Juni 1964 wählte Messner wieder einmal die Chorsänger für die Domkonzerte aus, weil nur eine ausgewogene Besetzung der vier Stimmgattungen einen schönen Chorklang garantierte, und übergab ihnen das folgende Merkblatt: *Sehr verehrte Damen und Herrn des Salzburger Domchores! Für die „Domkonzerte" der heurigen Festspiele bitte ich folgende Damen und Herrn um Ihre Mitwirkung:* <u>Sopran</u>*: Hoffermann, Pfann-* *hauser, Wolf, Göbel, Wurzinger, Warwitz, Feroli, Unterberger, Gruber, Geil, Hofer –* <u>Alt</u>*: Kubatta, Pesendorfer H., Lerch, Leitner, Kindlinger, Hutya, Fally, Rauch, Rumerstorfer, Eder, Prodinger, Kalteis –* <u>Tenor</u>*: Schmidinger, Dorigo, Straßl, Pesendorfer E., Adam, Orbert, Rauch, Hochleitner, Dr. Fels, Zauner, Fally –* <u>Baß</u>*: Pesendorfer H., Müller, Pallas, Dr. Faber, Dr. Aigner, An der Lan, Hartinger, Bajanowsky, Berger, Edl, Dr. Haytas – Die Konzerte finden statt am 2., 16. und 23. August um 20 Uhr. Ich bitte alle Damen und Herrn um pünktlichen und ständigen Probenbesuch am Montag und Donnerstag um 18.15 Uhr, damit wir sehr gute Aufführungen bringen können. Mit ergebenem Gruß: der Domkapellmeister*[436]. Auf dem Programm standen das Mozart-Requiem; die Kirchensonate KV 68, die Lauretanische Litanei KV 109 und Haydns „Nelson-Messe"; Beethovens Oratorium „Christus am Ölberg" und Mozarts „Krönungsmesse".

Nach den anstrengenden Wochen dieses Sommers und einer neuerlichen Grippe-Erkrankung erlitt der Domkapellmeister Ende November 1964 einen Herzinfarkt. Er mußte bis Mitte Jänner 1965 im Spital der Barmherzigen Brüder verbleiben. Den Chormitgliedern ließ er folgendes Schreiben übergeben: *Sehr geehrte Mitglieder des Domchores! Wie Ihnen bekannt ist, bin ich seit fast drei Wochen im Krankenstand. Die Ärzte verbieten mir leider zu Weihnachten jede Dirigier-Tätigkeit. Ich habe daher die Herren Dr. Faber und Dr. Dawidowicz gebeten, die Weihnachtsgottesdienste zu dirigieren. Um gute Aufführungen zu ermöglichen, bitte ich alle Damen und Herren, die Proben am Montag, den 14., und Donnerstag, den 17. Dezember, pünktlich und vollzählig zu besuchen und dann auch bei den Aufführungen zu erscheinen. – Ich danke allen Damen und Herren für die mir übersandten Grüße und Genesungs-wünsche. Leider haben die Ärzte Besuche strengstens verboten. – Mit den besten Weihnachtswünschen be-grüße ich alle herzlich als Ihr Domkapellmeister*[437].

In den Wochen seiner Rekonvaleszenz erstarkte in ihm der Wunsch, daß der Österreichische Bundes-verlag eine Monographie über ihn herausbringen möge. Wie Messner in einem Brief an den Wiener Universitätsprofessor Dr. Erich Schenk schrieb[438], dachte er an Frau Dr. Gisela Pellegrini als Autorin eines solchen Werkes[439]. Leider ist die Monographie nicht zustande gekommen. – In der zweiten Märzhälfte reiste Messner nach Wien, um die Ehrenplakette des Österreichischen Rundfunks entgegenzunehmen.

Als der Domkapellmeister seine dienstlichen Ver-pflichtungen ab Ostern wieder erfüllen konnte, mußte er sich gleich mit der veränderten Situation der Kir-chenmusik auseinandersetzen. Die österreichischen Bischöfe hatten nämlich in einer außerordentlichen Konferenz am 8. Februar 1965 die Richtlinien zur Durch-führung der Liturgieerneuerung gemäß den Beschlüs-sen des II. Vatikanischen Konzils erlassen: In den Meß-feiern sollten nun Priester, Volk, Lektor, Kantor, Mini-stranten und Chor zusammenwirken; das liturgische Geschehen sollte vereinfacht und verdeutlicht wer-den; die Verwendung der Volkssprache wurde emp-fohlen. Messner war von der Sinnhaftigkeit dieser Neuerungen nicht überzeugt, reagierte aber sofort dar-auf, indem er für das Fest „Christi Himmelfahrt" zur Feier des Goldenen Priesterjubiläums von Erzbischof Rohracher ein deutsches Proprium komponierte.

Ein unscheinbares Blatt Papier im Nachlaß gibt Auskunft über die Kosten[440] kirchenmusikalischer Aufführungen im Dom, und zwar betreffen sie einen Festgottesdienst mit Mozarts „Krönungsmesse" und Messners „Proprium zum 4. Sonntag nach Ostern" anläßlich des Staatsfeiertages am 16. Mai 1965:

Orchester (24 Musiker): a S 80	*S 1.920*
4 Solisten	*S 250*
Oberstimmen-Quintett Proprium	*S 160*
10 bezahlte Chormitglieder	*S 200* [die übrigen sangen un-entgeltlich]
Organist Dr. Zukriegel	*S 60*
Fahrtspesen für Altsolo Bollweg	*S 50*
	S 2.640

Die Angabe des Orchesterhonorars erlaubt es, eine Anekdote um die Bezahlung der Musiker einzu-fügen. Anfang der sechziger Jahre betrug ihre Gage pro Messe 50 Schilling. Während der Predigt pflegte der Domkapellmeister jedem Musiker das Geld aus einer großen, glänzenden Schuhpastadose auf die Hand zu zählen. Da viele Musiker vor dem Dienst im Dom bereits bei den Franziskanern oder in einer an-deren Kirche spielten und dort oft besser bezahlt wurden, erkundigte sich eines Tages der Posaunist Oskar Hradjira bei der Gewerkschaft nach dem ange-messenen Tarif, und der lag tatsächlich höher. So ver-handelte Hradjira mit Messner. Beim nächsten Dienst im Dom bekamen die Musiker ihr Geld in einem wei-ßen Papiersäckchen überreicht, doch als sie es öffne-ten, waren wieder nur 50 Schilling darinnen. Erst beim übernächsten Mal hatte sich ihre Gage auf 70 Schil-ling erhöht[441].

Am 25. Juni 1965 starb Pater Bartl (Max) Viertler. Ein musikbegabter Tiroler wie Messner, hatte er drei-ßig Jahre hindurch als Regens chori an der Franziska-nerkirche gewirkt. Dort begannen auch damals die Sonntagsmessen bereits um 9 Uhr. Jene Sänger und Musiker, die anschließend im Dom verpflichtet waren, konnten die Zehn-Uhr-Messe wegen der kurzen Weg-strecke meistens rechtzeitig erreichen. Fielen die Pre-digten der Franziskaner aber zu lange aus, dann spielte sich während des „Agnus Dei" eine „Abschiedssym-phonie" ab: Ein Musiker nach dem anderen packte sein Instrument ein und schlich sich davon, denn die Aufführungen im Dom hatten den Vorrang. An den Sonntagen der Festspielzeit wiederholte sich dieses stille Abschiednehmen dann im Dom, wenn die dortige Messe kein Ende nehmen wollte, die Musiker aber um 11 Uhr in einer Matinee im Mozarteum zu spielen hatten.

In diesem Sommer dirigierte Messner nur zwei Domkonzerte. Es war nicht allein die Probenarbeit, die ihn anstrengte, er mußte sich ja für das Zustandekommen dieser Konzerte seit je her selber um alle damit verbundenen Nebenarbeiten kümmern, und die reichten von der Saalmiete über die Drucklegung der Konzertprogramme und den Kartenverkauf bis hin zur Anstellung der Saaldiener, Garderobefrauen und Reinigungskräfte. Wenn auch die Konzerttätigkeit vermindert war, so blieb ihm genug Arbeit mit den Meßgestaltungen, den Orgelvorführungen und den Aufgaben als Orgel- und Glockenfachmann der Erzdiözese. In jenen Kirchen, in denen er als Sängerknabe gesungen hatte, lag ihm die Schönheit des Geläutes besonders am Herzen; er entwarf die Disposition und war bei jedem Glockenguß anwesend[442]. In seinen Mußestunden vertonte Messner gelegentlich einen lateinischen Proprientext, weil er davon überzeugt war, daß die Salzburger Bischofskirche im Hinblick auf die Besucher aus aller Welt nicht auf das Latein als international verbindliche Kultsprache verzichten dürfe. Für die Matutin des Weihnachtsfestes schrieb er ein kleines „Te Deum" für Gesangssolisten und Orgel.

Im Dezember 1965 erhielt er aus Wien von Universitätsprofessor Dr. Erich Schenk, einem gebürtigen Salzburger, die Anfrage nach einer Fanfarenkomposition: *Sehr geehrter Herr Professor! Unter dem Eindruck der gestrigen Inaugurationsfeier, bei der Ihre schöne Paracelsus-Fanfare zum Einzug gespielt wurde, erlaube ich mir, heute auf unseren Briefwechsel vom Juni/Juli dieses Jahres zurückzukommen. Ich fahre morgen nach Hamburg, wo die Wahl der Herderpreisträger für 1966 stattfindet und würde mich sehr glücklich schätzen, wenn ich für diese Gelegenheit die Uraufführung einer Fanfare Ihrer Komposition einplanen könnte. Die Paracelsus-Fanfare habe ich gestoppt. Sie dauert genau 4 Minuten, was für unseren Zweck zu kurz wäre. Wie ich mir Ihnen seinerzeit schon mitzuteilen erlaubte, benötigten wir ein Stück von der Dauer der Marx'schen Festlichen Fanfarenmusik in der Dauer von 8 Minuten. Die Herderpreisverleihung wird ... voraussichtlich Anfang Mai stattfinden und es wäre meines Erachtens ein schöner Anlaß, auch Ihr Schaffen bei dieser festlichen*

Veranstaltung herauszustellen[443]. Messner komponierte daraufhin die „Symphonische Festfanfare" (op. 86), auch „Herder-Fanfare" genannt, und zwar über das Hauptthema von Mozarts Klavierkonzert KV 271. Er widmete das Werk dem Mozart-Forscher Dr. Schenk als dem erwählten Träger des Herder-Preises und dirigierte es im Mai auch selbst in Wien.

Ein Brief vom 19. Jänner 1966 aus dem Büro der „Union Paneuropéenne" in Basel kündet von einer weiteren Komposition: *Sehr verehrter Herr Professor, ich habe mit großer Freude Ihre schöne Europa-Hymne gehört und beglückwünsche Sie zu derselben. Auch der Text ist sehr schön. Ich glaube, daß Sie damit einen großen Beitrag für unsere Bewegung geleistet haben. Leider gibt es heute eine ganze Reihe von Europa-Hymnen. Im vergangenen Jahr wurde eine solche von der deutschen Europa-Bewegung empfohlen. Ich glaube, es wäre am besten, wenn ein internationales Komitee von Dichtern und Komponisten diese Wahl treffen würde. – Diese Frage beschäftigt mich seit vielen Jahren. Ich selbst hatte im Jahr 1926, bei der Eröffnung unseres ersten Paneuropa-Kongresses das Lied „An die Freude" spielen lassen. Viel später hat Bruno Walter, mit dem ich diese Frage besprach, sich gleichfalls für diese Lösung ausgesprochen. Vielleicht könnte das vom Prinzen Bernhard präsidierte europäische Kulturwerk diese Frage aufgreifen. – Mit freundlichen Grüßen und dem Ausdruck meiner besonderen Hochschätzung Ihr sehr ergebener Richard Coudenhove-Kalergi*[444].

Im Februar vertonte Messner für das Salzburger Loreto-Kloster zwei Liedertexte für Sopransolo, Frauenchor und Orgel; die Vertonung des Gebetes „Gnadenkindlein wundervoll" gehört seit dem Jahr 1966 zum festen kirchenmusikalischen Bestand des Klosters. In den ersten Monaten dieses Jahres entstand außerdem eine Bühnenmusik für Bläserensemble und Orgel zu Hofmannsthals Schauspiel „Das Salzburger Große Welttheater", das ab April 1966 von der Salzburger Elisabeth-Bühne aufgeführt wurde.

Seit Wochen erwartete Messner eine positive Antwort auf seinen vier Seiten langen Brief an das Hochwürdigste Domkapitel[445], der mit den Worten begann: *Endlich muß ich mir von der Seele schreiben, was mich schon seit Jahren beschäftigt und quält – ein Unrecht, das mir von seiten des Ordinariates widerfahren ist und noch widerfährt: meine Gehaltsfrage in meiner Stellung als erzbischöflicher Domkapellmeister.*

Messner habe seit der Auflösung des Dommusikvereines im Jahr 1940 das ihm von Erzbischof Dr. Rieder zugesicherte Gehalt als Domkapellmeister nie mehr ausbezahlt bekommen und sei auch nach dem Krieg weiter nur wie ein Chorvikar entlohnt worden. Kollegen, die an anderen Bischofskirchen tätig seien, könnten gar nicht glauben, daß die Stelle in Salzburg dermaßen unterbezahlt sei. Messner müsse dazu noch alle Auslagen, die Dommusik betreffend (Saalmiete im Mozarteum, Telefongebühren, Notenpapier), aus eigener Tasche bezahlen. Die meisten seiner Werke habe er für den Dom geschrieben, ohne daß er dabei Geld verdient hätte. *Zum Abschluß meines Schreibens möchte ich offen sagen: hätte meine Arbeit mehr den weltlichen Kompositionen gegolten, so würden mir mehr Einnahmen aus Tantiemen zufließen und ich könnte das Unrecht meiner Gehaltsgestaltung leichter ertragen; wenn man aber an eine gerechte Gehaltsregelung denkt, so darf ich doch annehmen daß wenigstens einer der Herren mich als qualifizierten Musiker einstufen wird und mir der Dom ab 1966 den mir gerechter Weise gebührenden Gehalt zugesteht und außerdem das Unrecht, das mir durch die Herabsetzung des Gehaltes seit 1939 – also seit 26 Jahren – geschehen ist, wenigstens zum Teil gut gemacht wird. Darüber aber bitte ich um präzise Vorschläge. – Da mir die Konzils-Gespräche über die sozialen Pflichten der Kirche endlich – nach Jahren – den Mut gaben, die ganze Angelegenheit der geistlichen Stelle vorzulegen, bitte ich mein Schreiben nicht als Gnadengesuch aufzufassen, sondern dasselbe gerecht und wohlwollend zu behandeln.* Es dauerte nach einigen schriftlichen Rückfragen dann noch bis Mitte März, ehe eine befriedigende Lösung getroffen wurde. Messner erhielt rückwirkend ab Jänner 1966 ein monatliches Nettogehalt von 5.000 Schilling und als Abgeltung aller früheren Gehaltsansprüche eine einmalige Zahlung in der Höhe von 40.000 Schilling[446]. In einem Brief vom 21. März 1966[447] berichtete Messner dem Erzbischof von dieser Entscheidung: *Vor allem aber muß ich Euerer Exzellenz von Herzen danken für Hoch-Ihr tatkräftiges Eintreten für mich und mein Recht: am Josephi-Tag dankte ich meinem Namenspatron bei der Hl. Messe in meiner stillen Hauskapelle.*

Nachdem Messner von den finanziellen Sorgen befreit war, konnte er sich freudigen Herzens auf eine besonders schöne künstlerische Aufgabe vorbereiten.

Abb. 75 Joseph Messner, Salzburgs Bürgermeister Alfred Bäck und Christa Hoffermann in Haarlem, April 1966

Die niederländische Stadt Haarlem veranstaltete im April 1966 eine „Mozart-Woche", zu der Professor Messner, Christa Hoffermann, Joseph Schröcksnadel und die „Salzburger Mozartspieler" als Repräsentanten der Salzburger Musikkultur eingeladen waren. Die Flugreise ging von München nach Amsterdam. In Haarlem wurde die Festwoche am 16. April im Frans-Hals-Museum eröffnet; Messner und Hoffermann umrahmten sie musikalisch mit zwei Arien aus „Le Nozze di Figaro". Drei Tage später fand in der St.-Bavo-Kirche, in der im Jahr 1766 der junge Wolfgang Amadeus Mozart die Orgel gespielt hatte, ein geistliches Konzert mit Werken von Georg Muffat, Leopold und W. A. Mozart, H. I. F. Biber und J. M. Haydn statt. Anschließend improvisierte Messner über ein Thema von Mozart und begeisterte die Zuhörer mit seiner Kunst dermaßen, daß der damals anwesende flämische Dirigent Cluytens meinte: „Der einzige, der noch so improvisieren kann, wäre Messiaen in Paris"[448].

Nach Salzburg zurückgekehrt, feierte der Domkapellmeister sein vierzigjähriges Berufsjubiläum, das den Zeitungen einen neuerlichen Anlaß zur Würdigung seines Schaffens bot. Dann folgte der Sommer, in dem drei Gottesdienste aus dem Dom im Östereichischen Rundfunk übertragen wurden; der Pontifikalgottesdienst zur Eröffnung der Salzburger Hochschulwochen am 7. August wurde sogar im Fernsehen als Eurovisionssendung ausgestrahlt. Die drei Domkonzerte wurden, wie schon gewohnt, von den Musikkritikern unterschiedlich beurteilt. Über einen Artikel in den „Salzburger Nachrichten" vom 26. August 1966 ärgerte sich Messner gewaltig: Unter dem Titel

„Ein Kapital, das brachliegt" forderte der Verfasser W. Thiel mehr Abwechslung in den Programmen durch die Aufführung von Werken aus dem Archiv des Domes sowie ein höheres künstlerisches (ein wieder *festspielwürdiges*) Niveau und schrieb zuletzt: *Die ausverkaufte Aula dokumentierte das Interesse für geistliche Musik, besonders für solche Werke, die durch die Liturgie-Reformen ihre Verwendung als Gebrauchsmusik verloren haben. Nur wäre es aber an der Zeit, daß die Festspiele dieses „Nebengeleise" in Eigenregie übernähmen und einem jungen, ambitionierten Chor (wir denken an eine Institution wie den „Kammerchor", dessen Leistung in diesem Jahr prämiiert wurde, und auch erste Dirigenten) diese Aufgabe übertrügen*[449]. Auf Thiels Angriffe hin veröffentlichte die Pressestelle der Erzdiözese am 13. September in der oben zitierten Zeitung folgende Antwort: *Zu Ihrem Artikel … gibt das eb. Domkapitel folgende Stellungnahme ab: Max Reinhardt und Hugo von Hofmannsthal besuchten wiederholt die liturgischen Aufführungen im Salzburger Dom und traten im Einverständnis mit dem Präsidenten Puthon im Jahre 1926 an Domkapellmeister Messner mit dem Ersuchen heran, auf das Programm der Festspiele in der Bischofsstadt auch geistliche Konzerte zu bringen. Die Erfahrung der vielen Jahre hat gezeigt, daß die Besucher kein besonderes Interesse für die „Kostbarkeiten des Domarchives" (Bernardi, Bonamico, Biber, Biechteler, Muffat etc.) hatten, sondern hauptsächlich Mozart, die Wiener Klassiker, Schubert und Bruckner hören wollten. – Wie sehr die Leistungen des Domchores von den Besuchern Salzburgs eingeschätzt werden, beweisen wohl am besten die Tausende von Interessenten, die speziell im Monat August allsonntäglich den Dom füllen. – Das erzbischöfliche Domkapitel dankt auf diesem Wege dem Domchor, seinen Solisten, dem Mozarteum-Orchester und nicht zuletzt dem Domkapellmeister für die künstlerischen Leistungen, die den Ruf der Dommusik seit Jahren in die Welt hinausgetragen haben*[450]. Für Joseph Messner, der im Oktober sein Goldenes Priesterjubiläum feierte, war die Aufführung sakraler Werke nicht nur eine künstlerische Herausforderung, sondern stets auch eine Form der Glaubensverkündigung und des Gebets. Davon waren die Zuhörer wohl am tiefsten berührt, und sie dankten ihm mit herzlichem Applaus.

Die nächsten Monate des Jahres 1966 vergingen ohne größere Ereignisse. Aus Dankbarkeit für die Lösung seiner finanziellen Probleme überwies Messner im Herbst eine großzügige Spende an die österreichische Gesellschaft „Rettet das Kind"[451]. Ende November nahm er die Einladung einer jungen Musikprofessorin an, ihren Schülerinnen am Musisch-pädagogischen Realgymnasium Salzburg im Rahmen der „Woche für zeitgenössische Musik" aus seinem Leben und Schaffen zu erzählen. Seiner labilen Gesundheit vergessend, zog er in einem lebhaften Gespräch alle Zuhörer in seinen Bann – und hatte nach seinem Vortrag 52 neue Verehrerinnen gewonnen. Messner freute sich immer über Kontakte zu jungen Leuten, sei es im Domchor oder bei den Werkwochen für Kirchenmusik, die in den Sommerferien im Borromäum stattfanden.

Wiederkehrende Schwächezustände und Erkrankungen in den Wintermonaten hemmten Messners schöpferische Tätigkeit, nach wie vor aber betrieb er die Verbreitung und Aufführung seiner Werke. Im Frühling 1967 wandte er sich in einem Brief sogar an den Präsidenten der Vereinigten Staaten von Amerika und fragte an, ob Präsident Johnson bereit wäre, die Kosten für eine Schallplattenaufnahme der „Bomben-Messe" zu übernehmen (amerikanische Flugzeuge hatten bekanntlich den Salzburger Dom bombardiert). Die Amerikanische Botschaft in Wien schickte am 16. Juni 1967 eine abschlägige Antwort: Der Präsident verfüge über keine Budgetmittel für kulturelle Vorhaben, da in den USA derlei Projekte grundsätzlich nur von privaten Organisationen und Privatpersonen gefördert werden[452]. Messner fand aber keine Sponsoren, und so wurde seine „Große Festmesse" erst im Jahre 1978 unter seinem Nachfolger Dr. Anton Dawidowicz für Schallplatten aufgenommen.

Im Juli 1967 reiste Joseph Messner nach Innsbruck, um an der Promotion seines Neffen Rudolf Messner teilzunehmen. Als dem akademischen Festakt am 15. Juli die gebührende musikalische Umrahmung fehlte, war der Domkapellmeister enttäuscht; er hätte aus Salzburg ein Bläserensemble mitnehmen können, wenn er rechtzeitig davon gewußt hätte[453].

Auf Grund seiner gesundheitlichen Probleme hatte Messner für den Festspielsommer 1967 nur zwei Konzerte angesetzt, eines am 6. August mit Pergolesis „Stabat mater" und Mozarts „Krönungsmesse", ein zweites am 13. August mit dem Mozart-Requiem. Da Messner vor vierzig Jahren – im Jahr 1927 – die Domkonzerte der Festspielzeit als „Konzerte geistlicher Musik" begründet hatte, würdigte am 6. August ein Sprecher des Domchores dieses Jubiläum in einer kurzen Ansprache vor dem versammelten Publikum. Drei Tage vor der Aufführung des „Requiems" wurde der Domkapellmeister auf dem Weg zur vormittäglichen Orgelvorführung wegen eines akuten Schwächeanfalls ins Spital eingeliefert, er bestand aber trotzdem darauf, die Generalprobe am Samstag und das Konzert am Sonntag zu leiten, obwohl er kaum im Stande war, ein paar Schritte allein zu gehen; er mußte sich in den Konzertsaal tragen und aufs Podium führen lassen. In der Probe bat er die Musiker: „Lassen S' mich sitzen, ich bin heut viel zu müd'"[454], und dirigierte im Sitzen. Die Aufführung am folgenden Tag war ergreifend schön und blieb allen Anwesenden tief im Gedächtnis, denn sie erlebten die Musik der Totenmesse wie einen Gruß aus einer anderen Welt. Der alte weißhaarige Herr am Dirigentenpult sah wahrhaft ehrfurchtgebietend aus. Niemand im Publikum bemerkte irgend eine Schwäche an ihm, nur der Erzbischof hatte schärfere Augen und erkundigte sich besorgt nach dem Befinden seines Domkapellmeisters. Als Messner nach dem Konzert in sein Spitalzimmer zurückkehrte, sagte er zu Eva Klemens: *Wirst sehen, das war mein letztes Requiem*[455]. Einige Monate später gab er seinen Entschluß bekannt, zur Festspielzeit keine Konzerte geistlicher Musik mehr zu veranstalten.

Am 15. August dirigierte er die Dommusik zum Fest „Mariä Himmelfahrt" trotz seiner angegriffenen Gesundheit, weil die Messe vom Bayerischen Rundfunk übertragen wurde. Wenige Tage später wurde er gänzlich aus dem Spital entlassen und erholte sich so weit, daß er am 27. August in der Stiftskirche von Ossiach sowohl zum Fest der Orgelweihe als auch im abendlichen Kirchenkonzert die Orgel spielen konnte. Nach einigen Urlaubstagen in Kärnten kehrte Messner gekräftigt nach St. Jakob zurück und konnte die regelmäßige Probenarbeit mit dem Domchor wieder aufnehmen. – Im November leitete er erneut Rundfunkaufnahmen eigener Werke, diesmal standen die „Zwei Marienlegenden" und der Zyklus „Erfüllung" für Sopransolo und Streichquartett auf dem Programm. Im Archiv des Österreichischen Rundfunks sind zahlreiche Aufnahmen aus den 1950er und 1960er Jahren erhalten, die Messners Kompositionen oder Messner als Dirigenten eigener und fremder Werke vorstellen.

Das letzte Lebensjahr: 75. Geburtstag – Walla-Walla – Ehrendoktorate – Tod 1968 bis 1969

Das Jahr 1968 war geprägt von den großen Ehrungen und Auszeichnungen anläßlich des 75. Geburtstages von Professor Joseph Messner[456]. Der Österreichische Rundfunk/Studio Salzburg widmete dem Komponisten am 20. Februar eine einstündige Abendsendung, in der folgende Werke zu hören waren: der Zyklus „Erfüllung", das Fugato aus der „Suite für Orgel", der „Sonnenhymnus" aus den „Drei Gesängen für Bariton und Orchester", das Scherzo aus der 3. Symphonie, der „Salzburger Dom" aus der „Salzburger Suite", das Adagio aus dem Violinkonzert und das „Agnus Dei" aus der Domweihfestmesse. Studio Wien brachte Messners „Quintett", der Westdeutsche Rundfunk Köln eine Aufführung der „Messe in B" und das „Impromptu" für Bläser. – Die Stadt Salzburg verlieh dem

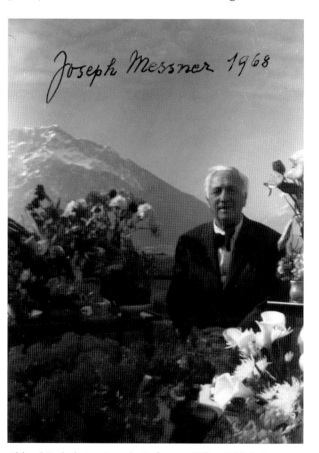

Abb. 76 Farbphoto „Joseph Meßner 1968" anläßlich des 75. Geburtstags am 27. Februar 1968

verehrten Künstler am 26. Februar als dritte Auszeichnung nach der Silbernen Mozartmedaille und dem Wappenring die Wappenmedaille in Gold und lud alle Festgäste nach dem Verleihungsakt zu einem Mittagessen ins Hotel „Österreichischer Hof" ein. – Die Internationale Stiftung Mozarteum und die Salzburger Kulturvereinigung veranstalteten am Abend des selben Tages im Großen Saal des Mozarteums ein Sonderkonzert zu Messners Ehren. Man hörte die Ouvertüre zu Mozarts „Hochzeit des Figaro", Messners „Sinfonietta" (op. 10) und Bruckners 3. Symphonie. Landeshauptmann DDr. Lechner überreichte dem Jubilar das Goldene Verdienstzeichen des Landes Salzburg, dann überbrachte Kulturreferent Dr. Klier dem Künstler die Glückwünsche und den Dank der Internationalen Brucknergesellschaft und übergab ihm die neueste Bruckner-Ausgabe. – Die Tageszeitungen und Fachzeitschriften druckten ehrende Berichte über den Künstler ab[457].

Bei der Fülle von Gratulationen, die aus allen Himmelsrichtungen in St. Jakob eintrafen, war es dem Herrn Professor nicht möglich, sie alle handschriftlich zu beantworten. Er bediente sich gedruckter Danksagungskarten folgenden Wortlautes, den er nur zu unterschreiben brauchte: *Euer Wohlgeboren hatten die Güte, mir zur Vollendung meines 75. Lebensjahres durch Glück- und Segenswünsche Ihre Verbundenheit mit mir und meiner künstlerischen Tätigkeit zum Ausdruck zu bringen. Empfangen Sie hiefür mit dem Ausdruck der Ergebenheit den herzlichen Dank Ihres Joseph Messner*[458].

Noch waren die Ehrungen nicht zu Ende. Ein Brief aus Walla-Walla, datiert mit 5. März 1968, kündigte ein besonderes Ereignis an: *Sehr geehrter Herr Professor Messner: Die Ehre ist mir zuteil geworden Ihnen mitteilen zu dürfen, dass die Fakultät und das Kuratorium von Whitman College einstimmig den Antrag unterstützen Ihnen, für die Verdienste um die Musik, den Titel: Doctor of Music, honoris causa, zu verleihen. Die Promotion findet am 2. Juni, 1968, in Walla Walla am Campus von Whitman College statt. Professor Schilling benachrichtigte mich, dass Sie planen an den Festlichkeiten teilzunehmen und wir sehen mit grosser Freude der Gelegenheit entgegen Sie hier begrüssen zu dürfen und Ihnen die Gastfreundschaft unseres College anzubieten. Achtungsvoll Chester C. Maxey, President Emeritus and Acting President*[459]. – Messners Antwort vom 15. März 1968 lautete: *Hochverehrter Herr Präsident!*

Die größte Freude und Überraschung bei all den großen Ehrungen, die ich jetzt anläßlich der Vollendung meines 75. Lebensjahres erleben durfte, war Ihr Schreiben vom 5. März 1968. Daß auch Ihr von mir so sehr verehrtes College mir eine so hohe Auszeichnung zukommen läßt, bedeutet für mich und mein Schaffen eine ganz besondere Ehre, weiß ich doch durch Professor Kenneth Schilling, was Ihr College leistet, und weiß auch, daß meine Musik bei Ihnen geschätzt wird[460]. – *Daß es mir eine große Freude macht, zur Übernahme dieser Ehrung nach Walla Walla zu kommen und Ihr berühmtes College kennen zu lernen, brauche ich nicht sagen. Ich werde schon vor dem 2. Juni in Walla Walla eintreffen. Mit dem Ausdruck meiner größten Verehrung und Dankbarkeit bin ich Herrn Präsident ergebenster*[461].

Im „Whitman College Bulletin/Alumnus Issue" vom Mai dieses Jahres wurde der geehrte Komponist mit Bild und Text vorgestellt. Joseph Messner und Eva Klemens flogen am 27. Mai über Frankfurt und London nach Seattle und reisten von dort weiter nach Walla-Walla. Am 2. Juni fand am Vormittag in der Kirche des College ein Gottesdienst statt, in dem Mess-

Abb. 77 Ehrenpromotion in Walla-Walla am 2. Juni 1968

Abb. 78 Joseph Messner als Dirigent, 1963

ners „Messe in B" aufgeführt wurde. Messner selbst hatte am Tag davor mit Werken von Hofhaymer, Muffat, Eberlin und W. A. Mozart ein kleines Orgelkonzert gegeben. Nach der feierlichen Verleihung des Ehrendoktorates verbrachten die beiden Salzburger Gäste noch einige Tage bei ihren amerikanischen Freunden, ehe sie am 10. Juni den Rückflug antraten. Reisezuschüsse waren Messner von Stadt und Land Salzburg, von der Erzdiözese und vom Unterrichtsministerium gewährt worden.

Zu Hause angekommen, erhielt Professor Dr. h.c. Messner ein Schreiben des Rektors der Salzburger Universität folgenden Wortlauts: *Sehr geehrter Herr Professor! Der Akademische Senat hat sich in seiner Sitzung vom 5. Juni mit dem umfassenden Oeuvre befaßt, das Sie der musikalischen und religiösen Welt geschenkt haben und den Beschluß gefaßt, Sie, hochverehrter Herr Professor, über den Antrag der Theol. Fakultät zum Doktor theol. h. c. zu ernennen. – Der Akademische Senat hatte bei diesem Beschluß besonders Ihr reiches vielfäl-* *tiges kompositorisches Wirken vor Augen, welches im In- und Ausland weithin anerkannt ist und sich aus dem Salzburger Musikleben nicht mehr wegdenken läßt, insbesonders im Zusammenhang mit der Gründung der „Salzburger Festspiele", ihrer weiteren Gestaltung durch die Kirchenkonzerte im Dom und in der Großen Aula. Große Verdienste erwarben Sie sich auch durch Ihre vielen Eigenkompositionen, durch die meisterliche Interpretationen aller liturgischen Texte des Kirchenjahres sowie der vielen Orgelwerke und Ihr vielgerühmtes Improvisationskönnen. Nicht unerwähnt sollen die Bearbeitungen der beiden Bruckner-Jugendmessen in „C" und „F", der „missa brevis" von W. A. Mozart, sowie der kritischen Ausgabe alter Salzburger Meister bleiben. – Als Rektor der Alma Mater Paridiana kann ich den Beschluß des Akademischen Senats und den Antrag der Theol. Fakultät nur von Herzen begrüßen und freue mich aufrichtig, Sie, verehrter Herr Professor, von dieser Ihnen zugedachten Ehrung in Kenntnis setzen zu dürfen. Bezüglich des genauen Termines werden wir*

Abb. 79 Joseph Messner bekommt den Goldenen Ehrenring der Universität Salzburg angesteckt, 20. August 1968

Abb. 80 Joseph Messner mit dem Goldenen Ehrenring der Universität Salzburg

noch Fühlung aufnehmen. – Mit dem Ausdruck meiner vorzüglichen Hochachtung und aufrichtigen Wertschätzung verbleibe ich Ihr sehr ergebener Stefan Rehrl, Rektor[462]. – Messners Antwort vom 24. Juni begann folgendermaßen: *Hochverehrte Magnifizenz! Recht herzlichen Dank für Ihr sehr geschätztes Schreiben vom 14. Juni, in welchem Magnifizenz mir den Beschluß des Akademischen Senates vom 5. Juni ac mitteilen, daß die Alma Mater Paridiana mir den Titel eines „Doktor theol. h. c." verleihen will. – Die Tage nach meiner Rückkehr aus den USA waren mit Arbeit derart überlastet, daß ich den Inhalt Ihres so ehrenvollen Schreibens kaum fassen konnte. – Daß der Akademische Senat meine Arbeit auf musikalischem Gebiet – sei es für den Salzburger Dom oder die Salzburger Festspiele – so hoch einschätzt, freut mich ja ganz besonders, umsomehr, als ich am Whitman College in Walla Walla (Washington) mit Staunen hören mußte, wie sehr man auch in den USA über meine künstlerische Arbeit orientiert ist[463].*

Messners Ehrenpromotion war für den 20. August angesetzt. Kurz davor fand am 4. August anläßlich

der Salzburger Hochschulwochen ein Festakt statt, in dem der Präsident des Internationalen Forschungszentrums Prof. Dr. P. Thomas Michels OSB mit der Würde eines Ehrensenators der Paris-Lodron-Universität ausgezeichnet wurde. Messner hatte aus diesem Anlaß eine kleine Mozart-Fanfare komponiert, deren Autograph die Widmung trägt: *Meinem Everl! 25./ VII. 68.* Als Thema der Fanfare hatte er das Hauptthema aus dem ersten Satz der A-Dur-Klaviersonate KV 331 gewählt, eine Melodie, die er seit Jahrzehnten liebte und immer wieder für Improvisationen verwendete.

An Messners Promotionsfest erklang die kleine Mozart-Fanfare im Verein mit drei anderen seiner Fanfaren[464] noch einmal. Der lateinische Text seiner Promotionsurkunde ist auf Abb. S. 140 zu lesen. Die deutsche Übersetzung lautet[465]:
An den hochwürdigsten und hochangesehen
JOSEPH MESSNER
höchst kundigen Professor der Musik, Chorregenten der Kathedralresidenz, Komponisten überaus berühmter musikalischer Werke, Doktor der Musik ehrenhalber ge-

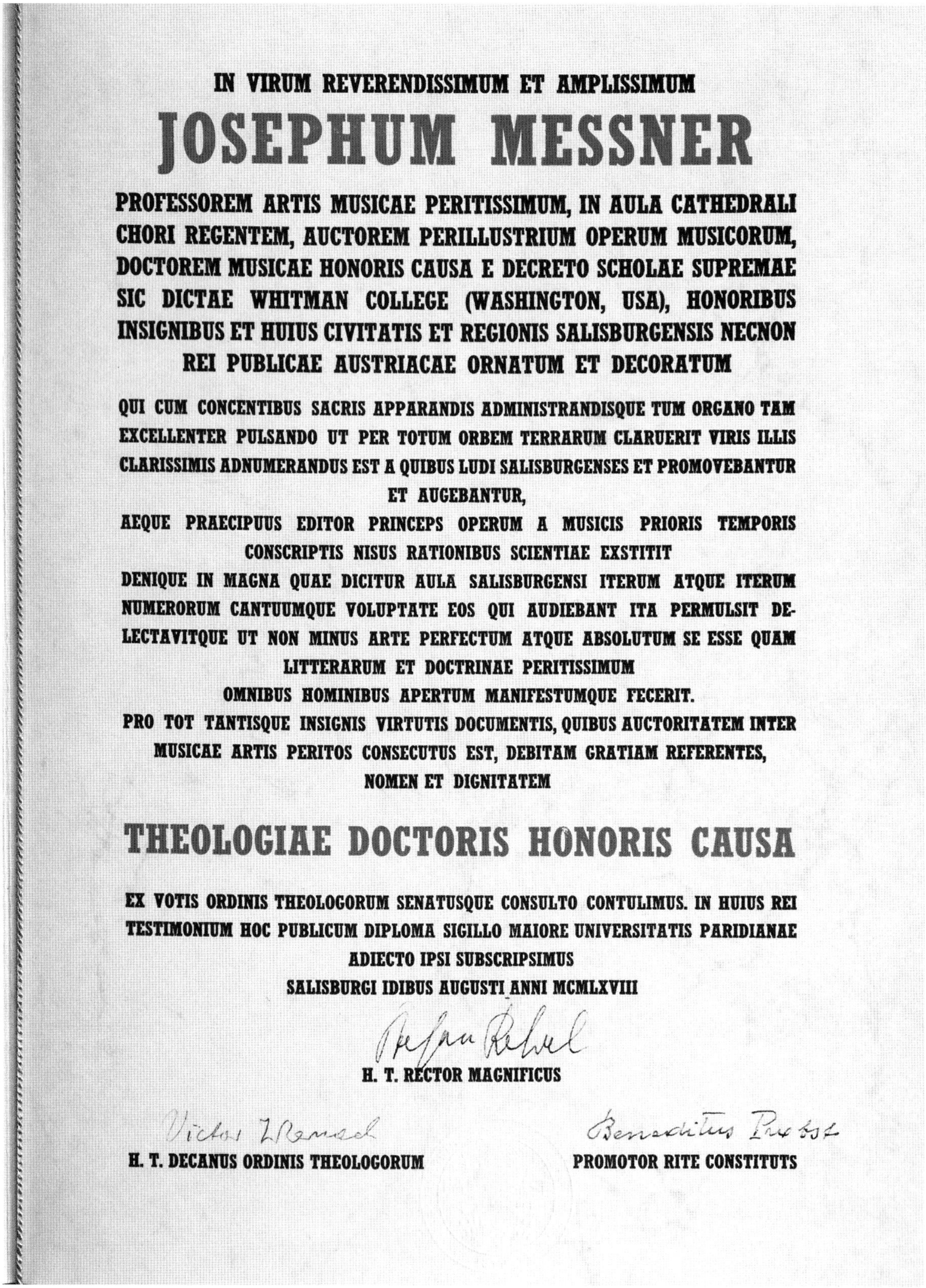

IN VIRUM REVERENDISSIMUM ET AMPLISSIMUM

JOSEPHUM MESSNER

PROFESSOREM ARTIS MUSICAE PERITISSIMUM, IN AULA CATHEDRALI
CHORI REGENTEM, AUCTOREM PERILLUSTRIUM OPERUM MUSICORUM,
DOCTOREM MUSICAE HONORIS CAUSA E DECRETO SCHOLAE SUPREMAE
SIC DICTAE WHITMAN COLLEGE (WASHINGTON, USA), HONORIBUS
INSIGNIBUS ET HUIUS CIVITATIS ET REGIONIS SALISBURGENSIS NECNON
REI PUBLICAE AUSTRIACAE ORNATUM ET DECORATUM

QUI CUM CONCENTIBUS SACRIS APPARANDIS ADMINISTRANDISQUE TUM ORGANO TAM
EXCELLENTER PULSANDO UT PER TOTUM ORBEM TERRARUM CLARUERIT VIRIS ILLIS
CLARISSIMIS ADNUMERANDUS EST A QUIBUS LUDI SALISBURGENSES ET PROMOVEBANTUR
ET AUGEBANTUR,
AEQUE PRAECIPUUS EDITOR PRINCEPS OPERUM A MUSICIS PRIORIS TEMPORIS
CONSCRIPTIS NISUS RATIONIBUS SCIENTIAE EXSTITIT
DENIQUE IN MAGNA QUAE DICITUR AULA SALISBURGENSI ITERUM ATQUE ITERUM
NUMERORUM CANTUUMQUE VOLUPTATE EOS QUI AUDIEBANT ITA PERMULSIT DE-
LECTAVITQUE UT NON MINUS ARTE PERFECTUM ATQUE ABSOLUTUM SE ESSE QUAM
LITTERARUM ET DOCTRINAE PERITISSIMUM
OMNIBUS HOMINIBUS APERTUM MANIFESTUMQUE FECERIT.
PRO TOT TANTISQUE INSIGNIS VIRTUTIS DOCUMENTIS, QUIBUS AUCTORITATEM INTER
MUSICAE ARTIS PERITOS CONSECUTUS EST, DEBITAM GRATIAM REFERENTES,
NOMEN ET DIGNITATEM

THEOLOGIAE DOCTORIS HONORIS CAUSA

EX VOTIS ORDINIS THEOLOGORUM SENATUSQUE CONSULTO CONTULIMUS. IN HUIUS REI
TESTIMONIUM HOC PUBLICUM DIPLOMA SIGILLO MAIORE UNIVERSITATIS PARIDIANAE
ADIECTO IPSI SUBSCRIPSIMUS
SALISBURGI IDIBUS AUGUSTI ANNI MCMLXVIII

H. T. RECTOR MAGNIFICUS

H. T. DECANUS ORDINIS THEOLOGORUM   PROMOTOR RITE CONSTITUTS

Abb. 81 Ehrenpromotionsurkunde

mäß Dekret der Hochschule Whitman College (Washington, USA), mit bedeutenden Ehrungen sowohl dieser Stadt als auch des Landes Salzburg, aber auch der Republik Österreich geehrt und ausgezeichnet,

der sowohl in der Vorbereitung als auch Leitung heiliger Gesänge als auch durch sein so ausgezeichnetes Orgelspiel, dass er über die ganze Welt hin berühmt wurde, unter die berühmtesten Männer einzureihen ist, von denen die Salzburger Festspiele ausgerichtet und gefördert wurden,

und der in gleichem Ausmaß als Erstherausgeber von Werken Musiker früherer Zeiten nach wissenschaftlicher Methode aufgetreten ist

und schließlich in der sogenannten Großen Aula von Salzburg immer wieder mit dem Genuss von Melodien und Gesängen die Zuhörer so rührend bewegte und ergötzte, dass er allen Menschen deutlich offenkundig gemacht hat, nicht nur in der Kunst vollendet und vollkommen, sondern auch in Wissenschaft und Lehre höchst kundig zu sein.

Für so viele und große Beweise herausragender Verdienste, mit denen er hohes Ansehen unter den Musikgelehrten erlangt hat, haben wir an ihn, gebührenden Dank abstattend,

Titel und Würde eines

Doktors der Theologie ehrenhalber

auf Verlangen der Theologischen Fakultät und auf Beschluss des Senats übertragen. Zum Zeugnis dafür haben wir diese öffentliche Urkunde unter Beifügung des großen Siegels der Paris-Lodron-Universität in eigener Person unterzeichnet.

Salzburg am 13. August 1968

Stefan Rehrl dzt. Rektor

Viktor Warnach
dzt. Dekan der Theologischen Fakultät

Benedikt Probst
rechtmäßig bestellter Promotor

Das Amtsblatt der Landeshauptstadt Salzburg 1968/Nr. 20 meldete: *Domkapellmeister Prof. DDr h. c. Joseph Messner, Salzburg, gingen anläßlich der kürzlich erfolgten Promotion zum Doktor der Theologie honoris causa der Paris-Lodron-Universität viele herzliche Glückwunschtelegramme zu. Unter den Gratulanten befanden sich u. a. Bundeskanzler Dr. Josef Klaus, LH DDr. Lechner, Bundesminister für Justiz Univ.Prof. Dr. Klecatsky,*

der Generalkonsul der Bundesrepublik Deutschland, Dr. Simon, und der Amtsführende Präsident des Landesschulrates für Salzburg, Hofrat Dr. Laireiter. Zu den Gratulanten zählten auch die Kulturabteilung der Tiroler Landesregierung sowie das College von Walla Walla (USA), das dem Salzburger Domkapellmeister seinerzeit die Ehrendoktorwürde für Musik verliehen hat[466].

Eigenartigerweise wurden die beiden Ehrendoktorate innerhalb der Dommusik kaum erwähnt. Von der Salzburger Ehrenpromotion erfuhren die meisten Mitwirkenden erst im nachhinein aus den Zeitungsberichten. War es Bescheidenheit oder Messners Bedürfnis nach Ruhe, daß er zusätzliches Aufsehen vermeiden wollte? Als die großen Aufführungen im Sommer vorüber waren, gönnte er sich auf Anraten seines Bruders Johannes das erste Mal nach Jahrzehnten wieder eine schöne Urlaubsreise. Von Eva Klemens begleitet, fuhr er am 15. September von Venedig aus mit dem Schiff nach Rhodos und blieb eine Woche dort. Seine Gedanken waren aber nicht völlig auf den Urlaub konzentriert. Zunächst beschäftigte ihn ein Brief des Salzburger Geistlichen Franz Wesenauer, der davon berichtete, daß die „Pax Christi Bewegung" und der „Ökumenische Arbeitskreis der christlichen Konfessionen" in Salzburg zu Weihnachten 1968 eine Friedensfeier veranstalten wollten; Anlaß dazu sei die Entstehung des völkerverbindenden Weihnachtsliedes „Stille Nacht, heilige Nacht" vor 150 Jahren. Ein Aufruf des amerikanischen Präsidenten John F. Kennedy zum Frieden sei als Text einer Friedenshymne ausgewählt worden, und Messner werde eingeladen, ihn zu vertonen. Die neue Friedenshymne könnte zu Weihnachten von einem amerikanischen Chor in Salzburg uraufgeführt werden. Ob Messner die gewünschte Komposition auszuführen gedachte, ist unbekannt. Was ihn damals gedanklich noch beschäftigte, war eine kircheninterne Angelegenheit. Messner hatte schon vor seiner Abreise nach Rhodos in einem Brief[467] an Erzbischof Dr. Rohracher verschiedene Mißstände bezüglich der kirchenmusikalischen Planung aufgezeigt: Ohne Rücksprache mit dem Domkapellmeister setze man bestimmte Aufführungen an, obwohl sie nicht zu realisieren seien; von niemandem sei zu erfahren, wie am 20. Oktober das 25-jährige Dienstjubiläum des Erzbischofs gefeiert werden solle; der überraschende Wunsch Kanzler Bergs nach einem Bruckner-„Te Deum" anläßlich der Salzburger

Abb. 82 Letztes Photo Messners zu Lebzeiten, an der Orgel der St. Erhard-Kirche in Salzburg-Nonntal, 8. Februar 1969

Diözesansynode könne wegen anderweitiger Dienst-verpflichtungen der Orchestermusiker und der viel zu kurzen Probezeit für den Chor nicht erfüllt werden. Messner befremde es, daß er als Domkapellmeister in der Synodalkommission übergangen und durch einen Laien ersetzt worden sei. – Messners Brief wurde am 2. Oktober vom Promotor der Synode Weihbischof Dr. Macheiner beantwortet: *Sehr geehrter Herr Professor! Wie Ihnen bereits bekannt ist, findet vom 16.–19. Oktober d. J. in Salzburg eine Diözesansynode statt mit dem Thema „Erneuerung der Erzdiözese durch lebendige Christengemeinden". Ungefähr 180 Synodalen, Priester und Laien, werden an dieser Synode teilnehmen, der ersten in Österreich nach dem II. Vatikanischen Konzile. Ich erlaube mir, Sie zur Salzburger Diözesansynode 1968 als Ehrengast einzuladen. Es würde mich freuen, wenn Sie der Einladung Folge leisten könnten. Auf Grund Ihrer Zusage werden Ihnen die entsprechenden Unterlagen zugehen*[468]. – Messner bedankte sich bei *Seiner Exzellenz, dem Hochwürdigsten Herrn Dr. Eduard Macheiner Weihbischof* in einem Brief vom 8. Oktober und ließ ihn wissen, daß es seiner nicht würdig sei, als Ehrengast an der Veranstaltung teilzunehmen. *Ich werde in den Tagen der Synode meine Exerzitien halten, da in diese Tage auch mein Primiztag fällt (16. Okt. 1916)*[469]. – Wie sich herausstellte, hatte man ganz einfach vergessen, den Domkapellmeister in die Vorbereitung zur Synode einzubeziehen.

Joseph Messner hatte sein ganzes Leben lang empfindlich auf Kränkungen reagiert. Jetzt, da er bei schlechter Gesundheit war, traf ihn jede Zurücksetzung noch tiefer als sonst. Auch verspürte er in diesem Herbst zunehmend Schwierigkeiten in seinem Amt als Leiter der Dommusik und als Orgel- und Glockensachverständiger der Erzdiözese. Die Probenarbeit machte ihm Mühe, die Aufführungen strengten ihn an; Kleinigkeiten, die er früher humorvoll übergangen hätte, regten ihn nun auf. Frau Klemens mußte immer öfter dem Chor zuflüstern: „Der Herr Professor ist heute schlecht beisammen. Der Herr Professor muß geschont werden". Wenn im Dom manche Sänger seinen Erwartungen nicht entsprachen oder wenn Musiker falsch einsetzten, so gab Messner wohl auch dem Domorganisten die Schuld daran. Trotz aller Anstrengungen wollte Messner seine Aufgaben aber weiterhin erfüllen. Wie es seine Gewohnheit war, kümmerte er sich um alle Belange, die den Domchor

oder einzelne Mitglieder betrafen. Als Beispiele seien zwei Briefe zitiert, der erste ist an den Bürgermeister von Salzburg gerichtet: *Sehr verehrter Herr Bürgermeister! Wie in den vergangenen Jahren erlaube ich mir auch heuer wieder um eine Subvention für die Dommusik zur Weihnachtszeit anzusuchen. Dazu möchte ich erwähnen, daß die Landes-Regierung für die österliche Musik mit Rücksicht auf die erhöhten Honorare für das Mozarteum-Orchester statt wie bisher S 2.000 für das vergangene Osterfest S 3.000 bewilligte. Dürfte ich das Kulturamt der Stadt Salzburg daher bitten, daß Sie mir die gleiche Summe für Weihnachten zur gütigen Verfügung stellen, wofür ich sehr dankbar wäre. Am Weihnachtstag kommt wie bisher die „Große Pastoralmesse" von Anton Diabelli zur Aufführung, in der Weihnachtsnacht F. Schuberts „Messe in G", dazu jeweils meine Proprien. Mit dem Ausdruck der Dankbarkeit und Verehrung grüßt Herrn Bürgermeister ergebener Joseph Messner*[470].

Der zweite Brief ging an den Erzbischof: *Euere Exzellenz! Am 3. Jänner erlaubte ich mir, an Euere Exzellenz die Bitte zu richten, ein paar Worte des Dankes und der Anerkennung für 40-jährige treue Mitwirkung im Domchor an den Oberstleutnant Leo Berger zu richten. Er hat bis heute noch nichts bekommen – außer einer Vorschreibung der Kirchensteuer in der Höhe von 1.540 S vor cca acht Tagen. – Vor etwa zwei Wochen rief mich der Kanzler an und erkundigte sich über den genannten Oberstleutnant. Daraus muß ich schließen, daß mein Brief gar nicht in die Hände Euerer Exzellenz gelangt ist, was ich sehr bedauern würde. (Ich habe auch keine Empfangsbestätigung erhalten). – Verzeihen Exzellenz, daß ich nochmals auf diesen meinen Brief zurück komme, aber die ganz Sache ist für mich um so peinlicher, als man liest, wie in Michael-Beuern oder in Wals alle Chormitglieder bedankt und geehrt werden! Mit dem Ausdruck der Verehrung bin ich Euerer Exzellenz ergebenster Joseph Messner*[471].

Der zweite Brief trägt das Datum vom 5. Februar 1969. Am Vormittag dieses Tages fuhr Messner mit seinem Auto nach Salzburg, um im Musisch-pädagogischen Realgymnasium mit den Schülerinnen der 7A-Klasse für die Brautmesse ihres Klassenvorstandes zu proben; Frau Professor Rumerstorfer war nämlich Mitglied des Domchores, und der Herr Domkapellmeister hatte sich bereit erklärt, bei ihrer Hochzeit die Orgel zu spielen. Auf dem Weg zur Probe war dem

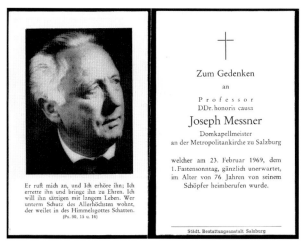

Abb. 83 Joseph Messner auf dem Totenbett   Abb. 84 Sterbebild Messners

Auto Messners noch in St. Jakob, nicht weit von seinem Landhaus, ein Fahrzeug in rasanter Geschwindigkeit entgegengekommen. Zwei junge Burschen saßen darin, sie konnten nicht mehr rechtzeitig bremsen und kollidierten mit Messners Wagen. Obwohl sie den Herrn Professor kannten, entschuldigten sie sich weder für ihre Unvorsichtigkeit noch für den entstandenen Blechschaden, sie wurden sogar noch frech, als Messner ihre Namen wissen wollte. Dieser Zwischenfall erschütterte den ohnehin leicht erregbaren alten Herrn. Er konnte sich auch nach der Chorprobe noch nicht beruhigen. – Drei Tage später fand in der St. Erhard-Kirche in Nonntal die Hochzeit des Brautpaares Loimer-Rumerstorfer statt. Von diesem Fest stammen die letzten Photos, die den Salzburger Domkapellmeister zu Lebzeiten zeigen.

Aus den letzten Lebenstagen Joseph Messners sei eine Erinnerung von Eva Klemens nacherzählt[472]: Der Domkapellmeister hatte am Sonntag, dem 16. Februar, zur Erholung nach dem Dienst im Dom einen Nachmittagsspaziergang in St. Jakob unternommen. Plötzlich blieb er stehen, weil er glaubte, die Glocken des Salzburger Domes zu hören. „Ich werd doch mein Geläute kennen", meinte er auf die zweifelnde Frage von Frau Klemens und summte die einzelnen Töne der Glocken nach. Rasch ging er nach Hause und telephonierte mit der Domsakristei, um nach der Ursache des Geläuts zu fragen. Die Frau des Obermesners aber sagte ihm, daß die Glocken gar nicht geläutet worden waren. Als der Herr Professor am folgenden Tag noch einmal im Dom nachfragte, erhielt er keine andere

Antwort. Schweigsam kehrte er nach Hause zurück. Hatte er einen höheren Ruf vernommen? – Messners Schrift in seinem Vormerkkalender zitterte sehr stark.

Die folgende Woche verbrachte Messner mit gewöhnlichen Tätigkeiten. Im nahen bayerischen Grenzort Freilassing besorgte er für sich und seinen Bruder einige homöopathische Medikamente, im Mozarteum ermahnte er in den Proben alle Chormitglieder zu einer intensiven Arbeit, um das Osterfest würdig zu gestalten. Wie üblich schickte er das Programm für die Musik zum ersten Fastensonntag an die Zeitungen, unterließ es aber eigenartigerweise, den Namen des Dirigenten bekanntzugeben: *MUSIK IM DOM morgen, Sonntag, 10 Uhr: Steffano Bernardi († 1638), Missa in A und Joseph Messner, „Proprium für den 1. Fastensonntag" für Baritonsolo (H. Pesendorfer) und Chor a capella*[473]. Am Samstag bereitete er alles vor, was er für den nächsten Tag brauchte: die Noten, die Honorare, den Domschlüssel. Als Joseph Messner am Morgen des 23. Februars 1969 sein Haus verlassen wollte, um nach Salzburg zum Gottesdienst in den Dom zu fahren, brach er plötzlich zusammen und starb an akutem Herzversagen.

Im Dom verzögerte sich der Beginn des Hochamts. Man wartete auf den Dirigenten, er war noch nie zu spät gekommen. Unruhe verbreitete sich. Da erschien plötzlich ein Mitglied des Domchores blaß und erregt auf der Chorempore und überbrachte die traurige Nachricht vom Tod des Herrn Domkapellmeisters. „Invocabit me, et ego exaudiam eum: eripiam eum, et glorificabo eum: longitudine dierum

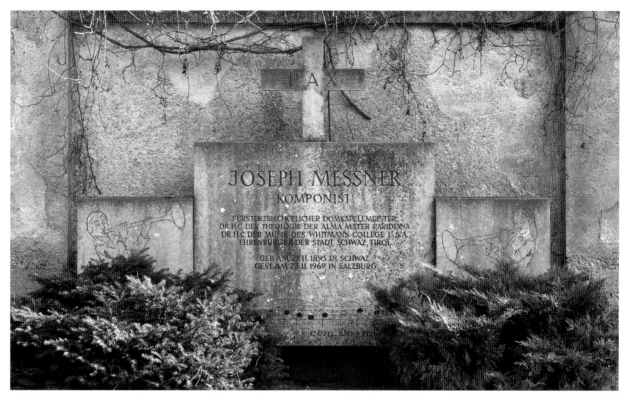

Abb. 85 Das Grabmal Joseph Messners auf dem Salzburger Kommunalfriedhof, Februar 2009

adimplebo eum. Qui habitat in adjutorio Altissimi, in protectione Dei caeli commorabitur" – „Er ruft mich an, und Ich erhöre ihn und bringe ihn zu Ehren. Ich will ihn sättigen mit langem Leben. Wer unterm Schutz des Allerhöchsten wohnt, der weilet in des Himmelsgottes Schatten". Diesen Introitus zum ersten Fastensonntag hatte der Domchor am Donnerstag zuvor geprobt. Nun erklang er im Gedenken an den Komponisten. Die Psalmverse wurden auch auf sein Sterbebild gesetzt.

Joseph Messner wurde in der Margarethenkapelle von St. Peter aufgebahrt und an seinem 76. Geburtstag auf dem Salzburger Kommunalfriedhof[474] zu Grabe getragen. Tags darauf war im „Salzburger Volksblatt" zu lesen: *Abschied von Joseph Messner. Eine große Trauergemeinde, darunter Repräsentanten des öffentlichen und kulturellen Lebens und des Klerus von Salzburg, nahm gestern nachmittag an dem Begräbnis von Domkapellmeister Dr. Joseph Messner teil. Nach der feierlichen Aussegnung, die Erzbischof Dr. Rohracher in Gegenwart der Mitglieder des Domkapitels vornahm, wurde der Sarg von einem langen Trauerzug zu Grabe geleitet, wo Prof. Faber im Namen des Domchors* *dem verstorbenen Gründerv und Dirigenten die letzten Grüße entbot. Die Trauerfeier wurde vom Domchor und einer Bläsergruppe des Mozarteum-Orchesters musikalisch umrahmt. – Im Salzburger Dom war am Vormittag das Pontifikalrequiem für den im 76. Lebensjahr verschiedenen Domkapellmeister abgehalten worden. Vor dem von einer Fülle von Blumen umgebenen Katafalk würdigte Prälat Achorner das mehr als 46-jährige Wirken Joseph Messners im Dienste der Kirchenmusik; er bezeichnet ihn als einen begnadeten Spielmann Gottes. Das Requiem mit Libera zelebrierte Weihbischof Dr. Macheiner unter großer geistlicher Assistenz; den musikalischen Teil der Trauerfeier betreuten der Domchor und das Mozarteum-Orchester unter der Leitung von Prof. Dr. Gillesberger, Wien[475].* Noch einmal war das Mozart-Requiem erklungen, es war für Messner nun wirklich das letzte Mal. Und auf seinem letzten Weg hatte man seinen Sarg unter dem linken Seitenportal des Domes hindurch getragen, von wo aus er Jahrzehnte lang auf die Chorempore zur Orgel hinaufgestiegen war.

*

Anstelle offizieller Würdigungen und Nachrufe soll ein privater Brief diese Biographie beschließen. Er stammt vom Konzertmeister des Mozarteum-Orchesters und darf mit Erlaubnis des Verfassers[476] veröffentlicht werden:

Liebe Frau Klemens! Der liebe Prof. Messner ist nun schon fast 14 Tage tot und ich bin noch nicht dazu gekommen Ihnen zu schreiben wie sehr ich diesen Verlust bedaure. Es vergeht kein Tag an dem ich nicht an ihn denke und ich muß ehrlich sagen, daß ich jetzt erst weiß, was ich an ihm verloren habe. Zu seinen Lebzeiten war es so selbstverständlich, daß er da war, daß er am Sonntag im Dom war, daß seine Musik gespielt wurde – man hat sich höchstens gefragt: wird er gut oder schlecht aufgelegt sein! Daß er einmal, und zwar ganz plötzlich, nicht mehr dasein wird, daran hat man gar nicht gedacht. Jetzt erst spürt man, was man verloren hat, jetzt weiß man erst, was er für ein lieber Kerl war – und von allen Seiten hört man was er Gutes getan hat – nicht nur dem Mozarteum-Orchester – auch jedem Einzelnen. Er hat nur nie davon gesprochen, denn er war ein edler Mensch, hilfreich und gut! – Sie hätten beim Requiem oben am Chor sein müssen, da hätten Sie gespürt wie Domchor u. Orchester eine Seele waren und eins waren in der Trauer um ihren lieben Professor Meßner. Alle waren sie dunkel gekleidet, keiner hat gesprochen – nicht „geschwätzt" ist worden – eine Stunde lang! Das hätte Prof. Messner einmal erleben müssen – aber „den habt's Ihr immer sekkiert!" Und rührend war, wie sich fast jeder beim Orchester bedankt hat für's Requiem, als wären sie die nächsten Anverwandten. Als würden sie sagen:„Ihr habt für meinen Professor gespielt – ich danke Euch!" Da hat man erlebt was echte Trauer ist – und heute ist man stolz, daß man diesen wunderbaren Mann persönlich gekannt hat, daß man unter ihm gespielt hat und gelegentlich sogar gelobt wurde! Wir werden an unsern lieben Prof. Messner so denken bis an unser Ende, wir werden ihn nicht vergessen, denn er ist ein Teil von uns geworden. Wir sind glücklich, daß er einen leichten Tod hatte, daß er nicht leiden mußte; ich bin aber auch glücklich weil ich zum ersten Mal gefühlt habe wie der Tod zu einer Erfüllung werden kann, wie er einen Menschen groß macht und weit über den Alltag hinaushebt! Ich wünsche Ihnen, liebe Frau Klemens, daß Sie über all die Trauer und die schweren, einsamen Stunden hinweg zu dieser Erkenntnis kommen; daß der Stolz, die Freude und
das Glück überhand nehmen beim Gedanken an Ihren geliebten Professor, dem Sie Alles waren, und der nur so leben und schaffen konnte weil er Sie hatte. So sehr ich Sie bedauere, weil Sie nun allein sind und Ihnen Ihr Professor auf Schritt und Tritt abgeht – ebenso sehr beneide ich Sie, weil Ihre große Güte und ständige Hilfsbereitschaft mitgeformt hat an dem Menschen und Künstler Joseph Meßner, und weil Sie mit Stolz sagen können: ohne mich wäre er das nicht geworden! Damit haben Sie Ihre große Lebensaufgabe genau so erfüllt wie Joseph Messner selbst. Die Zeit aber, die Sie trennt vom Wiedersehn möge Ihnen nicht schwer fallen, vor allem sollen Sie sie nicht schwer nehmen. Seine Musik soll Sie trösten und versöhnen! Dies wünsch ich Ihnen von Herzen! Ihr Joseph Schröcksnadel[477].

Eva Klemens, die neun Jahre nach Joseph Messner geboren wurde, überlebte ihn um neun Jahre[478]. Sie liegt an seiner Seite begraben.

Joseph Messners Bruder Johannes starb am 12. Februar 1984 in Wien und fand seine letzte Ruhestätte in Schwaz. Für ihn leitete Kardinal Dr. Christoph Schönborn im Jahr 2002 einen Seligsprechungsprozess ein.

Zu Ehren Joseph Messners benannte die Stadt Salzburg schon im Jahr 1969 eine Straße im Stadtteil Parsch nach ihm und betreute sein Grab auf dem Kommunalfriedhof bis zum Jahr 2005 als Ehrengrab.

Zur 100. Wiederkehr von Messners Geburtstag erschien in Schwaz eine Sondernummer der Kulturzeitschrift „Heimatblätter" mit dem Titel „Joseph Messner 1893–1969 – Musiker seines Herrn". Zehn Jahre danach (2003) konstituierte sich in Schwaz die Joseph Messner Gesellschaft zur Förderung der Kompositionen des Salzburger Domkapellmeisters. Die Stadt Schwaz ließ im Jahr 2007 am Wohnhaus der Familie, Innsbrucker Straße 26, eine Tafel zum Gedenken an ihre Ehrenbürger Johannes und Joseph Messner anbringen. Das Salzburg Museum widmet Joseph Messner im Jahr 2009 eine Ausstellung im Rahmen der Reihe „Salzburg persönlich".

Anmerkungen

1 Schwaz wurde erst im Jahr 1899 zur Stadt erhoben.

2 Da der Familienname auf offiziellen und privaten Schriftstük-ken des 20. Jahrhunderts noch in den beiden Schreibungen „Messner" und „Meßner" erscheint, wurden „ss" und „ß" in den zitierten Texten beibehalten. Der Vorname „Josef" wurde ab dem November 1918 meistens „Joseph" geschrieben. Analog dazu wird in der hier vorliegenden Biographie verfahren.

3 Zum Stammbaum und zur Familiengeschichte siehe einen Brief des Geistlichen Joh. Paul Kneringer („Knex") aus St. Margarethen/Tirol vom 9.6.1930 an Joseph Messner. Salzburg Museum, Bibliothek, Joseph-Messner-Nachlaß, Biographisches Material. Im Folgenden abgekürzt: Salzburg Museum, NL Messner, Biograph. Material.

4 Luise G. Bachmann und Eva Klemens: „Der Lebenslauf von Joseph Meßner" (1972), Entwurf zu einer Biographie, Seite 7. Salzburg Museum, NL Messner, Biograph. Material. – Nach früherer Vermutung (Angela Pachovsky : Joseph Messner. Leben und Werk. Unter besonderer Berücksichtigung seines kirchenmusikalischen Schaffens, Dissertation Universität Wien 1990, S. 1) galt Dr. Gisela Pellegrini als Verfasserin. Siehe zu Bachmann als Autorin einen Brief der Schriftstellerin an Frau Klemens vom 24.9.1972 (Salzburg Museum, NL Messner, Rote Mappe), weiters ihren Brief an Herrn Dr. Hans Jancik vom 14.12.1972 und den Text ihrer Radiosendung zum 80. Geburtstag Messners (beide Schriftstücke in Salzburg Museum, NL Messner, Biograph. Material/2). Der „Lebenslauf" war Grundlage von Bachmanns Radiosendung und hätte Herrn Dr. Jancik für eine Biographie Messners dienen sollen. Das Typoskript umfaßt 70 Seiten, denen mehrere Notizzettel aus der Hand von Eva Klemens beigefügt sind. Die geplante Biographie sollte einzig dem Lob des Künstlers dienen, private Ereignisse wurden von Frau Klemens zensuriert, Dichtung und Wahrheit sind manchmal schwer voneinander zu unterscheiden.

5 Josef Koller, Absolvent der Mozarteum- und Dommusikvereinsschule in Salzburg, war zunächst Geiger am Innsbrucker Stadttheater und Organist in Pradl und Hötting. Von 1892 bis 1895 leitete er den Chor im Stift Wilten, ab 1895 wirkte er als Organist, Musiklehrer und Chormeister in Schwaz (Tiroler Anzeiger vom 4.11.1930).

6 L.G. Bachmann – E. Klemens (Anm. 4), S. 3.

7 Schwaz gehörte zur Diözese Brixen.

8 Zeugnis von Chorregent Josef Koller vom 14.1.1905. Salzburg Museum, NL Messner, Personaldokumente/Zeugnisse 1.

9 Johannes Peregrinus [Hupfauf]: Geschichte der salzburgischen Dom-Sängerknaben oder schlechthin des Kapellhauses. In: Mitteilungen der Gesellschaft für Salzburger Landeskunde, 28, 1888, S. 357–416, und 29, 1889, S. 87–212, hier S. 101.

10 L.G. Bachmann – E. Klemens (Anm. 4), beigefügter Notizzettel.

11 Viktor Keldorfer: Klingendes Salzburg – Kleine Musikgeschichte der Mozart-Stadt. Zürich – Leipzig – Wien 1951, S. 125 f.

12 Hermann Spies (1865–1950), Domkapellmeister von 1892–1920.

13 L.G. Bachmann – E. Klemens (Anm. 4), S. 5.

14 Joseph Messner, Abschrift „Pastorella" von Josef Schnabel, Weihnachtsferien 1907. Salzburg Museum, NL Messner, N 13/2.

15 L.G. Bachmann – E. Klemens (Anm. 4), S. 5; Josef Lechner (1883–1974) war Tischlermeister in Schwaz, in späteren Jahren Abgeordneter zum Tiroler Landtag; 1924 heiratete er Christine Seisl aus Wörgl, ein Jahr darauf wurde Sohn Josef geboren. Nach dem frühen Tod Christines (1926) nahm Maria Messner den kleinen „Pepi" als Ziehsohn an. – Vater Josef Lechner wurde von der Familie Messner wegen seines langen Bartes nur „der Bart" genannt.

16 Georg Feichtner (1880–1963), seit 1907 Professor am erzbischöflichen Borromäum, später Regens und Direktor; Herausgeber eines Orgelbuches: Orgelbuch zum Gebet- und Gesangbuch der Erzdiözese Salzburg. Hrsg. und mitverf. von Georg Feichtner, Salzburg 1918. – Archiv der Erzdiözese Salzburg (AES), früher: Konsistorialarchiv Salzburg (KAS), Personalakt Feichtner, Sterbebild, Msgr. Georg Feichtner war päpstl. Hausprälat, Hofrat, Kanonikus von Mattsee, Ehrendomherr, Ehrenbürger von Breitenbach in Tirol.

17 L.G. Bachmann – E. Klemens (Anm. 4), S. 6, sowie handschriftliche Anmerkungen auf beigelegten Zetteln. Ob der von Frau Klemens tradierte Wunsch Mutter Messners nach einer weltlichen Laufbahn Pepis wirklich bestanden hat, ist ungewiß. Nach einer freundlichen Mitteilung von Herrn Dr. Dietmar Klose, Wien (30.8.2004), wurden die Messner-Söhne nämlich von klein auf mit dem geistlichen Stand vertraut gemacht, sie besaßen einen Spielzeugaltar und verkleideten sich als Priester mit Meßkleidern, die ihnen die Mutter genäht hatte.

18 Josef Messner veröffentlichte einen Nachruf auf den am 27.2.1914 verstorbenen Kardinal und Fürsterzbischof. Josef Messner: Erinnerungen an Kardinal Katschthaler. In: Musica Divina. Sonderheft „Salzburg", hrsg. von der Schola-Austriaca, August – September 1914, S. 368–371. Salzburg Museum, NL Messner, Messner-Bibliothek.

19 Gemäß dem damaligen Kirchenrecht wurde die Priesterweihe gewöhnlich erst nach dem vollendeten 24. Lebensjahr (nach Erreichung der Volljährigkeit) erteilt.

20 Kirchliche Nachrichten, Priesterweihe. In: Salzburger Chronik vom 8.10.1916, S. 5.

21 Otto Ursprung: Sehnsucht und Erfüllung. In: Allgemeine Rundschau vom 7.5.1921. Salzburg Museum, NL Messner, Zeitungsausschnitte 1918/2.

22 Nachricht von Anna Bahr-Mildenburg an Messner auf zwei Ansichtskarten, undatiert. Salzburg Museum, NL Messner, Autographen I/B 3.

23 Messner schrieb u.a. für den „Literarischen Handweiser", den „Merker" und den „Allgemeinen Tiroler Anzeiger".

24 Bewilligung des Landesausschusses von Tirol vom März 1918. Salzburg Museum, NL Messner, Akten 1.

25 Joseph Messner: Ueber Kritik der Kirchenmusik. In: Katholische Kirchenzeitung vom 2.7.1918, S. 178–182, hier S. 178.

26 Joseph Messner: Zur Einführung des Volksgesangs. In: Katholische Kirchenzeitung vom 26.9.1918, S. 312–313, hier S. 312.

27 Joseph Messner: Pfarrer und Kirchenmusik. In: Katholische Kirchenzeitung vom 5.12.1918, S. 392–393, und vom 12.12.1918, S. 401.

28 Joseph Messner: Pfarrer und Kirchenmusik. In: Katholische Kirchenzeitung vom 12.12.1918, S. 401.

29 Joseph Messner: Die Organistenfrage. In: Katholische Kirchenzeitung vom 23.10.1919, S. 241–344, und vom 20.11.1919, S. 373.

30 Peter Griesbacher (1864–1933), Kanonikus und bedeutender Kirchenmusiker.

31 Zeugnis von Georg Feichtner vom 25.8.1917. Salzburg Museum, NL Messner, Personaldokumente/Zeugnisse 46.

32 Zeugnis von Hermann Spies vom 18.10.1917. Salzburg Museum, NL Messner, Personaldokumente/Zeugnisse 46.

33 aml: Josef Meßner. In: Reichspost (Wien) vom 16.5.1918. Salzburg Museum, NL Messner, Zeitungsausschnitte 1918/5.

34 Karl Maria Pembaur und sein Bruder Josef waren die Söhne des angesehenen Innsbrucker Komponisten und Musikdirektors Josef Pembaur (1848–1923). Alle drei Musiker förderten den jungen Josef Messner.

35 L.G. Bachmann – E. Klemens (Anm. 4), S. 11.

36 Salzburg Museum, NL Messner, Akten 2, Joseph Messner – 40 Jahre Domkapellmeister, Typoskript, 6 Bl, hier Bl.1.

37 L.G. Bachmann – E. Klemens (Anm. 4), S. 12 und beiliegender Notizzettel.

38 Karl Neumayr: Bausteine zu einer Biographie Joseph Messners, Typoskript, S. 8. Salzburg Museum, NL Messner, Biograph. Material.

39 A.: Meßners große Messe in D. In: Allgemeiner Tiroler Anzeiger vom 9.7.1921. Darin Zitat nach Peter Griesbacher: *Diese Messe, nach Griesbachers Urteil die modernste der modernen, erregte durch die Eigenart ihrer Anlage berechtigtes Aufsehen.* Salzburg Museum, NL Messner, Zeitungsausschnitte 1921/8, A.

40 Alfons Schlögl (1886–1926), als Komponist Vertreter des Cäcilianismus. Er übernahm 1921 für einige Monate die Leitung der Salzburger Dommusik. Ludwig Angelberger: Erstaufführung in der Domkirche. In: Salzburger Chronik vom 27.6.1921, S. 6–7.

41 Jos. Ringler: Joseph Meßner – Schwaz. Zu den Erfolgen des jungen Tiroler Komponisten im Rheinlande. In: Allgemeiner Tiroler Anzeiger vom 22.12. 1922. Salzburg Museum, NL Messner, Zeitungsausschnitte 1922/6ab.

42 Für die Beschaffung der Unterlagen über Therese Mauerer (1867–1925) aus dem Stadtarchiv München danke ich Frau Erika Bittner, Poing/München.

43 In amtlichen Dokumenten aus München als „Fräulein Mauerer" bezeichnet; sie war Mutter zweier Töchter und eines Sohnes.

44 Freundliche Mitteilung von Herrn Univ. Prof. Dr. Rudolf Messner, Kassel (13.4.2003).

45 Brief von Messner an den Kapitelvikar Alfred Prey vom 6.12. 1918. AES, Personalakt Joseph Messner.

46 Franz Xaver Gruber (1875–1926). Seine Vorliebe galt der Kirchenmusik des 18. Jahrhunderts.

47 Peters: Wie ich Joseph Meßner kennenlernte. In: Duisburger Volkszeitung vom 10.1.1924. Salzburg Museum, NL Messner, Zeitungsausschnitte 1924/3.

48 L. G. Bachmann – E. Klemens (Anm. 4), S. 13.

49 F. K.: Domchor Salzburg. In: Salzburger Volksblatt vom 2.11.1923, S. 3. Salzburg Museum, NL Messner, Zeitungsausschnitte 1923/33.

50 St. Johann i. P. In: Salzburger Volksblatt vom 4.1.1924. Salzburg Museum, NL Messner, Zeitungsausschnitte 1924/1.

51 L.G. Bachmann – E. Klemens (Anm. 4), S. 14.

52 Bei einem seiner Aufenthalte in Freiburg spielte Messner zwei Orgelstücke von Max Reger auf der „Welte-Philharmonie-Autograph-Orgel" ein; die Orgelrollen sind im „Museum für Musikautomaten" in Seewen/Schweiz erhalten.

53 Messners Bibliothek enthält viele Wörterbücher, Stadtpläne, Sprach- und Kulturführer.

54 Ab Juni 1927 konnte Messner auch auf ein Legat aus der Verlassenschaft des in Salzburg verstorbenen dänischen Komponisten Carsten von Bornemann zurückgreifen, das abzüglich der Erbgebühren 3.780 Schilling betrug. Salzburg Museum, NL Messner, Biograph. Material/6/1.

55 Dr. Johannes Filzer, Kitzbühel 19.7.1896–13.7.1962 Salzburg, Weihbischof seit 1927.

56 Der Dom – 101 Meter lang und im Querschiff 69 Meter breit – faßt 10.500 Personen.

57 k: Meßner-Tage in Duisburg, 4. Hauptkonzert. In: Duisburger Volkszeitung vom 14.1.1924. Salzburg Museum, NL Messner, Zeitungsausschnitte 1924/5.

58 n: Joseph Meßner-Abend. In: Niederrheinische Nachrichten vom 15.1.1924. Salzburg Museum, NL Messner, Zeitungsausschnitte 1924/9.

59 Siehe die Zeitungsberichte aus Neuß und Düsseldorf: Josef Meßner. In: Neußer Zeitung vom 3.7.1924, und W.P.: Kunst und Wissenschaft. In: Düsseldorfer Nachrichten vom 4.7.1924. Salzburg Museum, NL Messner, Zeitungsausschnitte 1924/43, 47. In der Partitur des „Lebens" (op. 13) vermerkte Messner dagegen: *UA: 28.II.1925 in Duisburg mit Rose Walter, Berlin, unter Generalmusikdirektor Paul Scheinpflug.*

60 Das Autograph der Bruckner-Improvisation wurde im Jahr 1926 dem Bestand der Österreichischen Nationalbibliothek, Musiksammlung, Hs. 2355. Mus Op. 19, 10 Bl., einverleibt.

61 R.H.: Meßners Sinfonietta in Wien. In: Salzburger Volksblatt vom 31.1.1925, S. 5/6. Salzburg Museum, NL Messner, Zeitungsausschnitte 1925/13.

62 R. Cz.: Nachruf zu den Meßner-Abenden. In: Rheinisch-Westfälische Zeitung vom 4.3.1925. Salzburg Museum, NL Messner, Zeitungsausschnitte 1925/29.

63 Aachener Stadttheater, Hadassa (Esther). In: Der Volksfreund. Aachener General-Anzeiger für Stadt und Land vom 28.3.1925. Salzburg Museum, NL Messner, Zeitungsausschnitte 1925/42. – Joseph Messners Großneffe Dr. Dietmar Klose bearbeitete drei Nummern aus der Oper für Orgel und führte sie zum

ersten Mal am 2.8.2004 in einem Kirchenkonzert in Schwaz auf. Reinhard Seehofer/Magdeburg bearbeitete die Oper 2008 für ein Kammerensemble.

64 Schreiben vom 23.4.1925, Ernennung zum Domchorvikar mit 1.5.1925. Salzburg Museum, NL Messner, Personaldokumente, Personalia 1–18/2.

65 Freundliche Mitteilung von Frau Grete Lechner, geb. Messner, Schwaz (18.8.2003).

66 Franz Rebe: Musikalische Plauderei, nach dem 9.6. oder 2.7. 1925. Der Zeitungsausschnitt aus dem Nachlaß von Frau Elisabeth Englert-Bindig enthält keinen Herkunftsvermerk.

67 Die meisten der in der Biographie erwähnten Aufführungsdaten sind den Programmen und Zeitungsaussschnitten aus Messners Nachlaß im Salzburg Museum entnommen.

68 Seit der Liturgiereform des II. Vatikanischen Konzils wird das Christkönigsfest am letzten Sonntag des Kirchenjahres im November gefeiert.

69 Das Schicksal des Florentiner Bußpredigers Girolamo Savonarola (1452–1498) regte Messner zu diesem Werk an. Dietmar Klose bearbeitete den 1. Satz („Molto moderato") für Orgel und führte ihn zum ersten Mal am 30.7.2007 in der Stadtpfarrkirche Schwaz auf.

70 M.: Duisburger Musikleben: Drittes Sinfoniekonzert. In: Düsseldorfer Nachrichten vom 16.12.1925. Salzburg Museum, NL Messner, Zeitungsausschnitte 1925/68.

71 Brinckmann: Das bemerkenswerteste Ereignis … In: Allgemeine Musikzeitung vom 29.1.1926. Salzburg Museum, NL Messner, Zeitungsausschnitte 1926/2.

72 Brief von Pius Kalt an Messner vom 4.1.1926. Salzburg Museum, NL Messner, Autographen und Werkverzeichnis/30, 32.

73 Joseph Meßner: Orgelsoli vor dem Herzen Chopins. In: Salzburger Nachrichten vom 28.11.1945, S. 6. Salzburg Museum, NL Messner, Zeitungsausschnitte 1945/8.

74 Der Dommusikverein: Domkapellmeister Franz X. Gruber †. In: Salzburger Chronik vom 12.3.1926, S. 8.

75 Joseph Meßner. Domkapellmeister von Salzburg. In: Salzburger Chronik vom 8.5.1926, S. 6.

76 Brief von Messner an Karl Neumayr vom 23.3.1933, S. 3. Salzburg Museum, NL Messner, Autographen II/N 16–17.

77 Kapellmeister am Salzburger Renaissance-Dom, undatiert. Salzburg Museum, NL Messner, Biograph. Material, Notizen.

78 Joseph Meßner: 250 Jahre f. e. Kapellhaus. In: Salzburger Chronik vom 9.7.1927, S. 1.

79 Aufführungen des Salzburger Domchores unter der Leitung des Herrn Domkapellmeisters Joseph Messner [Zusammen gestellt von Frau Elisabeth Englert … für den Zeitraum 1926–1941.]. Fotokopie Salzburg Museum, NL Messner; das Original (das „Rote Buch") besitzt Prof. Dr. Gerhard Zukriegel, Salzburger Domorganist von 1963 bis 2005.

80 Die Eröffnung der Salzburger Festspiele. In: Berliner Börsenzeitung vom 10.8.1926. Salzburg Museum, NL Messner, Zeitungsausschnitte 1926/2.

81 Freundliche Mitteilung von Prof. Dr. Gerhard Zukriegel (27.1. 2003). Siehe auch Brief von Messner an Helene Thimig-Reinhardt vom 19.2.1968. Salzburg Museum, NL Messner, Akten 2. – Notizen Messners zu weiteren Bühnenmusiken fanden sich in den Textbüchern zu Gozzis Schauspiel „Turandot" und zum Thierseer Passionsspiel „Christus" nach einem Text von Dr. Jakob Reimer OSB. Salzburg Museum, NL Messner, Messner-Bibliothek.

82 Pressestimmen über Joseph Meßner. In: Salzburger Chronik vom 24.8.1926, S. 6.

83 Mitglieder-Verzeichnis des Innsbrucker Priester-Gebetsvereines (gegründet 1866) für das Jahr 1935, Innsbruck 1935, S. 40 und 68.

84 Brief von Michael Wyszyński an Messner vom 28.10.1926. Salzburg Museum, NL Messner, Autographen III, W 23.

85 -db: Konzerte in Duisburg und Mühlheim (Ruhr). In: Düsseldorfer Nachrichten vom 17.2.1927. Salzburg Museum, NL Messner, Zeitungsausschnitte 1927/4.

86 Man nahm bis zum Beginn der 1970er Jahre an, daß diese 54-stimmige Messe im Jahr 1628 zur Einweihung des frühbarocken Salzburger Domes geschaffen worden wäre. Der Salzburger Musikwissenschaftler Dr. Ernst Hintermaier konnte jedoch die dem römischen Komponisten Orazio Benevoli zugeschriebene Messe als Werk des Heinrich Ignaz Franz Biber identifizieren. Die Messe entstand im Jahr 1682 zusammen mit dem Hymnus „Plaudite Tympana" zur Feier des (falsch datierten) 1100-jährigen Bestehens des Erzstiftes Salzburg. Das Werk wird nun „Missa Salisburgensis" genannt und befindet sich im Salzburg Museum, Bibliothek, Inv.-Nr. Hs 751.

87 Der Salzburger Domchor in Kitzbühel. In: Kitzbühler Nachrichten vom 30.4.1928. Salzburg Museum, NL Messner, Salzburger Domchor Aufführungen 1926–41, S. 66.

88 Joseph Meßner in Warschau. In: Salzburger Chronik vom 16.5. 1928, S. 5.

89 Domkapellmeister Meßner in Paris. In: Salzburger Chronik vom 6.7.1928, S. 7.

90 Josef Messner: Eine ideale Klein-Kirchenorgel. In: Katholische Kirchenzeitung vom 8.9.1927, S.327–328.

91 Sie wurde erst wieder ab dem Jahr 1948 aufgeführt. Siehe: Gisela Prossnitz: Jedermann. Von Moissi bis Simonischek. Salzburger Museum Carolino Augusteum. Salzburg 2004. S. 123.

92 Brief von Max Reinhardt an Messner vom 4.5.1928. Salzburg Museum, NL Messner, Autographen II/R 12.

93 Die vier Orgelemporen im Kuppelraum wurden 1991 wiederhergestellt.

94 Joseph Messner: Die Salzburger Domweihmesse des Orazio Benevoli. In: Journal der musikalischen Wettkämpfe – Olympia, H. 2, August 1950, S. 45.

95 Kajetan Schmidinger d. Ä. wirkte als Organist in Traun/O.Ö. Sein Sohn Kajetan, von Beruf Malermeister, war einer der treuesten Sänger des Salzburger Domchores und ein verläßlicher Tenorsolist der Dommusik.

96 Karl Neumayer: Bruckner-Uraufführung im Salzburger Dom. In: Linzer Volksblatt vom 15.11.1928. Salzburg Museum, NL Messner, Zeitungsausschnitte 1928/8.

97 Friedrich Rein: Anton Bruckners Jugendmesse in F-Dur (sog. Choral-Messe). In: Organon, H. 6, 1928, S. 112 f.

98 Joseph Messner: Kirchenmusikalische Gegenwartsfragen. In: Organon, H. 6, 1928, S. 109–112, hier S. 112. Salzburg Museum, NL Messner, Theoretische Schriften/9.

99 Brief von Max Auer an Messner vom 28.3.1929. Salzburg Museum, NL Messner, Korrespondenzen/A.

100 Joseph Meßners ... In: Salzburger Chronik vom 15.6.1929, S. 10.

101 Siegfried Dehn (1799–1858); zu seinen Schülern zählten u.a. M. Glinka und A. Rubinstein.

102 Joseph Messner: Cornelius: „Stabat mater". Zur Uraufführung in Salzburg. In: Münchner Neueste Nachrichten vom 14.7.1929, S. 12. Salzburg Museum, NL Messner, Zeitungsausschnitte 1929/5.

103 Paul Stefan: Peter-Cornelius-Uraufführung. In: Neue Leipziger Zeitung vom 15.8.1929, S. 6. Salzburg Museum, NL Messner, Zeitungsausschnitte 1929/14.

104 Am Salzburger Domchor ... In: Salzburger Chronik vom 24.12. 1929, S. 8. Salzburg Museum, NL Messner, Zeitungsausschnitte 1929/45/6.

105 Dienstags kommt ...: In: Salzburger Chronik vom 16.9.1929, S. 6.

106 Die Autorin dankt Herrn Prof. Joseph Schröcksnadel für ein langes Interview am 21.11.2002 in Kirchberg bei Mattighofen.

107 Brief von Messner an das Domkapitel vom 10.12.1965. Salzburg Museum, NL Messner, Vorordner/T V.

108 Dr. Christian Schreiber wurde am 13.8.1930 zum ersten Bischof des Bistums Berlin ernannt.

109 Salzburger Domchor. In: Salzburger Chronik vom 30.12.1929, S. 5, und Verdis „Te Deum". In: Salzburger Volksblatt vom 2.1.1930, S. 6. Salzburg Museum, NL Messner, Zeitungsausschnitte 1929/5, 1930/1.

110 Oesterreichische und deutsche Musiker in Rom, in: Reichspost am 24.2.1930. Salzburg Museum, NL Messner, Zeitungsausschnitte 1930/3.

111 Messner nutzte das neue Medium der Live-Übertragung im Rundfunk auch, um seine eigenen Werke populär zu machen.

112 Karl Neumayr: Joseph Meßner. Bausteine zu einer Biographie. Typoskript, 67 Seiten, undatiert (1933), S. 40. Salzburg Museum, NL Messner, Biograph. Material.

113 Übersicht über den Verkauf der Schallplatten 1931/1932. Salzburg Museum, NL Messner, Korrespondenz Verlage, Rundfunk, Schallplatten/C.

114 Brief von Fritz Binder an Messner vom 15.9.1932. Salzburg Museum, NL Messner, Oeuvre, Korrespondenz allgemein.

115 Enrica Handel-Mazzetti (1871–1955).

116 Freundliche Mitteilung von Frau Maria Hübl, Salzburg (16.1. 2003).

117 Kunz v. Kauffungen: Die Einweihung der Heldenorgel in Kufstein. In: Saarbrücker Zeitung vom 7.5.1931. Salzburg Museum, NL Messner, Zeitungsausschnitte 1931/5.

118 Karl Harb: Der aktuelle CD-Tip, Festspiel-Dokumente. In: Salzburger Nachrichten vom 10.8.1995, S. 7.

119 E. Tony Angerer (Aschbach/NÖ 1884–1950 Salzburg): Joseph Messner. Sign. und dat. li. oben: E. Tony Angerer/Salzburg/1931. Öl auf Leinwand, 105 x 80 cm. Salzburg Museum, Inv.-Nr. 23/68.

120 Brief von Bernhard Paumgartner an Messner vom 11.8.1931. Salzburg Museum, NL Messner, Autographen II/P 11.

121 Brief von Karl Straube an Messner vom 16.7.1932. Salzburg Museum, NL Messner, Autographen und Werkverzeichnis/38.

122 L.G. Bachmann – E. Klemens (Anm. 4), S. 21. Die im Text vertretene Behauptung, Messners „Messe in B" wäre in Aachen erst nach Kriegsende aufgeführt worden, ist falsch. Eine Postkarte aus Aachen vom 5.4.1942, unterschrieben von Rehmann, Seefried und anderen Mitwirkenden, bezeugt eine Aufführung zu Ostern 1942 und weist auf eine frühere Aufführung hin. Salzburg Museum, NL Messner, Autographen und Werkverzeichnis/66.

123 Brief von Géza Koudela an Messner vom 15.12.1931. Salzburg Museum, NL Messner, Oeuvre, Korrespondenz allgemein.

124 Brief von Meinrad Zallinger an Messner vom 17.6.1932. Salzburg Museum, NL Messner, Autographen III/Z 2.

125 Brief von Karl Böhm an Messner vom 13.9.1932. Salzburg Museum, NL Messner, Autographen I/B 10.

126 Salzburg Museum, NL Messner, Rote Mappe. Siehe die Eintragung in den Notizblättern „Ausflüge" von Eva Klemens vom 19.5.1932.

127 Die Salzburger Festspiele. In: Münchner Neueste Nachrichten vom 31.7.1932. Salzburg Museum, NL Messner, Zeitungsausschnitte 1932/1.

128 Besuch eines französischen Tonmeisters. In: Salzburger Chronik vom 28.7.1932, S. 6.

129 r: Carl-Maria Widor. In: Salzburger Chronik vom 3.8.1932, S. 5.

130 Domkapellmeister Joseph Meßner. In: Salzburger Chronik vom 23.9.1932, S. 8.

131 Brief vom Bundesminister für Unterricht, Anton Rintelen, an Messner vom 17.10.1932. Salzburg Museum, NL Messner, Diplome, Urkunden I.

132 Joseph Meßner: Eine Konzertreise nach Belgien. In: Salzburger Chronik vom 19.11.1932, S. 2–3, hier S. 2.

133 Alois Außerer (Brixlegg/Tirol 1876–1950 Salzburg), Professor am f. e. Borromäum, Priester-Dichter, schrieb vor allem Volksstücke und mythologische Dramen. Von ihm stammt auch der Text zu Messners zweiter Marienlegende (op. 8): „Maria auf der Flucht".

134 Karl Neumayer: Joseph Meßner. In: Zeitschrift für Musik. Hrsg. von Gustav Bosse, 1933, Heft 8, S. 788–795 und 1 Notenbeilage. Salzburg Museum, NL Messner, Biograph. Material/5/2.

135 Brief von Karl Neumayr an Eva Klemens vom 4.3.1933. Salzburg Museum, NL Messner, Mappe VI.

136 Major Richard Düringer, Salzburger Komponist (1896–1946); in seiner Operette „Tanz durchs Leben" verkörperte Evi Klemens die erste Fanny Elssler.

137 Die Staatsgewerbeschule war von Messners damaliger Wohnung am Mozartplatz 9 nur wenige Minuten entfernt.

138 Brief von Karl Neumayr an Eva Klemens vom 20.3.1933. Salzburg Museum, NL Messner, Autographen II/N 17 a.

139 Dr. Peter Adamer, Professor an der Theologischen Fakultät Salzburg (1881–1961).

140 „Berndl" = Dr. Bernhard Paumgartner.

141 Brief von Messner an Karl Neumayr vom 23.3.1933. Salzburg Museum, NL Messner, Autographen II/N 16–17. Sowohl das Original als auch die Durchschläge des vier Seiten langen Briefes sind erhalten. Entweder hat Messner den Brief von Neumayr zurückverlangt oder er hat ihn gar nicht abgeschickt. In Hinblick auf die unsichere Zukunft von Eva Klemens bewahrte Messner das Schriftstück wohl als Beleg für seine Lebenssituation auf, weil er darin auch seine Verbindung mit der Sängerin rechtfertigte. Mit dem schon öfter zitierten Satz über die Juden (*Ich muß ja sagen, dass es mir eine grosse Genugtuung bildet, den nationalen Aufschwung der deutschen Nation so nahe miterleben zu können und halte es für eine Fügung Gottes, dass ich es mit eigenen Augen sehen kann, wie überzeugt man alle Juden aus ihren warmen Nestern hebt ...*) wollte Messner vermutlich die Gunst deutsch-national gesinnter Leser auf sich lenken. Neumayr selbst wußte um die „halbjüdische" Herkunft von Eva Klemens. Pachovsky zitierte den Brief und Hanisch zitierte Pachovsky. Angela Pachovsky: Joseph Messner. Leben und Werk. Unter besonderer Berücksichtigung seines kirchenmusikalischen Schaffens. Diss. Universität Wien 1990, S. 52. – Ernst Hanisch: Nationalsozialistische Ästhetik in der Provinz. In: Jürg Stenzl, Ernst Hintermaier und Gerhard Walterskirchen (Hrsg.): Salzburger Musikgeschichte. Salzburg 2005, S. 482–485.

142 Karl Neumayr: Joseph Meßner. In: Zeitschrift für Musik 100, August 1933, H. 8, S. 789–795, mit einer Musikbeilage; von dort stammt auch das Zitat nach Paul Scheinpflug. Messners Aufsatz zum Wagner-Gedenkjahr kam Neumayr gelegen. Joseph Messner: Grundideen in Richard Wagners Gesamtkunstwerk. In: Schönere Zukunft, 8. Jg., Nr. 20 vom 12.2.1933, S. 451–453. Salzburg Museum, NL Messner, Theoretische Schriften/3.

143 Brief von Clemens Krauss an Messner vom 16.5.1933. Salzburg Museum, NL Messner, Autographen und Werkverzeichnis/41.

144 Brief von Karl Elmendorff an Messner vom 24.9.1933. Salzburg Museum, NL Messner, Korrespondenzen/D.

145 Leo Maasfeld = Pseudonym für Leo Kalser (1888–1943).

146 Führer durch Golling. Salzburg o. J. (1933), S. 30. Leo Maasfeld: Schön Rosmarie. Ein ritterliches Spiel nach einer alten Gollinger Burgsage. Musik von Joseph Meßner. Mit Anhang Abriß der Geschichte von Burg und Markt Golling. Salzburg 1933.

147 Brief von Messner an Leo Maasfeld vom 9.3.1933. Salzburg Museum, NL Messner, Korrespondenzen/L.

148 Robert Hoffmann und Erich Urbanek: Golling. Geschichte einer Salzburger Marktgemeinde. Golling 1991, S. 597.

149 Brief von Messner an Dreher & Flamm vom 8.3.1933. Salzburg Museum, NL Messner, Korrespondenzen/C.

150 Postkarte mit dem Foto des Komponisten Vinzenz Goller (1873–1953), datiert mit 27.5.1933. Salzburg Museum, NL Messner, Oeuvre II/Autographen u. Werkverzeichnis/39.

151 Brief von Charles-Marie Widor an Messner vom 5.8.1933. Salzburg Museum, NL Messner, Akten 1.

152 Paul Stefan: Salzburger Festspiele. In: Neue Zürcher Zeitung vom 14.8.1933. Salzburg Museum, NL Messner, Zeitungsausschnitte 1933/9.

153 Brief von Bernhard Paumgartner an Messner vom 20.6.1933. Salzburg Museum, NL Messner, Korrespondenzen/N O.

154 Brief von Messner an Bernhard Paumgartner vom 28.6.1933. Salzburg Museum, NL Messner, Korrespondenzen/N O.

155 Messner verbrachte jeweils im Herbst 1931, 1933 und 1935 einen kurzen Erholungsurlaub in Jugoslawien, um seinen argen Husten auszukurieren.

156 Schreiben des Bundesministers für Finanzen, Karl Buresch, an Messner vom 18.11.1933. Salzburg Museum, NL Messner, Korrespondenzen/A.

157 Über den Vater der Sängerin Evi Klemens (Bühnenname!) ist nichts bekannt, da sie vermutlich alle Lebensspuren von ihm getilgt hat. Nachforschungen der Autorin im Jahr 2003 erbrachten folgendes Ergebnis: Evas mütterliche Großeltern zogen aus Mähren (Brünn bzw. Neu-Serowitz) nach Wien. Die Mutter wurde am 12.12.1878 in der Alservorstadt als Leopoldine Urbanovsky geboren, sie erhielt nach der Heirat ihrer Eltern (1882 in der Meidlinger Pfarrkirche) den Familiennamen Potschka und hieß nach ihrer ersten Eheschließung Ausflug. Tochter Eva kam am 9.2.1902 zur Welt. Am 21.1.1934 heiratete Leopoldine Ausflug in der Wiener Karlskirche Herrn Josef Mayer, Oberoffizial der Postsparkasse. Nach seinem Tod übersiedelte sie nach Salzburg, wo sie am 16.9.1954 starb. Quellen: Kirchenbuch der Pfarre Alservorstadt/Wien VIII, II. Semester 1878; Trauungsbuch der Pfarre Meidling/Wien XII, 1882; Trauungsbuch der Pfarre St. Karl/Wien IV, 1934.

158 Sie gastierte in der Spielzeit 1933/34 am Innsbrucker Stadttheater. Deutsches Bühnenjahrbuch 1933: Danzig (S. 738); 1934: Vermerk „gastiert" (S. 716); 1935: nur Name (S. 744).

159 Joseph Messners Dienstwohnung.

160 Messners geistliche Werke gelangten ins Archiv der Erzdiözese. Seine weltlichen Werke, die Briefe und Dokumente, seine Bibliothek und viele Gegenstände aus seinem Besitz werden im Salzburg Museum aufbewahrt.

161 Brief von Messner an den Bundesminister für Kultus und Unterricht, Kurt Schuschnigg, vom 18.3.1934. Salzburg Museum, NL Messner, Korrespondenzen/S.

162 Brief von Messner an Landeshauptmannstellvertreter Adolf Schemel vom 22.3.1934. Salzburg Museum, NL Messner, Korrespondenzen/S.

163 Joseph Messner: Kirchenmusikalische Fragen der Gegenwart. In: Korrespondenzblatt für den katholischen Klerus vom 10.4.1934, S. 67–69. Salzburg Museum, NL Messner, Theoretische Schriften/9.

164 Brief von Messner an Weihbischof Ernst Seydl vom 2.7.1934. Salzburg Museum, NL Messner, Korrespondenzen/R. – Bernhard Paumgartner trat 1914 zum Protestantismus über und kehrte 1935 in die römisch-katholische Kirche zurück. Pfarre St. Carl, Wien, Kreuzherrengasse 1, 1040 Wien, Taufregister, Tom 24/108/227, Kopie des Eintrags im Taufregister, 26.11.2008.

165 Briefwechsel Singer – Messner vom 9. und 11.7.1934. Salzburg Museum, NL Messner, Korrespondenzen/I J.

166 Brief von Ilse von Stach an Messner vom 12.4.1934. Salzburg Museum, NL Messner, Autographen III/St 5.

167 Brief von CharlesMarie Widor an Messner vom 6.7.1934. Salzburg Museum, NL Messner, Akten 1.

168 Bundeskanzler Dr. Engelbert Dollfuß wurde am 25.7.1934 ermordet.

169 Heinrich Damisch: Salzburger Festspiele. In: Niedersächsische Tages-Zeitung Hannover vom 10.8.1934. Salzburg Museum, NL Messner, Zeitungsausschnitte 1934/11. – Richard Berndl (1875–1955).

170 Franz Furch: Rund um die Salzburger Festspiele. In: Grenzbote (Bratislava) vom 2.9.1934. Salzburg Museum, NL Messner, Zeitungsausschnitte 1934/112.

171 Joseph Messner: Gedanken zu Mozarts Kirchenmusik. In: Heidelberger Volksblatt vom 4.8.1934, S. 4. Salzburg Museum, NL Messner, Theoretische Schriften/9.

172 Giuseppe Duodo (Venedig 1877–1955 Venedig) malte vor allem Porträts und Genreszenen.

173 Brief von Messner an den Kustos der Dommusik vom 21.9.1934. Salzburg Museum, NL Messner, Korrespondenzen/D.

174 Dr. Siegmund Waitz war an der Katholisch-Theologischen Hochschule in Brixen Johannes Messners Professor für Moraltheologie gewesen und hatte ihn zu weiteren wissenschaftlichen Studien ermuntert; er förderte ihn zeitlebens.

175 A: Kirchliche Festmusik von Joseph Messner. In: Salzburger Volksblatt vom 28.1.1935, S. 6–7. Salzburg Museum, NL Messner, Zeitungsausschnitte 1935/1.

176 Für die Überlieferung dieser Anekdote aus dem Mund von Prälat Weiler/Wien danke ich Herrn Gerhart Engelbrecht, Geschäftsführer der Joseph-Messner-Gesellschaft in Schwaz (20.9.2004).

177 Brief von Messner an den Staatssekretär Hans Perner vom 2.2.1935. Salzburg Museum, NL Messner, Korrespondenzen/N O.

178 Uraufführung des „Saar-Tedeums" von J. Meßner. In: Märkische Volks-Zeitung vom 27.4.1935. Salzburg Museum, NL Messner, Zeitungsausschnitte 1935/16.

179 Über die Uraufführung von Messners „Messe in C": o.u.: Uraufführung einer Meßner-Messe. In: Tagespost vom 10.9.1935, S. 7. Salzburg Museum, NL Messner, Zeitungsausschnitte 1935/26.

180 Genauer: im Haus der Witwe des im Jahr 1932 verstorbenen anglikanischen Erzbischofs Davidson. Vgl. Anm. 182.

181 Domkapellmeister Professor Josef Meßner. In: Salzburger Chronik vom 27.6.1935, S. 5.

182 Brief von Messner an Eva Klemens vom 21.6.1935. Salzburg Museum, NL Messner, Rote Mappe.

183 Für freundliche Auskünfte danke ich Mrs. Cressida Annesley von den „Cathedral Archives" in Canterbury und Mrs. Mary Georgina Watkins, Margate/Kent, England (November 2003).

184 Hans Bernhard Krivanec: Auftakt zu den Salzburger Festspielen. In: Vaterland Zürich vom 10.8.1935, S. 1. Salzburg Museum, NL Messner, Zeitungsausschnitte 1935/24.

185 Die Sängerin Kaja Andrea Karoline Hansen (1884–1968) nahm auf den Rat Arturo Toscaninis hin den Künstlernamen Eidé Norena an.

186 Brief von Messner an das Ordinariat vom 14.5.1935. Salzburg Museum, NL Messner, Korrespondenzen/R. Möglicherweise entstand in dieser Situation der im Nachlaß aufgefundene Entwurf zu einer Chorsymphonie mit dem Titel „Nornenlied" nach Texten aus Ernst Bertrams „Nornenbuch", notiert auf einem Konzertprogramm vom 27.4.1935. Salzburg Museum, NL Messner, Messner-Bibliothek, Beilage.

187 Brief von Christian Greinz an Messner vom 3.8.1935. Salzburg Museum, NL Messner, Hs. 3/Ordinariat.

188 ed.: Orgelkonzert in der Kathedrale Oliva. In: Danziger Landeszeitung vom 2.10.1935. Salzburg Museum, NL Messner, Zeitungsausschnitte 1935/29.

189 P. Stf.: Konzerte. In: Die Stunde (Wien) vom 18.10.1935. Salzburg Museum, NL Messner, Zeitungsausschnitte 1935/32.

190 Brief von Albert Lungkofler an Messner vom 29.10.1935. Salzburg Museum, NL Messner, Oeuvre II/Korrespondenz allgemein.

191 Brief vom Ordinariat an Messner vom 29.11.1935. Salzburg Museum, NL Messner, Hs 3, Ordinariat.

192 Brief von Erzbischof Rieder an Messner vom 4.4.1934. Salzburg Museum, NL Messner, Hs. 3, Ordinariat.

193 Das Werk gefiel dem irischen Geistlichen Father Edward Joseph Flannagan so gut, daß er die Frauenchor-Fassung für die von ihm in Nebraska/USA gegründete „Knabenstadt" („Boys Town") erwarb. Siehe L.G. Bachmann – E. Klemens (Anm. 4), S. 30. Flannagan (1886–1948) hatte, wie Joseph Messner, in Innsbruck Theologie studiert und war dort 1912 zum Priester geweiht worden.

194 Constantin Schneider: Geschichte der Musik in Salzburg von der ältesten Zeit bis zur Gegenwart. Salzburg 1935, S. 216.

195 Die Staatspreise für Literatur und Musik. In: Neues Wiener Journal vom Januar 1936. Salzburg Museum, NL Messner, Zeitungsausschnitte 1936/11.

196 Brief von Bernhard Herzmansky, Musikverlag Doblinger, an Messner vom 7.1.1936. Salzburg Museum, NL Messner, Hss, Glückwünsche 2/2.

197 Gratulationsschreiben von Ernst von Karajan an Messner vom 5.1.1936. Salzburg Museum, NL Messner, Hs 2/2. Hofrat Dr. Ernst von Karajan, Primar und Direktor der Landeskrankenanstalten Salzburg, Vater des Dirigenten Herbert von Karajan.

198 ch: Dritter Orgelvortrag im Deutschen Haus. Salzburger Musik in vier Jahrhunderten. In: Brünner „Tagesbote" vom 27.1.1936. Salzburg Museum, NL Messner, Zeitungsausschnitte 1936/1.

199 Joseph Friedrich Hummel (1841–1919), Direktor des Mozarteums, Leiter des Damensingvereins Hummel.

200 Unter dem Vorsitz von Prof. Joseph Marx hatte eine Wiener Jury die zehn zum Wettbewerb eingelangten Kompositionen beurteilt.

201 Ernst Sompek (1876–1954), Chormeister der „Salzburger Liedertafel", Komponist der Salzburger Landeshymne.

202 L.G. Bachmann – E. Klemens (Anm. 4), S. 33.

203 Meßners Salzburger Festspielfanfare als Pausenzeichen. In: Salzburger Chronik vom 24.7.1936, S. 6. Ein Zeitungsartikel zu Messners 70. Geburtstag trägt daher die Überschrift: „Seine Fanfare klingt durch alle Welt!" (Salzburger Volkszeitung vom 23.2.1963, S. 13). – Im August 1925 war die erste Festspielübertragung im Rundfunk erfolgt. Durch den ständigen Ausbau des Telefonnetzes waren 1931 bereits 272 Stationen in Europa und den USA an die Ravag angeschlossen. Die Salzburger Festspiele rückten damit in den Mittelpunkt des sommerlichen Weltrundfunkprogramms vor. Paul Becker: Die Festspiele im Rundfunk. In: Salzburg. Natur – Kultur – Geschichte, 1. Jg., Folge 3, Okt. 1960, S. 44-46.

204 Brief von Lotte Lehmann an Messner vom 25.1.1936. Salzburg Museum, NL Messner, Autographen II/L 5.

205 Max Weber, Manager von Eidé Norena, Benjamino Gigli, Fedjor Schaljapin und Erna Sack.

206 Brief von Eidé Norena an Eva Klemens und Messner vom 6. Juni 1936. Salzburg Museum, NL Messner, Autographen II/N 5.

207 Die Schriftstellerin Annette Kolb ewähnt diese Aufführung vom 23.8.1936 in ihrem Buch: *Den Abend darauf hörte sie mit einem deutschen Freund, der am Morgen gekommen war, eine schöne und sehr würdige Aufführung des „Requiems" von Mozart an.* Annette Kolb: Festspieltage in Salzburg und Abschied von Österreich (1937). Zit. nach Annette Kolb: Festspieltage in Salzburg. Frankfurt am Main 1966, S. 75.

208 Benjamino Gigli singt zugunsten des Salzburger Domes. In: Salzburger Chronik vom 29.8.1936, S. 8.

209 Brief von Bischof Ferdinand Pawlikowski an Messner vom 10.10.1936. Salzburg Museum, NL Messner, Autographen und Werkverzeichnis/46.

210 Auch in der Schreibweise „Sinfonische Festmusik" überliefert.

211 Dietmar Klose, Wien, bearbeitete die „Symphonische Festmusik" seines Großonkels Joseph Messner für Orgel allein und stellte sie dem Publikum am 2.8.2004 in einem Konzert in der Schwazer Stadtpfarrkirche als „Orgelsymphonie" vor.

212 Brief des Komponisten Wilhelm Kienzl an Messner vom 30.1. 1937. Salzburg Museum, NL Messner, Autographen II, K/7. W. Kienzl starb am 3.10.1941 und konnte den Wunsch Messners nicht mehr erfüllen.

213 Siehe die beiden Broschüren: Die Musikemporen und Pfeilerorgeln im Dom zu Salzburg. Hrsg. vom Metropolitankapitel von Salzburg. Schriftleitung: Ernst Hintermaier. 2. Aufl. Salzburg 1991, und Johannes Neuhardt, Gerhard Walterskirchen und János Czifra: Die Vierungsorgeln im Dom zu Salzburg, Wiederherstellung 1991. Salzburg 1991.

214 Brief von Messner an seine Mutter vom 23.3.1937. Privatbesitz.

215 Brief von Messner an Baron Puthon vom 5.4.1937. Salzburg Museum, NL Messner, Korrespondenzen/K.

216 Das 2. Domkonzert vom 1.8.1937 wird in Erich Kästners heiterem Roman „Der kleine Grenzverkehr" (1938) erwähnt. Kästner, der im Sommer 1937 einige Aufführungen der Salzburger Festspiele besuchte, läßt seinen Romanhelden Georg folgenden Bericht ins Tagebuch schreiben: *Abends waren Karl und ich beim Domkonzert. Man spielte von Cornelius „Gesänge nach Petrarca" und die C-Dur-Messe op. 86 von Beethoven. In den vollbesetzten Stuhlreihen saßen Mönche, elegante Frauen, ausländische Pressevertreter, Priester, Reisende aus aller Welt, Bauern, Studenten, alte Weiblein, Dichter und Offiziere. Es war eine unermeßliche Stille. Die Frommen schwiegen miteinander, und von uns anderen schwieg jeder für sich. Hermann Bahr hat diese Kirche den schönsten Dom Italiens auf deutschem Boden genannt. Heute abend hatte er recht. Als sich die Kapelle, der Chor, die Orgel und die Solosänger zu der gewaltig tönenden liturgischen Konfession Beethovens vereinigten, lösten sich, im Schlaf gestört, kleine Fledermäuse aus dem Kuppelgewölbe und flatterten lautlos in der klingenden Kirche hoch über unsern Köpfen hin und her. Ich schrieb auf einen Zettel, den ich Karl zu schob: „Hier haben selbst die Mäuse Engelsflügel." Er nickte, dann versank er wieder im Zuhören.* Zit. aus der Ausgabe München 2003, Seite 40 f.

217 Auf Norenas Rat hin hatte Messner auf ein Engagement von Schaljapin verzichtet, weil der Sänger als unberechenbar und gewalttätig galt. L.G. Bachmann – E. Klemens (Anm. 4), beigefügte Notizzettel.

218 Über Tschurtschenthalers Äußerungen siehe den Brief von Prof. Gschwenter/Innsbruck an Messner vom 21.10.1937. Salzburg Museum, NL Messner, Korrespondenzen/St.

219 Brief von Messner an Peter Raabe vom 22.10.1937. Salzburg Museum, NL Messner, Akten 2.

220 Joseph Messner: Musik im Salzburger Dom. In: Österreichischer Musik- und Sänger-Almanach, Wien 1937, S. 139. Salzburg Museum, NL Messner, Theoretische Schriften/9.

221 Brief des Generalmusikdirektors Gotthold E. Lessing an Messner vom 3.11.1937. Salzburg Museum, NL Messner, Korrespondenzen/K.

222 Brief von Messner an G. E. Lessing vom 10.11.1937. Salzburg Museum, NL Messner, Korrespondenzen/K.

223 Benachrichtigungszettel der Landeshauptmannschaft Salzburg vom 10.11.1937. Salzburg Museum, NL Messner, Korrespondenzen/K. – 1938 erfolgte die Versetzung nach Stuhlfelden (Personaldokumente, Personalia/15, Benachrichtigungszettel der Landeshauptmannschaft Salzburg vom 30.7.1938), 1939 die Versetzung nach Mittersill (AES/Personalakt J. Messner). Messner hatte im Herbst 1937 seine Stelle als Domchorvikar gegen eine Kooperatorstelle getauscht. Brief des Ordinariats (Weihbischof Johannes Filzer) an Messner vom 6.11.1937. Salzburg Museum, NL Messner, Hs 3.

224 An diesem Tag erklang die Messe noch ein zweites Mal um 10 Uhr im Dom; in der anschließenden Halb-Zwölf-Uhr-Messe sang der Salzburger Kammerchor der Familie Trapp mehrere Chorwerke. Salzburg Museum, NL Messner, Aufführungsverzeichnis der Dommusik, S. 96.

225 Salzburger Quellenbuch – Von der Monarchie bis zum Anschluß. Salzburg Dokumentationen, Nr. 86. Salzburg 1985, S. 312.

226 Beide Zitate aus: Gerhard Botz: Wien vom „Anschluß" zum Krieg. Wien – München 1978, S. 123 f. Siehe auch Maximilian Liebmann: Vom März zum Oktober 1938. Die katholischen Diözesanbischöfe und der Nationalsozialismus in Österreich. Hrsg. von der Arbeitsgemeinschaft der Österr. Pastoral- und Seelsorgeämter. O. O. (Wien) 1988, S. 5–6.

227 Missa solemnis KV 317, genannt „Krönungsmesse".

228 Deutsche Musik im alten und neuen Österreich. In: Rheinisch-Westfälische Zeitung vom 6.4.1938, S. 9. Salzburg Museum, NL Messner, Zeitungsausschnitte 1938/1. Messners Manuskript ist nicht erhalten. Eine redaktionelle Überarbeitung des Textes ist wahrscheinlich. Am 10.4.1938 (Palmsonntag) übertrug der deutsch-österreichische Rundfunk um 7.30 Uhr morgens eine konzertante Aufführung aus dem Wiener Saal des Mozarteums. Die Rundfunksendung wurde am 11.4. im „Salzburger Volksblatt" mit lobenden Worten bedacht: *Der Salzburger Domchor, dem von der Reichsrundfunkgesellschaft die ehrende Aufgabe gestellt war, zum gestrigen Abstimmungstag einen künstlerischen Beitrag zu liefern, dürfte mit seiner Darbietung bei den gesamtdeutschen Rundfunkhörern Freude ausgelöst haben. Er brachte in einer Sonderaufführung im Wiener Saal Mozarts Krönungsmesse und das Ave Verum, zur Einleitung noch Meßners Einzugsfanfaren. Es ist für die Salzburger Dommusikvereinigung eine schöne Auszeichnung vor vielen anderen (auch vor St. Stephan in Wien) diesen Vorzug erhalten zu haben. Und sie hat sich ihrer Sache mit so großem Ernst und solcher Hingabe angenommen, daß ein Erfolg nicht ausbleiben konnte. Es war eine Aufführung ohne Festspielstars, aber um so geschlossener in ihrer einheitlichen Beseeltheit. Prof. Meßner durfte mit seinen Leuten zufrieden sein; Chor und Orchester gaben ihr Bestes, die Solisten (Damen: Gehmacher und Kubatta, Herren: Schmidinger und Prof. Groß) und Prof. Sauer an der Orgel halfen zu vollendetem Gelingen. – Im Salzburger Dom begann um 9 Uhr die liturgische Feier zum Palmsonntag.*

229 Die Vermutung, daß es Messner gelungen wäre, seinen Namen und den der Sängerin Eva Klemens auf die von Reichsmarschall Hermann Göring im Jahr 1939 initiierte „Künstlerliste" setzen zu lassen, um damit in den Schutz der für die Heimat unentbehrlichen Personen zu gelangen, konnte nicht bestätigt werden. Auch fehlt Messners Name in der Liste jener Komponisten, die Oliver Rathkolb in seinem Buch: Führertreu und gottbegnadet – Künstlereliten im Dritten Reich. Wien 1991 veröffentlicht hat. Nach einer schriftlichen Mitteilung des Deutschen Bundesarchivs in Berlin vom 25.11.2004 an die Autorin existieren in den einschlägigen Beständen keine Hinweise auf Joseph Messner.

230 DDr. Johannes Messner lehrte als Privatdozent seit 1928 an der Kathol.-Theolog. Fakultät in Salzburg, seit 1930 an der Universität Wien und wurde dort im Jahr 1935 zum Außerordentlichen Professor für Ethik und Sozialwissenschaften ernannt. Siehe Anton Rauscher und Rudolf Weiler: Professor Johannes Messner. Ein Leben im Dienst sozialer Gerechtigkeit. Innsbruck 2003.

231 Brief von Messner an Landesrat Karl Springenschmid vom 8.7.1938. Salzburg Museum, NL Messner, Akten 3/Domchor.

232 Vertrag zwischen Dr. Max Gehmacher und Prof. Joseph Messner, datiert Jänner 1939. Salzburg Museum, NL Messner, Akten 3/Domchor.

233 Friedrich Bayer: Erstes Domkonzert. In: Völkischer Beobachter vom 25.7.1938, S. 8–9. Salzburg Museum, NL Messner, Zeitungsausschnitte 1938/2.

234 Richard Winter: Domkonzerte. In: Neues Wiener Journal vom 4.9 1938, S. 23. Salzburg Museum, NL Messner, Zeitungsausschnitte 1938/26.

235 Die Festschrift, in Berlin auf Glanzpapier gedruckt und zum Preis von RM 1,– angeboten, trägt als Motto Hitlers Ausspruch: *Die Kunst ist eine erhabene und zum Fanatismus verpflichtende Mission.* Salzburger Festspiele 1938. Festschrift. Schriftleitung Friedrich Richter. O. O. (Berlin) 1938.

236 Roland Tenschert: Joseph Meßner in Wien. In: Salzburger Volksblatt vom 2.12.1940, S. 6. Salzburg Museum, NL Messner, Zeitungsausschnitte 1940/23.

237 Brief von Karl Neumayr an Messner vom 22.9.1938. Salzburg Museum, NL Messner, Rote Mappe.

238 Das Stück entstand im Auftrag der Generalintendanz der Salzburger Festspiele als Ersatz für den „Jedermann" des „jüdischen" Dichters Hofmannsthal, Billingers Drama wurde aber nicht aufgeführt. Siehe G. Prossnitz (Anm. 91), S. 45.

239 Brief von Luis Trenker an Messner vom 23.4.1942. Salzburg Museum, NL Messner, Hss, Glückwünsche 2/1.

240 Brief von Messner an Landesstatthalter Albert Reitter. Salzburg Museum, NL Messner, Korrespondenzen/P Q.

241 Brief von Albert Reitter an Messner vom 13.2.1939. Salzburg Museum, NL Messner, Vorordner/N S.

242 Brief von Messner an Reichsminister Joseph Goebbels vom 10.3.1939. Salzburg Museum, NL Messner, Korrespondenzen/C.

243 Undatierter Brief von Messner an Peter Raabe, Präsident der Reichsmusikkammer. Salzburg Museum, NL Messner, Korrespondenzen/C.

244 Brief von Gerta Breyne an Messner vom 4. Mai 1939. Salzburg Museum, NL Messner, Akten 1.

245 Brief von Messner an Fachreferent Lukaschik vom 8.5.1939. Salzburg Museum, NL Messner, Korrespondenzen/K.

246 Briefe von Gerta Breyne an Messner vom 23. und 29.11.1939. Salzburg Museum, NL Messner, Akten 1.

247 Salzburger Domorganist (1894–1962).

248 Brief des Kulturreferenten Karl Windischbauer an Messner vom 30.9.1940. Salzburg Museum, NL Messner, Vorordner/N S.

249 Brief von Messner an Karl Windischbauer vom 7.10.1940. Salzburg Museum, NL Messner, Vorordner/N S.

250 Brief von Karl Windischbauer an Messner vom 29.3.1941. Salzburg Museum, NL Messner, Akten 3/Domchor.

251 Brief von Messner an Karl Windischbauer vom 26.4.1941. Salzburg Museum, NL Messner, Akten 3/Domchor.

252 Brief von Messner an Gauleiter Friedrich Rainer vom 14.5.1941. Salzburg Museum, NL Messner, Akten 3/Domchor. – *Gauleiter Dr. Rainer – Salzburg wollte mir eine Professur an der Reichsmusikhochschule Mozarteum geben; ich lehnte dies ab, weil man zugleich verlangte, daß ich den Posten des Domkapellmeisters an der Kathedrale Salzburg aufgeben sollte.* Personalfragebogen der Miltärregierung Österreich, 1946. Salzburger Landesarchiv, US Akten, Mikrofilme National Archives, USA, RG 260, Publication, Film 1531, S. 548–566, hier S. 565.

253 Heinz Greeven: Lebendiges Musikleben im Kriege. In: General-Anzeiger der Stadt Wuppertal vom 28.10.1940. Salzburg Museum, NL Messner, Zeitungsausschnitte 1940/1.

254 Schreiben von Eberhard Preußner an Messner vom 27.2.1941. Salzburg Museum, NL Messner, Akten 3/Domchor.

255 Messner kannte Johann Nepomuk David spätestens seit ihrem gemeinsamen Konzert am 1.7.1923 zur Einweihung einer neuen Orgel in der Stadtpfarrkirche von Vöcklabruck; damals nannte sich der Künstler „Hans David, Organist aus Eferding". Salzburg Museum, NL Messner, Zeitungsausschnitte 1923/26 v, Einladung zur Orgel-Weihe am 1.7.1923.

256 Die Sieger im Orgel-Wettbewerb. In: Volksstimme Linz vom 15.9.1941. Salzburg Museum, NL Messner, Oeuvre/Korrespondenz allgemein. Joseph Messner bekam vom Landeskulturwalter Oberdonau einen Pressespiegel und die Schluß-Niederschrift des Wettbewerbs zugesandt.

257 Messner improvisierte wiederholt über weltliche Themen, so auch über den „Donauwalzer" von Johann Strauß (freundliche Mitteilung von Pastor Mag. Nils Helge Koblanck, Salzburg, am 11.8.2004).

258 Alfred Pellegrini: Orgelmusik im Dom von Salzburg. In: Würzburger General Anzeiger vom 23.6.1939, S. 4. Salzburg Museum, NL Messner, Zeitungsausschnitte 1939/1.

259 Ein ähnliches suitenartiges Werk mit Anklängen an Salzburgs musikalische Vergangenheit hatte Wilhelm Jerger unter dem Titel „Salzburger Hof- und Barockmusik" komponiert, es wurde am 20.8.1939 in einem Orchesterkonzert der Salzburger Festspiele unter der Leitung von Dr. Karl Böhm uraufgeführt. Siehe Roland Tenschert: Salzburg und seine Festspiele. Wien 1947, S. 283.

260 Einführungstext zum Konzert am 16.11.1948 im Großen Konzerthaussaal, Wien. Salzburg Museum, NL Messner, Programme 1948.

261 L.G. Bachmann – E. Klemens (Anm. 4), S. 37.

262 Dietmar Klose bearbeitete den 2. Satz – „Molto Cantabile" aus op. 54 für Orgel, uraufgeführt am 28.7.2008 in Schwaz.

263 Ernst Hanisch: Nationalsozialistische Ästhetik in der Provinz. In: Jürg Stenzl, Ernst Hintermaier und Gerhard Walterskirchen (Hrsg.): Salzburger Musikgeschichte, Salzburg 2005, S. 482–485.

264 Joseph Messner. Bläserfanfaren, vorgelegt von Armin Kircher. Denkmäler der Musik in Salzburg, 6. Salzburg 1994, S. XII.

265 Paul Graeners Variationen über das „Prinz-Eugen-Lied" erklangen einige Tage vor der Totenfeier in einem Orchesterkonzert am 4.11.1941 im Mozarteum. Otto Kunz: Theater, Kunst und Musik. Orchester-Konzert. In: Salzburger Volksblatt vom 6.11.1941, S. 3.

266 Brief von Messner an Frau Gertrud Laun vom 9.5.1967. Salzburg Museum, NL Messner, Vorordner/L.

267 L.G. Bachmann – E. Klemens (Anm. 4), S. 34.

268 Die Feierstunde vor dem Salzburger Mozart-Denkmal. Mozart einer der führenden deutschen Europäer. In: Salzburger Volksblatt vom 6.12.1941, S. 1 und 3.

269 Telegramm des Präsidenten der Reichsmusikkammer, Peter Raabe, vom 27.2.1941. Salzburg Museum, NL Messner, Geburtstage/Jubiläum.

270 Brief von Albert Lungkofler an Messner vom 20.2.1943. Salzburg Museum, NL Messner, Geburtstage/Jubiläum.

271 Schreiben von Messner an den Domchor vom 3.3.1943. Salzburg Museum, NL Messner, Geburtstage/Jubiläum.

272 Angela Pachovsky: Joseph Messner. Leben und Werk. Unter besonderer Berücksichtigung seines kirchenmusikalischen Schaffens. Diss. Universität Wien 1990, S. 57. – R.G.: „Wallensteins Lager" am Fuße der Festung. In: Salzburger Zeitung vom 1.11.1943, S. 3.

273 Strafmandat vom 13.11.1943. Salzburg Museum, NL Messner, Personalia, öffentliche Bescheinigungen/14. Gemäß einer im „Salzburger Volksblatt" veröffentlichten Verordnung hatte die Verdunkelung damals von 17.30 Uhr bis 6 Uhr früh zu dauern.

274 Brief von Wilhelm Furtwängler an Messner vom 6.5.1940. Salzburg Museum, NL Messner, Autographen I/F 29.

275 Brief von Messner an Frau Ghislaine Santerre vom 27.3.1968. Salzburg Museum, NL Messner, Akten 2.

276 Luise George Bachmann (Wien 1903–1976 Bad Ischl).

277 L.G. Bachmann – E. Klemens (Anm. 4), S. 38–40.

278 *Auf Veranlassung von Reichsminister Dr. Goebbels werden im Laufe des Winters von den deutschen Kulturorchestern Konzerte mit wertvoller Musik heiteren Charakters veranstaltet, die den Namen „Beschwingte Musik" erhalten.* Beschwingte Musik. In: Salzburger Volksblatt vom 28.10.1941, S. 3.

279 Der Salzburger Domchor. Ein Gespräch mit Prof. Joseph Meßner. In: Salzburger Volkszeitung vom 9.12.1946, S. 2. Salzburg Museum, NL Messner, Zeitungsausschnitte 1946/2.

280 Gedruckte Programmzettel enthielten Hinweise auf das richtige Verhalten des Publikums bei Fliegeralarm.

281 Aus dem Bombenschutt rettete Messner ein Mauerfragment mit einem kleinen freskierten Frauenkopf, ließ es vom Bildhauer Adlhart fixieren und hängte es zur Erinnerung an den Einsturz der Kuppel in seinem Arbeitszimmer auf. Nach Messners Tod schenkte Frau Klemens dieses Erinnerungsstück Herrn Dr. Zukriegel (freundliche Mitteilung von Herrn Prof. Dr. Zukriegel am 31.7.2004).

282 L.G. Bachmann – E. Klemens (Anm. 4), S. 41 f.

283 Prof. Messner installierte in diesem Stollen das elektrische Licht, siehe: L.G. Bachmann – E. Klemens (Anm. 4), S. 42.

284 L.G. Bachmann – E. Klemens (Anm. 4), S. 44.

285 L.G. Bachmann – E. Klemens (Anm. 4), beiliegende Notizen.

286 L.G. Bachmann – E. Klemens (Anm. 4), S. 44.

287 Der zweite Anfang – Festspiele 1945, Erinnerungen von Obstl. N. In: Salzburger Volkszeitung vom 6.8.1965, S. 8.

288 J.B.T.: Salzburg Symphony Conductor Finds GIs Like Serious Music/Dirigent der Salzburger Symphoniker findet dass die Ami ernste Musik lieben. In: Rainbow Reveille vom 10.11.1945, Nr. 10, S. 1 und 4 mit Übersetzung. Salzburg Museum, NL Messner, Zeitungsausschnitte 1945/7.

289 Joseph Meßner: Seminar für Kirchenmusik. In: Salzburger Volkszeitung vom 15.12.1945, S. 2. Salzburg Museum, NL Messner, Zeitungsausschnitte 1945/11.

290 Joseph Meßner: Mozart, der Salzburger. (Zu Mozarts 100. Geburtstag am 27. Jänner). In: Salzburger Volkszeitung vom 28.1.1946, S. 2. Salzburg Museum, NL Messner, Zeitungsausschnitte 1946/1.

291 Joseph Meßner: Österreichische Musik. In: Salzburger Nachrichten vom 2.2.1946, S. 6. Salzburg Museum, NL Messner, Zeitungsausschnitte 1946/3.

292 Siehe z.B. den Aufsatz von Univ. Prof. Dr. Wilhelm Fischer: Von der Eigenart der österreichischen Tonkunst. In: Österreichische Musikzeitschrift, 1946, 2, S.45–47.

293 Joseph Meßner: Salzburg, die Musikstadt. In: Hugo Steiner (Hrsg.): Österreich – 950 Jahre. Korneuburg 1946, S. 130–133.

294 Eine ganze Stadt hört ein Konzert. Orgelkonzert in Kufstein. In: Tiroler Tageszeitung vom 7.5.1946, S. 3. Salzburg Museum, NL Messner, Zeitungsausschnitte 1946/6.

295 K.E.: Der Domkapellmeister von Salzburg. Seit 20 Jahren leitet Joseph Meßner den Domchor. In: Salzburger Nachrichten vom 13.6.1946, S. 5. Salzburg Museum, NL Messner, Zeitungsausschnitte 1946/7.

296 Rainbow Reveille (Anm. 288).

297 L.G. Bachmann: Joseph Meßner. Das Bild eines Österreichers. In: Die Furche vom 20.7.1946, S. 2–3. Salzburg Museum, NL Messner, Zeitungsausschnitte 1946/8.

298 Siehe Karl Wagner: Das Mozarteum. Geschichte und Entwicklung einer kulturellen Institution. Innsbruck 1993, S. 237 f. – Der Dommusikverein und die Lehranstalt Mozarteum waren im Mozart-Gedenkjahr 1841 gegründet worden, um alle Zweige der Musik, besonders der Kirchenmusik, zu fördern und um Musiker heranzubilden. Im Jahr 1880 trennten sich die beiden Institutionen.

299 Siehe eine von Messner ausgestellte Bestätigung vom 24.8.1960. Salzburg Museum, NL Messner, Biograph. Material 6/10.

300 Prof. Messner erzählte des öfteren von diesem Gespräch mit Karajan. – Am 29.8.1949 nahm Karajan mit den Wiener Philharmonikern in der Felsenreitschule Meßners „Große Mozartfanfare" und die „Festspielfanfare" für eine Rundfunkübertragung auf. Salzburg Museum, NL Messner, Messner-Tonarchiv, ORF-Aufnahmen im Studio Salzburg.

301 Brief von Messner an Heinrich Puthon vom 30.11.1955. Salzburg Museum, NL Messner, Akten 2.

302 1946 betrug sein Jahresgehalt als Domkapellmeister 12 x 257 = 3.084 RM/öS. In den Jahren davor war das Gehalt zum Teil noch geringer. Zum Vergleich: Der Komponist Richard Strauß hatte allein im Kriegsjahr 1943 ca. 200.000 RM verdient. Siehe Oliver Rathkolb: Führertreu und gottbegnadet – Künstlereliten im Dritten Reich. Wien 1991, S. 193.

303 Salzburg Museum, NL Messner, Vorordner/T V, Beilage über die Aufzeichnung der Gehalts-Bezüge von 1922–1965.

304 Dazu eine Anekdote aus der Feder von Hochschulprofessor Peter Planyavsky (geb. 1947), der im Jahr 1959 als junger Organist die eben renovierte Salzburger Domorgel kennenlernen wollte: … es gibt ein Salzburger-Nachrichten-Photo, wie ich an der damals ganz neuen Domorgel sitze und der alte Sauer gütig lächelnd dabeisteht. Um dieses kurze Orgel-Ausprobieren anzubahnen, bin ich damals auf die Empore gegangen, habe Kontakt zu einem der prominenten Musiker gesucht, bin wohl kurz wartend bei der Gruppe um Messner gestanden – und dabei hat eine der (Chor?)damen auf mich gedeutet und unter allgemeinem Gelächle wörtlich zu Messner gesagt: „Is der junge Mann da aa von Ihnen?" (Schreiben Planyavskys an die Autorin vom 27.8.2007).

305 Freundliche Mitteilung von Frau Herta Kloo-Schliesselberger, Salzburg (28.1.2003).

306 Freundliche Mitteilung von Frau Maria Hübl, Salzburg (16.1. 2003).

307 Freundliche Mitteilung von Frau Maria Hübl, Salzburg (16.1. 2003).

308 Freundliche Mitteilung von Pastor Mag. Nils Helge Koblanck, Salzburg (11.8.2004.

309 Freundliche Mitteilung von Frau Josefine Sommerauer-Reischauer, Salzburg (31.1.2003).

310 Freundliche Mitteilung von Herrn Erich Pesendorfer, Salzburg (9.1.2003).

311 Freundliche Mitteilung von Herrn Univ. Prof. Dr. Alfred Aigner, Salzburg (13.1.2003).

312 Emanuele d'Astorga (1680–1757?), italienischer Komponist spanischer Herkunft; sein „Stabat mater" entstand um 1707.

313 Seit dem Christkönigsfest 1946 (27.10.1946) wurden im abgeteilten Langhaus des Domes Gottesdienste abgehalten. Der Dom in Salzburg. Symbol und Wirklichkeit. Festschrift. Salzburg 1959, S. 114.

314 L.G. Bachmann – E. Klemens (Anm. 4), S. 48 f.

315 Laut einem Zeitungsbericht (M.: Musik der Berge. In: Stimme Tirols vom 10.3.1948, S. 4) äußerte sich Messner in einem Interview anläßlich dieser Uraufführung folgendermaßen über die Musik komponierender Zeitgenossen: eine fundierte Ausbildung in Harmonielehre, Formenlehre und Kontrapunkt sei weiterhin unerläßlich, den Komponisten eröffneten sich dadurch viele musikalische Stile; ohne ein religiöses Empfinden könnten sie jedoch keine Werke von bleibendem Wert schaffen. Salzburg Museum, NL Messner, Zeitungsausschnitte 1948/1.

316 Brief von Irmgard Seefried an Messner vom 20.5.1949. Salzburg Museum, NL Messner, Autographen III/S 6. Die Uraufführung von op. 64 fand erst 1953 statt.

317 Freundliche Mitteilung von Herrn Hans Ruderstaller, Hornist des Mozarteum-Orchesters (10.1.2003).

318 Freundliche Mitteilung von Herrn George Maran, Ehrenmitglied des Opernhauses Darmstadt (9.8.2003).

319 Salzburg Museum, NL Messner, Plakate, Programme, Brief von Theodor Bernhard an Messner vom 1.7.1950 liegt dem Programm bei.

320 Brief von Karl Berg an Messner vom 4.2.1950 bzw. Brief von Messner an Luis Grundner vom 5.2.1950. Salzburg Museum, NL Messner, Akten 1.

321 Freundliche Mitteilung von Prof. Dr. Gerhard Zukriegel, Salzburg (10.6.2004).

322 Die Salzburger Erstaufführung fand am 20.3.1951 im „Mozart-Kino" statt.

323 Brief der Willi Forst-Film Produktions-Ges.m.b.H. an Messner vom 27.3.1951. Salzburg Museum, NL Messner, Korrespondenz/Verlage, Rundfunk, Schallplatten/F.

324 Die Uraufführung fand am 30.9.1952 im Maxglaner Kino statt. Siehe Erich Marx (Hrsg): Befreit und besetzt. Stadt Salzburg 1945–1955. Salzburg – München 1996, S. 393.

325 Abguß der rechten Hand, angefertigt von Hans Pacher, Salzburg 1950, Salzburg Museum, Inv.-Nr. 2019/79; Totenmaske, angefertigt von Hans Pacher, Salzburg 1969. Salzburg Museum, Inv.-Nr. 267/76.

326 Albert Birkle (1900–1986): Bildnis Joseph Messner. Sign. u. dat. 1947, Kohle auf Papier, 56,9 x 41 cm. Salzburg Museum, Inv.-Nr. 8/75. Das Bild wurde zusammen mit anderen Künstlerporträts Birkles in Velhagen & Klasings Monatsheften, 1953, 7, S. 553–556, hier S. 554, in einem Beitrag über den „Salzburger Festspielsommer" veröffentlicht. Die Originale waren bereits im August 1949 in einer Birkle-Sonderausstellung in Salzburg zu sehen gewesen.

327 Walter Honeders Zeichnung wurde in der „Stimme Tirols" veröffentlicht. M.: Musik der Berge. In: Stimme Tirols vom 10.3.1948, S. 4. Salzburg Museum, NL Messner, Zeitungsausschnitte 1948/1. Von einem weiteren Porträt, gemalt von August Schreilechner (1913–1977), berichtete der Kufsteiner Religionsprofessor Dr. Alois Köhle am 1.3.1969 in einem Brief an Eva Klemens. Salzburg Museum, NL Messner, Rote Mappe. Wann das Bild entstand und wo es sich jetzt befindet, ist derzeit unbekannt.

328 Beide Graphiken sind im Besitz des Salzburg Museum. Salzburg Museum, NL Messner, Fotos I.

329 Brief des Metropolitankapitels an Messner vom 30.4.1951. Salzburg Museum, NL Messner, Geburtstage, Jubiläum.

330 Schreiben des Mozarteum-Orchesters an Messner vom 30.4. 1951. Salzburg Museum, NL Messner, Geburtstage, Jubiläum.

331 Schreiben von Heinrich Puthon an Messner vom 30.4.1951. Salzburg Museum, NL Messner, Geburtstage, Jubiläum.

332 Viktor Keldorfer (Salzburg 1873–1959 Wien), künstlerischer Leiter des „Wiener Männergesangsvereins" und des „Wiener Schubertbundes".

333 Johannes Peregrinus (Hupfauf), Salzburger Domkapellmeister von 1881–1889.

334 Brief von Viktor Keldorfer an Messner vom 3.5.1951. Salzburg Museum, NL Messner, Geburtstage, Jubiläum.

335 Brief von Viktor Keldorfer an Messner, datiert 25.2.1952 (recte 1953). Salzburg Museum, NL Messner, 60./65. Geburtstag.

336 Vom Sängerknaben zum Domkapellmeister. In: Salzburger Volksblatt vom 24.12.1953, S. 3. Salzburg Museum, NL Messner, Zeitungsausschnitte 1953/52.

337 Die offizielle Übergabe fand am 24.7.1953 statt. Salzburg verleiht Mozart-Medaillen. Präsident Heinrich Puthon, Hofrat Bernhard Paumgartner und Professor Joseph Meßner geehrt. In: Demokratisches Volksblatt vom 24.2.1953, S. 3. – Am Vorabend hatte ein schweres Unwetter über der Stadt Salzburg und seiner Umgebung auch Messners Wohnhaus beschädigt. Siehe: Schwere Unwetterschäden in Bayern und Salzburg. In: Salzburger Volkszeitung vom 25.7.1953, S. 9. Die Reparaturkosten sind auf einem Merkblatt vom 26.9.1953 aufgelistet. Salzburg Museum, NL Messner, Akten 2, Merkblatt.

338 Festabend für Professor Joseph Meßner. In: Salzburger Volkszeitung vom 3.3.1953, S. 4. Salzburg Museum, NL Messner, Zeitungsausschnitte 1953/61.

339 Salzburger Zwischenbilanz. In: Vorarlberger Volksblatt vom 12.8.1953. Salzburg Museum, NL Messner, Zeitungsausschnitte 1953/27.

340 Alexander Witeschnik: Salzburg verpflichtet. Ein offenes Wort zu den ersten Konzertereignissen der Festspiele. In: Neue Wiener Tageszeitung vom 31.7.1953, S. 8. Salzburg Museum, NL Messner, Zeitungsausschnitte 1953/7.

341 Für die Vermittlung dieser Aussprüche danke ich Herrn Dr. Eberhard Kummer, Wien (16.6.2004).

342 Freundliche Mitteilung von Frau Maria Hübl, Salzburg (16.1. 2003).

343 Erich Werba: Vesperae de dominica. Mozart-Ereignis im Zweiten Domkonzert. In: Salzburger Volkszeitung vom 4.8.1954, S. 3. Werba stellte fest: *Was nun die Interpretation anlangt, so wird über Wert und Wesen der Domkonzerte seit längerer Zeit ... debattiert ...*

344 Parte von Leopoldine Mayer vom 16.9.1954; Parte von Jakob Meßner, Postbeamter i. R vom 29.11.1954.

345 Schreiben von Messner an das Ordinariat vom 26.12.1954. Salzburg Museum, NL Messner, Akten 1.

346 Schreiben von Messner an Erzbischof Andreas Rohracher vom 6.3.1955. Salzburg Museum, NL Messner, Akten 1.

347 Programmzettel vom 8.5.1955.

348 „Der Fall Rosemarie Luxbauer". Salzburg Museum, NL Messner, Vorordner/P.

349 Gefahr für die Festspielstadt. Missbrauch des Festspielwappens und des Namens „Mozarteum-Orchester" auf einer Italientournee. Salzburg Museum, NL Messner, Zeitungsausschnitte 1955/6. Ein schlechter Dienst für Salzburg. In: Salzburger Volksblatt vom 16.11.1955, S. 3.

350 Die musikalische „Bildfälschung". Italien-Tournee mit Folgen – Zeichen und Töne stimmen nicht. In: Salzburger Nachrichten

vom 16.11.1955, S. 3. Salzburg Museum, NL Messner, Zeitungsausschnitte 1955/5.

351 Schreiben von Walter Hofstätter und Joseph Messner an in-
ländische Zeitungen und Salzburger Persönlichkeiten vom
18.11.1955. Salzburg Museum, NL Messner, Domchor/Glocken/
Orgeln 4, Faszikel Hofstätter/Messner.

352 Die musikalische „Bildfälschung" (Anm. 350).

353 Max Kaindl-Hönig: Rom diktiert ein Kapitel „Salzburger Festspiele". Menetekel der Kritik – Neue Entscheidung zur Frage
der Domkonzerte unaufschiebbar. In: „Salzburger Nachrichten"
vom 26.11.1955. Salzburg Museum, NL Messner, Zeitungsausschnitte 1955/12, Dupl.

354 Brief von Messner an Heinrich Puthon vom 30.11.1955. Salzburg
Museum, NL Messner, Akten 2.

355 Brief von G.F. Stegmann (Universität Stellenbosch) an Messner
vom 18.1.1956. Salzburg Museum, NL Messner, Oeuvre II/49. Die
Verbindung zu Südafrika riß nach Messners Tod nicht ab: Mag.
Diana Heiberg aus Kapstadt dissertierte über den Salzburger
Domkapellmeister, sie ordnete im Jahr 1986 im Rahmen eines
Werkvertrages mit dem Salzburger Museum Carolino Augu-
steum die Sammlung der Zeitungsausschnitte aus Messners
Nachlaß. Diana Heiberg: Joseph Messner (1893–1969). Oosten-
rykse musiekbevorderaar [Ein Österreichischer Förderer der
Musik]. Tesis Univeristeit van Suid-Afrika. Stellenbosch 1989
(6 Microfiches).

356 Joseph Messner: Kirchenmusikalische Tradition in Salzburg.
In: Neue Zürcher Nachrichten vom 27.1.1956, Bl. 5. Salzburg
Museum, NL Messner, Zeitungsausschnitte 1956/1.

357 Joseph Messner: Mozarts Kirchenmusik. In: Sonderfolge der
Zeitschrift Wien und die Wiener, S. 34–41. – Joseph Meßner:
W.A. Mozart und die Kirche. In: Rupertibote vom 22.1.1956, S. 1–2.

358 Probenplan. Salzburg Museum, NL Messner, Akten 2.

359 Urkunde, ausgestellt von der Internationalen Stiftung Mozarteum im Dezember 1956. Salzburg Museum, NL Messner, Di-
plome/Urkunden I, M 1023.

360 Schreiben von Louis Zanbaka an Messner vom 30.7.1956. Salzburg Museum, NL Messner, Noten III/Widmungen. Louis Zanbaka lebte als Musikkritiker in Bagdad.

361 Briefwechsel zwischen Ernst Lothar und Messner vom Juni
1956. alzburg Museum, NL Messner, II, Autographen u. Werk-
verzeichnis/17 ff.

362 Verleihung des Goldenen Ehrenzeichens für Verdienste um die
Republik Österreich vom 27.2.1957. Salzburg Museum, NL Messner, Diplome, Urkunden I, o 265.

363 Brief von Landeshauptmann Josef Klaus an Messner vom 1.8.
1957. Salzburg Museum, NL Messner, Hs 2/1.

364 Brief von Messner an die Salzburger Sparkasse vom 1.5.1957.
Salzburg Museum, NL Messner, Akten 2.

365 Akad. Bildhauer Bohdan Zarowskyj (13.3.1921–23.6.2002)

366 Brief Messners an Bohdan Zarowskyj vom 1.3.1957. Brief und
Tonmodell befinden sich im Besitz von Frau Luise Leitner-
Zarowskyj, der Witwe des Künstlers.

367 Messners Entwurf ist erhalten. Salzburg Museum, NL Messner,
Noten I, Hss., Entwurf.

368 Die Psalmen sind nach den von Messner verwendeten Text-
ausgaben zitiert, z.B. Psalterium Breviarii Romani. Regensburg –
Rom 1912. P. Wendelin Meyer OFM: Die Psalmen, des Priesters
Betrachtungsbuch. 4 Bde. 3. Aufl. Paderborn 1920 Salzburg
Museum, NL Messner, Messner-Bibliothek.

369 Messners Grab auf dem Kommunalfriedhof von Salzburg wurde bis zum Jahr 2005 von der Stadt Salzburg als Ehrengrab
betreut. Friederike Zaisberger und Reinhard R. Heinisch (Hrsg.):
Leben über den Tod hinaus … Prominente im Salzburger Kommunalfriedhof. Mitteilungen der Gesellschaft für Salzburger
Landeskunde, 23. Ergänzungsband. Salzburg 2006, S. 218.

370 Das Mariazeller-Proprium gehört zu den wenigen Proprien,
die nicht für den Salzburger Dom bestimmt waren. Im Jahr
1953 schrieb Messner ein „Bernhardi-Proprium" für das Stift
Lilienfeld. 1960 und 1962 komponierte er Proprien zu den Festen
des hl. Nikolaus bzw. des hl. Willibald für eine Kirche in Rei-
chertshofen/Oberpfalz.

371 Freundliche Mitteilung von Frau Christa Hoffermann, Salzburg
(8.2.2003).

372 Brief von Messner vom 21.9.1957; Antwort des Erzbischofs vom
19.11.1957. Salzburg Museum, NL Messner, Akten 2.

373 e: Festliche Musica Sacra. In: Salzburger Volkszeitung vom
15.1.1958, S. 5.

374 Brief von Erzbischof Rohracher an Messner vom 12.2.1958. Salzburg Museum, NL Messner, Hs. 3/Ordinariat.

375 Schreiben von Messner an Erzbischof Rohracher vom 22.2.1958;
Schreiben von Erzbischof Rohracher an Messner vom 28.2.1958.
Salzburg Museum, NL Messner, Autographen und Werkver-
zeichnis/19.

376 Brief des Tiroler Landeshauptmanns Hans Tschiggfrey an
Messner vom 24.2.1958. Salzburg Museum, NL Messner, Glückwünsche 60./65. Geburtstag.

377 Schreiben von Messner an das Ordinariat vom 15.12.1958. Salzburg Museum, NL Messner, Akten 2.

378 Herbert von Karajan, von 1956 bis 1960 künstlerischer Leiter
der Salzburger Festspiele.

379 Schreiben von Messner an Herbert von Karajan vom 30.12.1958.
Salzburg Museum, NL Messner, Vorordner/K.

380 Schreiben von Messner an das Bezirksgericht Salzburg vom
15.12.1959. Salzburg Museum, NL Messner, Vorordner/P, „Der
Fall Rosemarie Luxbauer".

381 Bei der Uraufführung erschraken einige Zuhörer dermaßen,
daß sie aus der Kirche hinausliefen, weil sie meinten, einen
wirklichen Bombenangriff zu erleben.

382 Salzburg Museum, NL Messner, Oeuvre II: Autographen u.
Werkverzeichnis, Nr. 16.

383 Freundliche Mitteilung von Herrn Prof. Dr. Gerhard Zukriegel
nach der Aufführung der „Bomben-Messe" unter Domkapellmeister Prof. János Czifra am 10.10.2004 im Gedenkgottes-
dienst anläßlich der Bombardierung des Salzburger Doms vor
60 Jahren und seiner Wiedereröffnung vor 45 Jahren. – Messner

hatte schon einmal, im „Terra tremuit" des Osterpropriums, ein solches „Erdbeben" erzeugt; dort ist in der Partitur und in der obligaten Orgelstimme wohl das tiefe C im 32'-Register eingezeichnet, nicht aber die Praxis des Dauertones auf C – Cis, wie Messner sie seinem Organisten auch bei dieser Stelle riet. Damit das „Beben" erlebbar wird, darf das 32'-Register noch nicht beim Einspielen verwendet werden, sondern erst zum eigentlichen Beginn des „Terra tremuit" zusammen mit dem Paukentremolo.

384 Einzug in Salzburgs Kathedrale. In: Salzburger Volksblatt vom 2.5.1959, S. 3. Salzburg Museum, NL Messner, Zeitungsausschnitte 1959/3.

385 Tag des festlichen Dankes. In: Salzburger Volkszeitung vom 4.5.1959, S. 3. Salzburg Museum, NL Messner, Zeitungsausschnitte 1959/6.

386 Als am Vortag des Festgottesdienstes in Messners Arbeitszimmer die Geldscheine für die Künstlerhonorare bereitgelegt wurden, fegte ein Windstoß durch das offene Fenster einen Tausendschillingschein auf den Fußboden hinunter, wo er von den beiden Pekineserhündchen Ku-Li und Chu-Chi zerfetzt wurde. L.G. Bachmann – E. Klemens (Anm. 4), S. 54.

387 Herbert Gschwenter: Ein festlicher Höhepunkt des Tiroler Gedenkjahres. In: Tiroler Nachrichten vom 30.6.1959, S. 3. Salzburg Museum, NL Messner, Zeitungsausschnitte 1959/11. – Joseph Georg Oberkofler (1889–1962).

388 Brief von Fritz Wunderlich an Messner vom 12.1.1959. Salzburg Museum, NL Messner, Autographen III, W 21.

389 Brief von Messner an Fritz Wunderlich vom 15.1.1959. Salzburg Museum, NL Messner, Autographen III, W 21.

390 Brieflicher Bericht von Sr. Marcellindis Pinterits (Theresianum/Eisenstadt) an die Autorin, Februar 2003.

391 Brief vom Stadtjugendamt an das Bezirksgericht Salzburg vom 25.11.1959. Salzburg Museum, NL Messner, Vorordner/P, „Der Fall Rosemarie Luxbauer". Frau Rosemarie Killias-Mc Graw, geb. Luxbauer, lebt jetzt in der Schweiz.

392 Josef Lenz, geb. 1895, war Volksschullehrer und leitete seit 1938 den Chor der Stadtpfarrkirche „Maria Himmelfahrt" in Schwaz.

393 Brief von Messner an Josef Lenz vom 15.10.1959. Salzburg Museum, NL Messner, Akten 2.

394 A.Z. Wettingen: Musik im Salzburger Dom. In: Salzburger Volkszeitung vom 16.1.1960, S. 8. – Pellegrini: Oesterliche Musik im Salzburger Dom. In: Salzburger Volkszeitung vom 20.4.1960, S. 4. Beide in Salzburg Museum, NL Messner, Zeitungsauschnitte 1960/2.

395 AES, Seelsorgeamt Nr. 712, Domfronleichnamsfeiern 1946–74, Merkblatt von Ende Mai 1960, hrsg. vom Erzbischöflichen Seelsorgeamt. Freundlicher Hinweis von Dr. Mitterecker.

396 Freundliche Mitteilung von Frau Maria Hübl, Salzburg (16.1.2003).

397 Freundliche Mitteilung von Frau Christa Hoffermann, Salzburg (8.2.2003).

398 Messner beschrieb seine „Jedermann"-Musik in einem Brief vom 17.6.1961 an Wilhelm Speidel, den Intendanten der Freilichtspiele Schwäbisch Hall. Salzburg Museum, NL Messner, Akten 1.

399 Salzburg Museum, NL Messner, Diplome, Urkunden 1 (1971).

400 Freundliche Mitteilung von Monsignore Prof. Franz Pichler, Hallwang (15.4.2004).

401 Brief der Kammersängerin Ira Baasch-Malaniuk an Messner vom 10.1.1961. Salzburg Museum, NL Messner, Autographen II/M 1.

402 Schreiben von Unterrichtsminister Heinrich Drimmel an Messner. Salzburg Museum, NL Messner, Realia 2/Einladungen.

403 Brief von Johannes Messner an Joseph Messner vom 24.2.1961. Salzburg Museum, NL Messner, Fotos V.

404 Schreiben der Kustodie an Messner vom 10.5.1961. Salzburg Museum, NL Messner, Hs 3/Ordinariat.

405 35 Jahre im Dienste der „Musica sacra". In: Salzburger Volkszeitung vom 17. Mai 1961, S. 5. Salzburg Museum, NL Messner, Zeitungsausschnitte 1961/1.

406 Beide hatten Beiträge für die Festschrift verfaßt: Andreas Rohracher: Unser herrlicher Salzburger Dom, und Joseph Messner: Die Musik im Salzburger Dom. In: Der Dom zu Salzburg. Symbol und Wirklichkeit. Salzburg 1951, S. 19–22 und 56–61.

407 H. Eder interviewte Messner: 35 Jahre Domkapellmeister. Salzburg Museum, NL Messner, Biograph. Material, Interviews.

408 Wolfgang Neidhard (1575–1632) und Johannes Neidhard (um 1600–1635).

409 „Salvator-Glocke" wie eine Stimme aus der Evigkeit [sic!]. Das große Domgeläute erklang zum ersten Male. In: Salzburger Volkszeitung vom 4.12.1961, S. 3. Salzburg Museum, NL Messner, Zeitungsausschnitte 1961/5.

410 Im Auftrag der ... In: Salzburger Volkszeitung vom 28.5.1962, S. 3, mit Foto von Carl Pospesch. – Josef Sulz: Der Komponist Professor Joseph Messner – 70 Jahre. In: Tiroler Tageszeitung vom 26.2.1963, S. 5. Beide in Salzburg Museum, NL Messner, Zeitungsausschnitte 1962/1.

411 Recte: Laugs.

412 Brief von Messner an Hans Gillesberger vom 5.6.1962. Salzburg Museum, NL Messner, Akten 2, Hss.

413 Brief von Messner an Ferdinand Grell vom 19.6.1962. Salzburg Museum, NL Messner, Akten 2, Hss.

414 Siehe Messners Brief an Carl Hans Watzinger vom 5.6.1962. Salzburg Museum, NL Messner, Akten 2, Hss.

415 Aus den Erinnerungen der Autorin.

416 Brief von Messner an Lorenz Fehenberger vom 23.11.1962, von Messner fälschlich datiert mit „1963". Salzburg Museum, NL Messner, Akten 2, Hss.

417 Freundliche Mitteilung von Herrn Prof. Friedrich Krammer, Hinterschroffenau (23.1.2003).

418 Brief von Carl Holböck an Messner vom 25.2.1963. Salzburg Museum, NL Messner, Geburtstage.

419 Prof. Messner feierte mit seinem Domchor. In: Salzburger Volkszeitung vom 4.3.1963, S. 3. Salzburg Museum, NL Messner, Zeitungsausschnitte 1963/Dupl.

420 Siehe Messners Brief an den Ordinariatskanzler Dr. Berg vom 17. 5.1963. Salzburg Museum, NL Messner, Hs 3/Ordinariat.

421 Recte: der Urgroßvater.

422 Salzburg Museum, NL Messner, Biograph. Material, Interviews.

423 J. Sulz (Anm. 410), S. 5.

424 Brief von Unterrichtsminister Heinrich Drimmel an Messner vom 17.6.1963. Salzburg Museum, NL Messner, Diplome, Urkunden I, o 258.

425 Salzburg Museum, NL Messner, Hs. 3/Ordinariat, Gehaltsausweis April 1963.

426 Freundliche Mitteilung von Herrn Prof. Dr. Gerhard Zukriegel, Salzburg (27.1.2003).

427 Programm des Domkonzerts vom 2.8.1954. Salzburg Museum, NL Messner, Autographen IV, 2.

428 Joseph Messner: Salzburger Domchor in Geschichte und Gegenwart. In: Singende Kirche 1963/3, S. 93–95.

429 Freundliche Mitteilung von Herrn Univ. Prof. Dr. Alfred Aigner, Salzburg (13.1.2003).

430 Freundliche Mitteilung von Frau Martrud („Trude") Hutya, Salzburg (Oktober 2002).

431 Brief von Messner an Prälat Benedikt Stampfl vom 27.8.1963. Salzburg Museum, NL Messner, Akten 2.

432 Gisela Pellegrini: Joseph Messner: „Die vier Letzten Dinge". In: Salzburger Volkszeitung vom 14.10.1963, S. 5. Salzburg Museum, NL Messner, Zeitungsausschnitte 1963/119.

433 Freundliche Mitteilung von Herrn Prof. Dr. Zukriegel (27.1.2003).

434 US-Universitätschor reist mit Werken von Joseph Messner. In: Salzburger Nachrichten vom 3.4.1964, S.7. Salzburg Museum, NL Messner, Zeitungsausschnitte 1964/2.

435 Brief von Kenneth Schilling an Messner vom 15.9.1964. Salzburg Museum, NL Messner, Oeuvre/Korrespondenz allgemein.

436 Salzburg Museum, NL Messner, Akten 3/Domchor, Merkblatt.

437 Mitteilungszettel aus Privatbesitz.

438 Brief von Messner an Erich Schenk vom 31.3.1965. Salzburg Museum, NL Messner, Akten 2.

439 Brief von Messner an Erich Schenk (Anm. 438). Siehe dazu auch Messners Brief vom 23.4.1965 an den Unterrichtsminister Dr. Theodor Piffl-Percevic. Salzburg Museum, NL Messner, Akten 1. Die Musikwissenschaftlerin und Musikpädagogin Dr. Gisela Pellegrini verfaßte u.a. Berichte und Kritiken über die Dommusik für die „Salzburger Volkszeitung". Man hielt sie deshalb längere Zeit auch für die Autorin des mit Eva Klemens skizzierten „Lebenslaufs von Joseph Messner" (siehe Anm. 4).

440 Kosten für den Festgottesdienst am 16.5.1965. Salzburg Museum, NL Messner, Akten 1/Dommusik.

441 Freundliche Mitteilung von Herrn Prof. Friedrich Krammer, Hinterschroffenau (23.1.2003).

442 L.G. Bachmann – E. Klemens (Anm. 4), beigefügte Notizzettel.

443 Brief von Erich Schenk an Messner vom 2.12.1965. Salzburg Museum, NL Messner, Oeuvre III/Korrespondenz.

444 Brief von Richard Nikolaus Coudenhove-Kalergi, „Union Paneuropéenne" Basel, an Messner vom 19.1.1966. Salzburg Museum, NL Messner, Oeuvre, Korrespondenz allgemein.

445 Brief von Messner an das Domkapitel vom 10.12.1965. Salzburg Museum, NL Messner, Vorordner/Z.

446 Protokoll über die Gehaltsregelung Prof. Messners vom 17.3. 1966. Salzburg Museum, NL Messner, Vorordner/T V.

447 Brief von Messner an Erzbischof Rohracher vom 21.3.1966. Salzburg Museum, NL Messner, Vorordner/T V.

448 Freundliche Mitteilung von Herrn Prof. Josef Schneider, Mitglied der „Salzburger Mozartspieler", Salzburg (23.1.2003).

449 W. Thiel: Ein Kapital, das brachliegt. In: Salzburger Nachrichten vom 26.8.1966, S. 3. Salzburg Museum, NL Messner, Zeitungsausschnitte 1966/7.

450 Hans Widrich, Pressestelle: Antwort der Erzdiözese. In: Salzburger Nachrichten vom 13.9.1966, S. 10. Salzburg Museum, NL Messner, Zeitungsausschnitte 1966/144.

451 Dankschreiben von Landesrat Weißkind vom 8.11.1966. Salzburg Museum, NL Messner, Akten 2.

452 Schreiben der Botschaft der USA, Wien, an Messner vom 16.6. 1967. Salzburg Museum, NL Messner, Oeuvre II/58.

453 Freundliche Mitteilung von Herrn Univ. Prof. Dr. Rudolf Messner, Kassel (30.5.2002).

454 Aus den Erinnerungen der Autorin.

455 L.G. Bachmann – E. Klemens (Anm. 4), Seite 62.

456 Radioprogramm, Ö Regional, 20h10 bis 21h10, Joseph Messner zum 75. Geburtstag. In: Salzburger Nachrichten vom 20.2.1968, S. 12, und in: Radio Österreich vom 17.2.1968, S. 20 mit Foto. – Brief des Westdeutschen Rundfunks (Ferdinand Schmitz) an Messner vom 19.1. 1968. Salzburg Museum, NL Messner, Korrespondenz Verlage, Rundfunk, Schallplatten / R. – Salzburger Kulturvereinigung und Internationale Stiftung Mozarteum, Sonderkonzert zu Ehren von Joseph Messner am 26.2.1968. Salzburg Museum, NL Messner, Programm 1968.

457 Hoher Landesorden für Prof. Messner. In: Salzburger Landeszeitung vom 6.3.1968, S. 2. Salzburg Museum, NL Messner, Zeitungsausschnitte 1968, 149.

458 Danksagungskarte aus Privatbesitz.

459 Brief von Chester C. Maxey, Walla-Walla, an Messner vom 5.3. 1968. Salzburg Museum, NL Messner, Hss, Glückwünsche 2/2.

460 Prof. Kenneth Schilling erhielt bei seinem nächsten Aufenthalt in Salzburg am 13.1.1969 ein Ehrengeschenk des Salzburger Bürgermeisters in Anerkennung und Würdigung seiner Verdienste um die Musikstadt Salzburg.

461 Brief von Messner an Chester C. Maxey vom 15.3.1968. Salzburg Museum, NL Messner, Hss, Glückwünsche 2/2.

462 Schreiben von Rektor Stefan Rehrl an Messner vom 14.6.1968. Salzburg Museum, NL Messner, Hss, Glückwünsche 2/2.

463 Schreiben von Messner an Stefan Rehrl vom 24.6.1968. Salzburg Museum, NL Messner, Hss, Glückwünsche 2/2.

464 A. Kircher (Anm. 264).

465 Salzburg Museum, NL Messner, Diplome/Urkunden I. Für die Übersetzung danke ich Dr. Maximilian Fussl, Universität Salzburg.

466 Gratulation für Prof. DDr. H. c. Messner. In: Amtsblatt der Landeshauptstadt Salzburg Nr. 20 vom 1.10.1968, S. 19. Salzburg Museum, NL Messner, Zeitungsausschnitte 1968/3.

467 Brief von Messner an Erzbischof Rohracher vom 9.9.1968. Salzburg Museum, NL Messner, Hs 3/Ordinariat.

468 Brief von Weihbischof Macheiner an Messner vom 2.10.1968. Salzburg Museum, NL Messner, Hs 3/Ordinariat.

469 Brief von Messner an Weihbischof Macheiner vom 8.10.1968. Salzburg Museum, NL Messner, Hs 3/Ordinariat.

470 Brief von Messner an Bürgermeister Alfred Bäck vom 28.10.1968. Salzburg Museum, NL Messner, Akten 1/Subventionen.

471 Brief von Messner an Erzbischof Rohracher vom 5. 2.1969. Salzburg Museum, NL Messner, Akten 3/Domchor.

472 L.G. Bachmann – E. Klemens (Anm. 4), S. 66.

473 Musik im Dom. In: Salzburger Volksblatt vom 22. 2.1969, S. 10. Salzburg Museum, NL Messner, Zeitungsausschnitte 1969/175.

474 Messners Grab auf dem Salzburger Kommunalfriedhof hat die Nummer 110.00.0.065-066 (s. Anm. 369).

475 Abschied von Joseph Messner. In: Salzburger Volksblatt vom 28.2.1969, S. 6. Mit einer Abbildung des Gemäldes von E. Tony Angerer (siehe Anm. 119), das zum Gedenken in der Eingangshalle des Salzburger Museums Carolino Augusteum ausgestellt wurde. Das Bild kam als Geschenk der Tochter des Künstlers 1968 ins Museum.

476 Schriftliche Erlaubnis von Prof. Joseph Schröcksnadel (12.11.2003).

477 Brief von Joseph Schröcksnadel an Eva Klemens vom 5.3.1969. Salzburg Museum, NL Messner, Rote Mappe. – Prof. Joseph Schröcksnadel starb am 31.10.2006.

478 Eva Klemens starb am 7.7.1978.

Dank

Folgende Mitglieder der Salzburger Dommusik oder ihre Angehörigen trugen mit ihren Informationen zum Entstehen der Biographie bei:
Dipl. Ing. Alphons Adam, Dr. Alfred Aigner, Karoline Bachmayer, Bettina Cossack-Raninger, Brigitte Endemann, Dr. Roswitha Fuschlberger-Englert, Oskar Hagen, Dr. Albert Hartinger, Heather Hartinger, Christa Hoffermann, Oskar Hradjira, Maria Hübl, Martrud Hutya, Herta Kloo-Schliesselberger, Mag. Nils Helge Koblanck, Helene Köhler, Friedrich Krammer, Otto Lang, George Maran, Josef Mayer, August Nowicki, Rosl Orbert, Peter Pallas, Erich Pesendorfer, Helga Pesendorfer-Weeger, Traudl Pesendorfer-Schmidinger, Christine Prudl-Schmidt, Hans Ruderstaller, Otfried Ruprecht, Marga Schicho, Rudolf Schingerlin, Hartmut Schmidt, Josef Schneider, Joseph Schröcksnadel, Dr. Kurt Seywald, Josefine Sommerauer-Reischauer, Johann Spitzer, Helmut Zangerle, Dr. Gerhard Zukriegel. Ihnen allen sei herzlich gedankt!

Freundliche Unterstützung gewährte mir Herr Konsistorialrat Dr. Ernst Hintermaier mit den Mitarbeitern des Archivs der Erzdiözese Salzburg (AES), wofür ich ihnen danke.

Die monatelange Arbeit in der Bibliothek des Salzburg Museum wurde mir durch die stets freundliche Hilfe des ganzen Teams wesentlich erleichtert. Vielen Dank! Meine besondere Dankbarkeit gilt dem Leiter der Bibliothek, Dr. Gerhard Plasser, der die Aufarbeitung des Messner-Nachlasses mit jeder nur denkbaren Hilfe gefördert hat, und dem Leiter des Verlags Salzburg Museum, Dr. Peter Laub, in dessen bewährten Händen die vielfältigen Aufgaben lagen, deren Bewältigung von einem Manuskript zu einem gebundenen Buch führen.

Herr Gerhart Engelbrecht, Geschäftsführer der Joseph Messner Gesellschaft in Schwaz und Autor von Messners Werkverzeichnis, hat die Publikation der Biographie mit großem Eifer unterstützt. Ich danke ihm aufrichtig dafür.

Ein besonders herzlicher Dank gebührt meinem lieben Mann, Herrn Dr. Hermann Loimer, für seine Unterstützung und stete Hilfsbereitschaft.

Ingrid Loimer

Personenregister

Aufgenommen wurden nur handelnde Personen und Künstler, deren Werke erwähnt werden, keine AutorInnen oder BriefadressatInnen.
Die Zahlen in Klammern geben die Anmerkungsnummern an.

Fotonachweis

Sämtliche Fotos und Abbildungsvorlagen stammen aus dem Salzburg Museum, Bibliothek, Joseph-Messner-Nachlaß, mit folgenden Ausnahmen:

Abb. 15, 19, 23, 24, 28, 32, 42, 60, 66, 73, 76, 80, 82, 83, 84:
Privatbesitz

Abb. 4 (Inv.-Nr. 19575), 52 (Inv.-Nr. 19496), 56 (Inv.-Nr. 19806), 65 (Inv.-Nr. 19802), 74 (Inv.-Nr. 19805):
Salzburg Museum, Fotosammlung

Abb. 50, 55, 85:
Salzburg Museum, Peter Laub

Wir haben uns bemüht, die Urheber der Photographien zu finden, was nicht immer erfolgreich war. Rechte können auch nachträglich beim Salzburg Museum geltend gemacht werden.